# CAMBRIDGE LIBRARY COLLECTION

*Books of enduring scholarly value*

## Travel and Exploration

The history of travel writing dates back to the Bible, Caesar, the Vikings and the Crusaders, and its many themes include war, trade, science and recreation. Explorers from Columbus to Cook charted lands not previously visited by Western travellers, and were followed by merchants, missionaries, and colonists, who wrote accounts of their experiences. The development of steam power in the nineteenth century provided opportunities for increasing numbers of 'ordinary' people to travel further, more economically, and more safely, and resulted in great enthusiasm for travel writing among the reading public. Works included in this series range from first-hand descriptions of previously unrecorded places, to literary accounts of the strange habits of foreigners, to examples of the burgeoning numbers of guidebooks produced to satisfy the needs of a new kind of traveller - the tourist.

## Vocabulaire Français–Esquimau

French missionary Émile Petitot (1838–1916) was based in Canada's Northwest Territories for twelve years, from 1862. He visited the Inuit people five times and became so well accepted that they called him 'Mr Petitot, son of the Sun'. Petitot believed that understanding Inuit languages was crucial to the religious conversion of the natives. During his mission, he collected more linguistic material than ever before and prepared dictionaries of the various Dene dialects. In this book, published in 1876, he describes the Inuit's traditions and sets about the monumental task of compiling the first grammar and vocabulary of the extremely complex Tchiglit dialect. Petitot also made substantial contributions to the geology, palaeontology, zoology and botany of the Northwest region. His efforts were rewarded with a Silver Medal from the French Société de Géographie and the Back Award from the Royal Geographical Society of London.

T0382489

Cambridge University Press has long been a pioneer in the reissuing of out-of-print titles from its own backlist, producing digital reprints of books that are still sought after by scholars and students but could not be reprinted economically using traditional technology. The Cambridge Library Collection extends this activity to a wider range of books which are still of importance to researchers and professionals, either for the source material they contain, or as landmarks in the history of their academic discipline.

Drawing from the world-renowned collections in the Cambridge University Library and other partner libraries, and guided by the advice of experts in each subject area, Cambridge University Press is using state-of-the-art scanning machines in its own Printing House to capture the content of each book selected for inclusion. The files are processed to give a consistently clear, crisp image, and the books finished to the high quality standard for which the Press is recognised around the world. The latest print-on-demand technology ensures that the books will remain available indefinitely, and that orders for single or multiple copies can quickly be supplied.

The Cambridge Library Collection brings back to life books of enduring scholarly value (including out-of-copyright works originally issued by other publishers) across a wide range of disciplines in the humanities and social sciences and in science and technology.

# Vocabulaire Français–Esquimau

*Dialecte des Tchiglit des Bouches
du Mackenzie et de l'Anderson*

Émile Petitot

CAMBRIDGE
UNIVERSITY PRESS

CAMBRIDGE UNIVERSITY PRESS

Cambridge, New York, Melbourne, Madrid, Cape Town,
Singapore, São Paolo, Delhi, Mexico City

Published in the United States of America by Cambridge University Press, New York

www.cambridge.org
Information on this title: www.cambridge.org/9781108049795

© in this compilation Cambridge University Press 2012

This edition first published 1876
This digitally printed version 2012

ISBN 978-1-108-04979-5 Paperback

This book reproduces the text of the original edition. The content and language reflect
the beliefs, practices and terminology of their time, and have not been updated.

Cambridge University Press wishes to make clear that the book, unless originally published
by Cambridge, is not being republished by, in association or collaboration with, or
with the endorsement or approval of, the original publisher or its successors in title.

# BIBLIOTHÈQUE

### DE

# LINGUISTIQUE ET D'ETHNOGRAPHIE

## AMÉRICAINES

### PUBLIÉE PAR M. ALPH. L. PINART

VOLUME III

# VOCABULAIRE FRANÇAIS-ESQUIMAU

# CETTE COLLECTION

### EST TIRÉE A 200 EXEMPLAIRES

150 exemplaires sur papier fort

$\dfrac{50}{200}$    —      —    de Hollande

Ce volume est en outre tiré à 150 exemplaires
sur papier ordinaire, pour l'usage de la Mission des Oblats de Marie Immaculée.
Aucun de ces exemplaires ne peut être mis en vente.

A P.

# VOCABULAIRE

# FRANÇAIS-ESQUIMAU

## DIALECTE DES TCHIGLIT

### DES BOUCHES DU MACKENZIE ET DE L'ANDERSON

PRÉCÉDÉ D'UNE

## MONOGRAPHIE DE CETTE TRIBU

### ET DE NOTES GRAMMATICALES

PAR

# LE R. P. E. PETITOT

Missionnaire Oblat de Marie-Immaculée, Officier d'Académie, Membre-correspondant de l'Académie de Nancy
et des Sociétés d'Anthropologie et de Philologie de Paris

# PARIS

## ERNEST LEROUX, ÉDITEUR

LIBRAIRE DE LA SOCIÉTÉ ASIATIQUE
DE L'ÉCOLE DES LANGUES ORIENTALES VIVANTES, DE LA SOCIÉTÉ PHILOLOGIQUE
DES SOCIÉTÉS DE CALCUTTA, DE NEW-HAVEN (ÉTATS-UNIS), DE SHANGHAÏ, ETC.

**28, Rue Bonaparte, 28**

MAISONNEUVE, 15, QUAI VOLTAIRE

**SAN FRANCISCO. — A. L. BANCROFT AND Cº**

1876

À Monsieur Alph. L. PINART

le modeste et généreux savant

à la magnificence duquel

est due la publication de cet Essai de Grammaire

et de Vocabulaire Esquimau,

cet ouvrage

est offert avec la plus vive reconnaissance

par son très-humble serviteur,

E.-P. O. M. I.

# PRÉFACE

Je n'ai pas la prétention d'offrir aux missionnaires et aux savants une grammaire et un dictionnaire complets de la langue esquimaude, et cela pour plusieurs raisons que l'on voudra bien apprécier.

D'abord, l'idiome *Innok* ou esquimau n'est point parlé d'une manière identique dans une et chacune des tribus de cette nation. Bien que son génie soit un dans le Groënland comme au Kamstchatka, dans le Labrador comme sur les côtes d'Alaska, à Churchill ainsi qu'aux bouches du Mackenzie, il existe dans chacune de ces localités assez de diversité dans les formes substantives, adjectives et verbales de la langue et surtout dans les affixes, pour que l'on puisse constater d'une manière irréfragable un grand nombre de dialectes.

Je ne traite ici que du dialecte des *Tchiglit* ou Grands-Esquimaux, peuplade qui habite les bords de la mer glaciale arctique entre le fleuve Colville, à l'ouest du Mackenzie, et le cap Bathurst à l'est. Je me garderai donc de généraliser en appliquant à toute la nation des *Innoït* ce qui peut ne convenir qu'à une seule tribu et à une seule localité.

Cette restriction, j'entends également l'étendre à la monographie qui va suivre.

Secondement, comme je ne possède pas la langue esquimaude au même degré que les dialectes *Déné-dindjié*, dont j'ai publié ailleurs le dictionnaire et la grammaire comparée, j'ai besoin de l'indulgence de mes lecteurs. Je les prie de considérer que je n'ai visité les Esquimaux que cinq fois en treize ans, et que je n'ai pu passer un temps assez long dans la compagnie de quelques-uns que durant l'été des années 1869 et 1870; tandis que j'ai séjourné au milieu des *Déné* et des *Dindjié* pendant ces treize ans, étant à même de converser tous les jours avec quelques-uns d'entre eux.

Troisièmement enfin, j'ai dû débuter dans l'étude de cette langue difficile sans le secours d'aucun maître ni d'aucun livre. Quelques mots d'un jargon informe, qui a cours entre les Esquimaux et les Indiens les plus septentrionaux, furent la première clef qui m'ouvrit le sanctuaire fermé d'une langue qui m'était inconnue, et qui, aujourd'hui encore, n'a point d'interprète dans le Mackenzie, parce qu'il ne s'y trouve pas de métis de provenance esquimaude.

Plus tard je pus consulter le vocabulaire de Washington, publié en 1850 par les lords de l'Amirauté. Ce petit ouvrage me tint bien souvent lieu de trucheman, et par son moyen je me procurai bon nombre d'expressions propres aux *Tchiglit* de l'Anderson. Mais bien souvent aussi, la terminologie du Labrador et du Groënland fut une lettre morte pour leur compréhension, n'éveilla aucune idée dans leur intelligence.

J'aurais pu combler la lacune qu'offre mon vocabulaire en le complétant avec les termes glanés par d'autres voyageurs arctiques, que j'aurais distingués des miens. J'ai préféré laisser à d'autres ce travail de compilation et ne donner ici que la terminologie propre aux *Tchiglit,* que j'ai recueillie moi-même.

Les mots suivis du signe (C) font seuls exception. Ils m'ont été fournis par mon confrère, le R. P. Gasté, missionnaire au lac Caribou, qui les a reçus de la bouche des *Agutit* ou Esquimaux de Churchill, sur la côte occidentale de la baie d'Hudson.

Les personnes qui désireraient comparer ensemble les dialectes esquimaux peuvent consulter avec fruit le vocabulaire de l'Amirauté ci-dessus mentionné, les tables comparatives de l'atlas ethnographique de Balbi et du Sprach-atlas de Klaproth, les dictionnaires des missionnaires moraves du Labrador et luthériens du Groënland, enfin les petits vocabulaires locaux que fournissent Richardson [1] et le capitaine Becchey [2] à la fin de leur journal de voyage respectif.

J'étais encore moins riche en grammaire esquimaude qu'en dictionnaire. Mon travail et le hasard m'ont fait surprendre les premiers arcanes de cette langue, dont je ne donne ici que des notes grammaticales et non une grammaire. Celle de Fabricius aurait sans doute beaucoup aidé mes pas ; mais je n'ai pu la trouver nulle part. Toutefois, en comparant mon essai à quelques courts aperçus, tirés de l'histoire du Groënland de Crantz et de sa description par Hans Egède, j'ai eu la satisfaction de voir qu'ils concordent quant à la substance, et que les divergences que l'on observera entre eux tiennent à la distinction des dialectes.

Ces considérations me portent à fermer les yeux sur les imperfections et les lacunes de ce petit ouvrage, persuadé que les linguistes et les missionnaires, qui daigneront le consulter, useront d'indulgence et auront égard à la bonne volonté où je suis de leur être utile ; car tel est, je le pense, mon seul mobile, après la gloire de Dieu.

1. *Arctic searching Expédition,* by sir John Richardson. 2 vol., London 1851.
2. *Narrative of a voyage to the Pacific and Behring's strait,* by captain Beechey, F. W. 2 vol., London 1831.

# INTRODUCTION

La langue *Innok* ou esquimaude est éminemment *polysynthétique,* comme la plupart des langues américaines, et elle présente de plus les caractères d'agglutination des langues touraniennes. Au moyen de particules affixes qui s'intercalent dans le corps des mots, et de suffixes qui ont la valeur de nos prépositions, mais qui sont postpositionnelles, c'est-à-dire qui s'ajoutent à la fin des mots, cette langue a le pouvoir d'accumuler plusieurs idées complexes en les présentant sous la forme d'un long et seul mot polysyllabique.

L'Algonquin, le Sioux, et le *Déné-dindjié* lui-même sous certains rapports, nous offrent des exemples de langage polysynthétique et agglutiné.

En Esquimau ce sont les finales qui reçoivent toutes les modifications casuelles, possessives, personnelles, abverbiales, etc.; de sorte que souvent le même mot présente simultanément des inflexions qui caractérisent le nombre, le cas et la possession.

Toutes les parties du discours sont susceptibles de déclinaison et de revêtir les éléments du possessif, ce que j'appelle conjugaison possessive. Les mots peuvent se transformer en verbes, et les verbes en mots, en participes ou en adverbes. Les adjectifs se conjuguent aussi comme des verbes. L'article n'existe pas. En un mot, toutes les transformations merveilleuses de cette langue si riche s'opèrent au moyen des postpositions, qui y jouent le plus grand rôle comme suffixes et affixes, et qui, en outre, existent isolément. Par l'ajout d'une seule particule le verbe exprime la négation, le doute, l'habitude, la simultanéité, l'être, le manque, l'action, l'état, l'augmentation, la diminution, la ressemblance, la comparaison, etc., de sorte que, comme l'a remarqué un écrivain, « un simple exemple des inflexions d'un verbe peut occuper plusieurs pages. »

Mais une chose qui, plus que toutes ces difficultés, est faite pour rendre très-pénible l'étude de l'esquimau, et pour désorienter les commençants, c'est que l'amour de l'euphonie est tel chez les *Innoït,* que pour son seul bénéfice, ils font subir aux mots d'innombrables altérations, substituant une lettre à une autre dès que leur oreille délicate est blessée par un son trop heurté. De là ces variantes de conjugaisons et de déclinaisons qu'on remarquera dans mes notes grammaticales et dans mon vocabulaire. Comme il m'a été réellement impossible de condenser ces diverses modifications et de les assujettir à des règles, parce que réellement il n'en existe pas, et que tout dépend de l'usage et de l'oreille, j'ai cru à propos de fournir plusieurs exemples de déclinaisons et de conjugaisons, afin que l'élève puisse juger dans quel cas telle lettre doit être substituée à une autre.

Il est vrai de dire que les dialectes esquimaux ont entre eux tant de corrélations grammaticales qu'on doit considérer l'entière nation, depuis la côte orientale du Groënland jusqu'à celle du Kamstchatka, comme parlant la même langue. Il n'est pas difficile non plus de réunir dans les tribus du Groënland, du Labrador, de la presqu'île Melville, de Churchill, du cap Bathurst, de la rivière du Cuivre, du Mackenzie, de Nuniwok, d'Unalaska, de la Nouvelle-Géorgie, du Saint-Laurent et du golfe d'Anadyr, un très-grand nombre de termes presque identiques, du moins quant à la racine, et qui, en témoignant victorieusement d'une origine commune, prouvent en même temps que la ressemblance des mots entre eux peut, aussi bien que les rapports grammaticaux, servir à établir et à constater l'identité de provenance entre des peuples divisés par de grands espaces.

Ceci est vraiment phénoménal si l'on considère l'immense distance qui sépare le Groënland du Kamstchatka. Le même fait se reproduit pour l'Algonquin et le *Déné-dindjié*. J'ai entendu mon confrère, le R. P. Lacombe, converser avec les Algonquins Bethsiamitz du golfe Saint-Laurent dans le dialecte des Algonquins Cris du lac Manitou, au pied des montagnes Rocheuses, dans la haute Saskatchewan, à plus de mille lieues de là. Il en était compris et les comprenait. L'année dernière je pouvais en faire autant vis-à-vis des Sarcis des bords de la rivière des Gros-Ventres (52° lat. N.) en me servant du dialecte *Déné* des Peaux de lièvre, qui est parlé du 66° 20 lat. n., à la mer glaciale.

Mais à côté de ces exemples de similitude d'expression chez des tribus ainsi divisées, on peut trouver dans les dialectes esquimaux un aussi grand nombre de divergences qu'on en observe dans les dialectes Algiques et *Déné-dindjié*.

Sous ce rapport l'esquimau ne fait pas exception.

J'ai aussi remarqué en lui la même diffusion que dans les dialectes précités. Souvent il y a plus d'identité dans les termes entre deux tribus séparées par un millier de lieues, tels que le sont, par exemple, les *Kaρalit* du Groënland et les *Tchuktchis-Noss* asiatiques, qu'il n'en existe entre des peuplades voisines ou peu distantes l'une de l'autre, telles que le sont les *Innoït* du Labrador par rapport aux Groënlandais. D'autres fois ces analogies se font remarquer entre nos *Tchiglit* du Mackenzie et les *Aléut*, tandis qu'ils n'en existe pas entre ceux-ci et leurs proches voisins, les *Tchuktchis* américains.

Citons quelques exemples :

Le mot *feu* se dit *ignek* au Groënland, *igneρk* au Mackenzie, et *ignik* au Kamstchatka; tandis qu'il se traduit par *ikkuma* au Labrador, et par *annak* chez les Tchuktchis d'Amérique. Ici il y a division entre les Groënlandais et les Labradoriens d'une part, les Tchuktchis et les Tchukatchis d'autre part. Dans l'adjectif numéral *deux*, au contraire, les Groënlandais s'accordent avec les Tchuktchis pour dire *magok* ou *malgok*; et les Labradoriens diront avec nos Innoït du Mackenzie *malleρok*, ou *madleρok*.

Dans le mot *trois*, ceux-ci à leur tour s'accorderont avec les Groënlandais pour dire *piñasut*, et les Labradoriens diront avec les Tchuktchis *piñayut*.

Ces phénomènes ethnologiques, que j'avais d'abord observés dans les dialectes *déné-dindjié* et que d'autres personnes ont remarqués en d'autres idiomes peaux-rouges, sont, à mon avis, une preuve que la division en dialectes des langues parlées par les Américains, l'esquimau y compris, s'est opérée en Amérique même; et qu'il est bien difficile, sinon impossible, d'assigner auquel des dialectes d'une de ces langues convient la priorité sur ses congénères et le titre, relativement exact, de langue-mère.

Ceci ne prouve pas cependant que l'origine des Esquimaux, en tant que nation, soit américaine. Voici quelques autres exemples pris au hasard, de divergence dans les termes.

| | LABRADOR (L); OUEST (O). | MACKENZIE. |
|---|---|---|
| CRIER . . . . . | kaypuk (O). | kokρoaρtoρk. |
| EN ARRIÈRE. . | uttimut (L). | kiñupgàn. |
| EN BAS. . . . . | kunikut (L). | atpa-nun. |
| ENCORE. . . . | amallo (L). | aktçun. |
| GRATTOIR. . . | tçiakut (O); péyayok (L). | ullualuk. |

| | LABRADOR (L); (OUEST O). | MACKENZIE. |
|---|---|---|
| MARINGOUIN. . | nulikek (O). | kρiktoρéaρk. |
| MAUVE . . . . | aïkmak (L). | naulla. |
| RAMPER. . . . | pamoktok (L). | kρipayoaρk. |
| RÉPONDRE. . . | kiyoyoak (L). | okρaodjané. |

Quoique voisines et limitrophes, les deux langues esquimaude et *dènè-dindjié* n'ont entre elles aucune espèce de ressemblance, soit de mots, soit de grammaire. Tout s'y réduit au seul caractère polysynthétique qui régit entièrement l'esquimau et très-partiellement le *Dènè-dindjié*. Dans cette dernière langue, les affixes modificatifs, les affixes pronominaux et les pronoms eux-mêmes se placent au commencement des mots. En esquimau ils constituent la désinence, comme en latin, avec cette différence qu'ils peuvent être retranchés de la racine verbale. Le *dènè-dindjié* n'a ni cas, ni terminaisons possessives comme l'esquimau. Il est en grande partie composé de monosyllabes et de mots juxtaposés. Les mots agglutinés ne forment pas la moitié de son vocabulaire. En esquimau, au contraire, les monosyllabes sont rares, les racines y sont ordinairement disyllabiques et les mots agglutinés fréquents.

Je n'ai pu trouver dans l'esquimau du Mackenzie un seul mot qui provînt de l'idiome dènè-dindjié. Il aurait plus de corrélation grammaticale avec le *cris,* dialecte algonquin, qui se parle à plus de six cent lieues des rivages de la mer Glaciale, si dans cette langue les pronoms ne précédaient aussi la racine verbale comme en *dènè,* au lieu de la suivre. La consonnance des mots y est à peu près la même. Dans les deux langues on remarque quantité de mots commençant par une voyelle et terminés en ak, ik, ok, in, it.

Mais il n'entre pas dans mon plan d'établir ici des comparaisons entre les langues de l'Amérique arctique.

Hans Egède a relevé quelques expressions qui lui ont paru être identiques entre le groënlandais et le norwégien. Il cite les mots :

| | | | | | | | | | |
|---|---|---|---|---|---|---|---|---|---|
| MANGER. . . | néρρiok | en esquimau et | nörrie | en norwégien. | CENDRE. . . | aρkset | en esquimau et | aské | en norwégien. |
| ANGÉLIQUE. | quaunek | — | quaun | — | LAMPE. . . . | kollek | — | kollè | — |
| MARSOUIN. . | nisé | — | nisé | — | | | | | |

et le mot esquimau *gutté,* goutte, qui est identique au *gutta,* latin. Il aurait pu y ajouter également le mot *ignek,* feu, qui ressemble au latin *ignis* et au sanscrit *aglini; apapa,* père, et *amama,* mère; *imaρk,* eau, qui se rapproche du latin *mare, Kaρρa,* sommet qui se dit *Kaρa* en grec, et plusieurs autres; mais je crois que ces quelques analogies, que n'appuie aucune ressemblance grammaticale, ne sont pas de nature à nous convaincre de la provenance scandinave ou pélagienne des *Innoït.*

Les Danois ayant colonisé le Groënland dès le ixᵉ siècle, il n'y a rien d'étonnant qu'ils y aient laissé quelque vestiges de leur langue, ou bien qu'ils aient emprunté quelque mots aux Esquimaux. C'est ainsi que le *Dictionnaire français* s'est enrichi d'expressions que nous avons puisées dans le vocabulaire des Indiens de l'Amérique ou d'ailleurs; tels que les mots *wigwam, squaw, mocassins, mitasses, tomahawk, wampung, todem, tabou, kayak, tabac, chocolat, cacao, cassave, cacique, tatou,* etc.

*b*

D'un autre côté, les Européens ont laissé dans les idiomes américains de nombreuses traces de leur séjour ou de leur passage. Pour ne parler que du seul Mackenzie, il est facile de prévoir qu'avant un siècle les mots les plus usuels de notre langue feront partie du vocabulaire des indiens *Dènè*. Mais si ces analogies de mots ne sauraient prouver ici la communauté d'une origine immédiate entre les *Innoît* ou les autres Américains et les grandes familles européennes, elles servent du moins de témoignage aux liaisons qui ont existé au moyen âge entre le Groënland, le nord de l'Amérique et l'ouest de l'Europe.

Si donc nous trouvons dans la langue esquimaude des débris d'idiomes asiatiques ou océaniens, ne pouvons-nous pas conclure, avec autant de logique, que les Asiatiques et les Océaniens ont entretenu des rapports avec l'Amérique, ou bien que les Américains actuels, surtout les Esquimaux, ont vécu jadis dans le voisinage des Asiatiques et des Océaniens? Et puisque nous ne saurions révoquer en doute le témoignage des Danois lorsqu'ils nous affirment avoir découvert et colonisé le Groënland au IX$^e$ siècle, pourquoi douterions-nous de la véracité des Chinois, qui ont conservé les annales de la découverte et de la colonisation qu'ils firent de l'Amérique au v$^e$ siècle?[1]

Je conçois qu'il y a ici à la traverse un préjugé de nationalité entre nous et les Chinois. Il en coûterait à notre amour-propre d'avouer que ce peuple nous a devancé en Amérique; mais lorsqu'il s'agit de la vérité, tous les préjugés ne doivent-ils pas disparaître?

Voici donc quelques rapprochements que j'ai déduits de l'examen des vocabulaires comparatifs qui se trouvent à la fin de la narration du capitaine Beechey, dans son *Voyage du vaisseau de Sa Majesté Britannique le* Samarang, *aux îles de la Sonde,* édition anglaise. J'y compare l'esquimau du Mackenzie au *tagal* (Philippines), au *suluk* (Malaisie), et au *japonais*. De plus j'y joins quelques termes à peu près identiques tirés du vocabulaire *maori* (Nouvelle-Zélande) de M$^{gr}$ Pompallier.

| FRANÇAIS. | ESQUIMAU. | TAGAL. | SULUK, MALAIS. | MAORI. | JAPONAIS. |
|---|---|---|---|---|---|
| ABONDANT. . . . | ta-maïta. | » | mataud. | maka. | amata. |
| ANCRE . . . . . . | ki-sok. | saw. | saw. | » | » |
| ARBRE, BOIS. . . | kρéyuk. | kayu; kayo; kauy. | kayu. | » | » |
| AUTRE . . . . . . | aypa; aláni. | iba. | laïn. | » | » |
| AVOIR . . . . . . | arar-toror. | ara. | ada. | » | arru. |
| ASSURÉMENT. . . | kaléummata. | » | » | inammata. | » |
| BOUCHE . . . . | umilœrok. | mulat. | » | » | » |
| BAIE.. . . . . . . | kañerdluk. | taluk; luuk. | luk. | » | » |
| BEAUCOUP . . . . | inuï-aktúnik. | » | » | unuï; tinitini. | manur. |
| CHEMISE. . . . . | atigé; atigit. | » | » | ata. | » |
| CINQ.. . . . . . . | ta-léma; ta-limat. | lima. | lima. | rima. | » |
| CORPS.. . . . . . | timé. | » | » | timana. | » |
| CE, CET, CELA. . | tava; tamna. | » | » | tawa; téna. | » |
| DOUX.. . . . . . | mamak; mamariya. | matamis. | maïmu; manis. | » | amaki. |
| JOUR. . . . . . . | ubluk; uvlut. | » | adlau. | » | » |
| MÈRE.. . . . . . | amama; anana. | ina. | ama. | matua. | » |
| MOI.. . . . . . | uwañga. | » | » | » | waga. |
| MILIEU . . . . . | kerka; kritkρa; kerki. | » | » | » | kaoñkay. |
| PÈRE.. . . . . . | apapa; apañ. | abba (hébreu). | bapa. | pidavé (tamoul). | baba (turc). |
| QUAND ?. . . . . | kannak? | kanni? kaylan? | kanno? | » | » |
| SOUS . . . . . . . | atân. | » | atâs. | » | » |
| CANOT . . . . . . | krayak. | sa-kayan. | kapal. | kaypuk. | » |

1. M. de Guignes, *Histoire des Huns.*

Ces mots ont entre eux autant de ressemblance que les rapprochements suivants qui ont été tirés de l'atlas ethnographique de Balbi, et auxquels j'ai joint les dialectes du Mackenzie et de Churchill, celui-ci d'après le R. P. Gasté.

| FRANÇAIS. | ESQUIMAU DU MACKENZIE. | ESQUIMAU DE CHURCHILL. | GROENLANDAIS. | LABRADORIEN. | TCHUKTCHIS ASIATIQUE. | KADIA |
|---|---|---|---|---|---|---|
| LANGUE . . | okϼaϼk. | ukak. | oka. | oka. | uliya. | uluï. |
| DENT. . . . | kiϼut. | kiχut. | kigut. | kigut. | kutuk. | χutiñka. |
| PIED. . . | itigaϼk. | itiek. | isiket. | itikak. | idigay. | itégaϼa. |
| MAINS . . . | adgiϼaït. | aïdgéït. | akset. | aggaït. | aϼgigay. | » |
| SOLEIL. . | tchikϼeyneϼk. | sakaïnek. | sékinek. | sékinek. | tchékénak. | matchak. |
| LUNE. . . . | tatkϼaϼk. | tatkak. | kawmet. | takkek; | tankuk. | iϼaluk. |
| TERRE. . . | nuna. | nuna. | nuɑa. | nuna. | nuna. | nuna. |
| EAU . . . | immaϼk. | immek. | immek. | immek. | mmok. | émmak. |
| FEU . . | igneϼk. | ukg'a. | iñgnek. | ikuma. | annak. | eknok. |
| PÈRE. . . . | atâtak, apapa. | ataak. | atâtak. | atâtak. | ata. | atatka. |
| MÈRE. . . . | anânaϼk, amama. | annaag. | anânak. | anânak. | anana. | amama. |
| TÊTE. . . . | néakϼoϼk. | néakoa. | niakok. | niakoa. | namko. | naskok. |

Je trouve un trait de ressemblance grammaticale entre l'idiome *innok* et quelques langues océaniennes on asiatiques dans la possession de l'élément réduplicatif, qui consiste à répéter deux fois la même syllabe ou le même mot. Par exemple les Chinouks disent *tom-tom*, cœur, *wa-wa*, dire; les Japonais, *fa-fa*, mère, *tsi-tsi*, père; les Maoris, *kao-kao*, côté, *koro-koro*, gorge, *ota-ota*, plante, *waré-waré*, oublier; les Patagons, *gnimé-gnimé*, plante vénéneuse. Cette construction, entièrement étrangère aux Peaux-Rouges du versant oriental des montagnes Rocheuses, est propre au dialecte des Esquimaux Tchiglit. Ils disent *ok-ok*, vert, *tçik-tçik*, marmotte, *kia-kia*, qui est-ce? *tuk-tuk*, renne, *kϼano-kϼano? una-una?* et *naw-naw?* comment? *amik-amik*, toutefois. Or ce réduplicatif se retrouve également dans le chinois.

En comparant les termes de mon vocabulaire *tchiglerk* avec ceux du Groënland et du Labrador, on remarquera les mutations de consonnes qui suivent :

| | LABRADOR. | MACKENZIE. |
|---|---|---|
| W se change en Y . . . . . . . . . . | itiwok, profond. | itiyoϼk, profond. |
| W — B ou V . . . . . . . | niwiaksiak, fille. | nibiatçiaϼk, fille. |
| P — T . . . . . . . . . | tigilikpok, voleur. | tigiliktoϼk, voleur. |
| L — N . . . . . . . . . | néϼϼéléaϼpuña, je vais manger. | néϼϼénéaϼtuña, je vais manger. |
| S — Tç . . . . . . . . . | silla, air. | tçilla, aiϼ. |
| CH — ϼ ou G . . . . . . . | machak, boue. | maϼak, boue. |
| G — Dj . . . . . . . . . | naggiuk, corne. | nagdjiuk, corne. |
| T — N . . . . . . . . . | mut, vers; mit, de. | muɑ; min, vers, de. |
| K — ϼK ou Kϼ, . . . . . | nek, corps. | neϼkϼ, corps. |

L'R grasseyant qui n'existe pas dans les dialectes kadiak et aléut, à ce qu'on dit, et qui est assez rare dans l'esquimau du Labrador et du Groënland, est du plus constant emploi chez les *Tchiglit* ou Grands-Esquimaux. C'est la lettre que je remplace par le ϼ. Il en est de même de la lettre V, qui est inconnue dans les dialectes précités.

On a tant écrit sur les Esquimaux qu'il pourra paraître un hors-d'œuvre de voir ici une mono-graphie de cet intéressant peuple ainsi qu'une discussion de son origine. Mais la nation des *Innoit* s'est présentée sous des aspects si différents, selon les lieux où on l'a observée et le milieu où vivent ses membres épars, que je ne désespère pas d'intéresser mes compatriotes par le récit des coutumes propres aux *Innoit* des bouches du Mackenzie et de l'Anderson.

Cependant je ne me serais pas même permis d'en parler, après des hommes si éminents que Franklin et Richardson, si ces explorateurs émérites n'avaient puisé une grande partie de ce qu'ils en racontent chez des peuplades insulaires de la mer polaire. En effet, n'ayant fait que traverser promptement nos contrées, et ayant évité autant que possible de communiquer avec les *Tchiglit,* qui les avaient dévalisés une première fois, ils ne pouvaient en tracer un portrait fidèle, si ce n'est au physique.

# MONOGRAPHIE

DES

## ESQUIMAUX TCHIGLIT DU MACKENZIE ET DE L'ANDERSON

---

I.

### ÉTYMOLOGIE ET DIVISION.

Le premier auteur qui ait produit le nom d'Esquimaux est le jésuite De Charlevoix, dans son *Histoire de la Nouvelle-France,* où il nous apprend que les Abénakis, indiens de la famille algonquine qui habitent le golfe Saint-Laurent, appellent ce peuple *Eskimantik,* c'est-à dire mangeurs de chair crue.

De nos jours encore, les *Cris* ou *Cristinaux* [1] du lac Athabaskaw, les Algonquins les plus septentrionaux de l'Amérique, les nomment *Wiyas-Kimowok,* mot qui a la même signification (de *wiyas,* chair; *aski,* cru; *mowew,* manger), et *Ayiskiméwok,* c'est-à-dire ceux qui agissent en secret.

On voit par là quelle confiance mérite l'explication que donne du mot Esquimau sir John Richardson. Il le fait dériver « du français *ceux qui miaux* (lisez qui *miaulent*), phrase qui exprime, dit-il, les clameurs *teymo!* que ce peuple profère lorsqu'il entourait un navire. » (*Arct. Search. Exped.,* VI, chap. IX.) Or ce même mot *tayma,* qu'il écrit *teymo* et qui signifie *assez,* Hearne le traduit par : Comment vous portez-vous?

Le nom composé par le R. P. de Charlevoix a été accepté par toutes les nations. Bien que les Anglais emploient quelquefois le mot *Hoskys* pour désigner les Esquimaux, et qu'un de leurs voyageurs prétende que ce soit un refrain kamstchadale, je lui soupçonne fort la même origine que les mots *Eskimo, Sukémo, Seymo,* par lesquels ce peuple est connu des Anglais et des Orcadiens ; c'est-à-dire d'être une corruption de l'*Eskimau* de Charlevoix, qui n'est lui-même qu'un mot algonquin dénaturé. Les Russes appellent également les Samoïèdes mangeurs de chair crue.

---

[1]. Ces mots proviennent de la corruption de l'épithète *Knistinuwok,* donnée aux *Eyiniwok,* algonquins de l'ouest, par leurs voisins du sud-est. Il ne faut pas confondre les Cris (en anglais *Crees*) avec les *Cricks* ou *Creeks* des États-Unis, qui sont des Têtes-Plates comme les Chérokis, les Katawbas, les Chicasaw. (*Note de l'auteur*).

Les Esquimaux se donnent eux-mêmes le nom général d'*Innoït*, hommes (*Innok* au singulier). En cela, ils partagent complétement l'idée des Chinois, de tous les Peaux-Rouges d'Amérique, des Polynésiens, et probablement aussi de tous les peuples à leur origine ; tous ayant une si haute idée de leur propre excellence qu'ils ne croient pas pouvoir mieux faire que de résumer l'humanité entière dans leur seule nationalité, à l'exclusion de toutes les autres.

Un orientaliste a dit que le nom propre du peuple de l'empire du Milieu, *Thsing-jen*, que les Malais prononcent *tching*, et dont nous avons fait les mots *china*, puis *chinois* et *chinaman*, ne signifie pas autre chose que « hommes proprement dits ». Les Bornésiens se nomment aussi *Idaan*, c'est-à-dire hommes, et les Tagals ont aussi pour nom propre le titre d'hommes, *tano*.

Notre nom de *Francs* n'aurait-il pas la même origine, et n'est-ce pas une idée toute semblable qui porta les Germains à s'appeler Allemands, c'est-à-dire tous les hommes (*All men*)? Indépendamment du nom collectif et générique *Innoït* qui sert à désigner aussi tout homme, à quelque nation qu'il appartienne, les Esquimaux se donnent d'autres noms qui servent à désigner, les uns les grandes tribus, les autres les petites peuplades. Ainsi les Esquimaux dont il est ici question, et qui, au nombre d'environ deux mille âmes, habitent les bords de la mer Glaciale arctique, entre le cap Bathurst et la rivière Colville, se donnent le nom spécifique de *Tchiglit*, au singulier *Tchiglepk*; ceux de la baie d'Hudson qui fréquentent le poste de Churchill se nomment eux-mêmes *Akut* ou *Agut*, pluriel *Agutit*; les Aléoutiens *Tagut*, les Tchukatchis *Tatchut*, les Kamstchadales-Tuski *Tchuktchit*, les Groënlandais *Kapalit*, etc.

Tous ces noms sont les équivalents de *vir*, *viri* (hommes), comme les noms de *innok*, *innoït* signifient *homo*, *homines*.

Les Loucheux et les Peaux-de-Lièvre nomment les Esquimaux du fleuve Anderson *Tchizapéni*; mais ce nom, qui est une corruption de la locution adverbiale *tçikdjapni* (sur le rivage), est purement arbitraire et n'est point reconnu par les Esquimaux.

Les autres noms caractéristiques des peuplades expriment une idée locale ou emblématique. Ils varient naturellement avec la tribu qui les a donnés à ses voisins. Voici ceux des tribus esquimaudes connues des *Tchiglit* du Mackenzie. La marche que j'adopte est de l'ouest à l'est, c'est-à-dire du Kamstchatka à l'embouchure de la rivière du Cuivre :

1° *Piktopméut* (les habitants de la neige poudrante), tribu située au delà du détroit de Behring, soit en Kamstchatka, soit sur la côte occidentale de l'Amérique. La localité qu'ils habitent se nomme *Pipktopk* (la poudrerie);

2° *Natepvalinèt* (les habitants de *Natépovik*), probablement ceux de la baie Norton. *Natépovik* m'ayant été dépeint comme un poste russe de commerce, il ne peut être que l'ancienne redoute *Mikaëlowski*;

3° *Tuyopmiyat*, ou les habitants du détroit de Behring. Leur contrée a nom *Tchikpènepelépk*;

4° *Apkwaméut* (les gens enfermés, sédentaires). Probablement les Tchukatchis sédentaires de Kotzebue Sound. C'est d'eux qu'est venue aux Tchiglit la connaissance d'une sorte de bottes à larges plis, nommées pour cette raison *apkwaméoptok*. Nos Esquimaux ne cherchent qu'à imiter leurs compatriotes de l'ouest. Ils ne parlent de ceux de l'est et du nord que comme de purs sauvages. Les *Apkwaméut* vivent au lieu nommé *Kpanik* (la neige étoilée);

5° *Nuna-tag-méut*, ou ceux qui habitent à *Nunatagmun*, vers le détroit. On nomme aussi ces parages *Tchikpeynépk kagvipaptchinepk* (le soleil montre le bout du nez);

6° *Nuvuñg-méut* (les habitants du cap). Ils occupent les environs du cap Lisbonne ;

7° *Akillineρméut* (les habitants d'*Akillineρk*), entre le cap Lisbonne et le cap des Glaces ;

8° *Taρčoρ-méut* (les habitants de la mer). On les trouve depuis l'île Herschell jusqu'à la baie Liverpool exclusivement, et dans les bouches du Mackenzie ;

9° *Kρamalit*, ou Esquimaux du fleuve Anderson ;

10° *Kρagmalivéït*, ou habitants du cap Bathurst ;

11° *Kρavañaρtat* (habitants de l'est). Ici le nom devient vague et désigne tous les Esquimaux compris entre la baie Franklin et probablement la rivière du Cuivre ou même la presqu'île Melville ;

12° *Añénéρit* ou Innoït du grand-est. Mot encore plus générique qui convient à tous ceux de la baie d'Hudson, du Labrador et du Groënland ;

13° Enfin *Kρikeρtaloρméut* (les habitants des îles). Sous ce nom sont compris tous les Esquimaux des grandes terres de la mer polaire.

Voici d'autres noms, cités un peu différemment par Richardson, de tribus esquimaudes centrales, c'est-à-dire comprises entre le Mackenzie et la baie d'Hudson. La marche est toujours de l'ouest à l'est, mais les noms appartiennent à la tribu de la baie Liverpool et sont inconnus des *Tchiglit* du Mackenzie :

14° *Kρoteyloρéut* (les habitants de la montagne des Rennes), à l'est des bouches du Mackenzie ;

15° *Naggiuktoρ-méut* (les habitants de la Corne), à l'embouchure de la rivière du Cuivre ;

16° *Kañeρ-méut* (les habitants parmi les Perdrix blanches), à l'est du cap Alexandre ;

17° *Utkutçiki-aliñ-méut* (les gens qui se servent de chaudrons de pierre), sur les rivages du golfe de Booth ;

18° Enfin, *Ahaknañélet* (les femmelettes), ils habitent dans les environs de la baie Répulse[1].

Les *Dènè* et les *Dindjié* ont conçu une grande haine et une terreur encore plus grande à l'égard des Esquimaux, qui leur ont massacré des hameaux entiers. Aussi les désignent-ils sous les épithètes injurieuses de Pieds-ennemis (*Enna-k'è, anakρen*) et d'ennemis du pays découvert (*Ot'el-nna*). Les Peaux-de-Lièvre les nomment aussi dérisoirement Têtes-pelées (*Kƒwi-dékèri*), faisant allusion à leur large tonsure qui les fait ressembler à des bonzes.

Les Innoït, de leur côté, rendent à ces Indiens par le plus profond mépris la monnaie de leur haine. Indignés de s'entendre appeler *anakρen*, mot qu'ils interprètent faussement par *anakρœ*, qui dans leur langue signifie excrément, ils prodiguent aux Peaux-Rouges les épithètes sanglantes de *itkρéléït*, c'est-à-dire lentes de vermine, *taoρtjoït* et *oρtcho-todjo-ρytut*, mots qui correspondent au nom que les Romains donnaient dérisoirement aux Juifs : *Apellœ*.

Ils nomment les Européens et en général tous les blancs *Kρablunèt* (couronnés), au singulier *Kρablunaρk*. Ces mots dérivent de *Kρablut*, sourcils, et de *Kρablunaρk*, os frontal ou coronal ; ce qui semblerait indiquer que ce qui les surprit le plus dans les Européens fut leur coiffure. Un chapeau devait être, en effet, un objet de forme très-curieuse pour eux, parce qu'ils lui voyaient couvrir le front jusqu'aux sourcils, tandis qu'eux vont toujours la tête nue ou à peine couverte d'un petit capuchon.

Ils distinguent les métis d'origine canadienne sous le nom de *Kρolèàρkutcin*.

---

1. On peut voir dans le baron Wrangell les noms de plusieurs tribus *kuskutchéwak* ou *innoït* de la mer de Behring. Ils sont en tout semblables à ceux que je viens de donner, quant à la finale, et parfaitement compréhensibles dans le dialecte Tchigleρk quant au sens des mots.

## II.

### PORTRAIT DES TCHIGLIT.

Les Grands-Esquimaux des bouches du Mackenzie et de l'Anderson sont d'une taille plutôt au dessus qu'au-dessous de la moyenne. Il est parmi eux des hommes fort grands, mais la taille des femmes est généralement petite.

Ils sont robustes, bien proportionnés, larges des épaules, légers dans les exercices gymnastiques, excellents danseurs et mimiques parfaits ; mais ils sont enclins à l'obésité, ils ont la tête ronde et volumineuse et le cou trop court. Leur force musculaire est très-ordinaire.

On ne trouve point chez eux de métis provenant du mélange avec les Européens ou les Peaux-Rouges, du moins, s'il en existe, ils passent inaperçus ; toutefois l'enfance et le sexe ne sont pas sans avantages extérieurs. Ils jouissent d'un teint rosé, d'un visage potelé et agréable qui me laisserait soupçonner qu'un peu de sang blanc coule dans les veines d'un certain nombre. A l'âge de quinze à seize ans, cet incarnat et ces grâces s'effacent devant le ton bistré et mat, tirant sur l'olivâtre, qui est la couleur des adultes, et les traits larges et plats de la race mongolique.

J'ai vu parmi eux un homme d'un âge mûr portant une barbe et une chevelure aussi rousses que celles d'un Écossais ou d'un Russe. C'était évidemment un métis provenant des factoreries moscovites de l'ouest.

Les caractères du type purement esquimau, que j'ai pu observer sur un grand nombre de visages, sont loin d'être séduisants. Un visage plat et presque circulaire, plus large aux pommettes qu'au front, lequel va en se rétrécissant ; des joues grosses, potelées, rebondies ; un occiput conique, signe de dégradation ; une bouche large, toujours béante, à lèvre inférieure pendante et flanquée de deux jolies jumelles de marbre ou d'ivoire, garnies de verroteries bleues; une petite barbe de bouc, claire et roide comme leur chevelure ; de petits yeux noirs, clignotants, bridés et obliques comme ceux des Chinois, brillant d'un éclat et d'une malice toute ophidienne ; des dents serrées et limées jusqu'aux gencives ; un nez tantôt carré, tantôt proéminent et fortement aquilin, tantôt absent ou réduit à une forme rudimentaire ; un teint de café au lait ; des cheveux gros, plats, cassants et d'un noir d'ébène, coupés carrément au-dessus des yeux et couvrant le front, pour retomber en longues mèches de chaque côté de la face ; un air niais lorsqu'il est indifférent, sardonique lorsqu'il veut être aimable, hideux lorsqu'il exprime la colère : voilà ce qu'offre d'attrayant le type du *Tchiglepk* parvenu à l'âge d'homme et qui a déjà perdu toutes les grâces du jeune âge.

Grasses, corpulentes, proprettes, les femmes ont un teint plus blanc, des joues plus colorées et des traits plus délicats que leurs maris. Leur lèvre supérieure est légèrement retroussée, comme on le représente chez les femmes cosaques et tartares, mais l'inférieure avance en faisant une lippe peu digne. Leur nez est ordinairement court, leur front élevé, leurs yeux pétillants et moins bridés que ceux des hommes. Elles relèvent et lient leur chevelure au sommet de la tête, comme les Chinoises et les Japonaises, et y fixent d'énormes chignons dont je parlerai plus tard.

En somme, cette nation annonce de l'intelligence. Son génie inventif, son amour du travail, le confortable relatif dont jouissent ses membres en témoignent hautement. A part cette ingéniosité, nos Esquimaux sont peut-être ce qu'il y a de plus sauvage en Amérique. Voleurs, colères, menteurs, soupçonneux, sans foi, ils vous enveloppent d'un orgueil immense, traitent avec vous comme avec des inférieurs ou tout au moins comme avec des égaux, se pavanent comme des rois de théâtre, dans leurs oripeaux emplumés ; ils sont sans pudeur, sans honnêteté, rient avec impertinence de ce que vous dites ou faites, singent vos actions, regardent par dessus votre épaule dans votre livre, viennent saisir vos meubles ou vos vêtements jusque chez vous, vous fouillent avec une effronterie sans nom, s'approchent pour entendre ce que vous dites à quelqu'un, brisent, détruisent ou dérobent tout ce qui ne leur appartient pas, et sont toujours prêts à donner du couteau dans le ventre du premier venu.

Mais je dois m'arrêter. Ne m'accusera-t-on pas de médire de ces pauvres hères, auxquels j'ai voué mon existence et que j'aime et aimerai toute ma vie ? J'espère que non, car après tout je parle de vrais sauvages, qui ne savent pas la centième partie de ce que nous avons appris, qui sont dépourvus des lumières et des secours que dix-huit cents ans de civilisation et de religion nous ont donnés. Au demeurant, nous ne sommes peut-être pas meilleurs que beaucoup de sauvages, seulement nous cachons nos vices sous le manteau de la civilisation, tandis qu'eux nous les laissent voir dans toute leur nudité. Au fond, il est fort probable que nous leur paraissions aussi mauvais qu'eux-mêmes et plus dignes de pitié, parce qu'ils ignorent l'hypocrisie. Leur cynisme d'enfant mérite donc plus notre indulgence que notre condamnation, d'autant plus qu'ils ont été élevés dans cette voie et n'en connaissent pas d'autre.

D'ailleurs les Esquimaux ont des qualités morales et des vertus humaines. Ils chérissent leurs enfants, ils sont hospitaliers et considèrent comme inviolable tout étranger qui s'est placé sous leur protection ; ils sont braves, susceptibles de bons mouvements et me paraissent avoir plus de cœur que la généralité des Peaux-Rouges, car j'en ai vu pleurer d'attendrissement. Ils respectent les moribonds et les défunts et soignent leurs malades. Je n'ai pas appris qu'ils détruisissent leurs enfants, bien qu'on ne leur en voie que fort peu. Ils se souviennent des bienfaits reçus, ignorent la jalousie et se ménagent entre eux. Enfin les femmes sont soumises à leurs maris !

Voilà les qualités que je puis reconnaître aux *Innoït*, mais il y a loin de là à dire avec un explorateur arctique moderne, « que les passions les plus violentes de notre nature lui (l'Esquimau) semblent inconnues, » que leur vie « lui a rappelé *l'idéal charmant* de l'homme tout fraîchement sorti des mains du Créateur, et non encore souillé par le contact de notre civilisation avancée. » Il faut, ou bien que les Esquimaux visités par ce marin soient bien différents des nôtres, ce dont il m'est permis de douter, ou bien qu'il ait une charité immense. En tout cas, ce paragraphe ne saurait convenir aux Tchiglit.

Les maladies auxquelles ils sont le plus ordinairement sujets sont la gastralgie, qui provient des excès dans le manger, les scrofules et autres maladies de la peau, qui ont pour cause une nourriture exclusivement animale, qui charge leur sang d'âcretés et d'humeurs. Les femmes sont sujettes à l'ophthalmie et à l'aphonie, qui ont probablement pour cause, l'une l'atmosphère fumeuse de leurs demeures souterraines, l'autre l'usage par trop fréquent qu'elles font de l'huile de marsouin, et peut-être aussi le déportement des mœurs.

Les *Tchiglit* n'ont pas encore embrassé la religion chrétienne ; il n'y a pas même de catéchumènes parmi eux ; mais lorsqu'ils seront convertis, il est fort probable qu'ils seront aussi fervents et aussi forts dans le bien qu'ils sont aujourd'hui enracinés dans la voie adverse, car ils sont doués d'une volonté énergique, d'un esprit pénétrant et curieux de tout connaître, et d'une excellente mémoire. Puisse leur heure ne pas tarder longtemps !

## III.

### COSTUME, HABITATION, GENRE DE VIE.

Il ne saurait entrer dans mon plan de m'étendre longuement sur cette intéressante tribu esquimaude. Je dois la crayonner en peu de mots, ce qui n'est pas facile, car ici tout est curieux pour nous, et nous sollicite à une description ou au moins à une remarque.

Le costume des hommes et des femmes est à peu de chose près le même; toutefois ils méritent l'un et l'autre une mention spéciale. Chez eux, les Tchiglit s'habillent simplement d'un caleçon de peau passée en basane; lorsqu'ils sont obligés de parcourir le pays pour vaquer à quelque occupation, telle que la visite des filets ou des trappes, ils se revêtent de deux paires de pantalons et de deux sarraux en peau de renne ou de rat musqué; mais c'est lorsqu'ils se transportent dans le poste de commerce le plus voisin, ou bien quand ils se rendent visite, qu'ils revêtent leurs plus beaux ajustements.

Je transcris ici la description du costume d'un chef que je vis au fort Anderson en 1865, et que j'accompagnai à la mer Glaciale.

Par dessus une chemise ou blouse en peau de rat musqué, poil en dedans, il portait une autre blouse de peau de renne d'été, au poil court, soyeux et de la plus belle couleur marron; ce vêtement de dessus ou *atiké*, avait le poil tourné en dehors et était bordé de plusieurs liserets de peau blanche et noire alternés et frangés des longs poils fauves et raides du carcajou. Un petit capuchon, seule coiffure des Esquimaux, était fixé à ce sarrau et pareillement bordé de galon de peau blanche et de franges en carcajou. Cette blouse, échancrée par côté et terminée en queues arrondies par devant et par derrière, n'était fendue qu'autant qu'il le fallait pour laisser passer la tête et ne descendait pas plus bas que le bas-ventre; les échancrures des côtés atteignaient les hanches.

Une simple lanière garnie d'un nœud coulant à une de ses extrémités et de l'autre d'un bouton-olivette en ivoire, représentant deux têtes d'ours blanc accolées, servait de ceinture (*tapciƥk*) à Nullumallok; mais par derrière, il portait aux reins une queue épaisse et ondoyante de renard noir. Ses jambes étaient enfermées dans une double paire de culottes qui, pour la forme, ressemblaient aux *braies* gauloises et bas-bretonnes, avec cette seule différence que les braies esquimaudes (*Kammaƥk*) sont moins amples. La culotte de dessous est en peau de rat musqué, poil en dedans, comme la chemise; celle de l'extérieur est en renne, poil en dehors. Ce vêtement n'est point fendu, mais se ferme autour des reins par une coulisse; il ne descend que jusqu'au dessus du genou où il est frangé de carcajou, comme la blouse. A cette partie de la jambe, le pantalon est rejoint par une paire de bottes en peau de pattes de renne, quant aux tiges, et en peau de marsouin plissée et soigneusement ornementée, quant au soulier. Elles contiennent une paire de bottines en peau blanche très-souple et très-fine, remplissant l'office de chaussons. Je remarquai qu'il y avait entre la botte et la culotte, au jarret, un endroit de la jambe qui était toujours à nu, par suite de la petite dimension du vêtement; les manches de la blouse sont aussi très-courtes et laissent à nu une partie du poignet. Il en est de même du ventre que le pantalon ne saurait recouvrir. Je m'aperçus que mes visiteurs avaient souffert du froid à ces différentes parties de leur personnage. Il leur serait bien facile de remédier à cet inconvénient en allongeant leur pantalon et les manches de leur blouse. Toutefois il ne leur vient pas seulement en pensée que cela puisse ou doive se faire, tant ils sont fidèles à la routine et aux usages reçus de leurs pères.

Nullumallok portait des mitaines en peau de morse, aussi blanches et aussi soyeuses que de la belle laine. Ils nomment ce vêtement *pualuk*. En outre ses mains étaient enfermées dans des gants de peau de renne, poil en dedans (*adsigaït*). Ceci est le costume d'hiver. Celui de ses compagnons était à peu près le même. Les Esquimaux ont une grande variété de vêtements tous plus remarquables, plus élégants les uns que les autres.

L'habillement des femmes est confectionné avec le même bon goût que celui des hommes. La jaquette, de même forme mais un peu plus longue (*kapituaᵽk*), est décorée de pendeloques d'ivoire imitant en petit des poissons, des ours blancs ou des oiseaux. Elles y portent également suspendues, à titre de talismans, des défroques empaillées de corbeau, de faucon ou d'hermine. Le pantalon (*tçivoᵽak*) fait corps avec la chaussure et se compose de bandes de peau de diverses couleurs habilement mariées. Mais ce qui distingue surtout le vêtement des femmes de celui des hommes, c'est la forme du capuchon (*natçaᵽk*). Comme il doit recouvrir le chignon, il atteint des dimensions si incroyables qu'il ressemble au chapeau à claque de nos gendarmes. Ce qui complète l'illusion, c'est une triple bordure de peau noire, de peau blanche, et de poils longs, raides et fauves de carcajou, qui surmonte sa marge externe. Ceux-ci sont hérissés en manière d'auréole ou de flammes qui communiquent à ces têtes de femmes un aspect bizarre. On dirait des hyènes en colère.

Les mères qui allaitent portent une jaquette ample et serrée autour des reins par une ceinture. Elles y enferment leur chère progéniture, qu'elles peuvent, par ce moyen, allaiter sans l'exposer à un froid qui lui serait mortel. Ces jeunes enfants sont sans aucun vêtement jusqu'à l'âge d'environ deux ans. Quant aux incongruités que ces petites créatures peuvent se permettre sur le dos de leur mère, qui leur sert de calorifère, l'amour maternel, le même chez tous les peuples, les endure patiemment et avec indifférence.

On voit que ces pauvres sauvagesses peuvent encore en remontrer à plus d'une belle dame. Ces femmes ont la coutume hindoue et thibétaine de tirer la langue en signe d'admiration et d'étonnement, et d'affirmer en fronçant le nez. Leur visage est tatoué de cinq à six traits sur le menton (*kakinæᵽèt*), et de deux traits aux commissures de la bouche.

Les *Tchiglit* ne mangent pas toujours la viande crue comme semble l'indiquer leur nom Cris de *Wiyaskimèwok*. Ceux qui le leur ont donné en mangent peut-être autant qu'eux. Mais on peut dire que leur goût est si dépravé (d'autres diraient si indifférent et partant si parfait), qu'ils mangent aussi bien la viande et le poisson crus, que bouillis ou rôtis, aussi bien frais que desséchés à la fumée ou au soleil, ou même fortement faisandés. Pour ce dernier cas, bien des gourmets européens devront se trouver de leur avis.

Je ne leur ai jamais rien vu manger de cru en été. Pendant l'hiver c'est autre chose. La difficulté où ils se trouvent de se procurer du feu, ou du moins d'entretenir dans leurs demeures souterraines un feu assez puissant pour leur permettre de faire la cuisine, les exigences d'un estomac qui a toujours une place en réserve, et qui ne saurait attendre de longues heures que des quartiers de viande aussi durs que des rochers fussent dégelés et cuits, leur ont fait une nécessité d'abord, une habitude ensuite, de dévorer n'importe quoi, apprêté ou non. L'habitude a fini par leur faire goûter des délices là où nous ne trouverions qu'une répugnance invincible. Peut-être sont-ils plus philosophes que nous. En tout cas ils sont certainement moins malheureux, parce qu'ils acceptent sans murmurer tout ce qui leur arrive de fâcheux, et qu'on ne les voit jamais s'emporter ni tempêter contre des causes qui sont indépendantes de notre volonté et sur lesquelles nous ne pouvons rien. Enfants gâtés de la nature et de la Providence, nous montrons en bien des rencontres que nous ne valons pas toujours ceux que nous méprisons.

Nos *Tchiglit* sont sédentaires du mois d'octobre au mois de mai, et nomades le reste de l'année. Leur vie entière se partage entre la chasse, la pêche et la recherche des animaux à fourrure, dont ils troquent les peaux dans les forts de la Compagnie d'Hudson.

Lorsque le soleil reparaissant sur l'horizon commence à monter vers le zénith et à faire sentir sa bienfaisante chaleur, l'Esquimau entreprend ses premiers voyages vers les forts Mac Pherson et Anderson [1], pour y échanger les pelleteries récoltées durant l'hiver, contre du tabac, des verroteries, des munitions de chasse et de la menue quincaillerie, telle que limes, batte-feu, chaudrons, couteaux, piéges à martres, etc.

Richardson dit que le commerce avec les Esquimaux du Mackenzie ne date que de 1849. Précédemment une tentative qui avait été faite, coûta la vie à un officier de la baie d'Hudson, M. Livingstone, et à ses gens. Ils furent massacrés par les Esquimaux sur un îlot, à l'embouchure du Mackenzie. On sait comment Franklin, Richardson, Pullen et Hooper furent accueillis par ces mêmes *Tchiglit*. Ils ne durent leur salut qu'à leur nombre et à leurs armes à feu, dont ils ne firent cependant que menacer les Esquimaux.

Juqu'ici le commerce entre cette tribu et la Compagnie de la baie d'Hudson a pu être conduit sans querelles ni effusion de sang, mais ce n'a pas été sans menaces ni tentatives de la part de ces indigènes remuants et tracassiers. Il a fallu toute la prudence et tout le calme des commerçants anglais pour obtenir ce résultat.

Avant 1849, les *Tchiglit* trafiquaient dans le sud avec les *Dindjié* ou Loucheux et les *Nné-la-gottiné* ou Peaux-de-Lièvre « du bout du monde », tribu *Dènè*. Les échanges se faisaient avec les premiers à la pointe Séparation, c'est-à-dire à la tête du delta du Mackenzie, et avec les seconds au lieu où fut construit en 1859 le fort Anderson.

Dans l'ouest, les *Tchiglit* communiquaient avec leurs plus proches voisins, les *Taρéoρ-méut* et les habitants d'*Akilineρk*, qui échangeaient avec eux le tabac, les pipes, les rassades bleues et blanches et les grandes chaudières de fer qu'ils recevaient directement des tribus qui fréquentaient les Russes de *Natéρovik*. Ces échanges se faisaient d'ordinaire sur l'île de la Traîte (Barter Island), située sous le 144° de long. O. de Greenwich. De là des marchandises qui provenaient d'Europe et qui avaient dû traverser toute l'Asie, parvenaient, par l'entremise des *Tchukschit* du Kamstchatka, des *Akilineρméut* et de nos *Tchiglit* jusqu'aux tribus de la rivière du Cuivre, de la presqu'île Melville et des îles polaires.

Dans ces pérégrinations commerciales nos *Tchiglit* accusent d'assez mauvaises dispositions pour la marche. Leurs raquettes sont si lourdes et si grossières qu'ils préfèrent ne point s'en servir, ce qui leur rend le voyage très-pénible. Leurs traîneaux, semblables à ceux des Asiatiques du Nord et

---

1. **Aujourd'hui** ce dernier poste de traite n'existe plus. Il a été abandonné par la compagnie d'Hudson en 1866.

des Russes, sont montés sur des patins et s'enfoncent dans la neige en y creusant des ornières pro-
fondes, ce qui épuise leurs chiens. Comme ils sont dépourvus de lisses d'acier, l'Esquimau est obligé
d'y suppléer en formant un bourrelet de limon et de glace sur toute la longueur des patins; mais
comme ce bourrelet s'use par le frottement, il leur devient nécessaire, plusieurs fois par jour, de
décharger leur traîneau, de le retourner et de reconstruire le bourrelet en y versant de l'eau qui, en
s'y congelant instantanément, se transforme en glace. Pour se procurer ce liquide qui leur tient
lieu d'acier, ils doivent creuser, à l'aide d'une simple corne de bœuf emmanchée d'une longue perche
(*toρon*), une croûte de glace de plusieurs pieds d'épaisseur, opération longue et pénible.

Au lieu de camper sur le rivage et dans les bois, lorsqu'il s'en trouve sur leur chemin, ils préfèrent passer deux ou trois heures à construire une hutte de neige durcie (*apun iglu*), dans laquelle la
seule chaleur naturelle, unie à celle d'une lampe fumeuse, doit leur suffire. Voici comment nos *Tchiglit*
procèdent à la construction de ces huttes. Je me permets encore de transcrire un passage de mon
journal de 1865.

A l'aide du long coutelas dont ils sont toujours armés, deux d'entre eux découpaient sur la rivière,
dans la neige durcie qui en recouvrait la glace à quatre ou cinq pouces d'épaisseur, des moellons en
forme de trapèzes plus ou moins réguliers. Ils les disposaient de champ sur la surface de la glace, et
sur tout le pourtour d'une circonférence qui donnait les dimensions de la future maison. Lorsqu'une
première rangée était dressée, on lui en superposait une seconde, puis une troisième, qui s'en allait
toujours en tournant comme la coquille d'un colimaçon. En même temps, de l'eau était jetée dans
les interstices des moellons de neige, afin de servir de mortier. De meilleur ciment il ne se peut en
voir, parce que l'eau en se congelant instantanément et en inondant les parois de cette voûte à mesure
qu'on la construisait, changeait la neige en glace et faisait de tous ces voussoirs un tout solide et im-
perméable à l'air. En moins de deux heures le dôme était fini; un dernier voussoir, véritable clef de
voûte, vint consolider le colimaçon et terminer l'œuvre. Nous étions alors possesseurs d'un petit palais
de cristal de la forme d'une ruche et de la dimension d'une loge à castors. Il fut inondé d'eau puis
recouvert de neige; enfin, en trois coups de coutelas (*tsavi-ρatsiaρk*), un Esquimau y perça une entrée
qui pouvait bien avoir deux pieds de haut, tout juste assez d'espace pour s'y glisser en rampant sur le
ventre. Cette porte fut munie du côté du vent d'un petit mur semi-circulaire pour la défendre du
froid; du côté opposé, un autre mur soutint, avec le premier, une sorte d'auvent; le tout était de
neige durcie, transformée en glace par l'eau. Ainsi fut préparée notre chambre à coucher

Alors on introduisit dans la hutte les robes de renne et d'ours blanc, la lampe, les provisions;
tout le bagage inutile fut laissé dehors; puis chacun de se faufiler dedans, moi le dernier. Le moellon que l'on avait détaché pour pratiquer une porte à la loge, fut alors replacé dans l'ouverture; on
l'arrosa d'eau, et nous fûmes ainsi claquemurés et mis absolument hors de communication avec l'air
extérieur. Tout d'abord je grelottais comme dehors, mais bientôt l'air de cet appartement de proportions si exiguës, s'échauffant par notre haleine, notre chaleur naturelle et celle de notre lampe,
je finis par suer, et par suer si abondamment que je fus obligé de me départir comme eux de toute
surcharge de vêtements. Je crus même que j'allais m'asphyxier, faute d'air. J'en demandai à grands
cris, ce dont mes Esquimaux rirent à cœur joie. En peu de temps la chaleur s'éleva à un tel point,
dans cette cabane de neige transformée en étuve, que les murailles se prirent à suer comme les vitres
d'un appartement fortement chauffé, et se transformèrent entièrement en glace cristalline, au travers de laquelle nous apercevions la clarté de la lune, comme à travers des vitres dépolies.

Quelle est la disposition intérieure de notre palais de cristal?

Les trois quarts de l'espace circulaire compris sous ce dôme de neige sont réservés au lit (*kragva-luk*). C'est tout simplement une estrade de neige battue, élevée d'un pied anglais au-dessus du sol de notre hutte, lequel n'est autre que la glace du fleuve Anderson, épaisse de neuf à dix pieds. Sur cette estrade, des robes, de chaudes fourrures d'ours blanc (*nannuk*) et de rennes (*tuktu*) sont éten-dues pour servir à la fois de draps et de couvertures. L'espace laissé libre entre l'entrée et l'estrade est divisé en trois portions; à droite de la porte, une autre petite estrade en neige reçoit une pierre

*Fac-simile* de dessin esquimau.

J'extrais le dessin ci-dessus d'une boîte que je tiens des Esquimaux de l'Anderson. Le sujet y est tracé en caractères rouges et noirs, sous forme de silhouettes. On observera que le principal personnage de la scène est plus grand que les autres, comme dans les peintures et les bas-reliefs égyptiens et grecs copiés par les peintres et les sculpteurs du Moyen Age.

Le sujet de cette peinture dénuée de perspective est multiple.

Tout en haut, un Esquimau, debout à l'avant de son *umiak*, conduit par trois femmes, harponne une baleine blanche qui a déjà reçu un premier harpon. On en voit la ligne et les vessies flotter derrière le cétacé.

Plus bas, un autre Esquimau, assis dans son *kpayak*, poursuit un autre marsouin blessé, qui exhale avec son sang son dernier soupir. En même temps, il en remorque trois autres qu'il a enfilés et qui sont renversés dans l'eau, le ventre en l'air.

Enfin, sur le premier plan, un troisième Esquimau décoche une flèche à un renne.

La délinéation générale de ces figures, la pose des hommes et la forme des animaux offrent assez d'exactitude. Il n'est pas un Peau-Rouge *Dénè* ou *Dindjié* capable d'exécuter un tel dessin.

noire et creuse de serpentine ou de kersanton, d'un pied et demi de long sur un pied de large, qui res-semble pour la forme à une petite barque. C'est la lampe (*krolerk*), qui me rappelle le *kalén* provençal, renouvelé des Grecs. Sous le 82e degré de latitude, les Esquimaux du Groënland nomment cette même lampe *kotluk*; ceux de la baie d'Hudson, à Churchill, l'appellent *kullek*. Ces quatre mots n'ont-ils pas la même racine, n'accuseraient-ils pas la même origine?

A gauche de l'entrée se trouve une autre estrade de neige qui reçoit un vase d'un usage tout différent. La seule pensée que notre chambre à coucher, déjà si étroite et si peu fournie d'air res-pirable, allait devenir une sentine, après avoir été une tabagie et une cuisine, me soulevait le cœur. Mais qu'y faire?

Au-dessus de la lampe de pierre, une petite baguette fut fichée horizontalement dans la paroi friable de notre palais ; sur cette baguette on suspendit des morceaux de lard de baleine rance ; quatre ou cinq lumignons en mousse, disposés sur l'une des parois de la lampe, furent imbibés d'huile de poisson, et allumés. La chaleur de la flamme fit fondre doucement le lard de baleine qui se trouvait au-dessus ; ce lard commença à dégoutter dans le petit bassin de serpentine sous forme d'huile ou de graisse liquide, et entretint la flamme des lumignons ; de telle sorte qu'il n'y avait jamais dans la lampe plus d'huile qu'il ne fallait pour l'entretien de la flamme, et que celle-ci faisait toujours fondre assez de lard pour ne pas s'éteindre faute d'huile. C'est ainsi que, par cette simple et ingénieuse combinaison, les Esquimaux parviennent à entretenir un feu perpétuel qui brûle sans entretien, pourvu

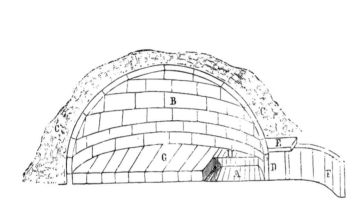

Coupe transversale d'une Iglo-ρiyoaρk
ou hutte de neige servant de campement en voyage.

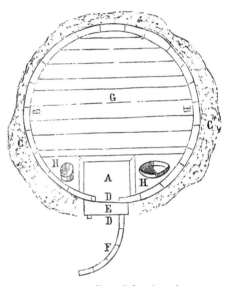

Plan à terre d'une Iglo-ρiyoaρk
ou hutte de neige servant de campement en voyage.

A  Lit congelé des rivières ou de la mer.
B  Kρayviaρk, voûte en neige durcie, montrant les voussoirs ou moellons de neige (killuk).
C  Saw, ados ou revêtement extérieur de neige molle (añniyo).
D  Pah, entrée de la hutte, que l'on ferme à l'aide d'une porte de neige (upkuaρk).

E  Kρaa, appentis de neige dure, servant à protéger l'entrée.
F  Tchukkak, avant-mur ou abat-vent.
G  Kρagvaluk, lit ou estrade de neige battue.
H  Kρolém-inné, ou lieu de la lampe, à droite ; Kρoρvim-inné, ou lieu du vase à gauche.

qu'on ait le soin de remplacer les mèches de mousse lorsqu'elles sont consumées, et de remettre d'autres morceaux de lard à cheval sur la baguette lorsque les vieux sont à sec.

Tout homme civilisé que je suis, je ne pus m'empêcher de témoigner à ces pauvres sauvages l'admiration que j'éprouvais de leur ingéniosité, mais en même temps je remerciais Dieu, qui a créé l'esprit de l'homme et lui a donné la puissance de dompter et de surmonter les forces de la nature, quelque terribles et quelque opposées qu'elles puissent être en apparence à son existence.

Au Groënland, les Esquimaux entretiennent leurs lampes avec des mèches d'amiante ou asbeste ; sur mer, lorsque la mousse leur fait défaut, nos Esquimaux se servent de mèches de peau. Cette lampe fut l'unique feu auquel nous nous réchauffâmes et fîmes cuire notre souper. C'est ainsi que cela se pratique toujours dans les huttes esquimaudes.

Je donne ci-dessus le plan d'une hutte de neige (*apun iglu, iglo-ρiyoaρk*) servant de bivouac.

Toute neige n'est pas propre à la construction des *iglo-ρiyoaρk*, mais seulement la neige gelée et durcie, qui ne se forme qu'au milieu de l'hiver, par suite des froids intenses et surtout des vents violents qui la tassent et la rendent semblable, pour la consistance, à des moellons de sablon. L'épaisseur de cette neige varie de deux pouces à un demi-pied. Entre cette croûte, nommée *killuk* par les Esquimaux, *kollu, ollu* par les Ḍénés, et le sol, se trouve une neige granuleuse (*natatkronaρk*), qui est cristallisée comme le sel et en a l'apparence. Celle-ci est éminemment propre à la cuisine, parce qu'étant déjà changée en cristaux de glace, elle fournit beaucoup plus d'eau que la neige folle ou molle (*anniyo*).

Au mois de juin, c'est-à-dire lorsque les banquises ont abandonné l'estuaire de nos fleuves, les *Tchiglit* se rendent de nouveau dans les forts Mac-Pherson et Anderson, mais par eau. Les hommes montent leurs légers *kρayaït* (*kρayak* au sing.), formés de peaux de marsouins tendues sur des cerceaux, et qui sont trop connus pour que j'en fasse la description. Les femmes, les vieillards et les enfants prennent place dans des barques également de peau qu'ils appellent *umiaït* (au sing. *umiak*), et que les Russes ont nommé *baïdaρka*. Elles servent à la chasse de la baleine.

Le *kρayak* sert à la chasse du vison, du rat musqué ou ondatra, du phoque et du marsouin. Les Esquimaux tuent ces animaux à l'aide de javelines (*kapotchin*) à pointes mobiles qui diffèrent suivant la grosseur et la forme de l'animal. Ils chassent le renne (*tuktu*) et le bœuf musqué (*umimmaρk*) au moyen de flèches barbelées dont ils ont une grande variété. Depuis fort peu de temps seulement ils ont adopté partiellement l'usage du fusil à pierre.

De la mi-juin à la mi-juillet, les *Tchiglit* se livrent à la pêche du hareng, du poisson blanc et de l'inconnu, dans les innombrables chenaux du Mackenzie. Ils conservent le poisson qu'ils ne consomment pas, soit en l'exposant à la fumée d'un petit feu, soit en le mettant en saumure dans des outres pleines d'huile de marsouin qu'ils suspendent à des arbres. Il ne se peut concevoir d'odeur semblable à celle qui s'exhale de ces vaisseaux, lorsque les Esquimaux les ouvrent pour en déguster le contenu. Toutefois, il m'a paru que ces poissons crus et rouges de fermentation doivent être un excellent mets, tant nos *Tchiglit* les mangent avec voracité.

La chasse du renne suit et accompagne la pêche. Elle a lieu de juillet en août, alors que ces animaux arrivent sur les plages de la mer Glaciale. Elle est suivie de la chasse au marsouin, qui se fait pendant tout le mois d'août, sur mer, à l'embouchure des fleuves Mackenzie, Natowdja et Anderson. Les familles Tchiglit, longtemps dispersées par la pêche, se trouvent alors réunies dans leurs villages d'été, qui consistent en maisons de bois (*iglu*); ils y séjournent jusqu'en octobre. A cette époque seulement, leurs provisions d'hiver étant faites, ils songent à se cabaner pour l'hiver, ce qui les oblige de quitter les plages désolées de l'Océan, pour pénétrer plus ou moins avant dans l'estuaire des grandes rivières précitées.

A défaut de forêts, leur froide contrée abonde en bois flottants (*tchiamot°*), que les cours d'eau charrient à la mer Glaciale en quantité prodigieuse, et que les courants marins se chargent de transporter bien loin du continent. Ce bois, ressource précieuse pour les pauvres Esquimaux, leur fournit le combustible dont ils se réchauffent en été, avec lequel ils font cuire leurs aliments, construisent leurs barques, leurs armes, leurs ustensiles, et surtout leurs maisons; car il ne faut pas confondre ces sortes de constructions avec les huttes de neige dont je viens de parler.

Durant la période nomade de l'été, ils habitent sous des tentes coniques (*tuppeρk*) en peaux de renne, fermées par le haut, et meublées à peu près comme un *iglo-ρiyoaρk*.

Je termine ce long chapitre par la descripion d'une maison d'hiver, celle de mon hôte de 1865.

Ces demeures (*iglu*) réunies en hameaux ou villages, ressemblent extérieurement à des monticules circulaires ou à de grosses meules de foin recouvertes de neige. Elles se trouvent quelquefois placées sur la glace elle-même, mais d'ordinaire elles sont adossées à une côte d'une nature friable, que les Esquimaux creusent en partie, de manière que l'*iglu* soit à demi souterraine et à demi extérieure. A leur sommet, se trouve enchassé en guise de ciel ouvert un glaçon plat, carré et bien limpide, qui y tamise la lumière du jour.

Chaque maison est précédée d'un passage long, étroit et un peu courbe qui est construit avec de gros glaçons posés de champ et recouverts d'autres blocs, à la façon des dolmens. C'est un véritable terrier de 15 à 20 pieds de long sur deux et demi de haut, qui a pour but de préserver l'habitation de tout contact avec l'air extérieur. A cette fin, il occupe un niveau inférieur à celui de l'*iglu*, parce que l'air froid ne tend pas à monter, tandis qu'il retient au contraire dans la parie supérieure l'air échauffé et plus léger. Un simple morceau de parchemin de phoque ferme à l'extérieur ce couloir de glace, qui se confond avec le sol environnant, et rappelle parfaitement les mystérieuses galeries druidiques que l'on voit en Bretagne.

Il me souviendra longtemps des singulières impressions que j'éprouvai pour la première fois dans ces trous noirs et onctueux. L'odeur qu'on y respire est loin d'être de l'ambroisie; mais je sentis bien autre chose lorsque, me relevant à demi et soulevant avec ma tête un autre parchemin huileux qui fermait une trappe en plan incliné ménagée à l'extrémité interne du terrier, la partie supérieure de mon personnage émergea dans l'intérieur brillant de clarté de la maison esquimaude. Quelles émanations, grand Dieu, m'assaillirent tout à coup! Je crus que j'allais être renversé dans le trou ténébreux où je venais de me traîner à quatre pattes. Il y avait là un composé de tous les parfums; on y sentait la sueur, la graisse, le lard rance, la fumée de l'huile de baleine, l'haleine fétide des locataires, la vapeur du tabac, le fumet du chaudron, et l'odeur de bien d'autres choses.

C'était encore pis que dans les huttes de glace, que j'avais la consolation de perforer pendant la nuit, afin d'humer par un petit trou l'air extérieur.

N'importe, je me trouvais en présence de mes hôtes; les devoirs de l'hospitalité reçue et de la charité m'obligeaient à ne point les contrister et à rengaîner mon dégoût, pour paraître émerveillé.

Je posai donc les mains sur le bord graisseux de la trappe (*kpatapk*), et soulevant mes pieds jusqu'au niveau du plancher, en un bond je fus dans la maison.

Quatre troncs de sapin plantés dans le sol en rectangle, et unis dans le haut par d'autres arbres de moindre dimension placés en travers, y formaient une sorte d'échafaudage; c'était la charpente de la maison. Des planches grossièrement équarries à la hache et placées sur cette cage constituaient le plafond de l'appartement, au centre duquel le glaçon que j'avais vu à l'extérieur était enchâssé et cimenté avec de la mousse et de la neige arrosées d'eau. Les murailles de la maison étaient formées par des pièces de bois reposant obliquement contre chacune des quatre faces de l'échafaudage. Leurs interstices étaient remplis de mousse et de neige, pareillement tassées et arrosées d'eau. L'espace laissé au milieu (A) entre les quatre arbres servant de piliers à l'édifice, était fourni d'un plancher semblable au plafond. En outre, d'autres madriers équarris à la hache entouraient la muraille et formaient un lambris de trois pieds de haut. En face et de chaque côté de la trappe ou *kpatapk* (B) qui sert de porte intérieure à l'édifice et s'ouvre dans le *kpanitat* ou corridor (C), sont les chambres (*kpeiñgopk*) (D), tout entières occupées par autant d'estrades ou de divans (*iglepklit*) (E) qui servent à

*f*

la fois de siéges, de tables et de lits à une ou deux familles. Ces alcôves sont naturellement formées par l'inclinaison des parois (F) depuis le cadre de la charpente, qui surmonte le plafond à ciel ouvert (*ipalepk*) (G), jusqu'au sol. Un revêtement extérieur de terre et de neige arrosée d'eau (H) complète cette ingénieuse bâtisse, dans la construction de laquelle il n'entre pas un clou, pas une cheville, et qui a à peu près la forme d'une église avec sa nef, son abside et son transsept. Voici d'ailleurs la coupe longitudinale et le plan à terre d'une de ces demeures d'hiver des Esquimaux.

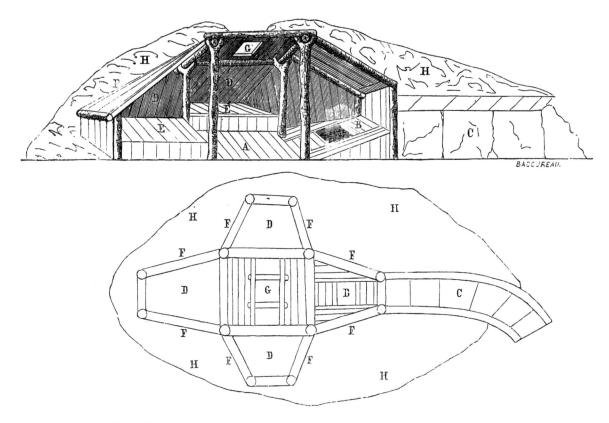

Coupe longitudinale et plan à terre d'une Iglo ou maison d'hiver des Esquimaux.

Celle de Nullumallok, que j'habite, n'a qu'une seule chambre ou alcôve placée au fond, en face de la porte; mais les autres huttes avaient chacune trois alcôves, comme il est marqué ci-dessus.

Dans ces habitations ingénieuses autant que confortables, ce qui étonne le plus, c'est qu'il ne s'y trouve point de foyer. Il ne saurait y en avoir dans les contrées où il n'y a point d'arbres. La localité où nous nous trouvons fait exception; mais c'est un campement d'automne que mes hôtes ont eu la paresse d'abandonner en hiver. La flamme des lampes ou *kpoleït* remplace celle du foyer absent. Il se trouve dans ces maisons autant de lampes qu'il y a de familles. Il y en a donc deux dans celle que j'occupe; j'en ai déjà donné la description, et l'on connaît maintenant par quel procédé ingénieux elles s'alimentent elles-mêmes et brûlent sans discontinuer et le jour et la nuit. Leur place est au pied de chacun des poteaux qui soutiennent l'édifice. Elles sont portées aussi près que possible du plancher sur une double rangée de pieux. Au-dessus est placé une sorte de treillis (*paneρtsiwik*), sur lequel on dépose les objets que l'on veut faire chauffer ou dégeler, ainsi que la viande que l'on veut faire cuire. Qu'on se figure quel peut être l'arome de viandes rôties à la flamme fumeuse d'une lampe fétide au delà de toute expression et qui ne rencontre aucune ouverture par où sa fumée noire puisse s'échapper! Voilà le seul luminaire qui éclaire ces terriers durant les longues nuits d'hiver. Voilà le seul calorifère qui les chauffe en toute saison, l'été excepté.

Qui le croirait cependant, ces maisons sont d'un confortable que l'on chercherait vainement sous la tente des Peaux-Rouges. Les Esquimaux souffrent évidemment beaucoup moins que leurs voisins les *Dénès* et les *Dindjyès*. La température de leurs habitations, dépourvues de feu, se maintient toujours de $+ 5°$ à $+ 15°$ centigrades. En outre, elles sont munies d'une infinité de petits meubles, d'ustensiles et d'outils appendus aux murailles : carquois, arcs, pipes, fourrures, vêtements, sachets ornés de griffes d'ours, bandeaux en peau de loup ou de renard, lacets à lièvre en fanons de baleine. Sur le plancher gisent épars l'outre en peau de baleine blanche (*kρoρloρaρk*) qui sert à contenir l'eau, la large pelle (*pwaléρén*) avec laquelle, au début de la construction, les femmes déblayent le sol de la neige qui le couvre, des plats de bois, des vases cousus avec des fanons de baleine, des couteaux de femme (*ulualuk*) semblables à des hachoirs à viande.

Dans chaque alcôve ou *kρéïn-goρk*, la place des hommes mariés est à l'une des extrémités latérales; comme il y a d'ordinaire deux couples par alcôve, les hommes se placent à chaque extrémité, la femme vient ensuite, à côté de sa lampe, et les enfants ou les visiteurs occupent le centre, couchant d'ordinaire en sens inverse des gens mariés, c'est-à-dire la tête au fond de l'alcôve et les pieds sur le bord du divan; tandis que les maîtres de la maison placent la tête sur le bord du lit et tournent les pieds vers le fond de l'appartement.

Au chevet de chaque Esquimau mâle, n'eût-il que sept à huit ans, est fiché un couteau (*tsaviρatsiaρk*). Cette arme accompagne l'Esquimau partout, il ne fait pas un pas hors de sa demeure sans son couteau. C'est pour lui un *vade mecum* indispensable qui remplace la hache des Peaux-Rouges. A l'aide de ce couteau il mange, il dépèce les animaux qu'il a tués à la chasse, il construit en voyage la hutte de neige, il se défend de ses ennemis et se venge des injures qu'il a reçues. Le *tsaviρatsiaρk* est tout pour lui, aussi il ne le quitte jamais et se munit souvent de plusieurs. Une fois j'aperçus entre les mains d'un Esquimau un superbe couteau de chasse provenant d'un baleinier américain. Je le pris des mains de l'Indien afin de l'examiner à mon aise. L'Esquimau se défit sans difficulté de cette arme, et me la laissa examiner à loisir; mais afin de ne point se trouver sans défense il passa prestement la main dans sa botte droite, à la manière des Chinois, et en tira un second couteau. Surpris de ce mouvement de défiance, et voulant m'assurer de combien d'armes cet homme était muni, je lui pris ce deuxième couteau, sans lui rendre le premier. L'Esquimau fut étonné, mais il se dessaisit de l'arme; toutefois il plongea aussitôt la main dans sa botte gauche et tira un troisième couteau. Je pris encore celui-ci, persuadé cette fois que je parviendrais à le désarmer complétement. Il n'en fut rien, en un clin d'œil il avait tiré un quatrième couteau de sa nuque, et se mettait alors sur la défensive. Je souris de sa crainte chimérique ainsi que de sa méfiance, et rendis à mon homme les trois autres couteaux.

Les Esquimaux fabriquent eux-mêmes leurs armes, comme tous les objets et ustensiles qui sont à leur usage. Jusqu'ici ils n'ont emprunté aux blancs que les matières premières: les métaux. Leur habileté à forger et à travailler le fer et le cuivre n'est surpassée que par l'adresse avec laquelle ils façonnent, sculptent et polissent l'ivoire de morse et de mammouth. J'ai vu chez eux des manches de couteau, des outils, des épissoirs à arc, des dards de flèche, des outils à coudre, des étuis, des boîtes, des pendants d'oreilles, des labrets, des boucles de ceinture, des hameçons entièrement fabriqués avec de l'ivoire, et d'une façon qui ferait honneur à un ouvrier européen émérite. Leurs couteaux ont souvent deux tranchants, et offrent de six à seize pouces de lame. Ils ont des formes aussi variées que curieuses.

## IV.

### ORIGINE ASIATIQUE DES ESQUIMAUX PROUVÉE PAR LEUR TÉMOIGNAGE.

Les Esquimaux n'ont pas l'idée qu'il puisse exister sur terre d'autres variétés d'hommes que la blanche, la rouge et la leur. Voici donc comment leur tradition raconte à la fois cette distinction dans la couleur, la langue et les coutumes, en même temps que l'origine de l'espèce humaine. Je donne la version écourtée comme elle m'a été donnée, et sa traduction fidèle :

| | |
|---|---|
| Uavaρnep-mun , pamànè, kρikepta-mi , kikidjiaρ-oρk mallœ-ρok-innéoptoaρ oρk. Illamiñgnun akkiañgnin kρidjigilioρklutik̓. Aρkρidjigilinuρublutik oρk, katchaρklutik inmiñg-nun. Nukkaρéit goρk, aρviklaρtoρoρk, aypa Tchiglinoρklunè, aypa Tchubluaρaoti-noρklunè. | A l'ouest, sur la grande mer, sur une grande île, le castor donc créa deux hommes donc. De la rive opposée sur ce rivage-ci ils vinrent tous deux à la chasse des coqs de bruyère. Ces coqs de bruyère ils se les arrachèrent mutuellement des mains, ils se battirent l'un l'autre pour les avoir. Or donc les deux frères (par suite de leur querelle) se séparèrent. L'un fut le père des Hommes (les Esquimaux); l'autre fut le père des Souffleurs (les cétacés, d'où ils supposent que les Européens sont sortis, parce qu'ils sont arrivés chez eux par mer). |

La tradition Innok dédaigne de parler ici des Peaux-Rouges. L'ayant fait observer à mon narrateur *Aρviuna :* « Oh! me répondit-il, il ne vaut pas la peine d'en parler. Ils naquirent aussi dans l'ouest, sur l'île du Castor, des larves de nos poux. C'est pourquoi nous les nommons *Itkρéléit.* Ils sont méprisables, mais les *Kρablunèt* et les *Innoït* sont frères. »

Nos Esquimaux considèrent donc une grande île de l'océan Indien, à l'ouest de l'Amérique, comme leur patrie originelle. Point n'est besoin de recourir à leurs traditions pour s'en convaincre : ils m'ont dit clairement être venus de l'ouest à une époque qu'il leur est impossible de préciser, et pour preuve de leur dire ils me demandèrent si je connaissais *Okρayéuktuaρk* ou « l'homme qui ne parle pas. » Leur ayant demandé des explications sur cet être qu'ils me représentaient comme habitant dans l'ouest-sud-est, leur ancienne patrie, ils se mirent à contrefaire, par une mimique habile, les allures de l'orang-outang ou de quelque grand quadrumane, marchant sur les pieds et sur les mains, se redressant, s'aidant d'un bâton, grimaçant et sautillant, comme si peu d'instants auparavant ils avaient vu l'animal qu'ils dépeignaient et qu'il me fut bien aisé de reconnaître.

Ce seul fait, accompagné de la tradition mentionnée plus haut et du témoignage oral des Tchiglit, me paraîtrait péremptoire pour la conclusion à l'origine occidentale[1] des Innoït, si nous n'avions d'autres preuves.

---

1. Toutes les fois qu'il est parlé d'*Occident* et d'*Orient* dans ces pages, il faut l'entendre relativement à la position du continent américain. L'Occident, par rapport aux Esquimaux, c'est donc ce que nous appelons en Europe l'extrême Orient; et l'Orient, pour eux, est notre Europe occidentale. Ceci mérite à peine cette note.

Dans plusieurs des traditions groënlandaises recueillies par un savant danois, M. H. Rink, traduites en anglais par le D$^r$ Robert Brown, et résumées par le savant abbé Morillot, il est fait mention d'une contrée mystérieuse et occidentale située dans l'ouest, au delà de la mer Glaciale, et que plusieurs habitants de la Terre-Verte [1] visitèrent. Cette patrie (car ils ne peuvent avoir conservé le souvenir que du berceau de leur nation), ils la nomment *Akilinék*, mais ils en ignorent la position; de sorte que le traducteur des légendes ne peut nous renseigner sur ce point.

Je serai peut-être assez heureux pour éclaircir cette question, du moins d'une manière partielle.

J'ai dit en effet que la septième tribu occidentale connue des Esquimaux du Mackenzie se nomme *Akilineρméut*, c'est-à-dire habitants d'*Akilineρk*. Par ce nom ils m'ont paru désigner la contrée comprise entre le cap Lisbonne et le cap des Glaces, côte qui avoisine de fort près le détroit de Behring et qui est connue sous le nom de Nouvelle-Géorgie.

Voilà donc l'*Akilineρk* des Groënlandais retrouvé, à moins qu'il n'en existe plusieurs, ce qui est peu probable en raison de son nom même. En effet, ce mot paraît évidemment composé de l'un des adverbes *ako* ou *akugu*, au commencement, d'abord, premièrement; du suffixe *neρk*, qui, ajouté à un verbe ou à un adverbe, équivaut à la périphrase *ce qui est*, et en fait un substantif; et enfin de l'affixe *li* ou *ri*, qui intercalé dans un mot en fait un verbe substantif. *Akilineρk* signifierait donc : « *Ce qui est le commencement*, ou terre du commencement, terre de l'abord, terre première.

Par un jeu de mots comme il s'en rencontre dans toutes les langues, le mot *dette* se dit en esquimau *Akiliktçaρk*, de sorte qu'en appliquant le suffixe causatif *neρk* à l'un ou à l'autre de ces deux mots, on pourrait aussi bien appeler la contrée *Akilineρk* « terre du commencement » que « lieu de la dette. »

Rappelons-nous qu'il y a un combat et une séparation au principe de l'histoire la plus récente des Innoït.

Donc, puisque les Groënlandais ont conservé le souvenir d'*Akilineρk*, c'est que la dernière étape sinon le berceau de leurs pères, fut le détroit de Behring et les rivages compris entre ce passage et le cap des Glaces.

Mais nos *Tchiglit* du Mackenzie portent la vue rétrospective de leurs souvenirs beaucoup plus loin. *Akilineρk* est un point relativement voisin pour eux, c'est le lieu d'où durent s'éloigner les dernières hordes de leur nation lorsque, en arrivant sur le continent américain, elles en trouvèrent les abords (*Akilinerk*) occupés par les premiers émigrants. Mais ceux-ci d'où sont-ils donc venus? D'après les *Tchiglit* ce serait de *Natéρovik*. *Natéρovik* est pour les Tchiglit ce qu'est *Akilineρk* pour les Groënlandais et *Nunatagmun* pour les Esquimaux centraux. J'ai lu en effet dans un des récents ouvrages d'exploration arctique publiés par les Anglais, que les Esquimaux des îles de la mer Polaire parlèrent aux Européens de *Nunatagmun* comme d'une sorte de pays de Cocagne d'où leur venaient les produits européens; ils le plaçaient également dans l'ouest.

Nous retrouvons encore ici ce *Nunatagmun*, mais parfaitement précisé par nos *Tchiglit*. Ce sont les abords du détroit de Behring. Nous connaissons donc maintenant *Akilineρk* et *Nunatagmun* dont les Esquimaux de l'est ignorent la position. Où est donc *Natéρovik?* C'est ce que n'ont su me dire les Tchiglit. Tout ce qu'ils en savent c'est qu'il est loin dans l'ouest, mais cependant pas aussi loin que la grande île de l'Océan d'où partirent les deux frères dont parle leur tradition.

1. *Groënland,* signifie terre verte en danois.

Fait singulier, dans toutes les traditions de nos **Peaux-Rouges**, on retrouve cette légende primitive des deux frères, quoique diversement racontée. Lisez les narrations des voyages en Océanie, vous les y verrez encore seuls sur terre, tout au commencement. L'histoire du premier couple est inscrite en caractères ineffaçables dans le souvenir de tous les peuples. Les deux frères sont bien connus dans tout le nord de l'Amérique. Donc, *Natéρovik* est l'Eldorado de nos Tchiglit comme *Akilineρk* est celui des Groënlandais. Jamais vous ne verrez ce peuple tourner ses regards vers l'est, c'est-à-dire vers l'Europe ; même après sa mort, sa tête tournée vers l'orient envisage l'occident, le berceau d'où partirent ses pères.

C'est de *Natéρovik* que les Esquimaux du Mackenzie tiennent et l'usage du tabac et la forme de leurs pipes-plateaux et la coupe de leurs bottes les plus coquettes, et la coutume bizarre de se percer les joues pour y introduire les labrets ou *tutaït*, et la mode de la tonsure, et celle des énormes chignons de leurs femmes, etc., etc. Le cap Bathurst franchi, vous ne trouvez plus dans l'est ni pipes incrustées, ni bottes finement plissées, ni tonsure bien arrondie, ni *putu* dans les joues, ni *tuglit* sur la tête des femmes.

D'où viennent ces grosses rassades bleues? demandez-vous à un Esquimau. *Nateρvalimnin* (de *Natéρovik*) ; telle sera la réponse. Où a été acheté ce chaudron de fer? *Nateρvaliné*, (à *Natéρovik*), toujours Natéρovik. Là les jours sont longs, le soleil montre le nez, comme l'expriment les Innoït, la contrée est chaude, les produits européens abondants ; de là viennent les grosses verroteries des Russes, les blanches coquilles du *Dentalium* et de l'*Arenicola*, les plates et larges carottes de tabac Cavendish, les longues et vieilles lames de seize pouces, défroques des arsenaux de marine.

Le nom de *Natéρovik* semble convenir à l'ancien fort russe Michaëlowski, en ce que la tribu innok la plus voisine de ce poste, vers le nord, est désignée par nos Tchiglit sous le nom d'*Apkwam-méut* ou de Sédentaires ; or telle est la position géographique qui convient aux sédentaires Tchukatchis américains, dont la limite la plus septentrionale, selon le capitaine Beechey, est la pointe Barrow.

Les *Nateρvalinèt* seraient donc les *Kuskutchèwaks* ou Tchuktchis américains de Von Baër, et les *Piρktorméut* seraient les Aléoutiens ou les Tchuktchis du golfe d'Anadyr. Quoi qu'il en soit, c'est toujours vers ce point occidental que convergent leurs aspirations, que se trouve leur idéal de la félicité. Eh bien ! je dis qu'il faudrait méconnaître notre propre nature pour refuser de voir dans ces souvenirs rétrospectifs des Esquimaux l'indice évident d'un passé regretté et d'une patrie absente.

Et pourtant Behring ne fut pas certainement le berceau primitif de cette nation, mais seulement le lieu de sa diffusion. La légende de la grande île située si loin à l'ouest-sud-ouest dans la haute mer, nous en est la preuve.

Maintenant que nous avons suivi les Esquimaux d'*Akilineρk* à *Nunatagmun* et de *Nunatagmun* à *Natéρovik* au moyen des jalons que nous fournissent leurs souvenirs, il ne reste plus qu'à s'informer, sur la côte occidentale d'Alaska et dans les îles Aléoutiennes, où les *Kuskutchèwaks* ou Tchuktchis américains, les Tchukatchis, les Aléoutes, les Anadyrs et autres tribus de race esquimaude placent la patrie de leurs pères. Nous avons d'avance la confiance, par tout ce que nous avons déjà appris de la bouche des Indiens et des Esquimaux en Amérique, que si un savant de bonne foi veut s'occuper de cette question, son témoignage ne pourra que confirmer tout ce que nous en disons ici.

## V.

ORIGINE ASIATIQUE DES ESQUIMAUX PROUVÉE PAR LA SIMILITUDE DES COUTUMES.

Je n'ai pas épuisé la question d'origine, mais j'en finis avec les considérations qui s'appuient uniquement sur le témoignage oral de nos *Tchiglit*.

Celles que j'ai à déduire des coutumes, des mœurs, des traditions et des croyances de ce peuple, concourent également à prouver l'immigration des Esquimaux en Amérique du côté de l'occident, c'est-à-dire par la voie du Pacifique et de Behring. J'en fais l'objet de deux chapitres. Que ce soit de la haute Asie, de l'empire du Milieu, ou de la Malaisie que les Esquimaux aient émigré, c'est ce que l'avenir décidera ; mais à coup sûr ils ne sont pas venus des terres arctiques, car toutes leurs aspirations reportent leur pensée vers l'ouest-sud-ouest.

A mon avis, s'il m'est permis d'en émettre un, les *Innoït* ont toujours été un peuple éminemment nautique, et ont dû immigrer de l'Asie par l'archipel aléoutien. Voici ce qui me porte à le croire : ils fuient les bois, ne pénètrent jamais dans les terres, et se contentent d'une étroite zone de steppes arides sur les rivages de la mer. C'est en suivant le littoral, et non pas en traversant le continent qu'ils ont émigré de Behring au Mackenzie, du Mackenzie dans la baie d'Hudson, et de là dans le Labrador jusqu'au détroit de Belle-Isle ; tandis que d'autres, en suivant les îles arctiques et les bras de mer congelés, allaient aboutir au Groënland d'un côté et aux plages sibériennes de l'autre[1].

De nos jours encore, les *Tchiglit* se contentent d'hiverner dans les bouches de la Peel et du Mackenzie, ils ne remontent jamais ce fleuve au delà de la pointe Séparation ; tout au plus vont-ils occasionnellement jusqu'aux remparts naturels du détroit (67° 20′). Le long des fleuves Anderson, Mac Farlane et La Roncière, ils ne dépassent pas le 69° de latitude nord. — Ceux de la Coppermine ne se hasardent pas au delà de Blood-Fall. Les Esquimaux de Repulse-Bay ne remontent la grande rivière Back que jusqu'au lac Franklin.

Les *Aggutit* de *Churchill* sont les plus braves. Ils se rendent jusqu'au lac Caribou par la rivière des Phoques ; mais il y a longtemps qu'ils ont appris à se confier à la bonne foi des Anglais.

J'ai voyagé en la compagnie des Esquimaux en été et en hiver. Jamais je n'ai pu les persuader de camper dans les bois de sapins, ce qui nous aurait valu une nuit confortable, un air pur, et l'avantage de nous réchauffer à côté d'un bon feu. Non ; il leur fallait dresser leurs tentes coniques sur le sable du rivage aride, en été, et en hiver perdre beaucoup de temps à construire sur la glace une de ces huttes de neige durcie, dont j'ai parlé, dans laquelle nous devions nous contenter de notre chaleur naturelle et d'un air chargé de miasmes. Ainsi en ont-ils agi depuis leur arrivée dans cette contrée épouvantable. Ainsi feront-ils probablement jusqu'à leur complète extinction.

La généralité de leurs coutumes, la forme de leurs ustensiles, de leurs armes, semblent les rapprocher parfois des Polynésiens et des Malais, parfois des Hindous et des anciens Égyptiens.

1. En effet les Ostiaks, dont les mœurs, les coutumes et le costume rappellent ceux des Innoït, s'appellent eux-mêmes *Tchoutichis,* nom presque identique avec ceux des *Tchouktchis* et des *Tchoukatchis* qui sont de race esquimaude.

Ainsi, leurs danses diffèrent entièrement de celles de leurs voisins les *Dènè-dindjié* pour imiter les pas mimiques et rhythmés des *Taïtiens* et des *Tongiens*, décrits par les voyageurs. Au lieu de tourner en rond comme les Peaux-Rouges, la troupe des musiciens et des chanteurs y fait cercle autour des danseurs qui, en petit nombre, gambadent, gesticulent et posent, en affectant une allure tantôt martiale et terrible, tantôt gracieuse ou comique et même burlesque.

Durant l'été ainsi que dans l'intérieur de leurs demeures souterraines, ils vont nus ou à peu près, et ne conçoivent pas plus de honte de cet état que les Japonais et les Chinois. Généralement d'ailleurs parmi les Peaux-Rouges, la nudité est un signe de deuil et d'affliction, comme chez les anciens Égyptiens.

Nos Esquimaux se saluent et s'embrassent en appuyant nez contre nez. Cet usage, qui a été retrouvé au Groënland et parmi les îles de la mer Polaire, est également propre aux Peaux-de-Lièvre et aux Loucheux. Personne n'ignore qu'il a cours dans la Nouvelle-Zélande, dans les îles Philippines [1], et qu'il est aussi usité en Égypte.

Nos Tchiglit approuvent en fronçant le nez à la manière des Thibétains ou bien en branlant la tête de bas en haut. Leurs houes (*tchiklaⱷk*) et leurs petites haches (*tukiñayoⱷk*) sont identiques pour la forme aux houes et aux haches des anciens Égyptiens qui se trouvent au musée du Louvre, et dont on peut voir également la description en consultant l'ouvrage anglais *The ancient Egyptians*.

Les dards de leurs flèches et de leurs harpons en silex, en os, en ivoire et en jade, revêtent les mêmes formes que l'antiquité nous a léguées.

Leurs longues rames se composent d'une perche, au bout de laquelle est fixée une palette de bois. On retrouve le même modèle chez les bateliers du Gange et chez ceux du Nil.

Ils se liment les dents jusqu'au niveau des gencives, comme certaines peuplades malaises dont il est fait mention dans le livre de sir Edw. Beechey, intitulé *Voyage du Samarang*. A l'instar des Bornésiens ou *Idaans*, ils se servent de harpons à la hampe duquel sont attachées des vessies gonflées.

Ils ont l'habitude d'ornementer les voiles de leurs barques; ils y cousent des bandes d'étoffes multicolores par zones juxtaposées, les décorent de franges, etc. Cet usage se retrouve sur les bords du Nil. Leurs voiles, au lieu d'être suspendues à une vergue, sont tendues entre deux mâtereaux obliques.

Les filets de nos Innoït sont toujours montés et fixés par chaque extrémité sur deux panforceaux ou petites perches qui servent à les tendre, usage hindou et égyptien.

Nos Esquimaux se percent la cloison nasale, comme ces mêmes peuples, et y portent des ornements. En Amérique, le même usage se trouve chez les *Dindjié* ou Loucheux, les Peaux-de-Lièvre, les Sauteux ou *Chippeways*, les Patagons.

Au lieu de se percer le lobe de l'oreille, ils en fendent le cartilage pour y suspendre des pendants. Ils tiennent des *Tchukatchis* ou *Apkwamméut* la coutume de se percer les joues vers les commissures de la bouche, pour y introduire des ornements circulaires, semblables à nos boutons jumelles. Ces joyaux ou *labrets* sont en pierre blanche (*tchimmiⱷk*), ou bien en ivoire et ornés de la moitié d'une grosse verroterie bleue (*tutaⱷk*).

Aussi bien que les Égyptiens, les Malais, les Chinois et autres occidentaux, ils sont d'habiles voleurs, surtout les enfants et les femmes. Ils ne considèrent point comme une honte d'être convaincus de filouterie et de vol; mais ils rougissent de leur maladresse s'ils sont pris en flagrant délit de larcin et avant de l'avoir accompli. Sur ce point leur code est Lacédémonien.

---

1. *Chroniques franciscaines* du R.-P. Gaspard de Saint-Augustin.

Plusieurs de leurs vêtements ressemblent à ceux qui sont représentés sur les bas-reliefs découverts dans les ruines assyriennes par Botta et Layard; surtout une sorte d'habit court et rond par devant, mais qui par derrière descend jusqu'aux talons en forme d'appendice caudal oblong. Les prêtres assyriens portaient quelque chose d'analogue.

Dans leurs scènes de magie, ils balancent un instrument comme nous le faisons de l'encensoir.

Un autre instrument de jonglerie consiste en une boule fixée à un bâton, autour duquel ils enroulent une lanière. Ceci rappelle les fuseaux dorés et tournants des Chaldéens qu'entourait une lanière de bœuf « *quos rotantes dæmones invocabant* » dit un auteur ancien.

Un signe de grand étonnement chez eux consiste à se frapper la cuisse à la manière des orientaux. *Plaude super femur tuum,* est-il dit dans Ezéchiel (ch. xxi, v. 13.)

Les femmes des *Tchiglit* portent au sommet de la tête un énorme chignon, et de chaque côté des joues deux gros boudins de cheveux entourés de rassades bleues (*tuglit*). Chignon et boudins se composent des cheveux de leurs maris et, en s'accroissant avec l'âge, ils atteignent bientôt un énorme volume qui exige un capuchon de proportions colossales. La tête d'une femme esquimaude coiffée de son *natçapk* et flanquée de ses *tuglit* rappelle assez celle des sphynx. Les hommes portent la tonsure.

Or nous voyons, par la relation d'un voyageur anglais moderne[1], que plusieurs peuplades à demi sauvages de l'Inde portent également de faux cheveux et de faux chignons; telles sont les Chukmas, les Kumis, les Mris, les Khyenges et les Khyugthas. Les Assyriens se rasaient aussi la tête. Les Égyptiens allaient plus loin : on sait qu'ils portaient de faux cheveux et même de fausses barbes. Les Tchiglit tiennent encore des *Tchukatchis* l'usage du tabac, qu'ils mélangent avec du saule râpé. La forme de leurs pipes, qu'ils tiennent des Esquimaux de la mer de Behring, est presque identique avec celle des Chinois. Elle consiste en un plateau circulaire, percé d'un tout petit trou et supporté par une sorte de pédicule creux, qui le fait communiquer avec un tuyau de bois formé de deux pièces, réunies par une lanière ou par des anneaux de métal. Le fourneau de cette pipe (*kwiñepk*) est lui-même de métal forgé et décoré d'incrustations en cuivre. Voici comment ils se servent de cet instrument, dont l'invention et l'usage émanent de leur génie.

Ils arrachent à leur blouse en peau de renne une pincée de poils qu'ils introduisent dans le fourneau à l'aide d'une aiguillette. Sur ce petit tampon, qui a pour but d'obturer en partie le diamètre par trop large du tuyau, ils mettent une autre pincée composée de tabac pulvérisé mélangé à de la râclure de saule. Puis ils allument leur pipe, dont ils avalent la fumée jusqu'à la dernière bouffée. Cette opération leur procure une demi-ivresse et une agitation nerveuse; ils se précipitent alors sur l'eau froide et en boivent quelques gorgées, après avoir exhalé la fumée contenue dans leur estomac. L'effet de ce narcotique les rend défaits, haletants, empressés à rechercher l'air pur. J'en ai vu chanceler, se coucher à moitié ivres, en s'accrochant où ils pouvaient d'une main tremblante. J'ai vu des enfants et des jeunes filles défaillir complétement après avoir avalé le contenu d'une seule pipe le matin à jeun.

Il est singulier de trouver une mode identique chez un peuple qui habite aux antipodes des Esquimaux, quoique sur le continent américain. En effet, les Patagons, nous dit un voyageur moderne, fument, dans des pipes qu'ils nomment *Kwitrah,* du tabac mélangé avec de la bouse desséchée; comme nos Esquimaux, ils en avalent la fumée qui leur procure le même genre d'ivresse; puis ils boivent quelques gorgées d'eau tout en demeurant agités de mouvements convulsifs, hale-

1. Captain T. H. Lewin.

tants et renaclants. Leurs femmes et leurs enfants se permettent aussi cette détestable habitude.

Les Esquimaux ne m'ont paru observer aucune de ces coutumes *Dènè-dindjiè* qui ressemblent tant à celles des anciens Israélites; mais ils s'adonnent avec zèle aux pratiques occultes du chamanisme ou fétichisme tout autant que les Tartares, les tribus nomades de l'Asie septentrionale, les Algonquins et autres tribus Peaux-Rouges.

Comme tous ces sauvages différents de patrie, de langue et de type, ils ont des sorciers ou prêtres nommés *Añpékoït* (au singulier *Añpégok*), des pratiques ténébreuses qui se passent dans le secret du *Kéchim* ou maison des assemblées. Ces coutumes, qui existent aussi chez les Cris, les Sauteux, les Assiniboines et les Pieds-Noirs de l'ouest de la Saskatchewan, les Tchiglit les tiennent encore des *Tchukatchis* de l'ouest.

Enfin ils sont grands amateurs de bains de vapeur, ainsi que tous les sauvages que je viens de nommer et la généralité des peuplades de la haute Asie et même de l'Europe septentrionale, tels que les Cosaques, les Russes, les Lapons. Cette pratique qui se retrouve dans l'empire Ottoman, où elle y a été apportée par les Turcs, me paraît constituer une des coutumes des peuples Scythes ou Touraniens.

## VI.

### ORIGINE ASIATIQUE DES ESQUIMAUX PROUVÉE PAR LEUR THÉOGONIE
### ET LEURS TRADITIONS.

Les Esquimaux ne sont pas plus dépourvus de traditions et d'une théogonie que les autres nations de l'univers, dans quelque région et sous quelque ciel qu'elles se trouvent placées. On ne saurait dire que leurs idées touchant la nature de l'homme, celle des esprits, la connaissance de Dieu et du génie du mal, l'existence d'une autre vie et l'immortalité de l'âme, sont plus imparfaites et plus grossières que celles qu'en avait conçues l'antiquité païenne. Elles leur sont peut-être supérieures. Pour s'en convaincre, le lecteur pourra consulter, dès qu'il paraîtra, le livre actuellement sous presse du savant danois M. H. Ring, traduit par le docteur Robert Brown. J'avoue seulement qu'il faut une certaine habitude des légendes indiennes pour y démêler toutes ces connaissances. Assurément les Esquimaux qui les possèdent et qui y ajoutent foi ne peuvent s'en rendre un compte tellement exact que, interrogés sur leurs croyances, ils puissent, avec l'aplomb d'un jeune chrétien qui possède son catéchisme, faire l'analyse de leur foi en synthétisant la substance des différentes traditions nationales.

Cette analyse de leur croyance et cette synthèse de ses parties, nul sauvage n'en est capable, et je défie même la plus grande partie de nos campagnards de pouvoir les faire. Donc il ne faut pas être si exigeant que de les demander aux Esquimaux. C'est à nous de disséquer ces traditions, d'y démêler la vérité au milieu de cet assemblage de balivernes et de monstruosités, de bizarreries et de puérilités, qui sont comme les oripeaux dont la fable l'a habillée. Ce travail est facile à tout homme dépourvu de préjugés antireligieux, instruit du génie des Indiens, qui ne craint pas de soutenir la vérité lorsqu'elle se présente à lui, et qui ignore tout compromis avec l'erreur.

En résumant donc les traditions et les croyances de nos *Tchiglit*, j'y trouve tout d'abord la connaissance de Dieu, *Anepné-aluk* (Esprit-grand); connaissance vague et imparfaite, si l'on veut, mais qui n'est pas moins réelle. Quel est ce Dieu? Où habite-t-il? Inutile de le leur demander. Ils l'ignorent et ne s'en inquiètent pas. D'aucuns pensent qu'il est le soleil lui-même et ils l'appellent le Père des hommes. En tous cas, il est si bon qu'il ne saurait nuire et ils regardent comme indifférent de s'en occuper.

Quant au soleil lui-même (*Tchikpeynepk*), les *Tchiglit* l'adorent et lui font mille protestations et recommandations lorsqu'il descend sous l'horizon pour y demeurer environ trois mois. Son retour est acclamé et fêté par des danses et autres cérémonies.

Sur le continent américain lui-même nous retrouvons ce culte chez les tribus Pieds-Noirs et Siouses, chez les Apaches, les Natchez, les Péruviens, les Puelches et les Patagons. En Asie et en Afrique, il a été et est encore professé, comme personne ne l'ignore, par un grand nombre de peuples.

La large tonsure que portent nos *Tchiglit* a pour but, m'ont-ils dit, de permettre au soleil de réchauffer leur cerveau et de transmettre par ce moyen sa bienfaisante chaleur à leur cœur pour les faire vivre. Lequel de nos savants eût jamais imaginé une théorie si transcendante?

Nos Esquimaux ont conservé vivace le souvenir d'un homme célèbre, bienfaiteur de leur nation, qui, après avoir passé en faisant le bien sur la terre, s'éleva au ciel en corps et en âme. Cet homme, ils le nomment *Pañgmuña* [1]. J'ignore s'ils l'identifient à l'astre du jour, mais je n'en serais pas étonné, car chez plusieurs nations américaines ou asiatiques qui nous parlent d'un semblable héros ou bienfaiteur, son existence est éminemment liée à celle des astres. Pour preuve, je citerai le *Napi* ou *Natous* des Pieds-Noirs, le *Manco-Cappac* des Péruviens, l'*Etsiégé* des Loucheux et le *Kotsi-dat'é* des Peaux-de-Lièvre. Ces deux derniers, s'ils ne résident plus actuellement dans le soleil, c'est, disent les traditions, qu'ils l'ont trouvé trop chaud et sont allés habiter la lune, où on peut les voir encore. *Sakiamouni*, le héros et le créateur du Bouddhisme, n'eut-il pas aussi des relations avec l'astre moteur de la lumière; et le dieu Soleil ne fut-il pas considéré comme un bienfaiteur de l'humanité en Chaldée, en Égypte et dans tout l'Hindoustan?

Dans les contrées où cet astre a été l'objet d'un culte quelconque, la lune et les étoiles ont eu également leur part d'adorations. La divinité mâle que les Cris des prairies reconnaissent dans la lune sous le nom de *Mustaté awasis* ou l'Enfant bison, les Pieds-Noirs l'appellent *Kokoyé natus*, les *Dènè* la nomment *Sa-kké-dènè, Ebœ-ékon, Sa-yé-wétay, Sa-ékfwi-téné, Sié-zjit-dhidié*, etc.; les uns et les autres la reconnaissent pour bienfaisante, et son histoire offre de grands rapports avec celle de Moïse. Elle s'identifie aussi avec le *Natous* des Pieds-Noirs. C'est ce dieu qui envoie sur terre la neige et les troupeaux de rennes. Ils le prient pour en obtenir une grande abondance de viande, comme jadis *Astarté* et *Phébé* étaient invoquées par les anciens dans un but semblable. Lorsque la neige est trop abondante sur terre et qu'il en tombe sans cesse, les Peaux-de-Lièvre prétendent la faire cesser en dirigeant vers la lune un tison enflammé qu'ils plantent en terre en manière de torche.

La lune est également une divinité mâle chez les Hindous, et elle avait un nom masculin dans tous les dialectes gothiques [2]. Eh bien, cette même divinité mâle nous la retrouvons chez nos Esquimaux, qui la nomment *Tatkpem-innok* (l'Homme de la lune). Ses attributions et son pouvoir sont les mêmes que chez les *Dènè-dindjié* et dans toute l'antiquité.

---

1. De *pan* ou *tatpan*, en haut, et de *mun,* vers, c'est-à-dire l'élevé, celui qui est monté au ciel.
2. *Science du langage*, par Max. Müller, page 7.

Les Tchiglit croient aussi aux influences des étoiles et s'imaginent qu'il meurt un homme toutes les fois qu'il paraît se détacher de la voûte des cieux un de ces gaz inflammables que nous nommons étoiles tombantes. Même persuasion parmi les *Dènè-dindjié*, et, il faut bien l'avouer, chez beaucoup d'Européens superstitieux ou imbus de croyances orientales.

Un dieu non moins grand peut-être mais bien autrement puissant et redoutable qu'*Aneρné-aluk* ou le Bon-Esprit, est *Toρnρaρk* (le Séparé, le Retranché). Celui-là est le dieu véritable des *Tchiglit* et généralement de tous les Esquimaux, de même que le terrible *Shiva*, le démon du brahmanisme, est le plus en faveur auprès des sectateurs de Bouddha, et que *Sérapis*, l'Osiris ténébreux, le prince des mauvais esprits, le fut en Égypte. *Toρnρaρk* est respecté et adoré parce qu'il est craint. Les Esquimaux l'aiment parce que, disent-ils, il leur fait voir toutes sortes de choses soit en songe, soit par les révélations du *Kéchim*.

Cette croyance manichéenne en un bon et en un mauvais principe, la même chez presque toutes les nations Peaux-Rouges, est également répandue dans la haute Asie et semble être le fondement du chamanisme. Le fétichisme américain ou *nagualisme*, ou encore *todémisme*, comme l'a appelé sir John Lubock, fait partie de ce culte et il a trait aux génies inférieurs ou *Aneρnéit*, spirituels comme *Aneρné-aluk* et *Toρnρaρk*, mais susceptibles de revêtir n'importe quelle forme. Il se rapporte aussi aux âmes des défunts ou *Innulit*.

Ici donc nous avons la double croyance à la métempsycose et aux incarnations, base de la religion en Égypte, dans l'Hindoustan et en Chine; et le culte des mânes ou des ancêtres si connu dans le Céleste empire comme dans toute l'antiquité païenne. Quoi de nouveau sous le soleil?

En vérité, il faudrait presque de la mauvaise foi pour ne point voir les liens qui unissent l'Amérique à l'Asie.

Ce qui caractérise la théogonie esquimaude, ce n'est point que *Toρnρaρk* soit le génie de la terre et qu'il habite dans ses entrailles comme le Pluton antique; ce n'est point qu'*Aneρné-aluk* ou le Grand-Esprit soit relégué dans un ciel semi-sphérique et glacé; mais c'est que le paradis des Innoït, le séjour des mânes ou *Innulit*, se trouve placé au fond de l'Océan. Là les âmes jouent à la paume et dansent de sempiternels êh yan, yan, hé! yan, yan, êh! Là se trouvent avec elles, disent-ils, des êtres immortels revêtus d'écailles et avec lesquels ils prétendent entretenir des communications même dès cette vie. Voilà un trait distinctif d'un peuple essentiellement marin et qui, entre le lieu de son origine et la contrée qu'il occupe de nos jours, a dû parcourir les plages de la mer et les îles de l'Océan.

Comparez à cette croyance celle des Néo-Calédoniens dont parle le R.-P. Gagnière, mariste (*Annales de la Propagation de la Foi*), vous trouverez identité parfaite. Les âmes des défunts habitent au fond de l'Océan, elles passent gaiement leur temps à danser autour d'un mai de joie, en faisant sauter gracieusement une orange. N'est-il pas singulier de retrouver ce jeu de paume (*iρkρatçaρk*) en si grande faveur, non-seulement chez les Océaniens et les Esquimaux, mais encore parmi tous les Peaux-Rouges? Les mais ou arbres dépouillés de leurs branches, sont également très-goûtés des Esquimaux, chez lesquels les Européens en trouvèrent l'usage répandu.

Les traditions groënlandaises parlent d'une déesse qui habiterait le ciel. Cette divinité femelle n'est pas connue des *Tchiglit*, mais nous la retrouvons parmi les Loucheux et les Peaux-de-Lièvre, tribus de la famille Dénè-dindjié, ainsi que dans la théogonie des *Otchibway* ou Sauteux. Ces derniers ont foi en une sorcière nommée *Wisakutchask*, qui offre la plus grande ressemblance avec la vieille

*Apnakuagsak* des Karalits. Vieille, laide, bossue, elle habite les eaux du grand lac Winipeg qu'elle troubla et rendit limoneuses en s'y purifiant des ordures dont un de ses ennemis l'avait couverte, et qui exigèrent toutes les eaux du lac pour disparaître. C'est à elle, sous le nom de la vieille Gibotte, que les Sauteux et même nos métis font des offrandes dans le but d'obtenir un vent favorable et l'absence de tempêtes : « Souffle, ô la vieille ! » s'écrient-ils, en jetant dans les flots une guenille, un vieux soulier, un bout de tabac en carotte.

Les revenants ou *Eyunnè* de nos Dénès sifflent comme les *Innulit* des Esquimaux. Quelque braves que soient ceux-ci, ils conçoivent une grande frayeur des fantômes de leur imagination.

Dans la tradition esquimaude citée à la page XXIV, nous avons constaté la croyance à un couple unique primitif. Ce couple masculin se retrouve, avons-nous dit, chez plusieurs nations américaines et océaniennes. Il constitue également une tradition égyptienne bien connue par la traduction qu'en a faite le savant comte de Rougé, un des continuateurs de Champollion. Les Groënlandais, comme les Montagnais d'Athabaskaw ont retenu plus fidèlement la tradition primitive. Ils font naître d'abord le premier homme, qui créa ensuite la première femme d'une motte de terre.

Nos *Tchiglit* ont conservé le souvenir traditionnel de Géants anté et postdiluviens qu'ils nomment *añéyoaҏ-pâluit, añuvaҏ-pâluit*. Ils en représentent une certaine classe comme n'ayant qu'un seul œil. C'est ce que relate également une tradition des *Dénè* Castors de la rivière la Paix.

Mais une tradition beaucoup plus remarquable et bien faite pour prouver l'origine asiatique de nos *Innoït*, c'est la connaissance que l'on a du serpent (*kҏipân*) dans les glaces de la mer Polaire. Il y a ici de deux choses l'une : ou un souvenir vivace d'une contrée chaude, peuplée de grands reptiles du genre Python, comme le serait par exemple la Malaisie ou l'Asie méridionale ; ou la plus antique et la plus répandue des traditions religieuses. Dans l'un comme dans l'autre cas, ce fait demeure inexplicable et pour les hommes qui veulent voir dans la famille esquimaude une race isolée, autochtone, et qui n'aurait en aucunes relations même traditionnelles avec l'ancien monde, et pour les savants qui, tout en admettant la vérité de la révélation et l'unité de l'espèce humaine, ne peuvent convenir que les *Innoït* viennent de l'Asie.

Mais en présence d'un tel fait il faut bien que nous admettions ces deux conclusions, à savoir : l'immigration asiatique ou océanienne des Esquimaux, et la connaissance qu'ils ont eue de la révélation divine soit primitive, soit mosaïque, car chez eux l'idée et le nom du serpent sont si intimement liés aux notions et aux pratiques du *chamanisme* asiatique qui est leur propre culte, qu'il est impossible de n'y point voir un reste de cette crainte que l'ancien serpent, séducteur du premier couple, a toujours inspirée aux humains.

En effet, le nom de *kҏipân* (celui qui ferme, du verbe *kҏiputoaҏk*, fermer à clef) ne convient-il pas parfaitement à l'être qui ferma à nos premiers parents l'entrée du séjour du bonheur ? Ce nom du serpent ou plutôt la racine de ce nom, *kҏi* ou *kҏip* (car *pân* ou *ân* ne sont que des suffixes qui du verbe *kҏipayoaҏk*, ramper, font un substantif) sert également de racine à toutes les expressions qui ont trait au mal et au culte démoniaque de *Toҏnҏaҏk*, l'Esprit des ténèbres. Elle présente aussi de l'identité avec nos racines *rep* dans *reptans*, *reption*, et *serp*, dans *serpent ;* dans l'une et l'autre langue, c'est l'union des consonnes *r* et *p* qui paraît convenir à l'idée du serpent.

Outre les mots *kҏitutuaҏk*, souple comme le serpent, *kҏipioyoaҏk*, sinueux comme le serpent, nous avons dans le dialecte esquimau du Mackenzie *kꝑiyoaꝑk,* malade, c'est-à-dire qui a le serpent[1] ; *kꝑilayoꝑ* (serpentaire ou serpentine), jonglerie, magie, prestige ; *kꝑiuꟺaꝑk* (semblable au serpent ou qui est serpent), le démon ; *kꝑilakon,* talisman, fétiche, magique (de *kꝑilayok,* magie) ; *kꝑilaûn,* tambour magique[2] à l'aide duquel les Añꝑékoït opèrent sur les malades ; *kꝑilau-tçidjoaꝑk,* battre du tambour magique ; *kꝑilaluvaꝑk,* faire des insufflations sur les malades ; *kꝑipoaꝑ,* image ou représentation du serpent ou du démon ; *kꝑipigiyaꝑk,* traquenard, embûche, piége, etc.

Notez qu'il n'existe pas le plus petit serpent dans tout le nord de l'Amérique dès qu'on a franchi le 52° de latitude nord, et qu'il s'en trouve encore moins sur les plages arctiques. Or les traditions esquimaudes, en parlant du serpent, le représentent comme très-grand. Et ainsi s'expriment aussi les Dènès.

La connaissance que nos *Innoït* ont de la terre est semblable à celle de l'antiquité. Ils se la représentent comme une île disculaire entourée d'eau et sur laquelle repose le firmament ou ciel solide. Cette terre repose sur un pivot ou étançon. La même croyance est répandue chez nos Dènè-dindjié et chez les Algonquins, comme parmi les Abyssiniens et les Arabes.

Les Tchiglit ont conservé vivace le souvenir du déluge, dont ils donnent pour cause une grande pluie et les inondations de la mer. D'après eux, il aurait eu lieu au printemps. Voici cette tradition abrégée :

Avaleꝑmi ullutimatigut, eꝑktçinañayak. Inoïm-tupkꝑeꝑluaꝑk- luꝑit, titkꝑeyluñgmaꝑit.

Umiaït akélépéklutik ipiutaꝑkꝑatigéït. Mallœꝑit Eꝑꝑet tunaꝑti- giyuat ; anoꝑem nunamun tibialuñgmaꝑit. Innuït paneꝑtoït kaléúñgmata.

Avaleꝑk nunaeꝑlu aꝑkluꝑo. Onaꝑkꝑalañgmun innoꝑtokꝑoñayaꝑk ; ulim kꝑéutaꝑéniña.

Innoït kꝑeàvakpaluk tçakꝑaꝑañata. Néaꝑkꝑonat añadjaꝑáloat mallœꝑom.

Innoït umiat ipiutaꝑkꝑatigéït kꝑékꝑem patadjématik. Aꝑkꝑalè ! innoït itçak atanun imulœꝑoyoa kallummata.

Innom Añodjium pitiktçia imma-nun kivitaluñmayo : « Kꝑè- nœꝑaotiktçiaꝑk ! » opakloaꝑtoaꝑk. Innum-minintaoꝑknoꝑluné kivi- taluñménéaꝑmaꝑit. Taymak. Itçuk eytut.

Sur le disque terrestre l'eau ayant débordé, on s'épouvanta. Les demeures des humains disparurent, le vent les ayant emportées.

On lia côte à côte plusieurs barques ensemble. Les vagues dépassèrent les montagnes Rocheuses ; un grand vent sur la terre les poussait. Les hommes se firent sécher au soleil sans doute.

Bientôt le monde et la terre disparurent. D'une chaleur affreuse l'homme mourut ; dans les flots on périt aussi.

Les hommes se lamentent. Les arbres déracinés flottent au gré des vagues.

Les hommes ayant lié les barques ensemble, tremblaient de froid. Hélas ! les hommes se tenaient recoquillés sous la tente, sans doute.

Alors un homme (un jongleur), nommé le fils du hibou, jeta son arc dans la mer : « Vent, c'est assez, tais-toi ! » cria-t-il. Puis il jeta dans l'eau ses pendants d'oreilles. C'est assez. La fin arriva.

Nos *Innoït* nomment la vertu *nakoyoaꝑk,* c'est-à-dire le bien, et le mal *auyoaꝑk* ; mais le mal moral n'a pas d'autre nom que celui de péché, *tchuïnauyoaꝑk.* L'idée de méchanceté, de malice ne s'exprime pas autrement dans leur langue que par les mots qui conviennent au libertinage, *tchuï- naꝑk* ; et cette expression, ainsi que celle de *kutchuktu,* plus vile encore, derivent de la racine *otchuk.*

Les Tchiglits n'ont pas d'autre loi que le *talion.* Le droit de représailles est considéré par eux comme légitime, et engendre des haines invétérées qui se transmettent de famille en famille. Aussi

---

1. Les *Dènès* Peaux-de-Lièvre disent de même d'un fiévreux, d'un epileptique, *natéwédi yétta nadénkkwè* : le serpent est entré en lui.

2. Le *kꝑilaùn,* semblable au *i'élꝑèli* des *Dènès,* et au tambour des Lapons, est également identique pour la forme au tambour abyssinien, au tambour basque et au *darabouka* que l'on voit si souvent représenté entre les mains des almées égyptiennes.

vivent-ils dans une crainte et une méfiance continuelles les uns des autres. Ils se vengent des hommes par le poignard ou par les armes à feu, des femmes par la strangulation. Mais, chez eux, comme chez les Peaux-Rouges, la vengeance s'exerce rarement en plein jour ou ostensiblement. Ils se couvrent du voile des ténébres et assassinent leur ennemi durant son sommeil, ou à son insu. La superstition et la crainte du ressentiment de l'*innulik* du défunt semblent être le mobile de cette lâcheté.

Les meurtriers sont ménagés et respectés par toutes les personnes étrangères au défunt; mais ses proches doivent venger sa mémoire. Ils acquièrent ainsi de la gloire aux yeux de leurs compatriotes, qui d'ordinaire choisissent les plus braves pour leurs chefs. Il est peu de *Tchiglits* qui n'aient exercé leur *tçavipatçiapk* à la vengeance. Mais la mort ne s'ensuit pas toujours. Lorsqu'un Esquimau a causé sciemment le trépas de l'un de ses ennemis sans y être obligé par la loi du *talion*, il doit se tatouer de deux ou trois lignes bleues en travers du visage, c'est-à-dire d'une pommette à l'autre, par-dessus le nez. On l'appelle alors *topkpota* ou meurtrier (de *topkpo*, mort). Ce nom, diffamatoire chez nous, équivaut presque chez eux à un titre de gloire, car il est en quelque sorte l'équivalent de guerrier, et mérite aisément à celui qui le porte le titre d'*Innokpaluk*, ou grand homme. Ce tatouage du nez se nomme *tomnilik*.

C'est sur l'épaule que nos Esquimaux inscrivent, au moyen d'un autre tatouage, leurs hauts faits à la pêche de la baleine. Ils l'appellent *tçavapk*, et il consiste à dessiner sur la peau autant de croix que le chasseur a tué de baleines franches. Cet usage n'aurait-il pas eu cours dans l'Orient anciennement? Et la parole du prophète : « Il portera sur son épaule le signe de sa gloire, » tout en s'appliquant exactement au Sauveur, n'aurait-elle pas eu sa raison d'être dans une pratique analogue à celle que nous constatons ici, et qui aurait alors rendu le sens de la parole mystique parfaitement compréhensible à ceux auxquels s'adressait le prophète?

Il est temps que j'achève ce long chapitre, consacré à établir l'origine occidentale et asiatique des Esquimaux. Je ferai remarquer, en finissant, que les peuplades qui bordent les rivages glacés de la Sibérie, quoique différant des Esquimaux quant à la langue, en ont cependant les traits, les mœurs, le costume, les armes et jusqu'aux ustensiles.

Rien ne ressemble plus à un Esquimau et à un Groënlandais qu'un *Kopiak*, un *Ostiak*, un *Samoïède*. Ils ont des traîneaux à chiens, vivent de chasse et de pêche, se revêtent d'habits de peau de phoque, de renne et de lièvres blancs; ils avalent la fumée du tabac et mangent la viande crue comme nos Esquimaux. Si nos *Innoït* américains et groënlandais n'élèvent pas le renne, ceux du Kamstchatka l'ont domestiqué ainsi que les Samoïèdes et les Lapons. Voyez ce qu'en dit Hooper [1].

Il ne suit pas de là que nos Esquimaux soient venus des bouches du Kolyma, de l'Obi ou de la Léna, puisqu'ils assurent être venus de l'ouest-sud-ouest. Mais serait-il improbable que le flot de cette émigration partie des mers de la Chine ou du Japon, et côtoyant les rivages orientaux de l'Asie, se fût scindé à Behring, après qu'une partie de la horde eut pris possession des premiers rivages sur les deux continents; et que, pendant que les uns se dirigeaient vers l'est et atteignaient le Groënland, les autres eussent mis leur cap de route vers le nord-ouest, en suivant toujours les bords de la mer Glaciale? Je ne vois là non-seulement rien d'impossible, mais rien que de très-admissible et de très-probable.

1. *Ten months amongst the tents of the Tuskis.* — Les Russes appellent les Samoïèdes du même nom que les Algonquins donnent aux Esquimaux : Mangeurs de chair crue, *Sirogneszi* (Malte-Brun).

Quoi qu'il en soit et à quelque conclusion qu'on en vienne, je crois avoir prouvé par les données que je viens d'exposer sous les yeux du lecteur, que la vaste nation des *Innoït* n'a pas eu originellement d'autre berceau que le nôtre, c'est-à-dire le continent asiatique. Voilà pour moi la question capitale et fondamentale, la seule que j'aie essayé d'éclaircir, car si nous n'allons droit au but, nous risquons fort, à force d'hypothèses ingénieuses, de nous égarer de plus en plus dans nos conceptions et de faire faire fausse route à la question. Aujourd'hui, celle de l'homme préadamique ne paraît pas assez solidement établie, pas assez irréfragable aux savants matérialistes qui l'ont le plus vivement défendue et soutenue, pour être susceptible de saper l'ordre religieux et intellectuel par sa base, en attaquant sur un point la véracité et partant l'autorité des Livres saints. Ils croient avoir trouvé quelque chose de plus convaincant en posant en principe l'autochthonie des Américains et surtout des Esquimaux. On tâche de représenter ces derniers comme un peuple tellement distinct et séparé du reste des hommes par sa conformation, par ses usages, sa langue et ses croyances, qu'il est totalement dénué de l'idée de la divinité, qu'on ne trouve dans son histoire légendaire rien qui rappelle cette révélation divine, dont la tradition des peuples et la Bible nous parlent, et que nous affirmons hautement.

Nous venons de voir le contraire; nous avons trouvé, parmi les coutumes, les croyances et les légendes esquimaudes du Mackenzie, quantité de points de ressemblance, non-seulement avec les coutumes et croyances de la Chine, de l'Indoustan, de l'Océanie et de l'Amérique, mais encore avec celles des peuples éloignés dans l'extrême Occident, notre Orient à nous, et dont il ne nous reste que le souvenir. Qu'est-ce que cela prouve, sinon une *origine primitive* commune à tous ces peuples?

C'est là tout ce que nous avons voulu établir, c'est là le seul point qu'il fallait éclaircir, et nous nous estimons heureux si nous avons pu produire la conviction dans l'esprit de nos lecteurs. Que nous importe que les *Innoït* soient les restes misérables d'une invasion mongole ou bien une peuplade d'origine malaise; qu'ils soient les descendants des colonisateurs chinois du *Fou-sang*[1] ou une colonie japonaise; qu'ils aient émigré en Amérique en même temps que les *Dènès-dindjïé* et les Algonquins, ou bien après eux, comme ceux-ci même le rapportent? Ces recherches pourraient séduire notre curiosité, rassasier notre imagination amoureuse du merveilleux; mais elles ne nous apprendraient rien de plus dans la voie de la vérité. La seule conclusion qui puisse servir celle-ci et augmenter notre foi en la sainte Bible, en l'étayant par des arguments qui lui sont étrangers, c'est qu'il est bien certain que les Esquimaux sont sortis de l'Asie, berceau du genre humain, et que par conséquent les adversaires de la Révélation ne sauraient trouver dans ce peuple la preuve qu'ils cherchent vainement contre elle.

---

1. M. de Guignes, dans son *Histoire des Huns,* a prouvé, par la traduction qu'il fit de l'historien chinois *Li-you-tchéou,* qu'une immense contrée nommée *Fou-sang,* située à l'est de l'empire chinois, fut colonisée par des bouddhistes en l'an 458 de J.-C. Il est très-probable que ce pays est l'Amérique.

# ABRÉVIATIONS

acc. . . . . . . . . . accusatif.
adj . . . . . . . . . adjectif.
adj. pl. . . . . . . . adjectif pluriel.
adj. dér. . . . . . . adjectif dérivé
adj. num. . . . . . . adjectif numéral.
adj. v . . . . . . . . adjectif verbal.
adv. . . . . . . . . . adverbe.
anim. . . . . . . . animé.
conj. . . . . . . . . . conjonction.
dat. . . . . . . . . datif.
gén. . . . . . . . . . génitif.
i. e. . . . . . . . . . c'est-à-dire.
imp. . . . . . . . . . impersonnel.
imper . . . . . . . . impératif.
inan. . . . . . . . . inanimé.
interj. . . . . . . . . interjection.
loc. . . . . . . . . . locatif.
loc. adv. . . . . . . locution adverbiale.
loc. conj. . . . . . . locution conjonctive.
loc. prép. . . . . . . locution prépositive.
loc. interj. . . . . . locution interjective.

n. dér. . . . . . . . nom dérivé.
n. plur . . . . . . nom pluriel.
n. v. . . . . . . . nom verbal.
n. rac . . . . . . . nom racine.
n. c. *ou* comp. . . . . nom composé.
nom. . . . . . . . . nominatif.
plur. . . . . . . . . pluriel.
plus. . . . . . . . . plusieurs.
prép. . . . . . . . . préposition.
pr. pers. . . . . . . pronom personnel.
pr. poss . . . . . . pronom possessif.
pr. ind. . . . . . . pronom indéfini.
pr. inter. . . . . . pronom interrogatif.
pos. . . . . . . . . possessif.
v. intr . . . . . . . verbe intransitif.
v. g. . . . . . (*verbi gratia*), par exemple.
v. mut. . . . . . . verbe mutuel.
v. réfl. . . . . . . verbe réfléchi.
v. tr. . . . . . . . verbe transitif.
v. unip. . . . . . . verbe unipersonnel.
voc. . . . . . . . . vocatif.

# PRÉCIS

### DE

# GRAMMAIRE ESQUIMAUDE

## DIALECTE DES TCHIGLIT DES BOUCHES DU MACKENZIE

---

## CHAPITRE PREMIER

### ALPHABET ET CLASSIFICATION DES LETTRES.

#### I. — DES LETTRES.

Le dialecte esquimau du Mackenzie possède 28 lettres qui sont : a, b, ch, χ, é, è, œ, g, h, i, dj, k, l, l', m, n, ñ, o, p, ρ, s, t, ts, u, v, w, y, z.

A, se prononce comme dans *avare, amour.*

B, se prononce comme dans *barque, bambin.*

CH, se prononce comme dans *charmant, chant.*

X, exprime un soufflement guttural qui précède certaines voyelles ou accompagne les consonnes g et ρ. Son emploi est rare.

É, bref et fermé se prononce comme dans *bonté.*

È, long et ouvert se prononce comme dans *tête.*

Œ, équivaut à notre *e* muet, et se prononce *eu* comme dans *heureux.*

G, a toujours le son dur comme dans *guêpe, guidon.* (Suivi de l'apostrophe ' il est accompagné du soufflement exprimé par la lettre *X.*)

H, se prononce comme dans *héros, hardes.*

I, se prononce comme dans *image, imiter.*

Dj, a une prononciation mixte entre *DJ* et *DZ*. Prononcez l'une ou l'autre de ces consonnes doubles, les dents serrées.

K, se prononce comme dans *cabane, kabile.*

L, se prononce comme dans *lame, léger.* (Doublé il n'est jamais mouillé).

L', se prononce comme *chl*, accompagné d'un soufflement palatal, qui se produit en tenant la langue contournée dans un coin de la bouche. Son emploi est très-rare.

M, se prononce comme dans *maison, même.* Final il est toujours sonore comme dans le latin *gladium, suam.*

N, initial, se prononce comme dans *nager, nébule.* Final ou médiant, il est toujours sonore comme dans le latin *non, musicen, innumerabilis.*

Ñ, est nasal et forme diphthongue avec la voyelle qui précède comme dans *enfant, ingrat, nonne, unda, ondoyer.* Lors donc que, dans le corps d'un mot, il est suivi d'une autre voyelle, il ne se lie point avec elle, mais exige un hiatus.

O, se prononce comme dans *opérer, commode.*

P, se prononce comme dans *paradis, pape.*

ρ, exprime l'*R* dur et grasseyant des Arabes. Suivi de l'apostrophe (') il devient encore plus guttural, étant accompagné du soufflement palatal. L'*R* doux, tel qu'on le prononce dans la France centrale, en Espagne, en Angleterre, etc., n'existe pas en esquimau.

S, se prononce comme dans *savoir, souci.* Son emploi est très-rare. Il conserve le même son entre deux voyelles.

T, se prononce comme dans *bonté, tout, tendre.* Sa prononciation reste dure même devant *i*, comme dans *nous portions.*

TS, a une prononciation mixte entre *ts* et *tch.* Prononcez cette consonne double les dents serrées, comme pour *dj.*

U, se prononce comme *ou* dans *ours, pour, cou.*

V, se prononce comme dans *van, vouloir*.

W, n'est autre chose que la lettre U formant diphthongue avec la voyelle ou syllabe qui suit, comme dans l'anglais *will, wen*. Ainsi prononcez *WA* comme le mot français *oie*, *WI* comme *oui*, etc.

Y, se prononce comme dans *yack, yéble*, et non pas comme dans *royaume, ayant*.

Z, se prononce comme dans *zigzag, zèbre*.

Il est ordinairement lié avec la consonne *D,* laquelle ne se rencontre jamais seule.

*1ʳᵉ Remarque.* — La consonne G suivie de l'N ne se prononce jamais avec un son mouillé, comme dans *agneau*, mais elle conserve sa valeur phonétique propre, se liant à la voyelle ou à la syllabe qui précède, comme dans le latin *ignis*. Ainsi *igneρk*, feu, se prononce *ig-neρk*.

*2ᵉ Remarque.* — Les consonnes qui terminent les mots conservent leur voix et doivent se faire sentir, comme en latin.

*3ᵉ Remarque.* — Il y a affinité entre les consonnes B̀, M, P et V; TCH et DJ; S et DZ; CH, χ, G, K, ρ et Y. Ces consonnes sont donc susceptibles de permutation.

*4ᵉ Remarque.* — La plupart des mots esquimaux commencent par une des voyelles A, É, I, O, U, ou par la consonne gutturale K, qui les termine aussi en grande partie. On ne trouve point dans ce dialecte de mots commençant par les consonnes B, D, G, L, R, ρ, S, Z.

*5ᵉ Remarque.* — Pour bien parler esquimau, il est essentiel de s'exprimer avec lenteur, d'un ton de voix doux et très-accentué, et de bien observer la quantité prosodique. A cet effet, je place un accent grave ou circonflexe sur les voyelles longues.

*6ᵉ Remarque.* — Le K se change et s'adoucit en G, ou en ρ, au génitif et au possessif. *Ex. : tçiktçik*, marmotte; *nappartum-tçiktçiga* (marmotte des sapins), mulot.

## II. — DES MOTS.

En esquimau il y a neuf espèces de mots : le pronom, le nom, l'adjectif, le verbe, le participe, l'adverbe, la postposition [1], la conjonction et l'interjection.

Le nom, l'adjectif et l'adverbe sont convertibles en verbes au moyen de suffixes. Le verbe ou le participe peuvent devenir un nom ou un adjectif. En adjectif peuvent également se transformer les adverbes.

L'article n'existe pas.

En esquimau, on distingue les *nombres* et les *cas*.

Les *genres* n'existent pas pour les mots qui expriment des êtres inanimés, tels que *arbre*. *maison*, ou des êtres de raison, comme *joie, mort, esprit*. Pour l'homme, le genre est intrinsèquement contenu dans les mots homme *innok*, femme *aρné*, garçon *nukatpéρaρk*, fille *aρnaρénaρk*, etc., ou dans les adjectifs mâle *añhon*, et femelle *aρnénœρaρk*.

On forme les genres des animaux en ajoutant à leur nom ces mêmes adjectifs, qui se traduisent par *pañgneρk*, mâle et *kulavaρk*, femelle, pour les grands animaux; *añhutéviak*, mâle, et *kibioρk*, femelle, pour les petits animaux.

---

1. Les mots que nous nommons *prépositions* en français se plaçant, en esquimau, après les autres mots, ils ne méritent plus le nom de *prépositions,* mais bien celui de *postpositions*. Cependant, pour l'intelligence du vocabulaire, nous leur avons conservé le nom de *prépositions*.

Il y a trois *nombres* en esquimau : le *singulier* qui convient à l'unité, le *pluriel* qui convient à la multiplicité, le *duel* qui exprime deux personnes ou deux choses. Ces trois nombres s'appliquent au pronom, au nom, à l'adjectif, au verbe, au participe et à l'adverbe.

Le pluriel est caractérisé par la consonne finale T, le duel par le K. Il en sera question plus loin.

Le *cas* est la propriété qu'ont les noms de marquer leurs relations verbales et leur emploi dans le discours à l'aide des changements de leur désinence.

La récitation de tous les cas d'un mot, tant au singulier qu'au pluriel, se nomme *déclinaison*.

Les pronoms, les noms, les adjectifs, les participes et les adverbes se déclinent, en esquimau, au moyen de flexions formées par l'addition de *suffixes* postpositionnels au radical des mots. Ces suffixes ont la valeur de nos prépositions et leur sont comparables.

Il y a huit cas en esquimau Tchigleɒk, et ils affectent l'adjectif comme le substantif.

1° Le *nominatif*, qui indique que le nom ou le pronom est sujet, et que l'adjectif, le participe ou l'adverbe se rapportent au sujet du verbe. Seul parmi tous les cas il ne prend pas de suffixes; mais c'est lui qui est passible des suffixes casuels. Sa place est avant le verbe, à moins qu'il ne soit pronom, car alors il se lie intimement avec lui.

2° Le *génitif*, qui marque une relation de filiation, de provenance ou de propriété. Il correspond à nos prépositions *du, de, de la, des*. Il exige que le mot auquel il se rapporte précède le sujet, qui prend alors la forme possessive. On le forme par l'addition au nominatif d'une des consonnes M, B, P ou V pour le singulier et le pluriel, et de M, G ou ɒ pour le duel. *Exemples :*

Le lard de renne : *tuktub oɒtchoɒa.*
La terre des Blancs : *kɒablunaɒ nunañga.*

L'os du front : *kragup tçaunœɒa.*
La peau de belette : *téɒéyum améɒa.*

3° Le *datif*, qui exprime la convenance, la nécessité, la tendance, la possession (le *mien*, le *tien*). Il remplace les prépositions françaises *à, au, vers, pour*, et il est formé par des suffixes qui ont une signification analogue : *nun, nut, nua, gnun, mun, mnun, muña.* Ces dernières marquent le mouvement. *Exemples :*

*Itkɒa*, haute mer; *itkɒanun itçukan itowut*, nous gagnons la haute mer.
*Taleɒpik*, la droite; *taleɒpimun iñiktoaɒk*, il est assis à droite.

*Iɒkɒélénulu tchiglinulu kipuktaɒnéaɒtuña*, je vais le raconter aux Peaux-Rouges et aux Esquimaux;
*Innoɒnun kɒoléaɒtuña*, je parle à la foule.
*Illimnun okɒratçidjoami*, je m'adresse à toi.

4° Le *locatif*, qui exprime la position, la place, la superposition, la submission, l'intérieur. Il tient lieu de nos prépositions *en, dans, sur, sous* et *par*, lorsque cette dernière préposition a la signification de *en, dans*. Les suffixes qui leur correspondent en esquimau Tchigleɒk sont *né, mé, gné, gmé; mi, ni, gni.*

On n'emploie pas le locatif lorsque le Verbe implique mouvement. C'est la fonction du datif. *Exemple :*

*Nuna*, terre; *nunanè*, en terre, dans la terre.
*Nunami*, sur terre; *iglumi*, dans la maison.
*Immeɒk*, eau; *immané*, dans l'eau.

*Piñatçuné ubluné nunamik tchénéya Aneɒnéaluk*, le troisième jour Dieu créa la terre.
*Atkɒañgné illiñgnun kɒoléaɒtuña;* c'est en son nom que je te le dis.

*k*

5° L'*accusatif*, qui sert à distinguer le régime du verbe de son sujet. Il est caractérisé par les suffixes *mik, mnik, nmik, gmik*, qui sont intraduisibles en français. *Exemples :*

Donnez-moi de la viande de castor et de renne. | *kikidjiam-neρkρémik bluné tuktub-neρkρèmiklu uvamnun aytutin.*

6° L'*ablatif*, qui marque l'éloignement, la récession, la translation. Il est formé des suffixes *min, gnin, nin, minun, miñgnun*, qui correspondent à nos prépositions *de, depuis, des, de là, du*. *Exemples :*

*Eρρeρmin tikituña,* j'arrive des montagnes.　　　*Adgiρamiñgnun oloρoyoρk,* il est tombé de mes mains.
*Nunamiñgnun tçavikloaρktoaρk,* il est parti de son pays.

7° Le *causatif*, qui exprime le moyen, la cause instrumentale, et se rend par les affixes *nik, minik, nmik*, qui signifient *avec, de, par. Exemples :*

*Kadjunamnik nunamik tchénéya,* il fit la terre par sa pensée.　*Kannoyaρnik taptçimnik kρaρdjilaña,* je vais faire des flèches
*Maramnik inéoloaρta Nunatchénéya,* Dieu créa l'homme du　avec des cercles de cuivre rouge.
limon de la terre.

8° Le *vocatif*, qui sert à appeler, à interpeller. On l'emploie très-rarement et seulement avec les noms de parenté. Il est caractérisé d'ordinaire par la désinence *a. Exemples :*

*apañ,* père; *apaña !* ò mon père.　　　　　*amama,* mère; *amma !* ò ma mère!

Outre ces huit cas, le nom, l'adjectif et l'adverbe sont passibles du *possessif*, qui se forme par l'addition d'un crêment particulier. Il en sera parlé dans le chapitre suivant.

# CHAPITRE II.

## DES PRONOMS.

Les pronoms sont des mots qui représentent les personnes ou les êtres considérés dans leurs relations de sujet et de complément.

En esquimau, les pronoms personnels, outre la valeur qui leur est propre lorsqu'on les considère isolément, ont trois propriétés : leurs désinences s'ajoutent comme *suffixes* aux noms et aux adjectifs pour remplacer les pronoms possessifs; elles communiquent à l'adjectif et à l'adverbe la forme verbale; elles se lient aux racines verbales pour former l'élément personnel des verbes. C'est pourquoi nous plaçons les pronoms en première ligne.

On divise les pronoms en personnels, possessifs, démonstratifs, relatifs, interrogatifs et indéfinis.

Ils n'ont point de genres et prennent les trois nombres et les cas, à l'exception des pronoms interrogatifs.

## I. — DES PRONOMS PERSONNELS.

Ces pronoms se nomment *subjectifs* lorsqu'ils font l'action exprimée par le verbe; *réfléchis*, lorsqu'ils sont à la fois sujet et complément du même verbe ou que l'action s'opère en eux; *complétifs*, lorsqu'ils sont seulement régime du verbe.

### Des Pronoms personnels subjectifs.

Ce sont les suivants pour les deux genres :

|            | SINGULIER. | PLURIEL. | DUEL. |
|------------|------------|----------|-------|
| 1e *pers.* | uvaña, moi. | uvaꝑut, nous. | uvaꝑuk, nous deux. |
| 2e *pers.* | illuït, toi. | illiptçi, vous. | illiptik, vous deux. |
| 3e *pers.* | oma (présente) / tabioma (absente) / ibiuñma } lui, elle. | okkoa (présentes) / tapkoa (absentes) } eux, elles. | okkoak / tapkoak } eux, elles deux. |

La seconde personne du singulier, *illuït*, me paraît signifier « ce qui est de même nature que moi, » et dériver de la racine *illa*, substance, à laquelle appartiennent également les mots *illak*, parent, proche, *illépak*, ami (*au Labrador*), *illuliyak*, égal, semblable, *illua*, doublure, revers, envers, *illualaꝑalu*, allié, beau-frère, etc. On peut lui comparer nos pronoms latins, *ille, illa, illud.*

*Oma* paraît signifier *animatus, i. e.* vivant; il a la même racine que *ómân*, cœur, *ómayok*, animal, *ómayoaꝑk*, animé. *Tabioma* est un mot agglutiné, formé de *tablio*, peut-être, et de *omayok*, vivant.

Les pronoms personnels subjectifs, quand ils sont employés isolément, se déclinent de la manière suivante :

|   |   | SINGULIER. | PLURIEL. | DUEL. |
|---|---|------------|----------|-------|
| 1er GÉNITIF | 1e *pers.* | uvañam, de moi. | uvaꝑum, de nous. | uvaꝑuñg; uvaꝑup, de nous deux. |
|  | 2e *pers.* | illu-tim, de toi. | illiptçim, de vous. | illiptim; illiptiꝑ, de vous deux. |
|  | 3e *pers.* | umiñga / tabiumiñga } de lui, d'elle. | okkoam, d'eux. | okkoañg; okkoaꝑ, d'eux deux. |
| 2e DATIF | 1e *pers.* | uvam-nun, à *ou* pour moi. | uvaptim-nun, à *ou* pour nous. | uvaꝑuñg-nun, à *ou* pour nous deux. |
|  | 2e *pers.* | illingñun; illimnua, — toi. | illiptçim-nun, — vous. | illiptig-nun, à *ou* pour vous deux. |
|  | 3e *pers.* | umnua / omuña, takiomuña / tapçomnun; tapçomnua } à ou pour lui. | okkom-nua, — eux. | okkoañgnun; okkoañgnua, à *ou* pour eux deux. |
| 3e LOCATIF | 1e *pers.* | uvam-né (*ou* ni), en *ou* sur moi. | uvaptim-né(*ou* ni),en *ou* sur nous. | uvaꝑuñgmé (*ou* ni), en *ou* sur nous deux. |
|  | 2e *pers.* | illiñg-mé (*ou* mi), — toi. | illiptçin-mè (*ou* mi), — vous. | illiptigné (*ou* ni), — vous deux. |
|  | 3e *pers.* | tapçom-né (*ou* ni), — lui. | okkoamnè (ou ni), — eux. | okkoañgmé (*ou* mi), — eux deux. |
| 4e ACCUSATIF | 1e *pers.* | uvam-nik, moi. | uvaptin-mik, nous. | uvaꝑuñg-mik, nous deux. |
|  | 2e *pers.* | illin-mik, toi. | illiptçinmik, vous. | illiptig-mik, vous deux. |
|  | 3e *pers.* | tapçom-nik, lui, elle. | okkoanmik, eux. | okkoaꝑ-mik, eux deux |
| 5e ABLATIF | 1e *pers.* | uvamnin, de moi. | uvaptimnin, de nous. | uvaꝑuñgmin, de nous deux. |
|  | 2e *pers.* | illiñg-min, de toi. | illiptçimnin, de vous. | illiptigmin, de vous deux. |
|  | 3e *pers.* | tapçom-nin, de lui, d'elle. | okkoamnin, d'eux. | okkoaꝑmin, d'eux deux. |

| 6ᵉ CAUSATIF | | SINGULIER. | | PLURIEL. | | DUEL. | |
|---|---|---|---|---|---|---|---|
| | *1ᵉ pers.* | uvam-nik, | avec *ou* par moi. | uvaptim-nik, | avec *ou* par nous. | uvaɒum-nik, | avec *ou* par nous deux. |
| | *2ᵉ pers.* | illim-nik illutim-nik | — toi. | illiptçim-nik, | — vous. | illiptim-nik, | — vous deux. |
| | *3ᵉ pers.* | tabiun-mik umiñga | — lui, elle. | okkoam-nik, | — eux. | okkomiñga, | — eux deux. |

Le vocatif n'existe pas pour les pronoms personnels. Des interjections en tiennent lieu.

### Des Pronoms personnels subjectifs employés en composition.

En composition, les pronoms personnels sont tellement liés avec le nom, l'adjectif, le verbe, le participe ou l'adverbe, qu'ils ne peuvent en être séparés. Ils communiquent alors la forme conjugationnelle à tous ces mots, par l'addition des désinences personnelles. On peut leur comparer les flexions des verbes latins. V. g. am*o*, am*as*, am*at*, am*amus*, am*atis*, am*ant*.

Exemples de la manière dont l'élément pronominal-personnel s'ajoute aux racines pour en former des verbes. Du mot *neɒkɒè*, chair, uni aux désinences pronominales, dérive le verbe *néɒɒè-yuña*, je mange :

| | SINGULIER. | PLURIEL. | DUEL. |
|---|---|---|---|
| *1ᵉ pers.* | néɒɒè-yuña, je mange. | néɒɒè-yowut, nous mangeons | néɒɒè-yowuk, nous deux mangeons. |
| *2ᵉ pers.* | néɒɒè-yotin, tu manges. | néɒɒè-yoptçé, vous mangez. | néɒɒè-yotik, vous deux mangez. |
| *3ᵉ pers.* | néɒɒè-yoaɒk, il mange. | néɒɒè-yoat, ils mangent. | néɒɒè-yoak, eúx deux mangent. |

De *immeɒk* eau, dérive le v. *immeɒtuña*, je bois :

| | | | |
|---|---|---|---|
| *1ᵉ pers.* | immeɒ-tuña, je bois. | immeɒ-towut, nous buvons. | immeɒ-towuk, nous deux buvons. |
| *2ᵉ pers.* | immeɒ-tutin, tu bois. | immeɒ-totçi, vous buvez. | immeɒ-totik, vous deuʏ buvez. |
| *3ᵉ pers.* | immeɒ-toaɒk, il boit. | immeɒ-toat, ils boivent. | immeɒ-toak, eux deux boivent. |

Exemple de la manière dont l'élément pronominal-personnel s'unit à l'adjectif pour en faire un verbe. De *nakoyoɒk*, bon :

| | | | |
|---|---|---|---|
| *1ᵉ pers.* | nako-yuña, je suis bon. | nako-yowut, nous sommes bons. | nako-yowuk, nous deux sommes bons. |
| *2ᵉ pers.* | nako-yotin, tu es bon. | nako-yoptçi, vous êtes bons. | nako-yotik, vous deux êtes bons. |
| *3ᵉ pers.* | nako-yoaɒk, il est bon. | nako-yoat, ils sont bons. | nako-yoak, eux deux sont bons. |

Exemple de l'union de l'élément pronominal-personnel avec l'adverbe pour en faire un adjectif adverbial. De *illoɒatey*, tout :

| | | | |
|---|---|---|---|
| *1ᵉ pers.* | illoɒanut, nous tous. | illoɒey-klutik, nous tous. | illoɒanuk (nous), tous deux. |
| *2ᵉ pers.* | illoɒatçé, vous tous. | illoɒey-klutçi, vous tous. | illoɒatçik (vous), tous deux. |
| *3ᵉ pers.* | illoɒatit, eux tous. | illoɒey-klutit, eux tous. | illoɒatik (eux), tous deux. |

Exemple de l'union de l'élément personnel avec l'adverbe, pour en faire un verbe intransitif. De *uñatçiktoɒ*, loin :

| | SINGULIER. | PLURIEL. | DUEL. |
|---|---|---|---|
| *1ᵉ pers.* | uñatçiktoɒ-ituña, je suis loin. | uñatçiktoɒ-itowut, nous sommes loin. | uñatçiktoɒ-itowuk, nous deux sommes loin. |
| *2ᵉ pers.* | — itutin, tu es loin. | — itoptçé, vous êtes loin. | — itotik, vous deux êtes loin. |
| *3ᵉ pers.* | — itoaɒk, il est loin. | — itoat, ils sont loin. | — itoak, eux deux sont loin. |

**Résumé.**

Les éléments personnels subjectifs des verbes et de tous les autres mots passibles de la conjugaison esquimaude sont les suivants :

| SINGULIER. | PLURIEL. | DUEL. |
|---|---|---|
| *1ᵉ pers.* uña. | owut *ou* oꝑput *ou* oꝑwut. | owuk *ou* oꝑpuk *ou* oꝑwuk. |
| *2ᵉ pers.* otin *ou* utin. | otçi *ou* oꝑtçi *ou* oꝑtçé. | otik. |
| *3ᵉ pers.* oaꝑk *ou* ok, *ou* ak. | oat *ou* oït *ou* ut *ou* éït. | oak *ou* uk. |

Quelques adjectifs qui, même en français, se lient foncièrement aux pronoms, font exception à cette règle. *Exemple : inminaꝑk,* l'homme même.

| SINGULIER. | PLURIEL. | DUEL. |
|---|---|---|
| *1ᵉ pers.* uvam-ninaꝑk, moi-même. | uvaptim-ninaꝑk, nous-mêmes. | uvaꝑuñg-ninaꝑk, nous deux mêmes. |
| *2ᵉ pers.* illiñg-ninaꝑk, toi-même. | illiptçin-minaꝑk, vous-mêmes. | illiptin-minaꝑk, vous deux mêmes. |
| *3ᵉ pers.* inmi-ninaꝑk, lui-même. | okkom-ninaꝑk, eux-mêmes. | okkoañg-ninaꝑk, eux deux mêmes. |

**Du Pronom personnel réfléchi indépendant.**

Il est unique, pour tous les genres et pour tous les nombres : *umiña,* soi. En voici la déclinaison :

1° *nominatif.* . . . . umiña, soi (inminina, soi-même).
2° *génitif.* . . . . . . umiñam, de soi.
3° *datif.* . . . . . . . inmi; inmi-nun, à soi *ou* pour soi.
4° *locatif.* . . . . inmi-nè; inmè; inminigoꝑ, en soi *ou* sur soi.

5° *accusatif.* . . . . . umiñam-nik, soi.
6° *ablatif.* . . . . . . . inmiña; inminin, de soi.
7° *causatif.* . . . . . { umiña-minik, par soi, de soi.
{ inminik, avec soi.

Joint à un verbe, le pronom réfléchi en modifie la forme et perd son autonomie propre.

**Des Pronoms personnels complétifs.**

Les pronoms complétifs *se, me, te, le, la, nous, vous, les,* n'existent pas, en esquimau, indépendamment du verbe. Ils s'y ajoutent comme suffixes et changent la désinence verbale mentionnée ci-contre en la désinence possessive qui suit.

## II. — DES PRONOMS POSSESSIFS.

Les pronoms possessifs *mon, ma, mes, ton, ta, tes,* etc., n'existent pas indépendamment du nom ou de l'adjectif, en esquimau. Ils se lient aux mots sous forme de suffixes qui, en se combinant avec les personnes, prennent la forme conjugationnelle. C'est ce que je désigne sous le nom de conjugaison possessive.

*l*

Exemple de l'union du pronom possessif avec le nom singulier : *nuna*, terre :

| SINGULIER. | PLURIEL. | DUEL. |
|---|---|---|
| *1ᵉ pers.* nuna-ρa, ma terre. | nuna-ρwut, notre terre. | nuna-ρwuk, notre terre à nous deux. |
| *2ᵉ pers.* nunâ-n, ta terre. | nuna-ρtçi, nunaρyi, votre terre. | nuna-ρtik, votre terre à vous deux. |
| *3ᵉ pers.* nuna-a, sa terre. | nunât, leur terre. | nunâk, leur terre à eux deux. |

Même exemple avec le pluriel : *nunat*, terres.

| | | |
|---|---|---|
| *1ᵉ pers.* nunat-ka, mes terres. | nunat-iwut, nos terres. | nunat-iwuk, nos terres à nous deux. |
| *2ᵉ pers.* nuna-tin, tes terres. | nunat-iktçi, vos terres. | nunat-itçik, vos terres à vous deux. |
| *3ᵉ pers.* nunat, ses terres. | nunaît, leurs terres. | nunaïk, leurs terres à eux deux. |

Même exemple avec le duel : *nunak*, deux terres :

| | | |
|---|---|---|
| *1ᵉ pers.* nunaga, mes deux terres. | nunaρ-iwut, nos deux terres. | nunaρ-iwuk, nos deux terres à nous deux. |
| *2ᵉ pers.* nunak-tin, tes deux terres. | nunaρ-itçé, vos deux terres. | nunaρ-igtik, vos deux terres à vous deux. |
| *3ᵉ pers.* nunâk, ses deux terres. | nunagat, leurs deux terres. | nunagak, leurs deux terres à eux deux. |

Relativement à la place qu'il doit occuper en se liant avec le radical des noms, des pronoms ou des adjectifs, le suffixe possessif doit précéder la flexion casuelle. *Exemple :*

*1°* *nominatif*. . . . . nunaρa, ma terre.
*2°* *génitif*. . . . . . . nunaρam, de ma terre.
*3°* *datif*. . . . . . . . nunaρam-nun, à ma terre.
*4°* *locatif*. . . . . . . nunaρam-nè, dans ma terre ; nunaρam-ni, sur ma terre.

*5°* *accusatif*. . . . . nunaρañg-mik, ma terre.
*6°* *ablatif*. . . . . . nunaρamnin, de ma terre.
*7°* *causatif*. . . . . nunaρam-nik, par ma terre.

### Résumé.

Les éléments possessifs sont ordinairement les suivants ; pour un seul objet :

| SINGULIER. | PLURIEL. | DUEL. |
|---|---|---|
| *1ᵉ pers.* aρa, aga. | aρwut, *ou* awut, *ou* aput. | aρwuk *ou* awuk. |
| *2ᵉ pers.* an, in, én. | aρtçi, *ou* aρtçé, ou atçi, *ou* ayi. | aρtik ou atik. |
| *3ᵉ pers.* à. | at. | ak ou eïk. |

Pour plusieurs objets :

| | | |
|---|---|---|
| *1ᵉ pers.* atka. | atiwut. | atiwuk. |
| *2ᵉ pers.* aktin. | atiktçi. | atitçik. |
| *3ᵉ pers.* àt. | aït. | aïk, |

Pour deux objets :

| | | |
|---|---|---|
| *1ᵉ pers.* aga. | aρiwut. | aρiwuk. |
| *2ᵉ pers.* aktin. | aρitçi *ou* aρitçé. | aρigtik. |
| *3ᵉ pers.* àk. | agat. | agak. |

J'ai dit *ordinairement*, parce que les Esquimaux varient indéfiniment les suffixes possessifs, selon que l'euphonie exige l'addition, l'élision ou l'élimination d'une lettre ou d'une syllabe. Ces suffixes dépendent aussi de la manière dont les noms forment leur pluriel. L'usage seul peut les apprendre, car on en remplirait des pages sans toutefois donner des règles fixes.

Les pronoms possessifs *le mien, le tien, le sien, le nôtre, le vôtre, le leur,* etc., s'expriment par le datif des pronoms personnels. *Exemple :*

*uvamnun,* à moi *ou* le mien, la mienne.
*illiñgnun,* à toi *ou* le tien, la tienne.
*umnua,* à lui, à elle, *ou* le sien, la sienne.

*uvàmnut,* à moi, *ou* les miens, les miennes.
*illiñgnut,* à toi, *ou* les tiens, les tiennes.
*omnuat,* à lui, à elle, *ou* les siens, les siennes.

Ainsi de suite pour le duel et le pluriel.

### III. — DES PRONOMS DÉMONSTRATIFS.

Ce sont les suivants, qui se déclinent de la même manière que les pronoms personnels.

| | |
|---|---|
| CE, CET, CETTE, CELUI-CI, CELLE-CI (*animés*) . . . . una. = imna. = tamna. | LUI-LA, CELLE-LA (*animés*) . . . . . igɒa. = kpébiuñma. |
| CE, CET, CETTE, CECI (*inanimés*) . . maya *ou* madja. = oma-puña. | CE, CET, CETTE, CELA (*inanimés*) . . tava. = tamana. |
| CEUX-CI, CELLES-CI. tapkoa. | CEUX-LA, CELLES-LA itkoa. |
| CE, CET, CETTE, CE- | TEL, TELLE. . . . . taymana. = tayman. |
| | TELS, TELLES. . . . taymat. |

### IV. — DES PRONOMS RELATIFS ET INTERROGATIFS.

Ce sont :

| | |
|---|---|
| LEQUEL, LAQUELLE, kiya. = kina. | QUI? LESQUELS? (*animés*) . . . . . . kiput? = nakit? |
| LESQUELS, LES . . kikut. | |
| QUI? . . . . . . . . kiya-kiya?= kina-kina?=kitçik-kitçik? | QUE? LESQUELS? (*inanimés*) . . . . . tchuvit? |
| QUE? QUOI?. . . . . tchuna? = tchuva? = tchuvaoɒ? = tchuna-tchuna ? | |

Ces pronoms ne se déclinent pas.

Les pronoms ou adjectifs conjonctifs *qui, que, dont, à quoi, ou* n'existent pas en Tchigleɒk. On peut cependant y exprimer les suivants :

| | |
|---|---|
| CELUI *ou* CELLE QUI. innu-iñɒoɒ. | GE DONT, CE PAR QUOI?. . . . . . tamaɒmik. = tabiuñnua. = umiñaɒk. = umiña. |

### V. — DES PRONOMS INDÉFINIS.

Les pronoms indéfinis ou indéterminés sont :

| | |
|---|---|
| ON . . . . . . . . . innok. | QUELQU'UN, QUELQU'UNE. . . . . . innuñ. |

| QUELQUES - UNS, | | PERSONNE, AUCUN, | |
|---|---|---|---|
| - UNES . . . . . . | avikluɒit. | NUL . . . . . . . | innuïtoɒ. = innuñmiktoɒoɒ. |
| QUELQUE . . . . . . | avaya-illuaɒtoɒ. = tçuatçiaɒk. | AUTRUI, AUTRE . . . | innuñné.=aypa.=aypa-inna.=illami. |
| QUELQUES.. . . . . | avaït. = illañgéït. = tçuatçiat. | NUL AUTRE . .,. . . | kitçian. |
| QUICONQUE. . . . ` | innuɒoɒkɒona. | RIEN . . . . . . . . | nuɒuntoɒ. = tçuatçia-illuaɒtoɒ. |
| CHACUN . . . . . . | attunim. | | |

Ces pronoms sont susceptibles de déclinaison comme les pronoms personnels. *Exemple :* quel-qu'un, *innuñ.*

| *Nominatif* . . . . . . | innuñ. | *Accusatif* . . . . . . | innuñ-mik. |
|---|---|---|---|
| *Génitif* . . . . . . . | innum. | *Ablatif* . . . . . . | innum-nin. |
| *Datif* . . . . . . . . | innim-nun. | *Causatif* . . . . . . | innom-nik. = innuñg-nik. |
| *Locatif* . . . . . . . | innuñ-mé. | | |

# CHAPITRE III.

## DU NOM.

Le nom est un mot qui sert à désigner les personnes ou les choses.

En esquimau, les noms se divisent en *noms racines, noms composés, noms dérivés* et *noms verbaux.*

Les noms racines sont des mots originaires, simples et indivisibles; ils sont ordinairement dissyllabiques comme *iyik,* œil, *innok,* homme, *ulik,* vague, *taaɒk,* obscurité, *ubluɒk,* jour, *aɒnė,* femme, *putu,* trou, *apun,* neige, *iglu,* maison, *tçiko,* glace, etc.

Rarement ils sont monosyllabiques comme *pâ,* ouverture, *neɒk,* corps, *kûɒk,* rivière, *kawk,* tremblement, *poɒk,* paquet, *awk,* sang.

Les mots composés sont formés ou de deux noms racines agglutinés comme *tulu-aɒnaɒk,* hirondelle (corbeau–femme), *immuñ-tçialuk,* tasse à boire; ou d'un nom racine auquel se joint un suffixe exprimant la qualité, la comparaison, la ressemblance ou la contenance. V. g.

*Innu-lik,* fantôme (i. e. semblable à un homme); *igoɒp-pók,* fort (i. e. grande maison); *kutchu-ɒaɒk,* stalactite (i. e. semblable au verre); *tuppeɒ-kat,* compagnon (i. e. qui a la même tente); *néɒpé-vik,* salle à manger (i. e. lieu ou l'on mange).

Les noms dérivés sont formés d'un nom racine ou d'un nom verbal qui comporte évidemment une antériorité de facture, ou bien même d'un verbe.

*Krilakɒon,* fétiche, dérivé de *kɒilayok,* magie (ce mot est lui-même dérivé de *kɒipân,* serpent); *ignéɒoït,* volcan, mouf-fette, dérivé de *igneɒk,* feu; *ivineɒk,* huile de lin, dérivé de *ivik,* herbe, plante; *auneɒk,* sanie, pus, dérivé de *awk,* sang.

D'autres noms dérivés se forment d'un verbe en changeant sa désinence personnelle en l'un des suffixes *neɒk, awn, en, on, ân. Exemple :*

*añeɒtoaɒk,* il croit, *añeɒneɒk,* foi; *nitoɒaɒtoaɒk,* il a le hoquet, *nitoɒâwn,* hoquet; *tchénéyoaɒk,* faire, travailler, *tchénén,* outil, instrument de travail; *nutchuɒaga,* tirer, *nutchuɒâwn,* drisse; *nanuktoaɒk,* oindre, *nanulûn,* onguent, cte.

J'appelle noms verbaux ceux dont la forme est identique en tant que verbe et en tant que nom, et qui par conséquent se conjuguent; tels sont, par exemple :

Forgeron, *tçavilioptoaρk,* qui signifie aussi *il forge;* magicien, *uñavaomayoaρk,* qui signifie également *il évoque.*

Pêcheur, *itkρaleρk-kρéyoaρk,* qui veut dire aussi *il pêche,* etc.

Les noms racines et les noms composés peuvent se convertir en verbes au moyen de l'addition des suffixes verbaux : *Toaρk, yoaρk, tçidjoaρk,* etc., v. g.:

Il fait le fantôme, *innuliktçidjoaρk;* il fait la magie, *kρilayoktoaρk;* il serpente, il rampe comme le serpent, *kρipaÿoaρk,* etc.

Les noms dérivés du verbe doivent, pour redevenir verbes, remplacer leur suffixe substantif par les suffixes pronominaux propres aux verbes.

### Déclinaison des Noms.

Les noms se déclinent comme les pronoms personnels, dont la déclinaison leur sert de modèle. *Exemple : nuna,* terre, *nunat,* terres, *nunak,* deux terres.

| | SINGULIER. | PLURIEL. | DUEL. |
|---|---|---|---|
| 1° *Nominatif.* . . . . | nuna. | nunat. | nunak. |
| 2° *Génitif.* . . . . . | nunam. | nunaρ. | nunaρ *ou* nunag. |
| 3° *Datif* . . . . . . . | nunam-nun, nunamun. | nunaknun. | nunañgnun. |
| 4° *Locatif* . . . . . . | nunané, nunami. | nunagnè, nunagni. | nunañgmé, nunañgni. |
| 5° *Accusatif* . . . . . | nunamik. | nunagmik. | nunañgmik. |
| 6° *Ablatif* . . . . . . | nunamin. | nunagmin. | nunañgnin. |
| 7° *Causatif* . . . . . | nunaminik. | nunagminik. | nunañgminik. |

Autre exemple *tupeρkρ,* tente.

| | SINGULIER. | PLURIEL. | DUEL. |
|---|---|---|---|
| 1° *Nominatif.* . . . . | tupeρkρ. | tupkρéït. | tupaρkρ. |
| 2° *Génitif.* . . . . . | tuρkib. | tuρket. | tupaρ. |
| 3° *Datif.* . . . . . . | tupeρmun. | tupeρmun ; tuρkinun. | tupañgnun. |
| 4° *Locatif.* . . . . . | tupeρmé. | tuρkimné. | tupañgné. |
| 5° *Accusatif* . . . . . | tupeρmik. | tuρkit. | tupañgmik. |
| 6° *Ablatif* . . . . . . | tupeρmin. | tupeρmin. | tupañgnin. |
| 7° *Causatif* . . . . | tupeρminik. | tuρkimnik. | tupañgnik. |

Outre les cas, les noms sont encore susceptibles de ce que j'appelle *conjugaison possessive,* c'est-à-dire de leur union avec les *suffixes possessifs,* comme on l'a vu au § des pronoms possessifs. J'y ai dit que les Esquimaux varient ces suffixes selon que l'euphonie l'exige, et selon la manière dont les noms forment leur pluriel et leur duel. Or voici comment s'opère cette formation :

| Les mots terminés au SINGULIER en : | forment leur PLURIEL en : | et leur DUEL en : | EXEMPLES : |
|---|---|---|---|
| ak. | at *ou* aït. | ak. | milak : tiqueté. |
| ak. | kρat. | kρek. | uyaρak : pierre. |
| aρk. | at. | ak. | kρaléuyaρk : livre, écrit. |
| aρk. | tçet *ou* tçat. | tçak. | nuyaρk : cheveu; kρaρiaρk : crochet. |
| aρk. | et *ou* èït. | ak. | aklunaρk : corde. |
| aρk. | aρkρat. | aρkρak. | nutaρk : fils; kρoapaρk : feuille. |
| aρk. | aluït. | aluk. | kρikeρktaρk : île. |
| aρk. | kρet. | kρek. | tuluρaρk : corbeau; nutkupiaρk : enfant. |
| aρk. | kat. | kak. | kρoapaρk : feuille. |
| ρaρk. | gaït. | gaρk. | adjiρaρk : main. |
| kρoa. | kρut. | kρuk. | kρaρkρoa : front. |

*désinences en A.*

# GRAMMAIRE ESQUIMAUDE.

| Les mots terminés au SINGULIER en : | forment leur PLURIEL en : | et leur DUEL en : | EXEMPLES. |
|---|---|---|---|
| **désinences en E.** ó. | éït. | ék. | aρné : femme. |
| é. | it. | ék. | tuglé : tresse de cheveux. |
| éñ. | kρéït. | kρeρk. | atéñ : nom. |
| eρk. | éït *ou* éat. | éïk. | taleρk : bras. |
| eρk. | ît. | ik. | ameρk : peau. |
| eρk. | èt. | ék. | éρpeρk : montagne. |
| eρk. | eρklit. | eρklik. | igleρk : lit. |
| **en I.** ik, iρk. | it. | ïk. | iyik : œil; tumiρk : piste. |
| tçiρk. | kρet. | kρek. | patçiρk : coquille univalve. |
| **en O.** o. | ot. | ok. | eρklo : entrailles. |
| òn. | otit. | otik. | olluaρòn : favoris. |
| ôρon. | oρkit. | oρuk. | atoρòn : chant. |
| ok. | oït. | uk. | añρégok : devin, sorcier; innok : homme. |
| ok. | ot. | uk. | mitkρok : poil. |
| oρk. | ut. | uk. | taρéoρméoρk : marin. |
| oρk. | oρut. | oρuk. | ïkaρgoρk : falaise. |
| **en U, W.** un. | oa. | oak. | ipun : rame. |
| uk, uρk. | ut. | uk. | ubluρk : jour. |
| gut. | gutit. | gutik. | aggut : homme. |
| âwn. | awt. | awk. | tchubiâwn : aiguillette. |
| âwk. | awgut. | awguk. | âwk : sang. |

J'ai dit qu'en général les suffixes du possessif sont :

ρa, n, a,  pour le singulier.  ut, tçi, at,  pour le pluriel.  uk, tik, ak,  pour le duel.

Voici quelques exemples de conjugaisons possessives qui indiqueront la manière multiple dont les Esquimaux varient l'union de ces suffixes avec les noms.

### *amama :* mère.

| SINGULIER. | PLURIEL. | DUEL. |
|---|---|---|
| 1ᵉ *pers.* amaña, ma mère. | amamaput. | amamapuk. |
| 2ᵉ *pers.* amaman, ta mère. | ammaρktçi. | ammaρtik. |
| 3ᵉ *pers.* amama put, sa mère. | amamat. | amamak. |

### *aρné :* femme.

| | | |
|---|---|---|
| aρnaρa. | aρnavut. | aρnavuk. |
| aρnén. | aρnatçi. | aρnatik. |
| aρna. | aρnat. | aρnak. |

### *atéñ :* nom.

| | | |
|---|---|---|
| atœρa. | ateρput. | ateρvuk. |
| atkρen. | ateρptçi. | ateρptik. |
| atkρa. | atkρat. | atkρak. |

### *atkρeït :* noms.

| | | |
|---|---|---|
| atéρaït. | atavut. | atavuk. |
| atkρit. | ataρtçi. | ataρtik. |
| atkρat. | atkρéït. | atkρèk. |

*innok :* homme,

| SINGULIER. | PLURIEL. | DUEL. |
|---|---|---|
| innoktaρa. | innoktavut. | innoktavuk. |
| innokten. | innoktaρtçi. | innoktaρtik. |
| innokta. | innoktat. | innoktak. |

*ómân :* cœui.

| | | |
|---|---|---|
| ómatiga. | ómativut. | ómativuk. |
| ómaktin. | ómatektçi. | ómateρtik. |
| ómata. | ómataït. | ómatak. |

*awk :* sang.

| | | |
|---|---|---|
| awkaña. | awkativut. | awkativuk. |
| awkatin. | awkatitçi. | awkatitçik. |
| awka. | awkat. | awkak. |

*umit. — umρit :* barbe.

| | | |
|---|---|---|
| umitka. | umivut. | umivuk. |
| umiktin. | umiktçi. | umitik. |
| umρa. | umρit. | umaρik. |

*taleρpik :* droite.

| | | |
|---|---|---|
| taleρpitka. | taleρpivut. | taleρpivuk. |
| taleρpiktin. | taleρpitçi. | taleρpitçik. |
| taleρpéa. | taleρpéat. | taleρpéak. |

*taleρk :* bras.

| | | |
|---|---|---|
| taléρa. | talévut. | talévuk. |
| talin. | taleρtçi. | taleρtik. |
| taléa. | taléat. | taléak. |

*kadjunaρk :* pensée.

| | | |
|---|---|---|
| kadjunaρa. | kadjunaρput. | kadjunaρpuk. |
| kadjunan. | kadjunaρtçi. | kadjunaρtik. |
| kadjuna. | kadjunat. | kadjunak. |

Il est aisé de voir que ces nuances, sans être bien tranchées ni s'écarter beaucoup de la conjugaison possessive modèle *nunaρa,* ma terre, peuvent varier indéfiniment.

La suffixation des cas s'ajoute après celle du possessif.

### Conversion des Noms en Verbes.

Un nom se change en verbe au moyen de flexions que l'on obtient par l'addition des suffixes *oyuaρk, iyoaρk, itoaρk, ρiyoρk, itoρk. Exemples :*

*innok,* homme, *innoρ-iyoaρk,* il est homme, *innoρ-iyuña,* je suis homme.

*iglu,* maison, *iglumi,* dans la maison, *iglumitoaρk,* il est dans la maison.

*apañ,* père, *apaρiyoρk,* il est père, *apaρiyovuk,* nous sommes pères.

*tchikρeyneρk,* soleil, *tchikρeynéitoρk,* il fait soleil.

*anoρè,* vent, *anoρdleρtoaρk,* il vente.

## Des dérivés.

Les noms dérivés se forment par d'autres mots plus simples, ou par la suffixation. Voici quelques exemples de noms dérivés :

De *tçivu*, l'avant, la partie antérieure, ont été formés : *tçivupnepk*, buste, torse, *tçivopkpa*, midi, sud, *tçivopak* et *tçivuliklopo*, consécutivement, *tçivupnœpané*, et *tçivupnœpagun*, avant que, *tçivupnœpèn*, avant, prépos., *tçivuplœpaptoapk*, devancier, etc.

De *kiñu*, l'arrière : *kiñunepk*, arrrière-train, *kiñunœpa*, après, *kiñomuk*, en arrière, *kiñunœpagun*, après, *kiñuléa*, ci-après, *kiñulepk*, dernier, *kiñuyoapk*, chavirer, *kiñulu-otuglia*, avant-dernier, *kiñuleptçatoapk*, arrière, etc.

De *illa*, substance, identité : *illak*, parent, proche, *illaak*, trois, *illaminik*, consubstantiellement, *illdlik*, commun à plusieurs, *illagœlun*, conjointement, *illuït*, toi, *nullakpè*, époux, conjoints, *illa-illa-illo*, communément, *illapiknitapk*, parent éloigné, *illua*, intérieur, revers, *illdwn*, escoubane (l'objet qui pénètre dans l'eau), *illupapè*, jupon (vêtement de l'intérieur), *illuapotapk*, doublure, *illupapk*, aubelle, *ullua*, joue, *illualapalu*, ami, allié, *illutapk*, intérieur des cuisses, etc.

De *tçanepk*, mal, péché (ce qui n'est pas droit) : *tçanipapk*, côté, *tçanigmun*, de côté, *tçanepkpapa*, contrairement, malgré, *tçanik*, balayures (ce que l'on jette de côté), *tçanœpon*, balai, *tçanéané*, contre, auprès, *tçatkpaluk*, marc, déchet, *tçanéa*, à côté, *tçanépané*, en dehors de, *tçanepkpanitoapk*, contredire, etc.

De *tçavapk*, courant : *tçavapluktoapk*, être irréfléchi, prompt, etc.

De *kpaa*, toiture : *kpaan*, dessus, sur, *kpatapk*, chaudron, *kpaapk*, tapis, *kpalépeït*, pile de bois, *kpalépit*, empilés, *kpalépék*, croisés, *kpalénotot*, dix (les deux mains appliquées l'une sur l'autre), *kpaléuyapk*, livre, *kpaépktopk*, terrasse, *kpayutapk*, plat, écuelle, etc.

De *piñ*, élévation : *pin!* bravo ! *piñot*, mamelonné, *piñoptçapiopk*, colline, dune, *piñuyapk*, verrue, *piñotapk*, démoli,

*piñapotçapktoapk*, s'ébahir, *piñoptçapiuk*, grotte, *piñoptitçiopiopk*, le **Très-Haut**, etc.

De *óma*, lui, *ou* de *ómân*, cœur : *ómayoapk*, vivant, *ómayokto*, les vivants, les humains, *ómayok*, animal, *ómanepktoapk*, vivre, *ómaptoap*, érigé, debout, etc.

De *nepk*, corps : *nepkpé*, viande, chair, *néppéyoapk*, manger, *tçaonepk*, corps, *nepkiktçet*, provisons (Labrador). Et en y ajoutant l'*a* privatif : *anepnepk*, esprit, âme, souffle, respiration, *anepnépaluk*, Dieu, *anopè*, vent, *anépnaopk*, respirer, *anépéaptoapk*, souffler doucement, etc.

De *okpapk*, langue : *okpapk*, batterie de fusil, *okpaméun*, parole, *okpaún*, prière, *okpayuapk*, parler, *opakpayopk*, prière, *okpayoyuapk*, prêtre, orateur. Observez que ces mots ont la même racine qu'en latin, car *k* et *p* ont entre eux affinité : *oratio, orare*.

De *taapk*, obscurité : *tapapk*, ombre, silhouette, *tapapktot*, miroir, *tatkpapk*, lune, *tapapmi*, à l'ombre, etc.

De *kpitkpa*, milieu : *kpitepk*, reins, milieu du corps, *kpitepklopon*, anneau, bague, *kpitepgnapk*, nœuds des filets, *kpitepklepk*, médius, *kpitepkpapk*, midi, *kpeykpan* et *kpitkpanè*, au milieu, etc.

De *topklo*, gosier : *torkloalik*, chalumeau, *topgloapk*, tuyau, *topklok*, tunnel, etc.

De *kpipân*, serpent : *kpipun*, taraud, vis, *kpipotçeptoapk*, **visser**, tarauder, *kpipayoapk*, ramper, serpenter, *kpiputoapk*, fermer, serrer, *kpiputit*, serrure, *kpipoap*, serpent, *kpiuwapk*, diable, *kpiyova*, tonsuré, consacré à Kriuwapk, *kpigopk*, tonsure, *kpiñapktapk*, couronne en peau de carcajou, *kpiogdjiapk* et *kpiopia*, aurore boréale, *kpilayok*, magie, jonglerie, *kpilayon*, tambour magique, *kpilakpon*, fétiche, talisman, *kpipioyuapk*, tortueux, sinueux, *kpitotoapk*, souple, *kpikutépon*, autel, etc.

# CHAPITRE IV.

### DE L'ADJECTIF.

#### I. — DES ADJECTIFS QUALIFICATIFS.

L'adjectif est un mot qui ajoute au nom une idée de *qualité* ou de *détermination*. En esquimau, il se place après le nom.

Les adjectifs sont les mêmes pour les deux genres, ils prennent les nombres et les cas comme les pronoms et les noms, et s'accordent en *nombre* et en *cas* avec le nom auquel ils se rapportent, au moyen des mêmes suffixes. *Exemple :*

Avez-vous mangé l'excellente viande que je vous ai donnée? *nepkrémik nakoyomik aytuléaptauginnéppèvéit?*

Je vais voir la belle terre dont vous m'avez parlé : *Nunañgnun tiguyominaynun umamnun kpoléploaptutin takumapkapkluña.*

J'arrive à peine par les hautes montagnes : *éppegmin takiyuñ gmin tikiktuña upalœpalo.*

Comment vous trouvez-vous mal dans une demeure si propre et si bien éclairée? *kpanó-kpanô kpanmwapk-kpaptaptaptutin taymana iglumi tutuepktuni lu kpaumapktumi blu?*

En esquimau, tous les adjectifs sont susceptibles de se conjuguer et leurs désinences se distinguent par des terminaisons verbales. Les plus ordinaires sont :

*opk*, exemples : *nakoyopk*, bon, *tipipitopk*, odorant, *illiyopk*, ressemblant, *manéaptopk*, doux au toucher, *nakepktopk*, droit.

*a*, — *kpilakta*, recoquillé, *oteptita*, rendu, *mamañaya*, savoureux, *ulopota*, tombé, *kpiyova*, tonsuré. *apéopa*, flexible.

*é*, exemples : *igitané*, abandonné, *makitané*, relevé, *inmé*. même.

*apk*, — *ikéapétapk*, stratifié, *mikiyopatçiapk*, très-petit, *nadjitapk*, conçu, *itchivavapk*, sédentaire,

*ik*, — *nuléalik*, marié, *ignilik*, acéré, *illalik*, commun, *ipulipdlik*, frit.

Pour leurs conjugaisons, voyez celles des verbes.

### Comparatif et Superlatif.

Ils se forment à l'aide de la suffixation.

Le comparatif se fait en changeant la désinence du positif en *ilœpa*. Le superlatif, en lui substituant *otkpéya* ou *itkpéya*. Le suffixe *tçoapk* exprime aussi le superlatif. *Exemple :*

| POSITIF. | COMPARATIF. | SUPERLATIF. |
|---|---|---|
| añéyopk, grand. | añilœpa, plus grand. | áñotkpéya, très-grand, gigantèsque. |
| tchuïnapk, mauvais. | tchuïna-ilœpa, pire. | tchuïnaotkpéya, détestable. |
| nakoyopk, bon. | nakoïlœpa, meilleur. | nakootkpèya, nakoyopktçoapk, excellent. |

### Augmentatif et Diminutif.

L'augmentatif se forme à l'aide des suffixes *pàk* ou *pâp, pik, pôk, vâk, vik* (très-rarement), *tilik*, qui s'ajoutent aux mots.

Le diminutif se forme également par la flexion au moyen des suffixes *aluk, apk, iapk yoap.*

Le suffixe *aluk*, outre la petitesse, la faiblesse, la division, la diminution, la filiation, la multiplication, exprime aussi, de même qu'un très-grand nombre de racines *déné-dindjié*, la contradictoire de toutes ces acceptions, c'est-à-dire la grandeur, l'unité, la force. *Exemple : anepné-âluk,* le grand Esprit, Dieu, *añéyoappâluk,* géant.

| POSITIF. | AUGMENTATIF. | DIMINUTIF. |
|---|---|---|
| iglu, maison. | iglop-pôk, fort (grande maison). | iglu-piapk, hutte (petite maison). |
| umiapk, barque. | umiap-pâk, navire (grosse barque). | umiapaluk, petit esquif. |
| tépéap, belette. | tépéap-pâp, vison (grande belette). | tépéapaluk, hermine (petite belette). |
| itkpaluk, poisson. | itkpalukpik, saumon (gros poisson). | itkpaloapk, fretin. |
| kupk, rivière, | kupvik, fleuve (grande rivière). | kupapk, petite rivière. |
| tuktu, renne des déserts. | tuktu-vâk, caribou ou grand renne des bois. | tuktupapk, capricorne (i. e. petit renne). |

La progression dans le diminutif se fait au moyen des suffixes *àluk*, *aiçiaρk*, *atçiaρàluk*. *Exemple :*

| | | |
|---|---|---|
| mikiyoρk, petit. | mikiyoρaluk, plus petit. | mikiyoρátçiaρk, très-petit |
| kuρaρk, petite rivière. | kuρaρàluk, ruisseau. | kuρtçiaρk, rigole. |

La progression dans l'augmentatif se fait à l'aide des suffixes *pâk*, *pôk*, *pâluk*.

| | | |
|---|---|---|
| añéyoρk, grand. | añéyoρkpòk, très-grand. | añéyoaρpâluk, géant. |

### Privatif.

Il s'exprime au moyen des suffixes *itoρk*, *oyoρk* qui signifient *sans*. *Exemples :*

| | | | |
|---|---|---|---|
| STÉRILE. . . . . . . paneρtoρk. | | AVEUGLE. . . . . . takumañ-illuaρtoρk. |
| STEPPE. . . . . . . kρéyuitoρk; nappaρtoyoρk. | | SOURD-MUET . . . . tutçilayoρk. |
| DÉPOURVU . . . . itoρoρk. | | |

### Suffixes adjectifs pouvant servir à former les mots.

Voici comment les suffixes qui expriment le comparatif, le superlatif, l'augmentatif, le diminutif, et d'autres suffixes encore s'unissent aux racines substantives ou verbales pour la formation de certains mots. Ainsi au moyen du suffixe :

*aluk* (*aluït*), sont formés les mots : *nutaρaluk,* fils cadet, *ino-neρluk,* blasphème, *ρudjualuk,* lycoperdon (petit champignon), *utkutçialuk,* chaudron, *anituaρaluk,* arbre frêle, rachitique, *ipéaρiuàluk,* arbre brûlé dont la cime seule subsiste, *atçiyaρluk,* pétiole, pédicule, *tçakρaluk,* dépôt, marc, *tçilla-luk,* pluie, *anoρaρluktualuk,* déguenillé, etc.

De *vik* (*vit*), qui exprime la contenance, le récipient, le lieu, sont formés les mots suivants : *tchénavik,* atelier, *néρρévik,* salle à manger, réfectoire, auberge, *allugvik,* auge, *kρaρlivik,* carrefour, *kρoρvik,* vase de nuit, *illuvepvik,* cercueil, bière, *aktoρvik,* charnier, *atoρvik,* église, *odjeρvik,* balance, etc.

De *neρk* (*nèt*, *næρèt*), qui signifie corps, comme racine substantive, sont formés, à titre de suffixe adjectif, les êtres de raison, les causalités, les abstractions : *tçaymaneρk,* grâce, bénédiction, *miktçékaρneρk,* bond, saut, *añeρneρk,* foi, *uloρeyneρk,* courage, *apkρutçineρk,* sentier, chemin, *aktçaρneρk,* courant, *kρoρloneρk,* cascade.

De *otik* (*otit*), sont formés les mots qui expriment un objet en bois, un objet qui a un pied, un manche, une tige, une queue : *tchénéρòtik,* brouette, *nutçoρaotit,* armoire, *oρρitkρotik,* arbuste, *kρotik,* plante, *kρamutik,* traîneau, etc.

De *ρaρk* (*kat*), qui indique ressemblance, similitude entre le mot comparé et la racine dont il provient, sont formés les mots : *naρtoρaρk,* champignon, *tutuρaρk,* corbeau, *kρeymiρaρk,* colline, *kρaléρaρk,* cloche, *tikitçoρaρk,*

écureuil, *matoρaρk,* couvercle, *kutchuρaρk,* stalactite de glace, etc.

De *alik* (*alæρit*), qui a la même signification, les mots : *toρkloalik,* chalumeau, *eρnàlik,* oignon, *tchulialik,* affaire, *aρéalik,* l'extrémité d'un lac, etc.

De *taρk* (*tèit*), qui exprime la matière dont l'objet est formé, sa nature, viennent les mots : *kρéyuktaρk,* écuelle, plat de bois, *uñéaρtaρk,* capuchon de femme, *illaρignitaρk,* parent éloigné, etc.

De *ρiaρk* (*ρiaït*), qui marque la propriété, l'entité, sont formés les mots : *innoρiaρk,* humain, *nunaρiaρk,* terrestre, *kρistoρiaρk,* chrétien, *nutçuρiaρk,* gland, cordon de sonnette, etc.

De *méoρk* (*méut*), qui marque la résidence, la possession, sont formés les mots : *iglopméoρk,* sédentaire, casanier, *nunaρméoρk,* terrien ou terrestre, *kρikeρtaρméoρk,* insulaire, *taρéoρméoρk,* marin, *kρéyoρkméoρk,* forestier, *immaρméoρk,* aquatique, etc.

De *kat* (*kèt*), qui marque communauté d'origine, de vie, d'idées, *iglomokat,* voisin, locataire, *tuppeρkat,* conchambriste, compagnon, *nunaρkat,* compatriote, etc.

De *en* (*étit*), qui indique l'appropriation de l'objet, son usage, sa fin, sont formés : *tchénen,* couteau de travail, *néρρén,* couteau de table, *pwalæρén,* pelle, etc.

De *on* (*otit*), qui a la même signification : *adjaρon,* échelon, marche, degré, *nutçuρaon,* drisse, *kρaléuyon,* crayon, plume à écrire, *killileρkρon,* onguent à blessures, *kρummeρkρon,* onguent napolitain, *kiléunmiyaρon,* rabot, varlope, *patkρon,* cure-moelle, etc.

## II. — DES ADJECTIFS NUMÉRAUX OU NOMS DE NOMBRE.

Comme les *Dénè-dindjié*, les Esquimaux comptent sur leurs doigts, de sorte que la main est pour eux l'étalon du calcul.

**Nombres cardinaux.**

| | | | | |
|---|---|---|---|---|
| 1 | ataotçiᴩkᴩ. | | 20 | kᴩoléti. |
| 2 | aypak. = mallœᴩok. | | | innuñ { naamayoᴩk (*pieds et mains*). |
| 3 | illaak. = piñatçut. | | | { nayoᴩk. |
| 4 | tçitamat. | | 21 | iglut-tcheᴩtut |
| 5 | tallémat. | | | innuñ tchikpaᴩk. |
| 6 | aᴩvénèlœᴩit. | | 22 | iglut-aypatoᴩk. |
| 7 | aᴩvénèlœᴩit-aypak. | | | innuñtchikpaᴩk aypak. |
| | mallœᴩonik-aᴩvénèlœᴩit. | | 23 | iglut-illayoᴩk. |
| 8 | aᴩvénèlœᴩit-illaak. | | | innuñtchikpaᴩk illaak. |
| | piñatçunik-aᴩvénèlœᴩit. | | 24 | iglut tçitamatoᴩk. |
| 9 | aᴩvénèlœᴩit-tçitamat. | | | innuñtchikpaᴩk tçitamat. |
| | kᴩolin-illoat. | | 25 | iglut tallématoᴩk. |
| 10 | kᴩolit. = kalènnotot (*les deux mains appliquées*). | | | innuñtchikpaᴩk tallémat. |
| 11 | itiañgnéᴩat. | | 26 | innuñtchikpaᴩk aᴩvénèlœᴩit. |
| | ataotçi-itiañgnélœᴩit. | | 27 | innuñtchikpaᴩk aᴩvénèlœᴩit aypak. |
| 12 | itiañgnéᴩat-aypak. | | 28 | innuñ aᴩvénèlœᴩit illaak. |
| | mallœᴩonik { itiañgnélœᴩit. | | 29 | innuñ aᴩvénèlœᴩit tçitamat. |
| | { tchikpalik. | | 30 | innok kᴩolinik-tchikpalik (*un homme plus les deux mains*). |
| 13 | itiañgnéᴩat-ilaak. | | 40 | innuñ malleᴩok (*deux hommes*). |
| | piñatçunik { itiañgnélœᴩit. | | 50 | adjigaynaᴩmitoat (*autant de fois 10 que de doigts dans la main*). |
| | { tchikpalik. | | 60 | innumipit (*trois hommes*). |
| 14 | itiañgnéᴩat-tçitamat. | | 70 | innuñmallœᴩonik aᴩvénèlœᴩit. |
| | tçitamanik { itiañgnélœᴩit. | | 80 | innuñ piñatçunik aᴩvénèlœᴩit. |
| | { tchikpalik. | | 90 | innuñ tçitamanik aᴩvénèlœᴩit |
| 15 | itiañgnéᴩat-tallémat. | | 100 | itchañgneᴩkᴩ. |
| | tallémanik { itiañgnélœᴩit. | | 200 | itchañgneᴩkᴩ aypak. |
| | { tchikpalik. | | 300 | — illaak. |
| 16 | igluïn-itiañgnélœᴩit. | | 400 | — tçitamat. |
| | itiañgnéᴩat aᴩvénèlœᴩit. | | 500 | — tallémat. |
| 17 | igluïn-itiañgnélœᴩit aypak. | | 600 | — aᴩvénèlœᴩit. |
| | itiañgnéᴩat aᴩvénèlœᴩit aypak. | | 700 | — mallœᴩonik aᴩvénèlœᴩit. |
| 18 | igluïn-itiañgnélœᴩit illaak. | | 800 | — piñatçunik aᴩvénèlœᴩit. |
| | itiañgnéᴩat aᴩvénèlœᴩit illaak. | | 900 | — tçitamanik aᴩvénèlœᴩit. |
| 19 | igluïn-itiañgnélœᴩit tçitamat. | | 1000 | itchañgneᴩ-pàᴩk (*le grand cent*). |
| | itiañgnéᴩat aᴩvénèlœᴩit tçitamat. | | | |

Je ne connais dans le dialecte Tchigleᴩk que trois nombres ordinaux : Premier, *tçivuleᴩk*, (i. e. celui de devant), second, *tçivulu-otuglia*, (i. e. celui qui suit le premier) et troisième, *piñayut*. Les autres ne sont pas usités, ou bien on y substitue les nombres cardinaux.

Ceux-ci sont susceptibles de déclinaison.

# CHAPITRE V.

## DU VERBE.

Le verbe est un mot qui, dans la proposition, exprime le rapport du sujet au régime.

Les verbes esquimaux sont *transitifs, intransitifs* ou *réfléchis*. Ils se placent en dernier lieu dans la phrase et possèdent les mêmes nombres et les mêmes personnes que les pronoms.

L'esquimau a trois temps : présent, passé et futur, et six modes d'après Hans Egède : indicatif, interrogatif, impératif, permissif, conjonctif et infinitif. Mais je n'en reconnais que cinq, savoir : les trois premiers nommés, le substantif ou indéfini et le participe ou gérondif. Ils se forment tous par des suffixes. Exemples des modes et des temps :

|  |  |  |  |  |  |
|---|---|---|---|---|---|
| **1er mode** **INDICATIF** | PRÉSENT . . . . . | je mange. | *néppéyuña.* | | |
| | PASSÉ { immédiat . . | je viens de manger. | *néppémaniktoa.* | | |
| | { défini. . . . | je mangeai. | *néppéyotka.* | | |
| | { indéfini. . | j'ai mangé. | *néppéluapluña.* | | |
| | FUTUR { éventuel . . | je vais manger. | *néppéyéapktuña.* | | |
| | { absolu. . . . | je mangerai. | *néppénéaptuña.* | | |
| **2e mode** **INTERROGATIF.** | PASSÉ { immédiat . . | as-tu fini de manger? | *néppélépalutin?* | | |
| | { défini. . . . | mangeas-tu? | *néppélaopvéit?* | mangeâtes-vous? | *néppélaoppetçi?* etc. |
| | { indéfini. . { as-tu mangé? | | *néppévéit?* | avez-vous mangé? | *néppévitçi?* |
| | { a-t-il mangé? | | *néppépepka?* | ont-ils mangé? | *néppépepkèt?* |
| | FUTUR. . . . . . . | veux-tu manger? | *néppéyualoappatin?* | veut-il manger? | *néppéyualoappak?* |
| **3e mode IMPÉRATIF** . . . . . . | { mange! | | *néppen!* | mangez! | *néppégitçi?* |
| | { ne mange pas! | | *néppévañnœpèt!* | mangez! (duel.) | *néppégitik?* |
| **4e mode SUBSTANTIF ou INDÉFINI** . . . | manger, le manger. | | *néppénepk.* | | |
| **5e mode GÉRONDIF** { participe présent. | en mangeant. | | *neppékluné.* | ils se déclinent. | |
| { participe passé. . | mangé. | | *néppéyotka.* | | |

On peut obtenir une forme impersonnelle du verbe en ajoutant à sa racine les affixes *oñayak. nañayak, v. g.* :

| | |
|---|---|
| on mange : *néppénañayak.* | *epktçidjoapk :* il est effrayé. |
| *tokpoyoapk :* il meurt. = *tokpoñayak :* on meurt. | *epktçinañayak :* on est effrayé. |

Le *passé immédiat* se forme par l'intercalation de l'affixe *manik,* qui dérive de *manna, mannago,* présentement.

Le *passé défini* se forme au moyen de la suffixation en *a.* Il équivaut à un participe passé et à un adjectif.

Le *passé indéfini* se forme par les affixes *luap, loap, léap, laop,* qui demandent quelquefois que la désinence se change en *loapk, toapk,* ou *miyoapk.*

L'*éventuel,* par les affixes *néap, naop,* qui exigent ordinairement que la désinence soit *méopk, miyopk.*

Le *futur absolu,* par les affixes *yéap, yomap, yuap,* qui veulent la désinence en *toapk.*

L'*interrogatif,* par les suffixes *véit, vit, èt, en, aïn, awn.*

L'*impératif,* par les suffixes *it, in, én, un, awn.*

Relativement à leur nature, les verbes esquimaux sont *simples* ou *composés.*

Les verbes simples sont formés d'une racine invariable à laquelle se joignent les suffixes pronominaux qui constituent l'élément verbal comme terminaisons. Les affixes qui marquent les temps se placent entre la racine et la désinence, comme nous venons de le voir. Exemple de verbes simples :

*Néppé-yuña,* je mange (je viande), de *nepkpè,* viande, et *yuña,* je (en tant qu'élément personnel verbal). = *ituña,* j'y suis.

*uliktuña,* j'ai froid (je fais couverture, je requiers couverture), de *ulik,* couverture, et *tuña,* je (comme élément pers. verbal).

Les verbes esquimaux prennent la forme négative par l'incorporation, entre la racine du verbe et sa désinence, des affixes *tchi, tchui, yuik,* qui sont les abrévations de l'adverbe de négation *tchuïtoρ,* non ; ou de *paρnak, vañnaρ, bañnak,* qui dérivent de *pinnaña,* je ne veux pas ; ou encore de l'affixe *laï. Exemple :*

*néppéyutin,* tu manges.
*néppéyuïktutin,* tu ne manges pas.

*néppévanñœpet !* je ne veux pas que tu manges (défense).
*néppélaïlutin !* ne mange pas !

Les verbes simples et affirmatifs peuvent tous se conformer aux cinq conjugaisons modèles qui suivent :

1° en *toaρk*. . . . . . v. g.  *itcaρk,* y être, *ulliktoaρk,* avoir froid.
2° en *yoaρk* ou *djoaρk.* —  *néppéyoaρk,* manger, *tçidjoaρk,* faire.
3° en *aρk* . . . . . . —  *naluρaρk,* jeter au feu, *nippiti-taρk,* coller.
4° en *oρk* .  . . v. g.  *kaρiyoρk,* darder, percer, *taki-yoρk,* être grand.
5° en *ik* . . . . . . . —  *akitilik,* reposer sa tête, *winilik.* être marié, *natçaρalik,* avoir un couvre-chef.

Au reste les verbes *tchiglit* ne présentent pas la même régularité que ceux du Labrador et du Groënland, et l'euphonie joue un grand rôle dans le changement de la désinence. Les temps ordinairement employés sont le présent, le passé indéfini et le futur.

1° Conjugaison en *toaρk,* v. g. *itoaρk,* y être.

|  | SINGULIER. | PLURIEL. | DUEL. |
|---|---|---|---|
| PRÉSENT. | *1e pers.* ituña, j'y suis. | itoρvut, nous y sommes. | itovuk, nous deux y sommes. |
|  | *2e pers.* itutin, tu y es. | itoρtçi, vous y êtes. | itotik, vous deux y êtes. |
|  | *3e pers.* ituaρk, il y est. | itoat, ils y sont. | itut, eux deux y sont. |
|  | Les Tchiglit ont de plus pour le pluriel et le duel les désinences suivantes : |  |  |
|  |  | itoâné, nous y sommes. | itoañgné, nous deux y sommes. |
|  |  | itoïné, vous y êtes. | itoïñgné, vous deux y êtes. |
|  |  | itut, ils y sont. | ituk, eux deux y sont. |
| PASSÉ INDÉFINI. | *1e pers.* iluaρtuña, j'y ai été. | iluaρtoρvut, nous y avons été. | iluaρtovuk, nous deux y avons été. |
|  | *2e pers.* iluaρtutin, tu y as été. | iluaρtoρçé, vous y avez été. | iluaρtotik, vous deux y avez été. |
|  | *3e pers.* iluaρtoaρk, il y a été. | iluaρtoat, ils y ont été. | iluaρtoak, eux deux y ont été. |
| FUTUR. | *1e pers.* itoρnéaρmóuña, j'y serai. | itoρnéaρmévut, nous y serons. | itoρnéaρmévuk, nous deux y serons. |
|  | *2e pers.* itoρnéaρméutin, tu y seras. | itoρnéaρmétçi, vous y serez. | itoρnéaρmétik, vous deux y serez. |
|  | *3e pers.* itoρnéaρméoρk, il y sera. | itoρnéaρméut, ils y seront. | itoρnéaρméuk, eux deux y seront. |
| INTERROGATIF. | itoρvit ? y es-tu ? | itoρvitçi ? y êtes-vous ? | itoρvitik ? y êtes vous ? |

2° La conjugaison en *yoaρk* et *djoaρk* est la même que celle en *toaρk,* à l'exception du passé défini qui fait *néppé-luaρ-luña,* etc.

| | | | |
|---|---|---|---|
| IMPÉRATIF. | neppen ! | néppègitik ! | néppègitik ! |
| INTERROGATIF. | néppévit ? | néppévitik ? | néppévitik ? |

3° Conjugaison en *aρk*, v. g. *naluρaρk*, jeter du feu.

|  | SINGULIER. | PLURIEL. | DUEL. |
|---|---|---|---|
| PRÉSENT. | *1e pers.* nalugaρa, je jette, etc. | nalugaρput, nous jetons, etc. | nalugaρpuk. |
|  | *2e pers.* nalupgan (ou pkan). | nalugaρtçi, vous | nalugaρtik. |
|  | *3e pers.* nalugaρk, | nalugat (ou kat), ils | nalugak (*ou* kak). |
| PASSÉ INDÉFINI. | *1e pers.* nalu-laoρnéaρa. | nalulaoρnéaρput. | nalulaoρnéaρpuk. |
|  | *2e pers.* nalu-laoρnéaρèn. | nalulaoρnéaρtçi. | nalulaoρnéaρtik. |
|  | *3e pers.* nalu-laoρnéaρa. | nalulaoρnéaρat. | nalulaoρnéaρak. |
| FUTÛR. | *1e pers.* nalunéaρméuña. | nalunéaρmévut. | nalunéaρmévuk. |
|  | *2e pers.* nalunéaρméutin. | nalunéaρmétçi. | nalunéaρmétik. |
|  | *3e pers.* nalunéaρméoρk. | nalunéaρméut. | nalunéaρméuk. |
| INTERROGATIF. | nalugivit? | nalugivitçi? | nalugivitik? |
| IMPÉRATIF. | nalukan! | naluρaρtçi! | naluρaρtik! |

4° Conjugaison en *oρk*, v. g. *kapiyoρk*, percer.

|  | SINGULIER. | PLURIEL. | DUEL. |
|---|---|---|---|
| PRÉSENT. | *1e pers.* kapiyuña, je perce. | kapiyovut, nous perçons. | kapiyovuk. |
|  | *2e pers.* kapiyotin. | kapiyotçi. | kapiyotik. |
|  | *3e pers.* kapiyoρk. | kapiyut. | kapiyuk. |
| PASSÉ. | *1e pers.* kapiloaρméuña. | kapiloaρmévut. | kapiloaρmévuk. |
|  | *2e pers.* kapiloaρméutin. | kapiloaρmétçi. | kapiloaρmétik. |
|  | *3e pers.* kapiluaρméoρk. | kapiloaρmévut. | kapiloaρmévuk. |
| FUTÛR. | *1e pers.* kapinéaρméuña. | kapinéaρmévut. | kapinéaρmévuk. |
|  | *2e pers.* kapinéaρméutin. | kapinéaρmétçi. | kapinéaρmétik. |
|  | *3e pers.* kapinéaρméoρk. | kapinéaρméut. | kapinéaρméuk. |
| INTERROGATIF. | kapigivit? | kapigivitçi? | kapigivitik? |
| IMPÉRATIF. | kapòn! | kapotçitçé! | kapotçitik! |

5° Conjugaison en *ik*, v. g. *akitilik*, reposer sa tête.

|  | SINGULIER. | PLURIEL. | DUEL. |
|---|---|---|---|
| PRÉSENT. | *1e pers.* akiti-ligné. | akiti-lagné. | akiti-lañgné. |
|  | *2e pers.* akiti-lipkin. | akiti-ligné. | akiti-liñgné. |
|  | *3e pers.* akiti-lik. | akiti-liat. | akiti-liak: |
| PASSÉ. | akiti-lau-méuña. etc. | akiti-lau-mévut, etc. | akiti-lau-mévuk, etc. |
| FUTÛR. | akitcheρ-néaρ-méuña, etc. | akitcheρ-néaρ-mévut, etc. | akitcheρ-nćaρ-mévuk, etc. |

Lorsque le verbe est pronominal, c'est-à-dire qu'en outre des pronoms subjectifs, il se conjugue avec les pronoms complétifs, la désinence du verbe change par suite de la flexion produite par l'addition des suffixes pronominaux complétifs.

L'élément réfléchi change également la désinence du verbe par une nouvelle modification des suffixes pronominaux.

Cependant beaucoup de verbes ne s'incorporent ni le pronom complétif, ni le réfléchi. En ce cas, ces pronoms se déclinent indépendamment du verbe. Exemple des formes pronominale et réfléchié du verbe : *tçavaρkρéyoaρk*, parer.

| FORME INDÉFINIE. | FORME PRONOMINALE COMPLÉTIVE | FORME RÉFLÉCHIE. |
|---|---|---|
| *1e pers.* je passe, tçavaρkρé-yuña. | *1e pers.* je le pare, tçavaρkρé-yagaρa. | *1e pers.* je me pare, tçavaρkρé-yoamó. |
| *2e pers.* tu      tçavaρkρé-yutin. | *2e pers.* tu le — tçavaρkρé-yaρkin. | *2e pers.* tu te — tçavaρkρé-yotin. |
| *3e pers.* il      tçavaρkρé-yuaρk. | *3e pers.* il le — tçavaρkρé-yaρa. | *3e pers.* il le — tçavaρkρé-yoaρk. |

| FORME INDÉFINIE. | | FORME PRONOMINALE COMPLÉTIVE | | FORME RÉFLÉCHIE. | |
|---|---|---|---|---|---|
| *1ᵉ pers.* pl. | tçavaᴘkᴘéyuvut. | *1ᵉ pers.* pl. | tçavaᴘkᴘé { yaàné, / yaᴘput. | *1ᵉ pers.* pl. | tçavaᴘkᴘé-yovut. |
| *2ᵉ pers.* pl. | tçavaᴘkᴘéyutçé. | *2ᵉ pers.* pl. | tçavaᴘkᴘé { yaïnè, / yaᴘtçi. | *2ᵉ pers.* pl | tçavaᴘkᴘé-yotçé. |
| *3ᵉ pers.* pl. | tçavaᴘkᴘéyuat. | *3ᵉ pers.* pl. | tçavaᴘkᴘé-yaᴘat. | *3ᵉ pers.* pl. | tçavaᴘkᴘé-yoat. |
| *1ᵉ pers.* duel. | tçavaᴘkᴘéyuvuk. | *1ᵉ pers.* duel. | tçavaᴘkᴘé-yaagnè. | *1ᵉ pers.* duel. | tçavaᴘkᴘéyovuk. |
| *2ᵉ pers.* | tçavaᴘkᴘé-yutik. | *2ᵉ pers.* | tçavaᴘkᴘé-yaïgnè. | *2ᵉ pers.* | tçavaᴘkᴘéyotik. |
| *3ᵉ pers.* | tçavaᴘkᴘé-yuak. | *3ᵉ pers.* | tçavaᴘkᴘé-yaᴘak. | *3ᵉ pers.* | tçavarkᴘéyoak. |

Voici maintenant l'emploi des éléments pronominaux complétifs en renversant l'ordre ci-dessus :

| | | | | | |
|---|---|---|---|---|---|
| je me pare, | tçavaᴘkᴘéyoamé. | je te pare, | tçavaᴘkᴘéyugin. | je les pare, | tçavaᴘkᴘéyagaᴘat. |
| tu me | tçavaᴘkᴘé-yaᴘma. | tu te | tçavaᴘkᴘéyotin. | tu les | tçavaᴘkᴘéyatin. |
| il me | tçavaᴘkᴘéyaña. | il te | tçavaᴘkᴘéyatiᴘ. | il les | tçavaᴘkᴘé-yatit. |
| vous me | tçavaᴘkᴘé-yaᴘtçiña. | nous te | tçavaᴘkᴘéyavugin. | nous les | tçavaᴘkᴘéyativut. |
| ils me | tçavaᴘkᴘé-yata. | ils te | tçavaᴘkᴘé-yuàtin. | vous les | tçavaᴘkᴘéyatitçi. |
| vous deux me | tçavaᴘkᴘé-yaᴘtiña. | nous deux te | tçavaᴘkᴘéyaᴘvugin. | ils les | tçavaᴘkᴘéyatit. |
| eux deux me | tçavaᴘkᴘéyaka. | eux deux te | tçavaᴘkᴘéyakin. | nous deux les | tçavaᴘkᴘéyativuk. |
| | | | | vous deux les | tçavaᴘkᴘéyatitçik. |
| | | | | eux deux les | tçavaᴘkᴘéyatik. |

| | | | |
|---|---|---|---|
| tu nous pares | tçavaᴘkᴘé-yaᴘkut. | je vous pare, | tçavaᴘkᴘé-yautçé. |
| il nous | tçavaᴘkᴘé-yaᴘut. | il vous | tçavaᴘkᴘé-yatçé. |
| nous nous | tçaᴘvaᴘkᴘé-yovut. | nous vous | tçavaᴘkᴘé-yovutçé. |
| vous nous | tçavaᴘkᴘé-yoᴘtçiᴘut. | vous vous | tçavaᴘkᴘéyotçé. |
| ils nous | tçavaᴘkᴘé-yoatigut. | ils vous | tçavaᴘkᴘé-yoatçé. |
| vous deux nous | tçavaᴘkᴘé-yoᴘtigut. | nous deux vous | tçavaᴘkéyotiktçé. |
| eux deux nous | tçavaᴘkᴘé-yoakᴘut. | eux deux vous | tçavaᴘkᴘéyaktçé. |

Toutes ces combinaisons doivent être appliquées aux autres temps, en changeant la désinence du verbe en *laugaᴘa, ᴘen, ᴘa, ᴘput, ᴘtçi, ᴘat* pour le passé, et *néaᴘmiyaᴘa, migin, miya, miyapᴘut, miyaᴘtçi, miyaᴘt* pour le futur.

En esquimau, l'infinitif proprement dit, tel que *boire, dormir, être,* n'existant pas et étant remplacés par des substantifs formés avec le verbe, tels que *le boire, le dormir,* ou par des impersonnels tels que *on boit, on dort,* on est dans la coutume de remplacer cet infinitif absent par la 3ᵉ personne du singulier. C'est ce que j'ai fait dans le vocabulaire qui suit.

Dans le dialecte tchiglePk, la troisième personne du singulier est ordinairement terminée en *toaᴘk, yoaᴘk, tçidjoaᴘk, yoᴘk, toᴘk, taᴘk, ᴘaᴘk, lik,* mais tous les verbes qui s'emploient avec les pronoms personnels complétifs ont la troisième personne du singulier terminée en *a, ᴘa, ya, dja, va, ga,* etc.

Quelques verbes composés ont une terminaison irrégulière adverbiale, tels sont les verbes terminés en *ugo, uné, ané, ama.* Leur pluriel se fait régulièrement. En voici des exemples.

| VERBES EN *UGO.* | VERBES EN *UNÉ.* | VERBES EN *ANÉ.* |
|---|---|---|
| *1ᵉ pers.* aypaᴘiluña, j'accompagne. | nalugaptchaᴘkluña, j'agis sans réflexion | kaymagaᴘa, je suis libre. |
| *2ᵉ pers.* aypaᴘilutin, tu. | nalugaptchaᴘklutin, tu | kaymagapkin, tu es. |
| *3ᵉ pers.* aypaᴘilugo, il. | nalugaptchaᴘklunè, il. | kaymagané, il est. |
| pl. *1ᵉ pers.* aypaᴘiluta, nous. | nalugaptchaᴘkluta, nous. | kaymagaoné, nous. |
| *2ᵉ pers.* aypaᴘiluta, vous. | nalugaptchaᴘkluta, vous. | kaymagaïnó, vous. |
| *3ᵉ pers.* aypaᴘilutit, ils. | nalugaptchaᴘklutit, ils. | kaymagat, ils. |
| duel. *1ᵉ pers.* aypaᴘilunuk, nous deux. | nalugaptchaᴘklunuk, nous deux. | kaymagaᴘugné, nous deux. |
| *2ᵉ pers.* aypaᴘilunik, vous deux. | nalugaptchaᴘklunik, vous deux. | kaymagaᴘignè, vous deux. |
| *3ᵉ pers.* aypaᴘilutik, eux deux. | nalugaptchaᴘklutik, eux deux. | kaymagaᴘk, eux deux. |

| VERBES EN *UGO*. | VERBES EN *UNÉ*. | VERBES EN *ANÉ*. |
|---|---|---|
| MÊME PASSÉ AVEC *luaꝑ*. | MÊME PASSÉ AVEC *luaꝑ*. | PASSÉ, **kaymalua-ayaꝑa, etc.,** |
| FUTUR, aypaꝑinèaꝑmiyoamé. | FUTUR | comme dessus. |
| aypaꝑinéaꝑmiyutin. | comme ci-cóntre, en *neaꝑmiyoamè*. | FUTUR en *néaꝑmiyaꝑa*, etc. |
| aypaꝑinéaꝑmiyoaꝑk, etc. | | |

VERBES EN *AMA*.

aytotçeꝑpalukima, je promets.
aytotçeꝑpalukipkin, tu.
aytotçeꝑpalukama, il.
aytotçeꝑpalukitigin, nous -koguk, duel.
aytotçeꝑpalukiptçi, vous — kiptik.
aytotçeꝑpalukikat, ils — kikak.

## Conjugaison irrégulière pronominale

### en *ꝑa, tu, dja, ya, va* :

| | | |
|---|---|---|
| 1ᵉ *pers.* naluñgitaꝑa, je le devine. | | |
| 2ᵉ *pers.* naluñgi-taꝑen. | | |
| 5ᵉ *pers.* naluñgi-ta. | PASSÉ | |
| pl. 1ᵉ *pers.* naluñgitaꝑput. | en *lua-aꝑa*, comme au présent. | |
| 2ᵉ *pers.* naluñgitaꝑtçi. | | |
| 5ᵉ *pers.* naluñgitat. | FUTUR | |
| duel. 1ᵉ *pers.* naluñgitaꝑpuk. | 1ᵉ *pers.* naluñginéaꝑemma. | |
| 2ᵉ *pers.* naluñgitaꝑtik. | 2ᵉ *pers.* naluñginéaꝑepkin. | |
| 5ᵉ *pers.* naluñgitaꝑk. | 5ᵉ *pers.* naluñginéaꝑiga. | |
| autre pluriel en *aoné, aïnè*. | 1ᵉ *pers.* nalunginéaꝑeptivut. | |
| autre duel en *aꝑugmé, aꝑignè*. | etc., etc. | |

Sans doute il existe beaucoup d'autres exceptions dans les verbes, et peut-être pourrait-on trouver un plus grand nombre de conjugaisons. Mais en l'état de ma connaissance actuelle de l'esquimau tchiglerk, c'est tout ce que j'ai pu découvrir.

### Exercice sur l'Interrogatif.

| | |
|---|---|
| AS-TU RÉPONDU ? . okꝑaꝑévit? = *plur.* okꝑaꝑévitçi? = *duel* okꝑaꝑévitik? | AS-TU DORMI ? . . tchinikpit? = *pl.* tchiniviktçi? = *d.* tchinivitik? |
| AS-TU FINI DE MAN-GER? . . . . . . néꝑꝑélépalutin? | AS-TU VU? . . . takuvigin? = *pl.* takuviꝑétçi? = *d.* takuviꝑétik? |
| L'AS-TU FAIT? . . . . tchénéovaꝑén? = *pl.* tchénéovaꝑétçi? = *d.* tchénéovaꝑétik? | ES-TU LIBRE? . . . . kaymagivit? = *pl.* kaymagivitçi? |
| QUE FAIS-TU ? . . . tchuna-tchuna tchénavion ? | PARS-TU ? . . . . . aulaꝑén? = *pl.* aulaꝑétçi? = *d.* aulaꝑétik? |
| POURQUOI PLEURES-TU? . . . . . . tchuꝑavit kꝑiyavit? = *pl.* kꝑiyavitçi? = *d.* kꝑiyavitik? | T'ES-TU GANTÈ ? . adjuꝑivigit? = *pl.* adjuꝑivigitçi. |
| | L'AS-TU DIT? . . . . okꝑaꝑatagén? = *pl.* okꝑaꝑataꝑétçi? |
| ENTENDS-TU? . . tutchovit? = *pl.* tutchavitçi? = *d.* tu tchavitik? | L'AS-TU TUÉ? . . . innuk tavaꝑpit? = *pl.* tavaꝑpitçi? = *d.* tavaꝑvitik? |
| COMPRENDS-TU? . tutchayotin aïn? | L'AS-TU COUPÉ ? . . kꝑipigivit? = *pl.* kꝑipigivitçi? = *d.* kꝑipigivitik? |
| L'IGNORES-TU? . . naluꝑèt? = *pl.* naluꝑétçi? = *d.* naluꝑétik? | EST-CE ASSEZ? . . . taymaïn? |
| L'AIMES-TU? . . . kumigiyén? = atçéaꝑtoꝑén? | EST-TU ASSIS ? . . . iñiktivit? = *pl.* iñiktivitçi? = *d.* iñiktivitik? |

### Exercice sur l'Impératif.

| | |
|---|---|
| ASSIEDS-TOI ! . . iñiktin ! = *pl.* iñiktitçi ! = *d.* iñiktik ! | FAIS-LE ! . . . . tchénéꝑit ! = tchénigen ! |
| COUCHE-TOI ! . tchinigén ! = *pl.* tchiniꝑiktçi ! = *d.* tchiniꝑiktik ! | DORS ! . . . . . . . nullitin ! = *pl.* nullitçin ! = *d.* nullitik ! |

FERME LA PORTE. . okuaи! = *pl.* okuatçin! = *d.* okuatik! maptitup!

RESTE TRANQUILLE! nokaрit! = *pl.* nokaрitçi! = *d.* nokaрétik!

MANGE!. . . . . . . néppen-! = *pl.* néppégitçi! = *d.* néppégitik!

LÈVE-LE!. . . . . ikéрun! = *pl.* ikéрitçin! = *d.* ikéрétik!

VA-T'EN! . . . . . aïllœрit? = *pl.* aïllœрitçi! = *d.* aïllœ·рétik!

OTE-TOI DE LA! . . рin! = aиin!

VIENS! . . . . . . . kрain!

LÈVE-TOI! . . . . . *de couché :* tupaрin! = *pl.* tupaрiktçin! = *d.* tupaрétik! = — *debout :* niku·

vitiн! = *pl.* nikuvititçin! = *d.* niku·vitéрtik! = — *sur ton séant :* maki·tiн! = *pl.* makititçin! = *d.* makiteр·tik!

DÉCOCHE-LA! TIRE-LE!. . . . . . . . pitigliрéaрuи! = *pl.* pitigliрéaрtçiun !

DEVINE! . . . . . . nalugiga! = *pl.* naluktçin ! = *d.* naluktik!

MARIE-TOI!. . . . . tchagén ! = *pl.* tchaktçin !

RÉPONDS-DONC ! . okрaрen ! = *pl.* okрaрétçi !

RELÉVE-LE ! . . . . makitapkin ! = *pl.* makitayné!

METS TES GANTS ! . adjukit! = *pl.* adjukitçi!

POIGNARDE - LE ! PERCE-LE! . . . . kaрon ! = *pl.* kaрotchitçi !

### Exercice sur le Négatif.

NE RECÈLE PAS !. . idjeрpaрnago ! = *pl.* idjeррaрnagit!

NE MANGE PAS ! . . néppévaññœрèt ! = *pl.* néppévannœ·рétçi!

NE TRAVAILLE PAS ! . . . . . tchulilaïtun!

NE LE TUE PAS ! . . topkрotchuïtoрtin ! = *pl.* toрkрotchuï·toрtçé!

NE LE DÉROBE PAS ! tigiliyuïktin ! = *pl.* tigiliyuïktçé?

NE REGARDE PAS ! . takulaïlutin ! = *pl.* takulaïlutçé!

NE BOUGE PAS ! . . nutchigin !

### Des affixes modificatifs du Verbe.

Quant à leur conformation intrinsèque, les verbes esquimaux sont composés de radicales dissyllabiques, quelquefois monosyllabiques, auxquelles s'ajoutent des affixes qui expriment l'être, l'action, la manière, l'habitude, la réitération, le manque, la négation, la défense, la possession, l'indéfini, etc. Nous avons déjà vu quelques-uns de ces affixes. En voici quelques autres :

рi, marque l'être : apañ, père, apañрivoрk, il est son père.

li (yoaрk), marque une cause active, l'action de rendre tel. *v. g.* taloрktoaрk, honteux, taloрktuliyoaрk, faire honte ; aulaïtoрk, être complet, aulaïtuliyuaрk, compléter; iglu, hutte, igluliyoak, faire une hutte.

tçi (djoaрk), marque aussi l'action de faire : néppéyoaрk, manger, neрkрé-tçidjoaрk, faire manger; miluktuaр, têter, miluktutçidjoaрk, faire têter.

a, o (yoaрk), exprime l'état, c'est la forme ordinaire des verbes intransitifs anoрé, vent, anoрéayoaрk, il vente; unuрk, nuit, unuañoyuaрk, il fait nuit ; kрatétçey, chef, kрatétçéoyuaрk, il est chef; aрnè, femme, aрnéoyuaрk, elle est femme.

ñgilak, qui au Grœnland marque la négation, le défaut, se retrouve en tchigleрk dans quelques verbes, mais modifié en ñgitaр, ñgiluaр. *v. g.* tutchaomayeрput, sensé, tutchaomañgitaрput, sot; takuyaoрk, clairvoyant, takumañgiluaрtoрk, aveugle.

aрk, oр (toaрk), désignent aussi une cause active, instrumentale, l'action de faire. *v. g.* apkрutçineрk, sentier, apkрutçineрoрtoaрk, faire le sentier; innok, homme, innéoрtoaрk, créer un homme ;

ma, mi (yoaр, yaрtoaрk), indiquent l'habitude, la répétition de l'acte, itçimayoaрk, siéger, être sédentaire ; immeр·uñmiyoaрk, être buveur, ivrogne ; avatañ-miyaр·toaрk, rôder.

aña (yoaрk), marque également l'habitude, *v. g.* allañayoрk, nomade; allañoрtanitoaрk, immuable.

toyaр (tuaрk), marque la simulation : tchénéyoaрk, faire, tchéné·toyaрtuaрk, faire semblant de faire ; oрaktoaрk, dire, oрaktoyaрtuaрk, faire semblant de dire ; néppéyoaрk, manger, néppétoyaрtuaрk, faire semblant de manger.

Enfin ce que nous avons dit des *affixes adjectifs* convient aussi aux verbes, puisque tout se conjugue en esquimau.

Les verbes esquimaux se transforment en substantifs par le changement de la désinence verbale en l'un des suffixes neрk, en, óн, àrи, àн. (Voir p. LXVIII). — Ils se changent en adverbes au moyen des suffixes luné, kluné, l'uné, minik, v. g. Kuyoрk, être mauvais, kuyoñoрkluné, mal (adv.). *Nakoyoрk.* être bon, nakoyooрkluné, bien (adv.). Dans cette forme le verbe équivaut aussi au *gérondif* latin.

La simultanéité dans l'action est intrinséquement exprimée par le duel.

Le mutuel-réciproque se rend au moyen des locutions pronominales : l'un à côté de l'autre, de l'un à l'autre, l'un sans l'autre, l'un pour l'autre, etc. ; elles sont soumises à la déclinaison.

La forme passive du verbe est caractérisée par les désinences adjectives dont il a été parlé en leur lieu, et par l'intercalation de l'affixe *li* ou *ρi, apanρiwuña,* je suis son père.

Le participe est le même que le prétérit, et il est aussi adjectif.


# CHAPITRE VI.

### DE L'ADVERBE.


L'adverbe modifie d'une manière complète le verbe, l'adjectif ou un autre adverbe. En esquimau, les adverbes sont très-nombreux et se divisent en :

### 1º ADVERBES DE TEMPS.

| | |
|---|---|
| AUJOURD'HUI. . . . | ubluρ-kρakimna. |
| DEMAIN. . . . . . | aρkρagu. = ublakon. = ublum-aypa. |
| HIER . . . . . . . | ikρektçiaρk. |
| MAINTENANT. . . . | upalœρalo. = awρâlœρodjiun. = awρalœρolut. |
| PAS ENCORE . . . . | tçulé. = kρakutçila. |
| POSTÉRIEUREMENT . | kiñunœρa. |
| PREMIÈREMENT. . . | tçivuρnœρané. |
| APRÈS-DEMAIN. . . | ubluk-illaa. = akρagu-uñaliago. |
| QUAND ? . . . . . . | kannakρè? |
| A PRÉSENT. . . . . | manna. = mannago. |
| DEPUIS QUAND ? . . | tayman-aρtanin? |
| TOUJOURS. . . . . . | tçokρon. = tçoρé-ilaρk. |
| SOUVENT. . . . . . | katimayut. |
| QUELQUEFOIS. . . . | tçokon-iktoat. = innuviaktut. = aniguyaρéït. |
| DE LOIN EN LOIN. . | akρagoρ. |
| ENCORE. . . . . . | aktçun. = maliñuya. |
| LONGTEMPS. . . . . | uñavakun. |
| DE NOUVEAU. . . . | anakρanatoρ. = oteρkρaklunč. = takuvimni uneρkluné. |
| PEU APRÈS. . . . . | anakρân. |
| AUTREFOIS. . . . . | aypané. |
| DÉJA . . . . . . . | iρoktçân. |
| DÉJA ?. . . . . . . | taymaïn? |
| TRÈS-LONGTEMPS. . | kρañaliρami. |
| PEU DE TEMPS. . . | tchivikitoρ. |
| JADIS. . . . . . . | alρâné. |
| AU MÊME INSTANT. | maliñgna. |
| BIENTOT . . . . . | kρanikon. = kρillamik. |
| TOUT A L'HEURE. . | anakρatoρ. |
| DE SUITE, AUSSITOT | upaloρtoρ. |
| TOUT DE SUITE. . . | tiguana. |
| D'ABORD . . . . . . | ako. = akugu. |
| PAR AVANCE. . . . | tçivuρnœρatigun. |

### 2º ADVERBES DE LIEU.

Les principaux sont :

| | |
|---|---|
| ICI . . . . . . . . . | unân. = tamân. = ovân-mân. |
| ICI-PRÈS . . . . . | avuña. = uvuña. |
| LA . . . . . . . . . | umân. |
| LA-PRÈS . . . . . . | inuña. = tablioma. |
| LA-DEDANS. . . . . | uwân. |
| LA-DESSUS . . . . . | kρaân. |
| LA-DESSOUS . . . | kanân-atimni. |
| LA-HAUT . . . . . . | pikân. |
| LA OU . . . . . . . | ikân. = ikanè. = akiptiñné. |
| OU . . . . . . . . . | náni. = kitoρ. = kitumi. |
| OU ? . . . . . . . . | namut? = nam-naw? = nawk? = nakit? |
| OU ET POURQUOI ? . | nawkut? = tchokòn? |
| PAR COTÉ . . . . . | tçanéa. = tçanigna. |
| PAR-DESSUS . . . | miñgéρa. |
| PAR-DESSOUS. . . . | ataρon. |
| AILLEURS. . . . . | awané. = kρaniñitoρ. |
| PARTOUT . . . . . . | tamaρtigun. |
| DEDANS. . . . . . | atané. = ané. = itané. |
| DEHORS. . . . . . | kρani. = tçillatân. |
| PRÈS, PROCHE . . . | kρaniktoρ. |
| DE PRÈS . . . . . | kρaniktom-nin. |
| LOIN . . . . . . . . | avané. = kupa. = aρρiok. |
| TRÈS-LOIN. . . . | uñatçiktoρ. |
| DE LOIN. . . . . | kiluvanin. |
| EN BAS. . . . . . | unâṇ. = atρanun. = anmun. |
| EN DEDANS. . . | atân. |
| EN DEHORS. . . | kρatçân. = tçanéρané. |
| EN FACE . . . . . | akunaρk. |
| EN HAUT . . . . . | ρân. = tatρânma. = tatρâonut. = kρulipnut. = kρabiaρ-nut. |
| DEVANT, EN AVANT | tçakρaρ-mut. = tçatkρam-nun. |
| EN ARRIÈRE . . . | kiñuρgân. = tunómut. |
| A RECULONS . . . | kiño-muk. = tunom-mun. |
| DERRIÈRE. . . . . | kiñuρnân. = kiñupnœρèn. |

BEAUCOUP AU DELA uñaktçiktom.
AILLEURS . . . . . kɐaniñitoɐ.
DORÉNAVANT. . . . kɐakoɐyoaɐoɐ.

### 3° ADVERBES DE QUANTITÉ.

BEAUCOUP . . . . . innuï-aktunik. = innuvi-aktut. = innuï-
aklutik. = toyòwut.
COMBIEN ? . . . . . kɐaptçinik? = kɐaptçi?
COMBIEN DE TEMPS? akùnit ?
PEU. . . . . . . . ikiput. = innupiktut.
UN PEU. . . . . . nuktoɐ. = nablichamik.
PEU DE CHOSE . . . pimaɐtuñitaɐk.
TOUT . . . . . . . illoɐatey. = illoɐeyklutik.
ENTIÈREMENT. . . . tamanuoɐk. = tamatkiɐéït. = tamat-
keɐklupit.
AUTANT. . . . . . tayma-illibluɐ. = tayma-illibluɐit.
MOINS. . . . . . . mikiyomun.
PAS BEAUCOUP. . . innukitut.
GUÈRE . . , . . . . innukitut.
PAS PEU DE CHOSE. pimaɐtoaɐk.
ASSEZ. . . . . . . . tayma. = namataynaɐtoɐ.

### 4° ADVERBES DE QUALITÉ.

BEAUCOUP . . . akloɐkan.
PEU. . . . . . kɐayulu-méneɐtoɐ.
FORT, TRÈS. . . unuɐtuɐ. = kɐanok.
TRÈS-BIEN . . . . tçavaɐiga.
BIEN . . . . . . . nakooɐkluné. = mamaɐtomik.

Voyez les autres dans le dictionnaire.

### 5° ADVERBES DE MANIÈRE.

AINSI, COMME. . . . taymak. = taymatçi. = imanna. =
kɐaunna.
AUTREMENT . . . . pinnago. = tayma-tçilioɐté.
DIFFICILEMENT. . . tchiniklun. = ugluktoɐmik.
DIRECTEMENT. . . . nakeɐktçibluné. = nakeɐktomun.
SEULEMENT. . . . . kitçimi. = kitçivit. = kitçiân. = aɐva-
ya-illuaɐtoɐ.
GRATUITEMENT. . . ami-unin.
COMMENT ? . . . . . naw-naw? = naw-kut? = kɐano-kɐano
= una-una?
TOUT BAS. . . . . . itchiviukluné.
VAINEMENT. . . . . unin.
VRAIMENT, CERTAI-
NEMENT. . . . . . tamadja.
POURQUOI?. . . tchuma? = tchuɐavit?

### 6° ADVERBE D'AFFIRMATION ET DE NÉGATION.

OUI. . . . . . . . . iñ !
PAS. . . . . . . . nuɐuñtoɐ. = eɐtoɐoɐkɐ.
C'EST BIEN! C'EST
ASSEZ. . . . . . tayman! = taymana! = nuɐuñtoɐ. =
namaktuña !
NON . . . . . . tchuïtoɐ! = diunak!
NE PLUS . . . . . aɐkluɐo. = aɐklupit.
C'EST BON!. . kɐanak !

# CHAPITRE VII.

### DE LA PRÉPOSITION.

La préposition est un mot qui modifie le verbe et l'adjectif d'une manière incomplète.

La préposition suit toujours le verbe ou l'adjectif en esquimau, et doit s'appeler par conséquent *post-position*.

Nous avons déjà vu celles qui servent de *suffixes*.

Voici les principales postpositions employées isolément. Le dictionnaire fournira les autres.

ENSEMBLE . . . . . illagœlun.
A TRAVERS. . . . . akunœɐatigun.
AVANT, AVANT QUE. tçivuɐnœɐané. = tçivuɐaœɐagun. =
tçivaɐnœɐéyayné.
SUR. . . . . . . . kɐaân. = kòn. = kùn. = kut. =
kulonin.
ALORS, POUR LORS. pin !
CONTRE, AUPRÉS
DE. . . . . . . . tçanéaué. = tçanéanun.
AU LIEU DE. . . . inañ-iɐa.
A PEU PRÉS . . . pineɐlukton. = pineɐktut.
LE LÒNG DE . . kɐòlànun.

DE L'AUTRE COTÉ
DE . . . . . . . akkia. = uñalayné. = *avec mouvement
d'arrivée :* akkiañgñun. = akkimiñg-
nun.
EN RETOUR; MO-
YENNANT. . . . tuktçéɐon. = tuktçeɐtoɐ.
ENVERS . . . . . tçaneɐkɐaɐa.
DEPUIS, DEPUIS QUE tayman-aɐtat.
SANS. . . . . . . itoɐoɐ.
AUTOUR . . . . . ag'ut. = kaviaɐtut.
APRÉS, APRÉS QUE. kiñunœɐa. = kiñunœɐèn. = kiñunœ-
ɐagun. = kiñuɐgan. = kiñuléɐéït.

SOUS; A COUVERT
DE . . . . . . . atàn. = atanun. = atané. = atpané.
AU MILIEU DE . . . kɸitkɸané. = kɸeykɸam-nun.
AU PIED DE. . . . . kikliña.
VIS-A-VIS . . . . akiwut. = akunaɸk.
PRÈS DE . . . . . . avuñamnun.
DE PRÈS . . . . . . kɸaniktomnin.
LOIN DE. . . . . . . uñavanun.
ENFIN . . . . . . . kiñunœɸen. = kiñuɸgan.
EN PRÉSENCE DE. . tçakɸamni.
PARMI. . . . . . . . kɸitkɸàn.
ENTRE . . . . . . . akonœɸet. = akkiañané.

DE PLUS . . . . . . maliñgoya.
DE PLUS EN PLUS . aglivaliablu ɸit.
PLUS, DAVANTAGE. kilu. = añéyomun. = tchikpalik.
JUSQUE. . . . . . . tikillugo.
JUSQU'A CE QUE . . manna-tikillugo.
A CAUSE DE . . . . pimàn.
TOUCHANT, CONCER-
NANT. . . . . . taykàn. = akkiané.
MALGRÉ , CONTRE
(oppos.) . . . . . tçaneɸkɸaɸa.
PAR DELA . . . . . uñaleynun.
SUIVANT, D'APRÈS·. tayma-illibluɸ, = titœɸaɸkluné.

# CHAPITRE VIII.

### DE LA CONJONCTION.

La conjonction exprime un rapport entre deux propositions. En esquimau elle est toujours finale.

SI. . . · . . . . . allugo. = umik.
PUISQUE . . . . . pimàn.
MAIS . . . . . . . ami.
QUAND, LORSQUE. . pàn. = pata (suffixes).
COMME . . . . . . taymana. = imanna. = taymuña-mun.
= taptçotunaɸk.
SUPPOSÉ QUE ou JE
SUPPOSE . . . . . kɸanoɸ-mi-kɸanoɸ.

AUSSI, ET, ENCORE. blu. = lu. = l'u.
CEPENDANT, NÉAN-
MOINS . . . . . amik-amik.·
PUIS . . . . . . . kiñunœɸagun.
C'EST POURQUOI?. . umiñga. = umiñaɸk.
DONC. . . . . . . unami. = umiñga.
PLUT A DIEU QUE . tchuvatçanik.

# CHAPITRE IX.

### DE L'INTERJECTION.

JUSTEMENT ! . . . . matuniña!
AH, AH! (admir.) . . kɸatçia ! = aɸkɸalé!
HALTE!. . . . . . . anakɸanàn!
HÉ ! HOLA! (appel). . kɸoɸk!
HÉLAS! AIE!. . . . na-na!
MERCI !. . . . . . illéɸanayné! = kɸayanaynè! = kɸaya-
naɸa!

BON! ASSEZ!. . . . taymàn!
VIENS!. . . . . . . kɸaïn!
VA-T'EN . . . . . . anin!
CHUT! SILENCE! . . tayma! nipaɸnak!
PUISSÉ-JE !. . . . . tçuvatçané! = tçuvatçaiñga.
QUOI! (étonnement). . kɸalé ! = aɸkɸalé!
VRAIMENT !. . . . . aïn!

N. B. *Nous sommes persuadé que les linguistes qui voudront étudier l'Esquimau trouveront à cet idiome plusieurs rapports avec les langues* Ougro-finnoises.

# DICTIONNAIRE

# FRANÇAIS-ESQUIMAU

---

## A



| | |
|---|---|
| A, AU prép. (dat. pos.) | nun. *Avec les pronoms :* nua. = mua. = V. g. *à moi :* uvam-nun; *à quelqu'un :* innum-nun. |
| A, AU (locatif). . . . | mi. = né. = nut. = nik. = um. = wut. = V. g. *il est au ciel :* Kreyla-um itoaρk. *Il aborde à la pointe :* nuvumi apoρtoρk. |
| A, AU (directif) . . . | mun. = tçivumun. = V. g. *il s'en va à la maison :* iglo-mun aulak. |
| A, AU (relatif). . . . | pan. = ran. = an. = *Le soleil se lèvera à midi* : kρiteρkpaρ-pan kρagvan-néaρtoaρk. |
| ABAISSÉ, adj . . . . | akρublaρtaρk (*anim.*) = akρublaρtâné. (*inan.*) |
| ABAISSER, v. tr. . . | akρublaρtitçidjoark. |
| ABAISSER (s'), v. intr. | akρublaρtoaρk. |
| ABANDONNÉ, E.. . . . | (*anim.*) igitaρk. = (*inan.*) igitané. = *demeure* : inuïktoρam. |
| ABANDONNER, v. tr. | igitoaρk, igita. (*I^e pers.*) |
| ABANDONNER (s'), v. réfl. . . . . . . . . | inminik-igitoaρk. |
| ABATTRE, v. tr . . . | matoyoaρk. = — *la tente :* itça-djoaρk. |
| ABATTU, adj . . . . | uloρota. |
| ABDOMEN. . . . . . | akoaρk. = akoak. (C.) |
| ABERRATION (être dans l'). . . . . . . | titañ-uyaρk. |
| ABHORRER, v. tr. . . | omitço-tçidjoaρk. |
| ABHORRER(s'), v.mut. | padjéρo-omitço-tçidjoak. |
| ABIMÉ, adj . . . . . | iρkρa-oyaρk. |
| ABIMER, v. tr.. . . . | (*inan.*) iρkρa-oyaρk-toaρk. = (*anim.*) tunnéyotuoyuaρk. |
| ABJECT (être), v. intr. | péumiliñilœρa-yoaρk. |
| ABLUER, v. tr. . . . | tanik-toaρk. |
| ABONDAMMENT, adv. | tamaïta. = tamat-kiréït |
| ABONDANCE (en) . . | illa-illa-illo. = — *de viande :* neρkρóρo-aneρtoat. |
| ABONDANT, E, adj. . | illalik. |
| ABONDANTS, ES. . . | illalit. |
| ABONDER . . . . . . | innuï-aktulik. |



| | |
|---|---|
| ABONNIR, v. tr . . . | nakoli-yoaρk. |
| A BORD . . . . . . . | umiak-mi. = umiaρpak-mi. |
| ABORDER, v. locom . | *à pied ou à la nage :* tuloρtoρk. = — *en canot :* apoρtoρk. |
| ABOUTER, v. tr . . . | *des cordes :* ataotçiρk-moρktéaρk. = — *des étoffes :* killoak, killoaka (1) = — *des pièces de bois :* kρapañ-ukta, uktaka (1) |
| ABOUTÉS, ÉES, adj. v. | killoat (*étoffes*), kρapañ-uktat (*bois, cordes*). |
| ABOYER, v. unip. . . | kρiluméρaluktçaρk. |
| ABRI, n. c. . . . . . | oρkρoévik. |
| ABRUTI, adj. . . . . | kρeymiρnak. |
| ABSENT (être), v. intr. et ABSENTER (s') . | maρkρeyneρ-toaρk. |
| ABSOLUTION, n. c. . | tchuïnaoyuat aulatitanéaρktoat. |
| ABSORBANT, adj. . . | nippititanœρèt. |
| ABSOUDRE v. tr. . . | aulaρektik-tçokρo-tçeρkρiyotik. |
| ABSOUT (être) v. intr. | tchuïnaoyuat-aulatitanéaρta. |
| ABSTINENT (être), v. intr. . . . . . . . . | payáyoρk. |
| A CALIFOURCHON, adv. . . . . . . . . | abluméuktaρia. = ablaktoρk. = — *sur le cou de quelqu'un :* aρnaρia. = — *sur le dos de quelqu'un :* kakaρia. = — *sur l'épaule :* iρktsuρia. = — *sur un objet quelconque :* ablan-mi-tchiρma-oyaρk. |
| A CAUSE DE, loc. prép. | piman (*final*). = — *quoi :* tchuρa-vit? |
| ACCAPARER, v. tr. . | tamatkeρklupit-tchéjaρcit. |
| ACCEPTER, v. tr. . . | tiguniaρlugo. |
| ACCIDENT, n. v . . . | kρano-éytok. |
| ACCIDENTÉ, adj. v. . | kρanik-toat. |
| ACCLAMER, v. tr. . . | kρagoρtoaρk. |
| ACCOLADE, n. v. . . | patikti-neρk. |
| ACCOLER (s'), v. réfl. | patikti-toaρk. |
| ACCOLÉ, E, adj. v. . | patiktitaρk. *plur :* patiktitat. |
| ACCOMPAGNER, v. tr. | aypaρilugo. |
| ACCOMPLIR, v. tr . . | illiñgaρ-tchaρmik-toaρk. |

| | |
|---|---|
| ACCORDÉON, n. c .. | atoptik-tapk (*le chanteur*). |
| ACCOTER (s'), v. réfl. | ipaptoapk. = igaptoptopk. |
| AGCOUCHÉE, n. v .. | anivigiya. |
| ACCOUCHER, v. tr .. | epnéyoapk-toapk. = v. intr. aniviya. |
| ACCOUCHEUSE, n. v. | epnéyoapk; *plur* : epnéyoat. |
| ACCOUDER (s'),v. réfl. | ikutçi-mi paptoptopk. |
| ACCOUDOIR, n. c... | igaptop-vik. |
| ACCOUPLER (s'), et ACCOUPLÉS.... | avayapé-klutik. |
| ACCOURIR, v. intr.. | kpaïtkpoyapk. |
| ACCOUTREMENT, n.c. | anopakaluk; *plur* : anopakaluït (*vent caché*). |
| ACCOUTUMÉ et ACCOUTUMER (s')... | tchumé-otçidjoapk. |
| ACCROC, n. rac... | allapk. |
| ACCROCHER, v. tr.. | niktchigap-toapk. |
| ACCROCHER (s'), v. réfl ....... | pakinik-toapk. |
| ACCROUPI, E (être), v. intr ...... | akpublaptoapk. |
| ACCROUPIR (s'), v. réfl | akpublinaptoapk. |
| ACCUMULER, v. tr.. | nuatepk-toapk. |
| ACCUMULÉ, ÉE adj. v. | nuatepk; *plur.* : nuatat. |
| ACCUSATEUR, TRICE (être)........ | nuktitépé-yoapk; *plur.* : nuktitépéyoat. |
| ACCUSÉ, ÉE (être),v. intr.......... | nuktítígapa. |
| ACCUSER, v. tr... | nuktítépéyoapk. |
| ACCUSATION, n.v.. | nuktitépap-nepk. |
| ACÉRÉ, ÉE, adj. c.. | ignilik. *plur.* : ignilit. |
| A CETTE HEURE, adv. | upalœpodjun. |
| ACHARNÉ (être), et ACHARNER (s')... | kpeymipktçéapnèpk. |
| ACHETER, v. tr... | akpañeptoapk. = niuveptopk. |
| ACHETEUR, n. c... | niuveptopk. |
| ACHEVÉ, adj. v... | otcheptun. = otcheppéun. |
| ACHEVER, v. tr.... | utcheptopk. (se dit de *parler* comme de *faire*). |
| A CONTRE-CŒUR, loc. adv...... | amañuyapklunè. |
| A COTÉ DE, loc. prép. | tçanéa. = tçanigna. = — *l'un de l'autre* : tatutapklèpét. |
| A COUVERT DE, loc. prép......... | atanun. |
| ACRETÉ d'estomac (avoir de l'), v. intr. | kidjiepk-tçidjoapk. |
| ACTIF (être), v. intr | nutéyuïktuapk. |
| ACTION, n. v... | piuva. = piliuva. = tçuliyoapk. |
| ACTIVER LE FEU, v. tr......... | naupa-lalapkpitçaga. |
| ACTUELLEMENT adv. | mawna. = upálepodjun. |
| A DEMI (être), v. intr. | illapiktoapk. = — *mûr*, v. intr. optçop-tapk. = — *plein*, v. intr. ikeppaw-mayopk. = imawaptopk. |
| A DESSEIN, adv.... | opotpft. |
| A DEUX BOUTS, adj. | tunulépek-itçuk. |
| A DEUX FACES, adj. | tunulépek-avatik. |
| ADHÉRENT, ADHÉRER, v. intr .... | atapotçin-optoapk. |
| A DISTANCE adv... | oñatçiktum. = *être* — v. intr. oñatçik-tum-itoapk. |
| ADMIRATEUR, ADMIRER, v. tr..... | takoñpéova. *1e pers.* : takoñpéovapa. = *s'*— v. réfl, takoñpéovapk. *1e pers* : ta-koñpéovapma. |
| ADOLESCENT, TE adj. | tçiumuk. = *être* — : tçiumuk-toapk. |
| ADORATION, n. c.. | ipénañnepk. |
| ADORER, v. tr.... | ipénaptoapk. |
| A DOS, loc. prép... | nanmapk. |
| A DOS DE NEIGE (autour des huttes)... | çaw. |
| ADROIT (être),v. intr. | avayaïluaptopktuï tchénéyopk. = — *au tir* : nitiñ itopk (*de l'arc*). = pitiktçi aptopk (*du fusil*). |
| A DROITE, loc. adv. | taleppim nun. = taleppiwut. |
| ADULTE, n. masc.. | añhón. = añ-hutimapik. = — *n. fém.* apnapk. |
| ADULTÈRE, n. v... | kutchuktu. = apioapeïk (*mutuel*). |
| ADULTÉRIN, adj. v. | tigumiyaptiña. |
| A ÉGALE DISTANGE (l'un de l'autre)... | kpayépotéït. |
| A EUX, A ELLES.. | okkom nua. = okkoa nut. = *à eux-mêmes, à elles-mêmes* : inmin nut. |
| AFFABLE (être) v.intr. | pilopiktoapk. |
| AFFABILITÉ, n. v. | pilopiñnepk. |
| AFFAIBLI, AFFAIBLIR (s'), v. intr.. | mépayuñ-oyaptoapk. |
| AFFAIRE, n. c.... | tchuli-alik; *plur.* : tchuli-alepit. |
| AFFAIRÉ,ÉE (être), v. intr........ | tchuli-yoapk. |
| AFFAISSER (s'),v.intr. | iktchaptap-toapk. |
| AFFAMÉ, E (être), v. intr........ | payáyopk. = kpaktçoapk. *1e pers* : kpap-tçoapma. |
| AFFECTIONNÉ, E; AFFECTUEUX, SE. | illupiyaïk. *1e pers.* : illupiyaïné. |
| AFFILÉ, E, adj... | kinapk. |
| AFFILER, v. tr.... | tchili-yoapk. |
| AFFLIGÉ, AFFLIGER (s'), v. intr.... | kpigœluk-tuapk. |
| AFFLICTION, n. v.. | kpigœluñ-nepk. |
| AFFLUENT, n. c... | kup-alik (*de riv.*). = aypam inotkpolo-toapk (*de lac*). |
| AFFREUX, SE (être), v. intr....... | tchuïna-oyoapk. |
| AFIN DE, AFIN QUE, loc. prép...... | imuña. = mu (*finals*). |
| A FLEUR DE (être). v. intr........ | nalépektapk. = kpaépktopk (*et par côté*). |
| A FORCE, prép.... | tchiniklun. |
| AGAÇANT, adj. v. | kpuking-unaptopk. |
| AGACÉ, E (être) v. intr. | tchépneptopk. |
| AGACER v. tr.... | *en actes* : tuyuk-alonñik-toapk. = — *en paroles* : tchutiginepk-toapk. |
| A GAUCHE, loc. adv.. | tçawmin nun. = tçawmi wut. |
| AGÉ, E (être), v. intr. | añ-ayuklepk. |
| AGGLOMÉRER, v. tr. | kaviñoyi-yoapk. |
| AGGLOMÉRÉS,ES adj. v..... | kaviñ-oyiyét. |
| AGENOUILLER (s'), v. réfl........ | tchitko-méyo-aptoapk. = tchitko-mégañ-aptoapk. |
| AGILE (être), v. intr. | matcholok-toapk. |
| AGIR, v. tr..... | piwap-toapk. = tchuli-yoap-toapk. = — *à contre-cœur* : amañ-uyap-toapk. = — *en cachette* : tchuna tayvamna tchéné-yoapk. = — *sans réflexion* : mulugaptckap-toapk. = — *parfaitement* : tchavapik-tuléoptoapk. |
| AGITÉ, E (être),v. intr. | tçayuktuapk. |
| AGITER(en l'air).v.tr. | ipsuktop-tuapk. = — aulak-kpiluktuapk. = — *en ébronlant* : kpapuïtsopk-toapk. |
| AGITER (s'), v. intr. | iñérartoapk. = *i. e. se donner du mouvement* : kpaybia-oyoapk. |
| AGONISANT, SER, v. intr........ | tchupepktopk. |

AGRAFE, n. plur . . . naktchi-taotit.
AGRAFER, v. tr . . . ipiutcheptoyuapk.
AGRANDIR, v. tr. . . aglilip'a.
AGRÉABLE (être), v.
  intr. . . . . . . . aviyopiomiyapktopk.
AGRÉMENT, n. c . . . okapka tigépepnepk.
AH! interj. d'admir. . kpatçia! = kpalè! = akpalé! (au super-
    latif).
AHURI (être), v. intr. tçuméu-tçiman-itoapk.
AIE! interj. de doul. . nana!
AIDE, n. v . . . . . tçanepkpa-tçìdjoapk.
AIDER, v. tr . . . . tçanepkpa-tçeptavaopk. 1e pers. : tçepta-
    vapa.
AIEUL, n. rac. . . . atáta! au vocatif. = atatapk.
AIEULE, n. rac. . . . anana! au vocatif. = ananapk.
AIGLE, n. c . . . . . tigméap-pak (oiseau-gros). = — améri-
    cain n. rac. káncpk. = épgmiutét. =
    — brun : nektopalik.
AIGRE, adj . . . . . tçepnaptopk.
AIGRETTE, n. c . . . tchuluña.
AIGREUR d'estomac
  (avoir de l') . . . . kidjiepk-tçidjoapk.
AIGRIR, v. intr . . . tçepnaptoapk.
AIGU, E, adj . . . . ignilik.
AIGUILLE . . . . . . metkpon; plur. : mekpotit. = — carrée :
    kpoapi-ulik. = — fine : aulapè. = —
    grosse : ulapiten. = — de glace : tçi-
    koplinepk.
AIGUILLON . . . . . kapòn. = — d'insecte : igu-uta.
AIGUILLETTE ( de pi-
  pe). . . . . . . . . tchunbiapn.
AIGUILLONNER, v tr. kapo-yoaptoapk.
AIGUISÈ, ÉE, v. int. apikta. = kinapk.
AIGUISER, v. tr . . . apiktoapk.
AILE, n. rac. . . . . Ìtçapok. plur : itçapot. = itçapkpopk :
    (les deux —)
AILÉ, E, v. intr . . . itçapolik. = tigmi-vak-topk.
AILERON (des cétacés). kpeymiploat.
AILLEURS adv. . . . awáné. = kpaniñ-itop. = — (être) v.
    intr. kpaniñitop-toapk.
AIMANT . . . . . . . illupiyaït.
AIMÉ, E (être), v. intr. kpumigiyapk.
AIMER, v. tr . . . . kpumigiyaopk, 1e pers.: kpumigiyapa. =
    — la viande, les mets : mamapiyaopk.
    1e pers.: mamapiyapa, -yapkin. = —
    les personnes, i. e. aimer d'amour :
    nagligidjapk. 1e pers.:-djapa,-djapkin.
    = — les choses v. g. les beaux ha-
    bits : atçéaptoapk.
AINE, n. rac . . . . imùnak.
AINÉ (fils) . . . . . nutapapk. = añ-ayuklepk. = frère —:
    añ-ayoalu.
AINSI, adv . . . . . taymak. = taymatçi. = imanna. = kpa-
    unna. = être — v. intr. optunepkp. =
    — soit-il! loc. interj., tayman-tçuva-
    tçat.
AIR (aër), n. rac . . tçilla. = — (aura) n. c. anopè-poapk. =
    — de musique : atopkton.
AIRELLES . . . . . . bleues (vaccinium uluginosum) okpoït;
    sing.: okpopk. = — rouges (arbutus
    idea vitæ): kimninét; sing.: kimni-
    napk. = — rouges, dites graines de pie
    (arbutus alpina) : awnœpét; sing.:
    awnœpépk. = — noires (empetrum
    nigrum): paonœpét. sing.: paonœpepk.
AISÉ, adj . . . . . . okitopk.
AISÉMENT, adv. . . . okitopkluné. = tçavap-eytoapk.
AISANCE, n. v . . . . okitaññepk.

AISSELLE, n r . . . . ónepk; plur., óndït.
A JEUN (être), v intr. tçullé néppéyoapk.
AJUSTEMENT. . . . . tchupian-annakopep-tçoptçimaya.
AJUSTER (s'), v réfl. . topauniyap-toapk.
AJOUTER, v. tr. def-
  fectif. . . . . . . . tatkpéklugo. 1e pers.: tatkpé-pégapma.
A L'ABRI DE, loc adv. atánun. = être — v. intr. atanun-itoapk.
A LA FILE (être), v.
  intr. . . . . . . . . wiwulépeït.
A LA FIN, loc adv. . kiñunœpén.
A LA FOIS, loc prép. kalodjat. = tamap-mik.
A L'AGONIE (être). . tchupepk-topk.
A L'AIR, loc. adv. . . tçilla-mi.
A LA MÊME PLACE,
  loc. adv. . . . . . . inna.
A LA PLACE DE, loc.
  prép. . . . . . . . . inañ-ipa.
A LA PORTÉE (être),
  v. intr. . . . . . . . ayuñ-itoapk.
A LA RAQUETTE loc.
  adv. . . . . . . . . tagœlunnik.
A LA RENCONTRE DE
  loc. prép. . . . . . tçakpap-mun. = aller — tikilapk-tçi-
    djork.
A LA SURFACE, loc.
  adv. . . . . . . . . kpeptoa-mi.
ALARMÉ, ALARMER
  (s'), v intr. . . . . epkçidjoapk.
A L'AVANCE, loc prép. udjeptut.
A LA VEILLE, loc adv. tuno-mugluta. = tchippep-pan.
A L'AVENIR, loc adv. kpakop-yoapop.
A LA VUE DE, loc.
  prép. . . . . . . . tçivupnœpét.
A L'ÉGARD DE, loc.
  prép. . . . . . . . akkiané, = taykan.
ALÈNE, n. c . . . . tuputapk.
A L'ENTOUR, loc adv. avata.
A L'ÉTROIT, loc. adv. tatibluné. = être — v. intr. tatitçibluné-
    iñiktoapk.
A L'EST, loc. adv. . . niyepk-mi.
A L'EXCEPTION DE,
  loc. prép . . . . . . inuviak-tunik.
A L'EXTÉRIEUR, loc.
  adv. . . . . . . . . tçilla-tanè.
ALGUES, n. plur. . . epkloyaluït (intestins de l'eau). = tapè-
    itut (dans la mer). = kpopktçop-paluk-
    toat.
ALIGNÉS, adj. plur . wiwulepeït.
ALIMENT, n. v . . . néppèyoat. = nepkiktçat.
A L'IMPROVISTE, loc.
  adv. . . . . . . . . upinœgapklupu.
A L'INSTANT, loc adv. mawna. = maliñgna. = malakut.
A L'INTÉRIEUR, loc.
  adv. . . . . . . . . illua-mi. = tayu-ané. = iglu-mi : (en
    compos.)
ALLAITER, v. tr . . . miluktu-tçidjoapk. = amamuk-toapk.
ALLÉGE i. e vide (bar-
  que) . . . . . . . ima-itopk.
ALLER, v. tr . . . . aulaopk, 1e pers.: aulaplaña, aulaplacin.
    plur.: aïllut. = — à la chasse : tuktu-
    léapk. = — à la mer: unuléap-toapk.
    = — à la viande (i. e. chercher dans
    les bois un animal tué): nepkpè-tçap-
    toapk. = — à la voile : tingœlapau-
    tap-toapk. = — au fond : kiviyoapk.
    = — au feu: ignep-pangtçinéaptoapk.
    = — au large : itçuk-añitoapk (en
    canot). = itçuk-ayoapk (à pieds). =

— *au portage la Loche :* ibiaᴘialigé-aᴘtoaᴘk. = — *au loin :* pitchayétop-toaᴘk. = uñava-nun-éaᴘtoᴘtuaᴘk. = — *chercher :* aykléptoaᴘk. = — *de-dans :* uteᴘktoaᴘk. = —*dehors :* atçi-neᴘktoaᴘk. =—*directement :* nakeᴘk-toaᴘk. = — *en esprit (et esprits):* tçitayukétitoaᴘk. = — *nu-pieds :* kawga-eytuaᴘk. = —*nu-tête :* natsaᴘ-eytuaᴘk. = — *ramasser des fruits :* atçidjaᴘ-toaᴘk. = — *visiter les filets :* kubiaᴘtoaᴘk. = —*voir :* takumapkaᴘ-kluné.

ALLIÉ, (être) v. intr . akéᴘawn-mituaᴘk.*plur:* akéᴘawn-mitᴏat.
ALLONGÉ, E v. intr.. amiktuluñ-oyaᴘk.
ALLONGER, v. tr . . tatçidjoᴘaᴘtita. = — *les jambes :* eᴘkᴘik-toaᴘk. = — *les bras :* ichaᴘtoaᴘk.
ALLONGER (s'), étant couché. . . . . . . ichaᴘkchimayoaᴘk. =tatçidjoaᴘk (*inan.*).
ALLONS! interj. . . . pìn! = kè! tçavikta! (*allons! par-tons!*).
ALLONSDONC! interj. (pour faire cesser). . tchunéaᴘpit! = tchuva una, tchuva-tchuva!
ALLUMÉ, E v. intr . . ikiyoaᴘk. = iméoᴘta.
ALLUMER, v. tr . . . iméᴘtoaᴘk. = imiuktoaᴘk.
ALLUMETTE, n. v . . ikkut (C.) = ikkit. (C.) = iknaut (C.) = ikitawn. *plur.:* ikitaotit. = añud-joᴘk.
A L'OPPOSÉ DE, loc. prép.. . . . . . . . akiléᴘeᴘk.
A L'OPPOSITE, loc adv. akivut.
ALORS, prép. . . . . piñ.
A L'OUEST, loc. adv . uvangna-mi.
ALTÉRÉ, v. int . . . iméᴘuktoaᴘk. = patitçon-vuyoaᴘk.
ALTERNÉS, adj. plur. aᴘglalik.
A LUI, A ELLE . . . tapçom-nua. =tapçom-mua. = umnua.
AMADOU, n. c . . . . tchuput; *plur. :* tchuputit. = umaliyok (C.) = — *de saule :* pallek. *plur :* palléìt.
AMANT, AMANTE . . kᴘumigiyayluaᴘtoᴘk.
AMARANTHE disci-pline de religieuse. n. plur . . . . . . aᴘpioyat.
AMAS, n. plur . . . . kᴘaléᴘéït.
AMASSER, v. tr . . . nuateᴘkoaᴘk.
AMBULANT, v. intr . nipitçoataᴘpak.
AME, n. c . . . . . . innu-lik. = taᴘnœ. = aneᴘneᴘk (*esprit*).
AMENER, v. tr . . . . ikiyané. *1° pers.:* ikigaña = — *un ani-mal par la corde :* uniaᴘia. = — *en captivité :* aniteyniliktoaᴘk.
AMER, adj. v.. . . . . kᴘatçilinaᴘtoᴘk.
AMI, n. v . . . . . . . kᴘumigiyaᴘk. = kᴘuᴘk! (*voc.*) = (*On emploie aussi le mot beau-frère comme en déné et en algonquin.*)
AMIANTE, n. c . . . . mitkᴘotçaᴘk. = uyaᴘak-kaumayoᴘk.
A MIDI, loc. adv . . . kriteᴘkᴘaᴘ-pan.
A MOI.. . . . . . . *datif :* uwam-nut. = *possessif :* uwam-nun.
A MOITIÉ, loc. adv . . avañ-mun. = uvuña-mun. = *être* — : illaᴘiktoaᴘk. = *être* — *plein :* imak-itoᴘ.
AMONCELER, v. tr. . nuateᴘktoaᴘk.
AMORCE (d'hameçon). ameᴘk. = — *de traquenard :* naᴘpéaᴘk. = — *d'arme à feu :* tchiutaoyaᴘk.
AMOUREUX, SE. . . kᴘumigiyayluaᴘtoᴘk.
AMPLE, adj. v . . . . tçiliktoᴘk. = illutuyuaᴘk.
AMULETTE. . . . . kᴘilakᴘon.

AMUSEMENT, n. v . . kᴘuviatçuneᴘk.
AMUSER, v. tr . . . . piuyeᴘtoaᴘk. = añeᴘkᴘotooᴘtoaᴘk. =
AMUSER (s'), v. intr. piuyaᴘtoᴘk. = añeᴘkᴘota. = *s' — par des paroles badines :* tçavioyaᴘtoaᴘk.
AMYGDALE. . . . . kᴘineᴘktchinak..
AN.. . . . . . . . ugioᴘk (*hiver*)
ANCÊTRE . . . . . . taymuña-nuᴘumayoaᴘk. *plur.:* -mayoat.
ANCIEN, NE, v. intr. eypanitaᴘk.
ANCIENS (les). . . . eypané tokᴘoyoat.
ANCIENNEMENT. . . eypané.
ANDOUILLERS du bois de renne. . . . . nagyuk. = nagϳuk.
ANDROMÈDE (bruyère rampante). . . . . iktçiulik (C.).
ANGE, n. c., . . . . aneᴘneᴘk (*esprit*) = kᴘilaum-innua.
ANGÉLIQUE ou Berce (plante ombellif.). . kᴘaᴘligit.
ANGLAIS ( et les Blancs) . . . . . . kᴘablunak. *plur. :* kᴘablunéït. = kappé-lunak. *plur.:* kappélunét. (C.)
ANGLE (rentrant).. . killuk. = — *sortant:* itchuk. = — *ex-terne de l'œil :* iyéᴘotik-killuk.
ANIMAL, n. rac.. . . ómayok : (*vivant, de ómance, cœur*) *plur:* ómayot.
— ruminant.. . pangneᴘkᴘ; *plur. :* pangnéït. = — *d'un an (faon, veau)* noñᴘaᴘk. *plur.:* noñ-ᴘeït.
— à fourrure. . omaᴘkᴘoléataᴘtoᴘk.
ANIMÉ, E, v. intr . . ómayoᴘk. = ómayoaᴘk.
ANNEAU, n. c. . . . kᴘiteᴘ-kloᴘon. *plur.:* kᴘiteᴘ-kloᴘotit. = — *nasal :* nuvaᴘon *plur.:* nuvaᴘotit.
ANNÉE . . . . . . . ugioᴘk (*hiver*) = *l'année dernière :* eyᴘané-ugioᴘk.
ANNELÉ, E, adj. v. . napitçáᴘolik.
ANNULAIRE (doigt).. mikiléᴘaᴘk. = mikillœᴘak (C.).
ANNONCER, v tr . . . kilœgonéᴘaᴘk.
A NOUS. . . . . . . uvaᴘtim-nun.
ANSE (de pot). . . . noᴘlókᵘ. (*l'u final est très-faible*).
— (petite baie).. . kañéᴘaluk; *plur.:* kanéᴘaluït.
ANTÉCÉDENT, adj. . tçivuleᴘktuañig'a.
ANTENNE. . . . . . nagyuk. = nagϳuk.
ANTÉPÉNULTIÈME.. kiñulu-otuglia.
ANTÉRIEUR. . . . . tçivuleᴘktuañiga.
ANTRE.. . . . . . . tchiti. = tchitilik : (*de l'ours*) = piñoᴘ-tçaᴘiuk (*i. e. grotte*).
ANUS, n. rac . . . . iteᴘk.
AORTE, n. rac. . . . átéta.
AOUT, n. c . . . . . itçayoat : (*ils muent, c.-à-d. lune de la mue*).
APAISER, v. tr. (quel-qu'un en colère).. . illitchimnañ-oyaïtuaᴘk. = — *un enfant qui pleure :* ineᴘktiga, gaᴘma, gané.
APAISER, (s') v. intr. utcheᴘktuaᴘk (*se dit aussi des éléments*).
A PART, loc adv. . . tçiaklutik.
A PARTS ÉGALES loc. adv. . . . . . tayma-illiblupiyaït.
A PEU PRÈS, loc.prép. pinéᴘlukton.
APHTES (avoir les). . ipkᴘéleᴘktoaᴘk.
A PIC (colline), adj. . kᴘeymioᴘk.
APLANI, adj. vᵢ . . . nateᴘnaᴘk.
APLANIR, APLATIR (les bois), v. tr. . . tçavig'a. = *le sol :* pattag'a. = nipiti-tig'a.
APLATI, adj. . . . . tçakᴘaktig'a
A PLUSIEURS. . . . innui-aktunik. = innuñg-nik.
APOPHYSE (condilia-que). . . . . . . tunu-tçuk. = — *mastoïde :* tçiutit-tunuᴘik.
APPARAITRE, v. intr. nuïyuaᴘk.

APPAREMMENT adv. . tçilla-tàn.
APPARENT, TE, adj.v. takuyaϸk.
APPAT. . . . . . . . voir *amorce.*
APPAUVRIR (s'),v. int. kϸalupeϸtoaϸk.
APPEAU à rats mus-
qués. . . . . . . kϸalϸoϸ-taodik. = — *à rennes :* aviloϸk-
tat.
APPELER, v. tr . . . kϸoϸoϸktoaϸk. = *i. e. nommer :* attçi-
dja.
APPELER (s'), v. intr. attçidjaϸa.
APERCEVOIR, v. tr. . takunnaϸa. *1ᵉ pers.:* takunnag'aϸa.
APPLAUDIR, v. tr.. . pataktoϸk.
APPOINTER, v. tr... igniϸitsag'a.
APPORTE !. . . . . kϸaylik !
APPORTER, v. tr. .. kϸaytçiyoaϸk.
APPORTS des rivières,
(sédiments). . . . . itchoϸkϸ. = itchoϸoϸkϸ.
APPOSER (un sceau) v.
tr. . . . . . . . . nipidjiutçiova.
APPRENDRE A, v. tr. kilœgoϸnœϸaϸk. = illitçaϸo-tçidjoaϸk.
APPRENDRE DE, v.
intr. . . . . . . . illitçaϸtoaϸk.
APPRÊTER (les mets),
v. tr.. . . . . . . . upaluϸktoaϸk; *1ᵉ pers.,* -tuña.
APPRÊTER (s'),v. intr. upaluϸktoaϸk; *1ᵉ pers.,* -toami.
APPRIVOISER (s') v.
intr. . . . . . . . kϸuïnaktueϸtuaϸk.
APPROCHER, v. intr. kϸaniniaϸtoaϸk. = ataϸtoϸk. = tutukay!
*approche !* (C.) = — *sa tête de quel-
qu'un :* uveϸtoaϸk.
APPROCHER (s'), de
lui. . . . . . . . ataϸtoϸk.
APPROUVER, v. tr. . añaya; *1ᵉ pers.:* añayaϸa, = — *de la
tête :* añayoaϸk.
APPUI, n. v.. . . . . igaϸtoϸ-vik.
APPUYER, v. tr.. . . ayáyoaϸk. = — *sa tête sur :* akitçeϸ-
toϸk.
APPUYER (s') contre,
v. intr.. . . . . . . igaϸtoϸtoϸk. = — *sur :* ayapeϸtoaϸk.
APRE, adj . . . . . . illuϸutçuataϸϸitoaϸk.
APRÈS, prép. . . . . kiñ-unœϸa. = kiñ-unœϸén. = kiñ-
unœϸagun. = kiñ-uϸgan. = kiñ-ulé-
ϸéit.
APRÈS-DEMAIN, adv. ubluk-ilaa. = akϸagu-uñaliago.
A PRÉSENT, adv. rac. mannago. = manna.
APRÈS-MIDI, adv. . . uata. = nukachaϸéaϸa.
APRÈS QUE, loc. prép. kiñunœϸagun.
A PROFUSION,loc.adv. tamatkiϸeït.
A PROXIMITÉ (être),
v. intr.. . . . . . . ayuñ-ituaϸk.
A QUELLE DISTAN-
CE ?. . . . . . . kϸano uñatçik ?
A QUELQU'UN. . . . innim-nun.
A QUI ?. . . . . . . keϸkéa ?
AQUILIN, adj.. . . . ϸéϸéñ-ayoϸk.
AQUILON, n. rac. . . niyéϸk (*N.-E.*). = oñañlaϸk (*N.-O.*).
ARABESQUES . . . . illœϸavioyak.
ARAIGNÉE. . . . . . piloœϸaytchoϸktoϸk. = — *d'eau :* kiñok,
ARBALÈTE. . . . . . tçatkoyaϸk (*l'arbalète est en usage chez
les Innoït comme elle l'était chez les
• Dénès de l'Ile à la crosse*).
ARBORER, v. tr.. . . tikoϸtita.
ARBRE, n. rac. . . . kϸéyak. = nappaϸtoϸk. = — *fourchu :*
kϸayliik. = — *frêle :* amituaϸaluk.
= — *penché :* auϸañ-aϸtoϸk. = —
*tordu :* amagdjiñayoϸk. = — *touffu :*
tchiliktoaϸk.

ARC, n. c . . . . . . pititçik. = *son arc :* pitiktçia.
ARC, ARCADE. . . . kayviaϸk.
ARCEAU antérieur du
kϸayak.. . . . . . matçik. = — *postérieur :* iktaϸvik.
ARC-EN-CIEL, n. c. . kayviaϸon. = kaybiaϸon (*l'arche, l'ar-
cade*).
ARCHE (coffre). . . . koϸϸok.
ARCHET. . . . . . . atóta.
ARCHIPEL, n. plur. . amiϸaïtut.
A RECULONS, loc.adv. tunó-muk (*anim.*). = kiño-muk (*inan.*).
ARÊTE, n. plur.. . . kuyapiϸéit. = — (*angle saillant*): kϸoa-
ϸioa.
ARGILE.. . . . . . . maϸak.
ARIDE, adj. v . . . . paneϸtoϸk,
ARME.. . . . . . . . ulapiktuatun-illiyoϸk.
ARMÉE, n. plur. . . . aϸviñayoat.
ARMOIRE, n. plur. . nutçoϸautit.
ARMOISE(plante card.)
n. plur. . . . . . . ivigyuyat.
ARMUS (extrémité du
cubitus). . . . . . ikotçik.
AROMATIQUE, adj. . tipiϸitoϸk.
ARPENTER, v. intr. . ablunmiyaϸtoaϸk.
ARQUÉ, adj. v . . . aϸoñ ayoaϸk.
ARRACHÉ, adj. v . . . uñavaϸa,
ARRACHER, v. tr... nutçuktuaϸk; *1ᵉ pers. :* nutçuϸa. = —
*des plumes, du poil :* éϸétaϸtuaϸk. =
— *des mains :* tigudjiya. = nuϸublu-
toaϸk. (*mutuellement*).
ARRACHIS (arbre dé-
raciné et entraîné
par les eaux). . . . néaϸkϸonaϸk; *plur.,* néaϸkϸonat. = —
*flottant :* tchiamotᵉ (*le petit o final est
à peine sensible*).
ARRANGÉ, adj. v. . immalik.
ARRANGER, v. tr. . . tutkϸèktçaϸaït.
ARRÊTE !. . . . . . anakϸanan ! = nokϸaloϸit !
ARRÊTER, v. tr.. . . tiguya. = tigudjidja. (*se dit de n'im-
porte quoi.*)
ARRÊTER (s'), v. intr. kϸikaϸtoaϸk. = *animal, astre :* nutkϸa
toaϸk. = *pendule, montre :* nikϸanaϸk-
toaϸk. = *glaces :* tuluϸktuaϸk. = *ca-
not :* uniktoaϸk.
ARRIÈRE (l'), n. rac. tunug (*du corps*). = akϸo (*d'une barque*).
ARRIÈRE-BRAS.. . . aktçatkϸoϸk.
ARRIÈRE-MAIN.. . . adjigaït-tunuat.
ARRIÈRE-TRAIN. . . kiñuhœϸeϸk. = upatikin (*toute la partie
infér. du corps*).
ARRIÉRÉ (être), v.
intr.. . . . . . . . kiñuleϸtçoϸktoaϸk.
ARRIMER, v. tr . . . immaliktoaϸk. = nuatéϸéyoaϸk.
ARRIMÉS, ÉES. adj. v. immalik.
ARRIVÉ, ARRIVER, v.
intr.. . . . . . . . tikitoaϸk. = kϸayoϸk (*presque arrivé*).
= — *en canot :* aϸoϸktoaϸk. = — *en
courant, vite :* tikitçaϸtoaϸk. = —
(*animaux, esprits, oiseaux*) : tiki-
udjuaϸk. = tikitoaϸk. = (*courrier*) :
tiñiyoaϸk.
ARRONDI, IE, adj.. . anmalœϸotatçiaϸk.
ARROSER, v. tr. . . . oaϸtig'a.
ARTÈRE, n. c. . . . . aumik-imalik.
ARTICULATION.. . . ipeϸkϸeϸk; *plur.,* ipeϸkϸéït.
ASCENSION, n. rac. . mayon. = Pañgmuña : *nom d'un personnage que les Esquimaux disent
être monté au ciel en corps et en
âme.*
A SEC loc. adv. . . . oϸktchoaϸa.

2

A SOI-MÊME. . . . . inmi. = inmi-nun.
ASPERGER, v. tr. . . kᵱiptçalig'a.
ASPIRATION, n. v. . miçaluk,
ASPIRER, v. tr. . . . anepné-umiyoaᵱk.
ASSAILLANT , AS-
SAILLIR, v. tr.. . . omitchoktoaᵱk.
ASSASSIN, n. dér. . . toᵱkᵱota (de toᵱkᵱo, mort).
ASSASSINAT, n. v. . toᵱkᵱo-nikun.
ASSASSINER, v, tr. . toᵱkᵱoniktuaᵱk.
ASSEMBLER, v. tr. pl. nuatitaït; 1ᵉ pers. : nuatitaïnè.
ASSEMBLER (s'), v.
intr. plur.. . . . . nuatoᵱut, nuatutçé, nuatut.
ASSEMBLÉE, n. plur. nuamayut. = katimayut.
N. B. — Tous les mots qui renferment l'idée
d'une multitude, d'une collection, sont mis
au pluriel en esquimau, parce que ce sont
de véritables verbes à la 3ᵉ pers. plurielle.

ASSEMBLÉS, ASSEM-
BLAGES (de bois,
etc.).. . . . . . . . attunim-ituk.
ASSEOIR, v. tr. . . . iñiktita.
ASSEOIR (s'), v. intr. iñiktoaᵱk. = assieds-toi! iñiktin! =
inikto : il s'assied. = iñniktok (C.)
= — à terre : atpanun-iñiktoaᵱk. =
— longtemps : ikchimayoaᵱk. = —
peu de temps : iñilaᵱktoaᵱk. = —
pour se reposer : imilaktuaᵱk. = —
en haut : kᵱolua-nun iñiktoaᵱk. =
— jambes croisées : kᵱipignoaᵱ-tchi-
tçiĵoaᵱk; 1ᵉ pers.: -tchitçiĵoami. = —
jambes allongées : tchiktoñaᵱtoaᵱk.
ASSEZ, adv. . . . . . tayma. = namataynaᵱtoᵱ. = aχo (C.).
ASSIÉGEANTS, n. pl.. tigulaoᵱat.
ASSIETTE. . . . . . illévéaᵱk. = puutak (C.).
ASSIETTÉE, n. v. . . imaᵱoaᵱtoᵱ illévéaᵱk.
ASSINABÉ (pierre
qui retient un filet
captif) . . . . . . . ippik; plur., ippit.
ASSISTER, v. tr.. . . ikayoᵱtoaᵱk.
ASSOMMER, v. tr. . . anaoyoaᵱk.
ASSOUPI (être), v. intr. winœᵱatoᵱk.
ASSURÉMENT, adv. . pimmaᵱit. = léummaᵱit. = léummayo.
= léuñ-méné-aᵱmaᵱit. = kaléum-
mata.
ASTÉRIE ( étoile de
meᵱ), n. plur. . . . atiga-oyat.
ASTRAGALE ( plante
légum.). . . . . . . mátcho (esculente). = natkatç (vireuse).
nakat (C.).
ATELIER, n. v. . . . tchénavik.
A TERRE, loc. adv . . ikkaᵱpoᵱk. = nuna-kon. (i. e. sur terre).
ATMOSPHÈRE, n. rac. tçilla.
A TOI . . . . . . . . illiñg-nun. = illim-nua.
ATOURS, n. c . . . . tchuatsiañan-nakoᵱeᵱtçoᵱtçimaya.
A TOUT. . . . . . . tamapta. = tamateᵱla.
A TRAVERS, loc. prép. akiyán. = akunœᵱátigón. = kut (en
compos.).
ATRE, n. c . . . . . igneᵱ-mun iyukaᵱeykun.
ATTACHE, n. rac. . . aklúnaᵱk.
ATTACHÉ, E (être), v.
intr. . . . . . . . . kᵱileᵱktçuané. = ipeᵱktaᵱk (en laisse).
ATTACHER, v. tr.. . . kᵱileᵱktoᵱtoaᵱk. = kᵱilœᵱa (1ᵉ pers.) =
— ensemble : nimeᵱ-toᵱtoaᵱk. = —
en l'air : kᵱolua-nun nimeᵱtoᵱtuaᵱk.
ATTAQUER, v. tr. . . omitchok-toaᵱk.
ATTEINDRE, v. tr. . . tuluva. = tuluᵱa.
ATTEINT (être), v.intr. tuluvaᵱk. = tuluᵱaᵱk.
ATTELAGE (à chiens). anó; plur.,anótᵘ (l'u est à peine sensible).

ATTELÉ, adj. v. . . . anoᵱa (un chien). = plusieurs : anóᵱéït.
ATTENDRE, v. tr. . . . nénéoᵱtoaᵱk. = — ce qu'on va dire :
utaᵱ-kᵱiyoaᵱk.
ATTENDRI (être), v.
intr.. . . . . . . . kᵱéaniktça-dĵidĵoᵱk.
ATTENDS UN PEU !
loc. interj. . . . . . anakᵱanan ! = nokᵱalœᵱit !
ATTENDU QUE, loc.
prép (finale). . . . . piman. = pikpan. = pikpago.
ATTENTIF , VE, v.
intr.. . . . . . . . . ulapeᵱkᵱiyoaᵱk.
ATTENTIVEMENT,
adv. v.. . . . . . . ulapeᵱkᵱilluné.
ATTIRER, v. tr. . . . nuchuᵱa. = attire! nuchuᵱon!
ATTITUDE, n. v. . . . añhotiktçañan (i. e. faire l'homme).
ATTISER, v. tr. . . . iyaᵱtçoaᵱk.
ATTOCATS (baies de
bruyère). . . . . . kimninét; sing., kimninaᵱk.
ATTOCATIER, n. c. . . kimninét-kᵱotik. = atçiavioyat-kᵱotik.
ATTRAPER, v. tr. . . akwagaᵱa.
ATTRISTANT, v. intr. inmini-nataᵱtoaᵱk.
ATTRISTER (s'), v.
intr. . . . . . . . . taloᵱtoᵱk.
ATTROUPEMENT, AT-
TROUPER (s'), v.
intr. . . . . . . . . nuamayut. = katimayut. = nuatut.
AU (avec mouvement). mun. = nun. = tçivumun.
AU (pour à), prép.. . mi. = ᵱan. = nut. = ut. = an. = um
(en compos.). = nè.
AU BAS DE, loc. prép. illimayaᵱa.
AUBE, n. rac.. . . . kilaka.
AUBIER, ñ. c. . . . . illupaᵱk.
AU BORD DE, loc. prép. tchénéᵱa. = nakeᵱneᵱk.
AU BORD DE L'EAU. tçidĵiak-kun. = tçidĵiak-mi.
AU BOUT, loc. prép.. kaᵱᵱanè.
AU CENTRE, loc. adv. kᵱeykᵱân.
AU CIEL, loc. adv.. . kᵱeylaᵱ-mi.
AU COMMENCEMENT,
loc. adv. . . . . . . ákug'u. = áko. = alᵱané.
AU CONTRAIRE, adv. tçaneᵱkᵱaᵱa.
AUCUN, E, adj, indéf. inu-itoᵱ. = inu-ituaᵱk (il n'y en a —).
AUCUNEMENT, adv.. tchu-itoᵱ (Ce mot signifie aussi : non,
ne pas).
AUDACIEUX , v. intr. uloᵱeytuaᵱk.
AU DEDANS, adv. de
lieu. . . . . . . . . atân.
AU DEHORS, adv. de
lieu. . . . . . . . . kᵱatsân.
AU DELA, adv. de
lieu. . . . . . . . . kᵱollân. = uñ-atânè (très-éloigné). =
uñ-aleyné (il est au-delà).
AU DELA DE ( avec
mouvement). . . . um-atâné (C.). = uñ-aléy-nun. = uñ-
aléït (ils sont au-delà).
AU-DESSOUS, adv. de
lieu. . . . . . . . . kanna. = atá-nun. = niumataw-mun.
niumataw-nut.
AU-DESSUS, adv. de
lieu.. . . . . . . . tatpaw-nut. = kᵱuliᵱ-nut. = kᵱabia-
nut. = kᵱolla-nut (loin au-dessus). =
kᵱuli-wut.
AU DEVANT, adv . . tçatkᵱân.
AU DEVANT DE, loc.
prép. . . . . . . . . tçatkᵱam-nan (avec mouvement).
AUDITEUR, v. intr. . ulaᵱeᵱkᵱiyoaᵱk.
AU FIL DE L'EAU, loc.
adv. . . . . . . . . tçaᵱva-tcheᵱtut.
AU FOND, adv. . . . tung-avik (se dit aussi de l'eau).

AU FOND (être), v. intr. . . . . . . . . imayutçiaɒk.

AUGE, n. dér. . . . . allug-vik.

AUJOURD'HUI, adv. . ubluɒ-kɒakimna. = upélumi (C.).

AU LARGE, loc. adv. imuña. = imaɒb-iktçoaɒk-mun.

AU LIEU DE, loc. prép. inañ-iɒa.

AU LOIN, loc. adv . . uñava-nun. = auwa-nè. = taɒva-nè. = taéɒkɒatet (*ils sont au loin*).

AU MÊME INSTANT, loc. adv. . . . . . . maw-na. = maliñg-na.

AU MILIEU, adv . . . kɒéykɒàn.

AU MILIEU DE, loc. prép. . . . . . . . kɒitkɒa-nè. = kɒeykɒam-nun (*avec mouvement*).

AUNE, n. dér. . . . . nunañeɒk.

AU NIVEAU (être), v. intr . . . . . . . nalépig'a.

AU NORD, loc, adv. . kɒanuñgnaɒ-mi. = kɒanuñgnaɒ-mun (*avec mouvement*).

AUPARAVANT, prép. tçivuɒnœɒèt. = itçaɒk.

AU PIED DE, loc. prép. . . . . . . . kikliña. = atá-nun (*i. e. au-dessous de*).

AUPRÈS DE, loc. prép. tçanéa-nè. = tçanéa-nun (*avec mouvement*).

AURÉOLE, n. dér. . . puyoɒa.

AURICULAIRE, n. dér. ékɒétkɒok.

AURORE, n. rac. . . nuiɒaɒ. = — *boréale* : kioɒia. = añayaluktuaɒk (*elle serpente et scintille*).

AUSSI, adv. de comp. taymatawka.

AUSSI, conj. . . . . lu. = blu. = luoɒ. = miluoɒ.

AUSSI GRAND QUE (être), v. int. . . aktikutigik, giɒa (*1e pers.*).

AUSSI LONGTEMPS QUE CELA. . . . . taynuña tchivitoyoat.

AUSSITOT, adv. . . . upaloɒtoɒ.

AU SUD, adv. . . . . tchikeɒyneɒ-mun. = piañgnaɒ-mi.

AUTAN, n. c. . . . . piañgnaɒk.

AUTANT, adv. . . . tayma-illibluɒ. = tayma-illibluɒit. = — *de fois que,* loc. adv.: igluɒit-aɒkluné. = — *chacun* : tayma-illiblupiyaït. = — *que cela* : taymàn-itoat.

AUTEL, n. dér. . . . kɒikutèɒon.

AUTOMNE (1er) chute des feuilles, v. intr. iyukaɒktoaɒk. = 2e — *avec neige et glace* : okkéak-tçaɒk. = ukéaɒktçiaɒk.

AUTOUR, prép. . . . ag'ut. = kaviaɒtut.

AUTRE, L'AUTRE, pr. indéf. rac. . . . . . ayɒa., = *un autre* : ayɒa-ina. = *c'est un autre* : állami.

AUTRE CÔTÉ (l'), n. rac. . . . . . . . akkia. = ikig'a (*d'un objet*).

AUTRES, LES AUTRES, pron. indéf. . itkoa.

AUTREFOIS, adv. . . ayɒanè. = kɒañaliɒa-mi (*dans un passé très-éloigné*).

AUTRE PART, adv. . kɒaniñ-itoɒ.

AUTREMENT, adv. . . pinnago.

AUTRUI, pron. indéf. innok. = inuñ-nè. = ayɒa.

AUX AGUETS (être), v. intr. . . . . . . tchulaktçéaɒia.

AUX ENVIRONS, loc. prép. . . . . . . . kaviaɒtut.

AVALANCHE, v. intr. aktça-yoaɒk.

AVALER, v. tr. . . . iyaoɒk, iyaɒa (*1e pers.*). = *avale!* ikléun! = — *la fumée* : kimioaɒk.

AVANT, prép. . . . . tçivuɒnœɒanè. = tçivuɒnœɒéyayné. = tçivuɒnœɒa-gun.

AVANT (i. e. proue), n. rac. . . . . . . tçivu.

AVANTAGE, n. v. . . piktçatçioɒtoaɒk.

AVANT-BRAS, n. rac. adjigâwn.

AVANT-DERNIER, n. c. . . . . . . . . . kiñulu-otuglia.

AVANT-HIER, adv. . ikɒeɒktçiân.

AVANT MIDI, loc. adv. puavaɒ-pân. = kɒagvaumig'a (10h A. M.)

AVANT TOUTES CHOSES, loc. adv, . . . alɒanè.

AVARE, v. intr.. . . amoɒaluktuaɒk. = amoɒotçidJoaɒk.

AVARICE, n. v. . . . amoɒoneɒk.

AVARIÉ, ÉE, adj. v . auneɒtoaɒk.

AVEC, prép.. . . . . mik. = mnik. = nimik. = mé; mné; ngné (*en compos.*). = *i. e. par* : umiña. = *i. e. ensemble* : ilagœklun. = — *crainte, regrets* : uliklun. = — *eux* : okkom-nik. = — *instances* : eɒɒéniblunè. = — *larmes* : maniklun. = — *lui* : tabiuñ-mik. = tapsom-nik. = — *nous* : uvaptim-nik. = — *peine* : tchiniklun. = — *quoi?* tchumik? = — *toi* : illimnik. = — *vous* : illiptim-nik.

A VENIR, adv. de temps. . . . . . . . kɒaydJi-aodJuaɒk.

AVERSE, n. plur. rac. kotit.

AVERTIR, v. tr. . . . ineɒtéɒéyoaɒk. *avertis - le!* ineɒtéɒén!

AVEUGLE, v. intr. . takumân-illuaɒktoɒk.

AVEUGLÉMENT, adv. takumân-illuaɒluné.

AVIRON, n. rac. . . . añòn. = — *double* : paotik.

AVOIR, v. intr. . . . s'exprime en aJoutant *lik* à la fin du nom de l'objet que l'on dit *avoir.*

AVOIR (i. e. posséder). añiyignitoaɒk. = — *assez* : taymânituaɒk. = — *besoin* : tchualu-iluaɒtoɒk. = — *chaud* : onaɒktoaɒk. = awkɒiyoɒk (*grand chaud*). = — *de larges sourcils* : kɒablutuyuaɒk. = — *des crampes* : kɒaloyiyoaɒk. = — *faim* : patkɒatchuktoaɒk. = kɒaktuaɒk. = kaneɒluktuaɒk. (*de rapines, de vices*). = *y* — *foule* : auamayuat. = — *froid* : uliktuaɒk. = — *honte* : taloɒktoaɒk. = — *la bouche béante* : anutuaɒk; *de travers, tordue* : iɒkɒoeñaɒtoaɒk. = iɒktcha-itoaɒk. = — *la fièvre* : kidJiaɒtoaɒk. = onaɒktoaɒk. = — *la migraine* : néaɒkɒon-ɒaɒtoaɒk. = — *la rétention* : kɒoyiɒtçu-itoaɒk. = — *la voix forte* : kɒaluktoaɒk. = nipitóyuaɒk; *faible* : nipikitwaɒaluktoaɒk. = — *la vue courte* : taɒéoɒtçivaktoaɒk; *longue* : takupkɒag'a. = — *le cauchemar* : imhawmiyaɒtoaɒk. = — *le cœur fort* : ómaluktoaɒk; *tendre* : illuɒiya; *dur* : pilitatáñ-ita. = — *le hoquet* : nitoɒaɒtoaɒk. = — *le regard féroce* : kɒéiñaɒtoaɒk. = — *les dents agacées* : tutétkɒuveɒtoaɒk. = — *l'ophtalmie* : iya-luk-toaɒk. = — *mal* : añniaɒktoaɒk.

AVOIR (ne pas). . . . añiyiyoaɒk. = *Se rend aussi en ajoutant la désinence verbale* itoɒk *à la fin du mot dont on manque.* Ex.: tawaɒaituña, *je n'ai pas de tabac;* tawaɒaitoɒk, *il n'a pas de tabac.*

AVOIR (ne pas y). . . itoɒoɒ. *Ex* : tawaɒa-itoɒoɒ, *il n'y a pas de tabac.* = nawk (C.).

AVOIR (ne pas) de force. . . . . . . tchukañ-ayoaꝓk. = aꝓktuñi-tçidjoaꝓk. = *ne pas — d'abri :* iglu-itoaꝓk. = *ne pas — mangé :* néppé-tchuïtoꝓk. = *n'y — personne:* innu-ituaꝓk. = *— peur :* eꝓk.tçiyoaꝓk; *de quelqu'un :* oꝓktçidjoꝓk. = *— pitié de lui :* tchuꝓalulita; *de soi-même :* tchuꝓalulitaꝓk. = *— soif :* nuva.keꝓkꝓaleꝓtak. = ꝓatitçân-vuyuaꝓk. = *— soin de :* tukꝓè-tçakat. *1° pers. :* tça.katka. = *— sommeil :* winœꝓaꝓk. = *— suffisamment :* taymân-ituaꝓk. = *— tué à la chasse :* ꝓiktualu kapio•yaꝓk. = *— une rupture :* niuluktuaꝓk.

AVOIR (y). . . . . . apaꝓ-topoꝓ. (*c'est l'analogue du* unli, gunli, konlli *des Dénè-dindjié*). Ex : *y a-t-il une maison là-bas ?* iglu apaꝓ•topoꝓ mana kèt? = *Non, il n'y a pas de maison :* tchuïtoꝓ, iglu itopoꝓ. = *— un collier :* uyamitkꝓoléaꝓtoaꝓk.

AVORTÉ, AVORTON, n. v. . . . . . . . topkꝓoñ-aꝓmé aniyoaꝓk.
AVORTER, v. int. . . topkꝓovéa.
AVOUER, v. tr. . . . inmiꝓu-aꝓktuaꝓk.
AVOUER (s'), v. réfl. inmiꝓun tchénéyoaꝓk.
A VOUS. . . . . . . illiptin mut. = illiptim-nun (*possessif*).
AVRIL, n. c . . . . . amaꝓolik-eꝓvik (*lune des bruants de neige*).

# B

BABICHE ( lanière mince servant de cordon). . . . . . aklunaꝓk. = *très-mince :* kꝓuniꝓo.
BABILLER, v. intr. . oïꝓuluk-tçidjoaꝓk.
BADAUD, v. intr. . . anutuaꝓk.
BADIN, BADINER, v. intr. . . . . . . . pitçaméaꝓtoaꝓk. = tçavioyaꝓtoaꝓk.
BAGAGE, n. plur. . . naktçaꝓtçet.
BAGUE, n.c. . . . . kꝓiteꝓklopon. *plur.*, kꝓiteꝓklopotit.
BAGUETTE, n. v. . . napaloꝓektoaꝓk.
BAGUETTE DE FUSIL, n. dér. . . . . . . tchakꝓayòn.
BAIE de lac, de mer. . tchinaaꝓk. = peꝓneꝓkꝓo.
BAIE de rivière. . . . kꝓamaniꝓk. = nuvuꝓ-aluk.
BAIES (petits fruits, n. coll. . . . . . . oꝓpik; oꝓpit. = atcidjet; *sing.*, atçiyaꝓk. = paonœꝓèt.
BAIGNER (se), v. intr. iꝓéꝓak-toaꝓk.
BAILLEMENT, n. dér. aytoꝓòn.
BAILLER, v. intr. . . aytoꝓtoaꝓk.
BAILLONNÉ, ÉE v.int. matudjidjaꝓk.
BAILLONNFR, v. tr.. matudjidja.
BAISER, n. v . . . pataktchùn.
BAISER, v. tr . . . . pataktchokaoꝓk.
BAISSER, v. tr . . . ꝓuktita. = *— la tête :* ân-mun tako.chaꝓtoaꝓk. = *— les bras ·* nakkakak.
BAISSER (eau) v. intr. imeꝓ-ꝓaléa-yoaꝓk.
BAISSER (se) v. intr. akꝓublaꝓ-toaꝓk.
BAISSIÈRE (mot canad. petit vallon) . peꝓn-aluk. = uvinayuaꝓk.
BAJOUE, n.c. . . . . uluam-illua.
BALAFRE, n. rac. . . killit.
BALAI, n. dèr. . . . tçánœꝓon. = tçañgi-yaotit.
BALANCER, v. tr. . . aꝓkluñ-éꝓatatuaꝓk. = *— les bras :* aut.kꝓa-toaꝓk.
BALANCER (se), v. intr . . . . . . nayànagyaꝓktoaꝓk. = *— sur une bascule :* kꝓaꝓktchuvala-oyoaꝓk.
BALANCER (pendule, objets, etc.) v. intr. aulayaꝓk-toaꝓk. (*ce mot signifie aussi balancier*).
BALAYER, v. tr. . . tçaneꝓktoaꝓk.
BALAYURES, n. rac. tçanik. = tçaniñ-áyak.
BALBUTIER, v. intr.. uliklun opaktoꝓk.
BALEINE blanche. . . kꝓilaluk. = kꝓilalu-vaꝓk.

BALEINE franche . . aꝓvéꝓk. = aꝓvaꝓk. = akuviaꝓk. = kꝓooꝓtçiaꝓk. = *fanons de —* •tçokꝓak; *plur.*, tçokꝓaït.
BALISE. . . . . . . akok° (*l'o final est à peine sensible*); *plur.*, akokut.
BALISÉ, ÉE, v. intr. tchéañ-aꝓtoaꝓk.
BALISER, v. tr. . . . abéꝓunikꝓè-aꝓtçiliꝓéït.
BALLE, n. c . . . . ïꝓkꝓatçaꝓk (*à jouer*). = kuté (*de plomb*).
BALLON (à jouer).. aꝓktçaꝓk.
BALLOT, n. rac . . . ꝓoꝓk.
BALLOTTÉ (être) en canot. . . . . . . uvœꝓa-tchikitaꝓat. = *— (canot) :* uvœꝓa-tchikitaꝓtoaꝓk. = *— (bois flottant) :* añ adja-ꝓaloaꝓk.
BANC, n.c. . . . . . iktçivaotaꝓk. = iktçivavik.
BANC DE SABLE, n.c. tigiyaꝓk. = ikatuaꝓa-aluk.
BANDE (de peau blanche du capuchon). . iꝓtçaꝓk. = *— le long des culottes :* kiꝓi•tçeꝓpkꝓoꝓk. = *— le long des bottes .* madja-kigœleꝓk. = kꝓoꝓkoyaꝓk. = *— autour de l'épaule :* tayaꝓnœꝓèt. = *autour du coude :* peꝓnéꝓotik. = *— sur la poitrine :* manitchineꝓk. = *de peau noire, le long dès bottes :* madja-ꝓituk-tchineꝓk.
BANDEAU, n. c.. . . kꝓiñaꝓktaꝓk. = *de femme, en cuivre :* kaoꝓot (C.).
BANDER (l'arc), v. tr. kꝓiluyaꝓk. = *— une baguette :* péꝓéta.
BANDOULIÈRE, n. c. uniotaꝓk.
BANNI, v. intr. . . . ig'itaꝓk.
BANNIR, v. tr. . . . ig'itoaꝓk.
BANQUETER, v. inr. néꝓꝓèyiyoaꝓk. = inuït-oꝓtoli-yuaꝓk.
BAPTÊME, n. v. . . kuviya. = ivœꝓùn.
BAPTISÉ, ÉE, v. intr. ivikta. = kuveꝓkꝓiya. = kuviyiyoaꝓk.
BAPTISÉ, ÉE (non), v. intr. . . . . . . . iviyuitpa. = kuveꝓkꝓiyañ-iktuaꝓk.
BAPTISER, v. tr. . . iviktoaꝓk. = kuveꝓkꝓiyoaꝓk.
BAPTISEUR, v. intr.. ku veꝓkꝓinitoaꝓk. = kuveꝓkꝓiyaꝓk. = ivignitoaꝓk.
BAQUET, n. der. . . puꝓutaꝓk.
BARAGOUINER v. in-tr. . . . . . . . . ulaꝓeꝓkꝓiyoaꝓk.
BARBE, n. pl. . . . umꝓit. = umilik. = umwit (C.).
BARBE (de flèche) n. plur. . . . . . . . tchuluït. = *— de baleine :* tchokꝓaꝓk.

BARBOUILLER, v. tr. mamiteptepkp.
BARBU, u. intr. . . . umik-itoapk. = umipo-apna-toapk.
BARQUE, n. c. . . . umiap-pak. = umiak-tçoapk (grosse). = — de peau (bidarka) : umiak.
BARIL, n. c. . . . . kpatap-pak. = katta-wiak (C.).
BARRAGE à castor, n. plur. . . . . . . tchimiktootit.
BARREAU, n. rac. . . allepk ; plur., alléït.
BARRE (i. e. traver- rière du canot). . . ayapk ; plur., ayayét. = — des raquet- tes : tçannep-tapk. = tçanneptait. = i. e. sommier de tente : tunep-madjia.
BARRÉ (i. e. strié), v. intr. . . . . . . kpupitçapok. = i, e. obturé : tchimik- toptapk.
BARRER(i.e.obstruer), v. tr. . . . . . . . tchimiktoptoapk (une rivière).
BAS (vêtement), n. var. . . . . . . . . atiké. = alluput (C.).
BAS(partie infér.), n.c. udjipktoap.
BAS, adj. et v. intr. . pukituapk.
BASANÉ, ÉE, v. intr. kpepneptchiliga.
BASCULE, n. v. . . . apktçikitapktopk.
BAS-FOND, n. dér. . . itkpatopk.
BASSIN-A-RETS, n. rac. . . . . . . . publapk.
BASSINET (du fusil), n. c. . . . . . . . . illivi-oyapk.
BASTION, n. c. . . . iglu-oyapk.
BAS-VENTRE. . . . . nakatçuk.
BATAILLE. . . . . . aképàwn.
BATAILLER, EUR, v. intr. . . . . . . . aképaptoyoapk.
BATARD, v. intr. . . tigumiyaptiña.
BATEAU, n. c. . . . . umiap-pak.
BATIR, v. tr. . . . . . igluli-yoapk, = iglulioptoapk.
BATON, n. c. . . . . . ayaupéatoptopk. = — de tente : tchukak,
BATTANT, n. c. . . . avilœkpota.
BATTEFEU, n. dér. . kpatçàwn. = kpilopkpalu-kpatçauta. = iknék (C.).
BATTERIE (du fusil) . okpapk : (langue). = ipoañ-goyak. (avec la platine),
BATTRE, v. tr. . . . . anauyopk. = — avec un bâton : anau- lépoyoapk. = — avec le poing : tigluné. = — avec des verges : anaulaoyapto- apk. — avec des cordes : nupkpatapk- toapk. = — avec la main : apklépap- toapk.
BATTRE, v. intr . . . des ailes : paoptoapk. = — des mains : pataktopk. = — du tambour : kpilaw- tçidjoptoapk. = — le fer : kauktoapk. = — le briquet : katçaopktoapk. = — le chemin : apkpotçinepoptoapk.
BATTRE (cœur), v. intr. . . . . . . . . tigœléptoapk.
BATTRE (se), v. mut. katchaptoapk. = aképaptoyoapk. = — les flancs : aklépaptoapk.
BATTU, v. intr. . . . nupkpatag'ané.
BATTURE (i. e. banc submergé) . . . . tigiyapk. = kpap-kpaluk. = kpap-kpayak.
BAVARD, BAVARDER v. intr. . . . . . . okpatoyuapk : (languer).
BAVE, u. rac. . . . . nuvapk.
BAVER, v. intr. . . . tibukiyapnepk.
BÉANT, adj. v. . . . anutuapk.
BEAU, BELLE(anim.), v. intr. . . . . . . anana-uyoapk. = inokatçé. = nápek- topk (animal).

BEAU, BELLE (inan.) tiguyominayné. = tçillapiktçidJoapk (temps). = pwalœpètçidjaptoapk (id.).
BEAUCOUP, adv. de quantité numérale. . main (C.). = inuï-aktunik. = inuvi- aktut. = inuï-aklutik. = uwit (C.).
BEAUCOUP, adv. de quantité pondérable (v. g. eau, thé). . . toyówut.
BEAUCOUP, adv. de qual., de puissance. aklopkàn.
BEAUCOUP, adv. de manière (v. g. dans je l'aime beaucoup). otkpèya (final). = unuptupk.
BEAUCOUP AU DELA. uña-tçiktòm. = uña-tçiktop.
BEAU-FILS, n. c. . . niña-oyapk.
BEAU-FRÈRE, n. c. . aypal'uk. = anakpalu. = illua-lapalu. = ukaña.
BEAU-PÈRE, n. rac. . aypalua.
BEAU TEMPS, n. c. . tçillàn-opa. = faire — : atkpapaptoapk.
BÉBÉ, n. c. . . . . . kpapklun-ulivilu.
BEC, n. rac. . . . . . tçigòpk.
BÉCASSINE, n. rac. . akpiñ-apk.
BEC DE PLUME, n.c. oglépoluït. = kpaléuyo-titinat.
BÊCHE, n. dér. . . . pwalœpèn.
BECQUETER, v. tr. . pudjukaluktoapk.
BÉGAYER, BÈGUE, v. intr. . . . . . . . uliklun-opaktopk.
BEIGNET, n. v. . . . akutoyapk.
BELETTE, n. rac. . . tépéap.
BELLE-FILLE, n. rac. pania.
BELLE-MÈRE, n. c. . okoapalua.
BELLE-SŒUR, n. rac. tçakia.
BÉNÉDICTION, n. v.. tçaymanépk.
BÉNÉVOLEMENT adv. unin.
BÉNIN, v. intr. . . . nakòyopk. = pilopiktoapk. = pidlapk- toapk.
BÉNI, ITE, v. intr. . . tçaymaotiné.
BÉNIR, v. tr . . . . . tçaymaopk. 1e pers.: tçaymotiñg'a. = — par l'imposition des mains : udjepk- toapk
BÉQUILLER une em- barcation, v. tr. . . potçikpayopk. 1e pers.: potçikpaypa.
BERCE (plante ombel- lifère). . . . . . . kpapligit.
BERCEAU, n. dér. . . apkluñeptàwn.
BERCER, v. tr. . . . . apkluñ-épata-tuapk.
BERCER (se), v. intr. nayañ-ag'iap-toapk.
BERNE, n. dér. . . . naluktapk.
BERNÉ, v. intr. . . . naluktapa.
BERNER, v. tr. plur.. nalukataptoat.
BÊTE. n. dér. . . . . ómayok.
BEURRER, v. tr. . . . nanuepkpa-tçidjap-toapk.
BIANDRE, v. intr. . . mallœpo-nulléapk.
BICHONNER (se), v. intr . . . . . . . tçavapkpéyoapk.
BIBLE, n. c. . . . . . Nunatchénéyam-kpaléuyapk.
BIEN, n. c. . . . . . . autkpadjiep-tçinañ-itoat.
BIEN, adj. . . . . . . mipkpoyoyopk.
BIEN, adv.. . . . . . nakoop-kluné. = nakoyò-mik. = ma- màptomik. = unuptup. = kpanok.
BIEN-AIMÉ, adj. v. . kpumigiyapa.
BIEN (être), v. intr. . nappayuapk.
BIENFAISANT, v.intr. pilopiktoapk. = katchapiktoapk.
BIEN FAIT (être), v. intr.. . . . . . . . tchénéokat.
BIENFAIT, n. v. . . . tçaymanepk.
BIEN PLUS, adv. . . kilu.
BIEN PORTANT, v.int. atçuiliyoapk.

3

BIENS (les), n. dér.. tçualuït.
BIENTOT, adv. . . . kṗanikòn. = kṗilla-mik.
BIÈRE, n. c. . . . . illuveṗ-vik.
BIFURCATION (de chemin). . . . . . . kṗaplivik. = — de rivière : kadjiaṗék. = aṗéaṗek.
BIFURQUER (se) v. imp. . . . . . . kṗalig'ik-toaṗk. = kadjiaṗektoaṗk. = aṗéaṗektoaṗk.
BIGAME, v. intr. . . mallœṗo-nulléaṗk.
BIGAME (ne pas être) v. intr. . . . . . mallœṗo-nulléaṗ-puñgnaṗk. =
BILLOT, n. c. . . . . iglu-kṗéyuk.
BIS, adv. . . . . . . mallœṗo-atoṗklûn.
BIS! adv. . . . . . . anakṗanàn !
BISCUIT, n. dér . . . akutoyaṗk.
BISE, n. rac.. . . . . aṗklé.
BITUME, n. rac . . . ân-gûn.
BIVOUAC, n. rac. . . iglu.
BLABUE A TABAC. . tila-màyok.
BLAMER, v. tr. . . . piñgwaṗtaṗégnituaṗk.
BLANC, adj. et v. intr. kṗawloṗtoṗk. = kṗagaṗtoṗk. = kakoktok (C.). = aṗûn-itoṗk (de neige). = — des yeux : kṗateṗneṗk. = — d'œuf: kṗatçeṗnœṗa. = homme — : añhòn-kṗagaṗtoṗk; plur., añhut-kṗagaṗtut.
BLANCS (les), n. dér. kṗabluñaṗk; plur., kṗablunéït. = kupṗelunet (C.). = kṗoléaṗ-kutçit. = tchublu-aṗaotit.
BLANCHI, adj. v. . . kṗikoleṗklupu.
BLANCHIR, v. tr. . . kṗikoleṗk-tçidjoaṗk.
BLASPHÈME, n. c. . innoneṗluk.
BLASPHÉMER, n. c.. inno-neṗluk-toaṗk. = ne pas — : inut-kṗituaṗk.
BLÊME, v. intr.. . . uviñgneṗtoṗk.
BLÉMIR, v. intr.. . . kṗakoïyoaṗk.
BLESSÉ, ÉE, v. intr.. kapiya (avec un couteau). = pitig'a (avec une arme à feu, une flèche).
BLESSER, v. tr.. . . kapiyaṗa. = pitig'aṗa.
BLESSER (se), v. intr. invol.: kileṗktoaṗk. = volont.: kapiyoaṗk.
BLESSURE, n. rac.. . killeṗk.
BLEU, v. intr . . . . tuguñ-yoṗtoṗk. = umik-bilik (C.).
BLINER, v. intr. . . . uliloktoaṗk. = kawk-tçidjoaṗk.
BLOCKHAUS, n. dér. kṗaléṗaṗk.
BLOUSE avec poil, (pelisson) . . . . étikay. = kapituaṗk. = — en peau passée en basane : aliktaṗk.
BOBINE, n. v.. . . . atoaṗtitaṗk.
BOCAGE, n. plur. . . uptçimayut. = nuamayu-atçat.
BŒUF MUSQUÉ, n. c. umin-màṗk. = mâle : pañgneṗkṗ. = femelle : kulavaṗk. = veau : noṗṗaṗk. plur.: umin-maït. = pañgnéït. = kulawaït. = noṗṗéït.
BOIRE, v. tr. . . . . imeṗk-toaṗk. = imeṗk-tchaṗtoaṗk : (onder). = — avec excès: kanivawtaṗân. = — tout : tamatkeṗkluṗ'imig'a.
BOIS (i. e. substance des arbres). . . . . kṗéyuk. = kayak (C.). = kaṗyuïk (C.)
BOIS (i. e. forêt). . . nappaṗtoṗk. = nappaneṗtat (épais). = kṗéyuk-uktoṗk (C.).
BOIS. . . . . . . . brûlé par un incendie : palleṗk; plur., paléït. = ipéaṗitaluk (dont il ne reste que la cime d'intacte). = — charrié par l'eau et flottant horizont. : tchiamotº (l'o final est à peine sensible). = nugloaṗk (qui flotte perpendicul.). = charrié par l'eau et gisant sur les grèves : kṗéguvik. =

= tçaneṗtat (entassés sur les rivages) = — clair-semé : nappaṗto-aluït. = — de chauffage, sec : ikineṗk. = aguneṗk (coupé de longueur). = — de charpente : iglu-kṗéyuk; plur., iglu-kṗéyuït. = — de corde : mitkṗoloṗatçat. = naṗépak-kṗéyuktçéït. = — décortiqué : ameṗ-eytoṗk. = — de renne, d'élan, de cerf : nagyuk: plur., nagyuït. = naggiu (C.). = — embouvetés, entés : kṗapañuktat. = — pourri : aunak (de n'importe quel arbre). = — qui sert à lancer la javeline : notçaṗk. = — qui sert à serrer les cordes du canot : iktoṗk. — — qui supporte l'appât des trappes : ayautaṗk. = — sain, sans nœuḍs : akœṗo-illuaṗtoṗk. = — tordu en spirale : amagdjiñ-ayoṗk.
BOISER, v. tr.. . . . kṗéyuktaṗtoaṗk.
BOITE, a. c.. . . . . tchuloootit. = — à tabac : matoṗaligaṗaluk.
BOITER, BOITEUX, v. intr.. . . . . . . . tutçipiktuaṗk.
BOMBÉ, adj. v. . . . peṗkṗokdjiñ-ayoaṗk.
BON, v. intr. . . . . anim : nakoyoaṗk. = neṗktchaṗtchaṗtṗk. = inan : ayuñitoṗk. = nakoyoṗk. = — au goût : mamaṗktoṗk, = nakṗaptçi-mamma. = — à l'odorat : tipiṗitoṗk.
BON! (c'est). . . . . pétçaukuni (C.) = taymana !
BON à rien; pas bon. neṗktchaṗk-tchuïtoṗk.
BON (faire) . . . . kigœli-itoṗk. = kigœli-iñaya. = tçavaṗeytoṗk.
BONACE, v. intr. . . tçilla-ṗiktiçdja.
BONASSE, v. intr.. . illuṗiya.
BOND, n. dér.. . . . miktçékaṗneṗk.
BONDIR, v. intr.. . . miñgaṗtçéṗéṗaṗtoaṗk (homme). = pañaliktoaṗk (animal).
BONHEUR, n. dér . . . kṗuvioṗkṗimaṗneṗk.
BON MATIN, BONNE HEURE [de], adv. . kṗilla-mik.
BONNET, n. rac. . . natçaṗk. = natçak (C.).
BORD. . . . . . . . d'une su face plane : avatik. = — d'un vase : kṗaṗklo. = — d'un vêtement : tchînik. = — de l'eau : kudjigum-avatik.
BORD A BORD, loc. adv.. . . . . . . tatutaṗkléṗet.
BORDÉ, v. intr. . . . tchini-liudjiaṗk.
BORDURE, n. rac. . . tchînik. = — en peau de renne : pokit. = — en peau de carcajou : tchinéaṗvek. = — de blague à tabac : puképa. = — du capuchon des femmes : iṗtçaṗk. = pitçitaṗota. = iteṗvéa : en poils de carcajou. = voir aussi : Bande.
BORGNE, v. intr. . . iglupéaṗtalik.
BOSQUET, n. plur.. . uptçimayut. = nuamayu-atçat.
BOSSE, n. c . . . . . pikpik-ulik.
BOSSU, v. intr. . . . kṗumañ-aṗtoaṗk. = kṗuñi-tchuïtoṗk.
BOSSUÉ, v. intr. . . katçaulaya. = iñiteṗtiteṗktaṗk.
BOSSUER, v. tr . . . katçaulayoaṗk.
BOTTES (européennes), n. c . . . . . . . . ikṗaṗ-klakin.
BOTTES (esquimaudes) ateṗkṗak; plur., ateṗkṗaït. = tchinéaṗvik; plur., tchinéaṗvit. = ippéṗautik

(C.). = apkwam-méopptòk (à larges plis).

BOTTE DE FOIN, n. plur........ kpaleptça-otit.

BOUCANE (fumée de boucanière).... itçipkp.

BOUCANÉ (exposé à la fumée de la boucanière)...... itçiptçip-tapk.

BOUCANER(soumettre à la fumée)..... itçipk-éupak-toapk.

BOUCANIÈRE (loge de peau pour fumer les viandes)...... itçapk. = son enveloppe : itçet.

BOUCHE, n. c..... umilœpok. = — de poisson : kapkloa.

BOUCHE (i. e. embouchure)...... paña.

BOUCHÉ, ÉE..... tchimnuaptopk.

BOUCHER, v. tr... avec un bouchon : tchimnik-toapk. = — avec une planche, une cheville : pipoloapk. = bouche-le! pipolo! = pipoléapté.

BOUCHER (se) les oreilles, v. intr... umik-toapk.

BOUCHERIE (i. e. lieu où l'on a dépecé un animal)...... aktop-vik.

BOUCHON, n. rac... tchimnua. = — de verre : illaminik-tchimnalik.

BOUCLE D'OREILLE, n. plur....... noplut.

BOUCLE DE RUBAN. kpilepktopk.

BOUCLIER, n. c.... talutapk.

BOUDER, v. intr... nipayloaptopk.

BOUE, n. rac..... mapak. = machak (C.).

BOUÉE, n. c..... puktalik.

BOUFFÉE...... de chaleur : kpautçeptopk. = — de fumée : puyomiyapk. = — de vent : ulayoyuapk.

BOUFFI (i. e. enflé), v. intr......... pupituapk.

BOUFFON, v. intr.. iglaoyaptçilig'a.

BOUGER, v. intr... iñépaptoapk.

BOUILLANT, v. intr.. yopâlaktok.

BOUILLIR, v. intr... yopatoapk.

BOUILLON, n. dér.. imépak.

BOUILLONNEMENT n. c......... tçinatçiapk.

BOULANGER, v. tr.. akutoya-léopk-toapk.

BOULE, n. c..... aggiktopk. = anmalœpotatçiapk. de neige : anmalopèktçapk.

BOULEAU, n. c.... kpeypolik, = uligiilepk. = écorce de — kpeypopk. = — pourri : uligiilepkaunepk.

BOULETTE (de viande). apktçéapk.

BOUQUIN de pipe, n. milu-kuvéa.

BOUQUET, n. c. plur. kpalepktça-otit. = — d'arbres, voir bosquet.

BOURDAINE (eleagnus argentea), n. c.... atçialik-(kpotìk).

BOURDON des mousses, n. c...... ig'utcièpk.

BOURDONNER, v. int. avœpalap-toapk. = (oreilles) : ovioyuapk.

BOURGEOIS (i. e. officier de la Cie de la baie d'Hudson)... kpatétçé (i. e. chef)

BOURGEON.. rac. n. ommapk. = — de saule (châton) : oppi-

patsa. = — de sapin : nappaptopkpap; plur., -kpat.

BOURGEONNER, v. intr........ nuïnéaptoapk.

BOURGUIGNONS ou Bordillons ( chaîne de glaçons amoncelés)........ maneylopk; plur., maneylot.

BOURRASQUE, n. c.. oñalep-kpayopk.

BOURRASSER, v. intr. ineptapéyoapk.

BOURRE, n. rac. plur. tçaveptat.

BOURRÉE (arme) v. intr. plur..... kautog'at.

BOURRER, v. tr.... kautuapk.

BOURRELET (végétal). piñ-iñgtik.

BOURRU, v. intr... tchuag'a.

BOURSE, u. c..... mitkpotek (en peau de saumon).

BOURSOUFLÉ, v. intr. pupituapk.

BOUSCULER, v. tr... ipkpayoapk.

BOUSE, n. rac.... anakp.

BOUSILLAGE (i. e. torchis)........ kpepneptopk.

BOUSILLÉ, ÉE, v. intr. tutûyopk. = tutòlepktapk.

BOUSILLER, v. tr... kpepneptopk-liyoapk.

BOUSSOLE, n. dér. .· kpaviaptoân (l'objet qui tourne sur lui-même).

BOUT, n. rac..... itçuk. = avatik. = — de lac : apéalik· = — de la terre : nunap-ikotçik. = — des arbres (cimes) : kappa; au bout : kappanè. = — des doigts : maonepk; plur., maoneït. = — du nez : kpavik. = — des raquettes (antérieur) : mayuminapk; (postérieur) : kiñunœpa.

BOUTEILLE, n. c... moppa-oyapk.

BOUTON, n. c.... poliatça, ≐ tûtaoyapk. = — de ceinture. tanépéap. = — en nacre : kpaolaptoaluk. = — en os, qui se trouve sur le canot : tapkpéïn.

BOUTON DES FLEURS n. rac....... ommapk (i. e. bourgeon).

BOUTON DU SEIN, n. c......... uyapaïnepk.

BOUTON (i.e. pustule), n. rac....... kigepk.

BOUTONNER. v. tr.. tutaoyap-tçitoïyoapk.

BOUTONNIÈRE, n. c. tutaoyati-nepk; plur., -neït. = naktivia. noplua (i e ouverture des oreilles). = puto (C.). (i. e. trou.)

BOYAU, n. rac.... epglo; plur., epgluït.

BRACELET, n. c.... talépapk. = tçiapaña. = — de métal : tchuñ-oyapt.

BRAI, n. rac.... ân-gûn.

BRAISE, n. rac.... auma. = — refroidie : auma-lènepk.

BRANCHE, S.... adhérentes : apitapk; plur., apitât. = — coupées : ka yak-tuhut (C.).

BRANCHIES, n. rac.

BRANLANT, TE, v. intr. matçi.

BRANLER, v. tr.... aulapkpèluktuapk.

BRANLER, v. intr. (passif)...... aulayepk-tçidjoapk.

BRANLER LA TÊTE, v. tr........ aulayaluktoapk,

BRAS, n. rac..... illékpètamaptoapk. tâlepk. = taïlek (C.). = sa partie su pér.: akka-atkok.

BRAS DE MER, n. c. ikapatçapk. = kañeçlùn.

BRAS-DESSUS BRAS-DESSOUS, loc. adv. pepnaméutuak.

BRASIER, n. c. . . . . ignep-pak.
BRASSE, n. c. . . . . itçañ-nepk.
BRASSÉ, ÉE, v. intr. akòtapk.
BRASSÉE, n. f. v. . . pernamektçimaya.
BRASSER, v. tr. . . . kautoptopkp. = avec les pieds : mau-yapk.
BRAVE, n. v. . . . . aktçut. = très-brave : aktçoptçoapk.
BRAVER, v. tr. . . . manéoptoapk.
BREDOUILLER, v. int. uvapepkpiyoapk.
BRELOQUES d'ivoire. uyamit-kpopk; plur, -kpot. = nigiyat. = aïtmakpotik-omnigiyat.
BRETELLES, n· c. pl. uyatchi-utit.
BRIBE, n. c. . . . . . yukànnepk; plur., yukànnœpèt.
BRILLANT, v. intr. . tapalia añepktçidjoapk.
BRILLER, v. int. . . . kpaumayoapk. = kéblapiktoapk,
BRIMBALE (bascule des lacets à lièvre).. maktçuktapk.
BRIN, n, c. . . . . . amìttoak.
BRISANT, n. c. . . . tagiàneptoapk·
BRISE, v. intr . . . anopè-poapk.
BRISÉ, ÉE, v. intr.. mékpeptçapta. = navikta.
BRISER, v. tr. . . . . du bois : kpipiyoapk. = — du fer : mé·kpeptçaptoapk. = — de la pierre : naviktoapk.
BRISER (se), v. intr. mékpeptçapa. = mékpeptçañ-itapa.
BROCHE à poissons. inidji-vik.
BROCHET (poisson). . tçiulepk. = tçiulik.
BRODÉ, BRODERIE, n. plur. . . . . . kpamép-otit.
BRODER, v. tr. . . . kpamep-toapk.
BROSSE, n. plur. . . tilakto-otit.
BROSSER, v. tr . . . tilaktoapk.
BROUETTE, n. v. . . tchénépotik.
BROUETTER, v. tr. . tchénép-toapk.
BROUILLARD, n. c. . taaptupk.
BROUILLER(se)v.intr. kpumigiñgnita.
BROUSSAILLES . . . oppik; plur., oppit.
BROUTER, v. tr.. . . aluktoapk.
BRU, n. rac. . . . . pania. = ma bru : panig'a.
BRUANT des neiges (emberiza nivalis) . amapoli-papk; plur., -kat. = — aux trois notes : kpénpu-tçapk; plur., -tçat.

BRUINE, v. intr . . . mikiyoatçiaptopk : (il s'en va petitement).
BRUIT (des pas) . . . ta (on entend). = — de l'eau : nipalepk.
BRULANT, TE, v. intr. utœpaña, = i. e. caustique : kidjaptoapk.
BRULÉ, ÉE, v. intr. . ignepta. = auma-lepta. = — par le soleil : kpépnep-tchilig'a. = — (arbre, forêt) : pallepk; plur., palléit.
BRULER, v. tr. . . . ikipkanœpa. = — (froid) : nutàyoapk.
BRULER, v. intr. (passif) . . . . . . . ig'oalopktoapk (feu). = igneptapk (objet enflammé).
BRULER (se) par le feu . . . . . . . oteptapk. = — par la gelée : kpèkpè-tapk. = otépa.
BRULOT (moustique). opkpé-payopk. = milluvéyak (C.).
BRULURE, n. v. . . . kpèkpè-nepk (du froid).
BRUME.. . . . . . taaptuk. = niptépa. = tapktégupa.
BRUMEUX, v. intr.. niptaïpa.
BRUN, BRUNI (être), v. intr. . . . . . . kpepneptchilig'a.
BRUSQUE, v. intr.. kpubluïtchapnitoapk.
BRUSQUER, v. tr.. ineptapéyoapk.
BRUTAL, v. intr. . . tchuag'a.
BRUYANT, v. intr. . tuavik-tuapk.
BRUYÈRE . . . . . . andromeda tetragona : iktçiulik (C.). = arbutus alpina : atçidjeït-kpotik. = arbutus uva ursi : kimninét-kpotik. = empetrum nigrum : pâonœpet-kpotik. = vaccinium uliginosum : okpoït-kpo·tik. = En retranchant le mot kpotik, qui signifie plante, on obtient le nom du fruit.
BUCHE, n. c. . . . . mitkpolo-patçepk; plur., -patçát.
BUCHER, v. tr. . . . tchiklap-toptoapk.
BUISSON, n. rac. . . oppik; plur., oppit.
BULLE D'AIR, n. rac. publapk.
BUSTE, n. dér. . . . tçivunepk,
BUTIN, n. c. plur. . . kpimapapktçét.
BUTTE, n. c. . . . . imné-apopk.
BUVABLE, v. intr. imépi-oyuapk,
BUVEUR, v. intr. . . imépuñ-miyoapk.

# C

ÇA, pron. dém. . . . una. = ana. = madja. = tamàna.
ÇA ET LA, loc. adv. ipklaptchimayut.
CABANE, n. rac. . . iglu; plur, igluït. = — esquimaude d'été : tçaypopk. = kpeïñgopk.
CABINETS. . . . . . anapvik.
CABRER (se), v. intr. manéoptoapk.
CABRIOLER, v. intr.. nimépalopkpiyaptoapk.
CACHALOT.. . . . . ulœpoapk.
CACHER, v. tr. . . . iyepktépéyoapk. = i. e. voiler : talun·mayoapk. = i. e. déposer en cache : iyepktoyoapk. = — ses pensées : niñ-apto.=—ses paroles : atçiñoptépéyoapk.
CACHER (se), v. réfl.. itçuaptçimayoapk. = itçuatoptoapk. = — le visage : taluyoapk ; avec les mains : matuyoapk . = — pour une embuscade : idjipodjidjoapk. = — (astres) : itçuatoptoapk. = — (animaux) : inop·kpiaptopk.

CACHET (à cacheter). nipidjidja-pon. = i. e. empreinte en cire : nipidjin.
CACHETÉ,ÉE v. intr. nipidjidjapk.
CACHETER, v. tr. . . nipititapk. = nipititapa (1e pers.).
CADAVRE, n. c. . . . illuvépkp. = timè-topkpuñ-ayopk.
CADEAU, n. dér. . . tunìkut.
CADET (fils) . . . . nutapa-paluk. = frère — : nayapot. = nukkan. = mon frère — : nukkapa.
CADRE, n. dér . . . avátchépon. = — qui surmonte les lampes esquim.: initatçat, n. plur.
CADRER, v. tr. . . . avatchœpo-tchuléova.
CADUC (être), v. intr. eypanitapk. = innut-koaptopk,
CAHIER, n. dér. . . . kpaléuyak.
CAHOTTÉ (être);v.intr. uniapktoapk.
CAHUTTE . . . . . itçapk. = — de neige : apun-iglu.
CAILLOU, n. rac. . . okpupapk. — kpaulopk : quartz compacte.=tchikoptchopk (pierre de lard): stéatite. = uyapkpat : marbre.

CAISSE, n. c. . . . . tçavik-topaƿk.
CALCULER, v. tr. . . kitçitçidjoaƿk.
CALE, n. rac. . . . . illoa. = à fond de — : illoa-mi.
CALEÇONS, n. dér. . illupàƿk : (vêtement de l'intérieur).
CALENDRIER, n. pl.. kiçitèt.
CALER, v. tr. . . . . kiviyoaƿk. = manuyaƿtoaƿk.
CALME, n. c. . . . . tçilla-ƿiktçig'a.
CALMER, v. tr. . . . illitchimañ-oyaïtuaƿk. = — un enfant : ineƿktiga. *1e pers.*, ineƿktigaƿma, gané.
CALMER (se), v. intr. utcheƿktuaƿk. (se dit aussi des éléments).
CALOMNIER, v. tr. . patçimanitoaƿk.
CALORIQUE, n. c.. . uyumépéaƿk. = uyumépéaƿktoaƿk : le calorique court, circule.
CAMAIL, n. c.. . . . olikƿitaƿk.
CAMARD (nez), adj. v. kƿavik-itoƿk : (le bout est absent).
CAMBRER (se), v. int. añotik-tçamayoaƿk.
CAMP, CAMPEMENT. igluli-oyaƿk, = — de voyage: en hiver : apun-iglu. = vieux — : tchénaƿiut.
CAMPER, v. tr. . . . tanmaƿk-toaƿk. = tupeƿk-toaƿk. = — deux fois au même lieu : tamnaƿteƿklopo. = mallœƿo-aƿtepklopo.
CAMPHRE, n. v.. . . néoƿmig'aƿk.
CANAL, n. c. . . . . ikàƿatçaƿk.
CANARD comm. (Anas crecca). . . . . . ivupaƿk ; plur., ivupeït. = — de France, mallard (anas boschas): tchoƿleƿk. = — d'automne (a. americana): kƿaƿk-tçavaƿ-aluk; plur., aluït. = — aux yeux d'or (a. clangula) mallœƿaƿk ; plur., mallœƿeït. = — à queue pointue, cancanwi (Harelda glacialis) : hàlig'eƿk. = — noir, esquimau (a. perspicillata) : tunœƿa-vik. = — eider (fuligula molissima) : tutéƿé-alik. = — à ventre blanc, sifleur (a. vallisneria) : ovi-ovi-aluk,
CANETON, n. c.. . . neƿlañeƿk ; plur., neƿlañit.
CANICULE.. . . . . onañayak.
CANIF, n. c.. . . . . piñokitoƿk.
CANINE (dent). . . . tolopéak. = aƿgléƿk-kénnéƿaƿk.
CANON (de fusil). . . toƿkloak.
CANOT.. . . . . . umiaƿak. = — esquimau : kƿayaƿk; plur., kƿayaït. = umiaƿaƿk.
CANTIQUE, n. dér. . atoƿòn; plur., atoƿklit.
CAOUTCHOUC. . . . nanón.
CAPOTE. . . . . . atigé. = attiyi (C.) = — blanche : kƿauloƿk. = — noire : atigi-maƿkƿaƿk.
CAPRICORNE. . . . . (lamia obsc.) : tuktuvak : caribou.
CAPSULE . . . . . . ánmaƿtaƿk; plur., ánmaƿtét.
CAPTIF (être), v. int. opkwaƿodjaƿk.
CAPUCHON, n. rac. . natçaƿk, = naak (C.). = nécak (B.).
CARCAJOU (gulo luscus). . . . . . . kƿavik. = kawik (C.).
CARESSE, n. v. . . . pataptchun. = — nez contre nez : kunik.
CARESSER, v. tr. . . tilag'a. = i. e. baiser : pataptcho-kaoƿk; *1e pers.*: -kaƿa.
CARIBOU ou Renne des bois (rangifer canadensis). . . . . . tuktuvak.
CARNASSIER, CARNIVORE. . . . . neƿkƿévik-toƿtoaƿk.
CARPE, n. c. . . . . alikiak (C.).
CARQUOIS, n. c.. . . pititçik-tak. = kayéƿok-puok (C.).
CARRÉ, n. c. . . . . ipkƿataƿalik. = eƿkƿèdjéƿalik.
CARREAU, rac. . . . akin.
CARREFOUR, rac. sec. kƿali-vik.
CARRIOLE (sorte de traîneau). . . . . inillak.

CARTES (à jouer). . . piñ-uyaon ; plur., piñ-uyaotit.
CARTILAGE, n. c... . kƿaƿopalog'a.
CARTON, n. c.. . . . ibiu-yoaƿk.
CASCADE, rac. sec. . kƿoƿlo-neƿk.
CASCATELLE, dimin. kƿoƿlonaƿaluk. = tigoyuaƿk (faite avec la rame).
CASQUETTE, n. rac.. même nom que capuchon.
CASSANT, adj. v. . . naviktçaƿa-itoƿk.
CASSÉ. ÈE, adj. v.. . nutitçimaoyaƿk. = fer — : naviktoaƿk. = corde — : kƿitoƿaƿktoƿk. = branche — : kƿipiya.
CASSEAU (plat d'écorce). . . . . . aymaƿk. = plat en racines tressées : ivik-ikƿćaƿiuk.
CASSER, v. tr . . . . naviktoaƿk.=mékƿeptçaƿ-toaƿk; *1e pers.*, -gaƿa. = des branches : kƿipiyoaƿk.
CASSER (se), v. intr.. mékƿeƿptçaƿa. = mékƿeptçañitaƿa. = — un membre : mékƿeƿptçagaƿ'a.
CASSE-TÊTE, n. c. . anàotaƿk.
CASSETTE (coffret). . esquimau: tchulootit. = tchuluƿatçiaƿk. = — européen : koƿƿok. = kéyoƿot
CASSIS (ribes floridum) kƿeƿneƿtut.
CASSURE, n. dér. . . nutitçimaneƿk.
CASTILLES (ribes rubrum). . . . . . . nappaƿtoƿaoyam-atçiyaña.
CASTOR, n. rac.. . . kigéaƿk. = kikidjiaƿk.
CATARACTE (malad. des yeux). . . . . milig'aƿk.
CATÉCHISER, v. tr. . naktçaƿ-toaƿk.
CATÉCHISME, n. dér. naktçaƿòn.
CATHOLIQUE.. . . . katolik.
CAUCHEMAR, n. dér. imhawmiyaƿòn.
CAUSER (i. e. parler). oƿaktoaƿk. = i. e. faire sans le vouloir : inmiƿu-aƿtoaƿk.
CAUSEUR (être), v. intr. . . . . . . . okƿatoyuaƿk.
CAUSTIQUE (i. e. brûlant), adj. . . . kidjaƿtoaƿk (se dit aussi du froid).
CAVE, n. dér. . . . kƿeyg-neƿk.
CAVERNE, CAVITÉ, n. c. . . . . . . . piñ-oƿtçaƿiuk.
CE, CET, CETTE, pron. dém. . . . . . . . oma. = una. = imna. = tamna. = omaoƿk. = oma-puña (inan.) = uva (inan.)
CÉANS, adv.. . . . . unân. = tamân. = ovânœmân.
CECI, pron. dém. . . maya. = madjia.
CE DONT, CE PAR QUOI.. . . . . . umiñ-ark. = tabiuñnua. = tamaƿ-mik.
CÉDER, v. tr. . . . . aƿotitaynaƿa.
CEINT, TE, adj, v.. . taptçilik.
CEINTURE, n. rac.. . taptçiƿk. = ikƿiyœyoak (C.),
CEINTURE du corps, rac. . . . . . . . kƿiteƿk. = nadjiak-kƿiteƿk.
CEINTURON, n. c... . taptçiamineƿk.
CELA, pron. dém. . . igna. = tava. = tamàna.
CELA NE FAIT RIEN ! loc. interj. . . . . . ami-unin !
CELA SEUL, loc. adv. una-kitçián.
CÉLÈBRE (être), v. idtr . . . . . . . aƿgliligané.
CÉLÉBRER, v. tr. . . aƿgli-liƿa; *1 pers.*, -liƿaƿa.
CÉLIBATAIRE, n. des deux genres . . . . wilœƿ'atchuk.
CELUI QUI, CELLE QUI . . . . . inuiñƿoƿ.
CELUI-CI, CELLE-CI, prsn, dém. . . . . oma. = tamna. = una.

CELUI-LA, CELLE-LA. . . . . . . . igna. = kɒébiuñma.
CE MATIN, loc. adv. . kɒaw-pàn. = (vers 10ʰ A. M.): kɒagva-umig'a.
CENDRE, n. rac. . . . aɒia.
CENT, adj. num . . . itchañgneɒkɒ.
CENTRE, n. rac. . . kɒéïtkɒa. = au —: kɒéykɒàu.
CE PAR QUOI, CE DONT . . . . . . uniñaɒk. = umiñg'a.
CEPENDANT, prép. . amik-amik.
CERCLE. . . . . . taptçiɒk; plur., taptçit.
CERCUEIL, n. c. . . illuveɒ-vik.
CÉROSITÉ des oreilles (glâme). . . . . . tçiɒtçik. = tçiutim-tçiɒtçiɒa.
CERTAIN, 'NE, adj. . . tamadja-oɒk.
CERTAINEMENT, adV. tamadja.
CERVEAU, CERVEL-LE, n. c. . . . . kɒaɒeytaɒk.
CES, pron. dém. . . itkoa (éloignés). = tava (rapprochés).
CESSER, v. intr. . . . tchuliktuaɒk. = — de parler : utçeɒ-kɒoya. = ichuma-inoɒmiɒa. = — d'être : taymaɒ-teyñaɒ-toaɒk. = cesse donc! taymàn! = — de pleurer : tçaymaɒén! imperat.
CE SOIR, loc. adv. . . unuɒ-pàn. = (à ôʰ P. M.): nukacharéaɒa.
C'EST AINSI, loc. adv. ahalè.
C'EST ASSEZ! loc. adv . . . . . . . taymàn! = namaktuña! = nuɒuñtoɒk!
C'EST BIEN! loc. adv. · taymana! = pétça-ukuni! (C.)
C'EST BON! loc. adv. . kɒanok!
C'EST DIFFÉRENT! loc. adv . . . . . àllami.
C'EST DIFFICILE, loc. adv . . . . . . . . nallunakuni! (C.).
C'EST ÉGAL! l. interj. ami-unin!
C'EST MA FAUTE, loc. adv . . . . . . . . inmɪpu-aɒnéaɒa!
C'EST POURQUOI, loc. conj. . . . . . . . umiñga. = umiñaɒk.
CET HOMME QUI, adj. indét. . . . . . . innuɒoɒkɒona.
CETTE TERRE. . . . nuna-mé. = manna-oɒk nuna.
CEUX-CI, CELLES-CI, pron. dém. . ▸ . . tava. = okkoa.
CEUX-LA, CELLES-LA, pron. dém. . . . itkoa.
CHACUN, CHACUN DES DEUX, CHA-CUN D'EUX. . . . . attunim.
CHAINE, n. pl. . . . kɒibiot. = wiwulépéït (en chaîne). = — de montagnes : éɒpet wiwulépéït. = — de glaçons : maneyloɒk wiwulé-péït.
CHAIR, n. rac. . . . uvinît. = — des animaux : neɒkɒè.
CHAISE, n. c. . . . . iktçiva-vik. = iktçimaoteɒk.
CHALE, n. c. . . . . tunu-ilitaɒk.
CHALEUR, n. rac. . . ònaɒk. = kidjiaɒéyok. = grande —, canicule : kidjiaɒtoɒk. = onaɒpalak. = — solaire : ònuaɒ. = patçiñ-ayoɒk.
CHALUMEAU, n. c. . toɒku-alik.
CHAMBRE, n. c . . . kɒéïñgoɒk : des cabanes esquim. = kɒa-ɒadjak. = iglu illuk-itoɒ.
CHAMPIGNON, n. c. . naɒtokɒaɒk. = — des arbres : anakɒ.
CHANCELER, v. intr. ayaɒaïyuaɒk.
CHANDELIER, n. c. . iglivéaɒk. = kullék (C.). i. e. lampe.
CHANDELLE, n. c. . . nénnéɒoaɒk. = ikkiyak (C.). = de glace : kutchuɒaɒk. = plur., kutchukat.
CHANGÉ, E, adj. . . kipùtit.

CHANGEANT, TE, adj. allañ-oyalaɒ-kɒètçadjoaɒk.
CHANGER (i. e. rem-placer l'un par l'au-tre), v. tr . . . . . kipuktatuat (se dit aussi des femmes). = le — de place : kipuɒitaɒtitak; de na-ture : inminûn-toɒtuaɒk.
CHANGER, v. intr. . . allañ-oɒtatoaɒk. = neɒkɒè-mini-ilañ-iyota. = — de caractère : nakooɒtoaɒk (en bien). = tchuïna-liyoaɒk (en mal). = — de visage : iɒkɒéyoaɒk. = — de place : kɒagvaluk. = kipuktuaɒk.
CHANSON, CHANT, n. dér. . . . . . . . atoɒòn; plur., atoɒkit. = mumektok (C.).
CHANTER, v. intr. . . atoɒtoaɒk. = otoɒomiktuaɒk : ne pas —. = piyiek (C.), idem. = — pour l'a-mour : imyeɒneɒktoaɒk. = — pour la guerre : uniyuaɒk. = — pour la jonglerie : tivœɒaɒ-tchimayoaɒk. = — pour les morts : atotçidjoaɒk.
CHAPEAU, n. c . . . kɒayviaɒ otilinatçiaɒk.
CHAPELET, d. plur. . . oyamitkɒot.
CHAPELLE, n. dér. . . atoɒ-vik.
CHAQUE, adj. ind. . . attunîm. = aniguï-néalugnaɒit.
CHAQUE FOIS, loc. adv . . . . . . . attunîm itaɒanè. = attunîm-itaɒluné. = kɒayaɒañ-ata. = kɒayaɒañàn.
CHAQUE JOUR, loc. adv . . . . . , . . attuni-kɒédjiuk. = ivœɒaɒaɒktoat. = aniguné-alugnaɒit ublut.
CHARBON, n. rac . . pào. = pàolión. = aɒiyéllinèk (C.). = — ardent : awma.
CHARBONNER, v. tr. miñ-uaɒtoaɒk.
CHARGÉ, ÉE (arme), adj. . . . . . . . imalik. = imaɒo-aɒtoɒk. = véhicule —: imalik. = personne —: kakkalik.
CHARGER, v. tr . . . kakkalik-toaɒk. = imaliktoaɒk.
CHARIOT de David, n. plur. . . . . . . . . aɒiaɒktçat. = petit — : tchivulik.
CHARITABLE (être), v. intr. . . . . . . ilopiktoaɒk. = katchapiktoaɒk.
CHARITÉ. . . . . . iloɒiññeɒk.
CHARMANT, TE, v. intr. . . . . . . . . kɒumigiyaɒa.
CHARNIÈRE, d. c. . . ipeɒkɒéɒkɒ.
CHARNU, UE, v. intr. pubiñ-oyuaɒk. = uvinik-toyuaɒk. = charnu et grand : neɒkɒavaɒtoaɒk.
CHAROGNE (animal tué par les loups). . amaɒkɒènœɒoyoaɒk.
CHARPENTIER, v. tr. iglulioɒtoaɒk.
CHARRETTE, n. c. . kɒamutik; plur., kɒamutéït.
CHAS. n. rac. . . . . iyaa.
CHASSER (i. e. pour-suivre) . . . . . . kɒineɒtoaɒk; 1ᵉ pers. futur, kɒineɒnéaɒa. = .i. e. congédier : anitkɒoɒéyoaɒk. = anuaɒtchuktuaɒk (par force). = i. e. faire fuir : akɒidjigilioɒklutoaɒk.
CHASSEUR, n. . v . . niɒkɒènè-kɒémiktoɒk. = pitiktaɒtoat. = iglu-mut téɒɒéyoat néɒkɒè-neɒk.
CHASSIEUX, ad. . . . iyaluktoaɒk.
CHASSIS, n. dér. . . ig'aleɒk. = — de glace : kɒeyleytit.
CHASTE, v. intr. . . tchuï-tchuï-tuaɒk.
CHATIER, v. tɪ . . . eɒlikuya. = — en frappant : tchuañ-nitoaɒk. = tchuaga.
CHATON DE SAULE. oɒɒiɒ-atça.
CHATOUILLER, v. tr. kwineɒtoaɒk.
CHATRÉ, adj. . . . . igiok-itoɒk.
CHAUD, adj. . . . . onaɒ-niktoaɒk. = utéɒaña. = avoir —

onaρk-aniktoaρk. = faire —: kidjiaρk-toρk.

CHAUD, n. rac. . . . ónaρk. = kidjaρéyok. = uûnakum (C.).
CHAUDIÈRE, n. c.. . utkutçiρaρ-pàk.
CHAUDRON, n. c.. . utkûtçiki. = kρataρk. = immo-éuyak (C.). = petit = : utkutçi-aluk. = utkutçiρ-atçiaρk. = awiyaρak (C.).
CHAUFFÉ, ÉE, adj. . patçika.
CHAUFFER, v. tr. . . auktçig'a. = talotçitoρtoaρk (du linge).
CHAUFFER ( soleil, feu), v. intr . . . . onaρ-tçilig'a.
CHAUFFER ( se ), v. autoρtoaρk.
CHAUSSÉ, v. intr.. . kawρalik. = kawkiaρtoρk.
CHAUSSÉE de castor, n. plur. . . . . . . tchimik-tootit.
CHAUSSER ( se ), v. intr. . . . . . . . adjoρtoaρk.
CHAUSSONS, n. rac.. aléρtik. = atûn; plur., atûtit.
CHAUVE, v. intr. . . mitkρo-ipayuk.
CHAUX, n. rac. . . . kρiko.
CHAVIRER, v. intr. . kin-uyoaρk.
CHEF, n. dér . . . . katûn. = kρatétçé. = tuneρk. = na-lég'ak.
CHEF (grand).. . . . kρatétçeρ-pak = innok-paluk. = innoρk-toyoρk.
CHEF (être), v. intr. . kρatétçé-oñyuaρk.
CHEMIN, n. dér.. . . apkρutçineρk. = ikikoatoaρk : (le long d'un cours d'eau). = — direct : apkρutçineρk nakeρktoρk. = — des rennes : kρotéρoρktoaρk. = — en pente : án-mûn apkρutçineρk. = — montueux : kρón-mún apkρutçineρk.
CHEMINÉE, n. rac.. . ig'a. = iρ'a.
CHEMINER, v. intr. . mitçipaρtoρk.
CHEMISE, n. c. . . . illupaρk· = uvinœpok. = illupak (C.). = — esquimaude : atigit. = ma —: atigitka.
CHENAL, n. c. . . . . ikéρatçaρk.
CHENIL, n. c. . . . . kρémiρρaït-iglua.
CHENILLE, n. rac. . . aoyuveρk.
CHER, adj. . . . . . améρaït-tuleρkρiyoaρk.
CHERCHER, v. tr.. . kρinaρtoρk. = ulaρiktoaρk. = — dedans : kρéneρktoaρk. = — le sentier : apkρu-tçineρk-tcheρtuaρk.
CHÉTIF, v. intr . . . okρiktoρk.
CHEVEU, EUX, CHE-VELURE. . . . . . nuyaρk; plur., nutçat (et c). = kρéyéρit. = — emmélés : matçoloρ-toat.
CHEVILLE. . . . . . kikeρtaρk. = kawkwaρk : des lacets à lièvre. = — du pied : kρaρmaρk.
CHÈVRE des Montagnes Rocheuses. . . imneρk; plur., imnéït.
CHEZ, prép . . . . . mi, = mut (avec mouvement).
CHIEN, n. rac.. . . kρeymeρk; plur., kρeymit. = kummék. )C.). = petit — : kρeymé-aρiok°.
CHIEN DU FUSIL.. . talleρk.
CHIEN DE MER (phoque). . . . . . . kρatçigéaρk
CHIENDENT . . . . mitkρolineρk.
CHIFFON.. . . . . . eρkρauyaρktoaρk.
CHIFFONNÉ, ÉE v. intr . . . . . . . imuñ-aρtoaρk. = imuloρkρatçéït.
CHIFFONNER, v. tr.. imutçaya.
CHIFFRE, n. rac. . . kitçeρk; plur., kitçit.
CHIGNON, n.. c . . . kρali-kρavi-oyaρk. = klika-miunik.
CHIQUENAUDE, n. dér . . . . . . . mitiglirâwn. = donner des —: mitiglipa-yoaρk,

CHIQUER.. . . . . . tamuρatchidjaρtoρk.
CHOISIR, v. tr. . . . kρémilœρèaρtoaρk.
CHOMER, v. intr. . . tchuliktuaρk.
CHOSE, n· rac. . . . tçuatçiaρk.
CHOUETTE, n. c. . . ikρé-aρiuk.
CHRÉTIEN. . . . . . J.-C.-uyaρk. = Kρist-uyaρk.
CHRYSOMÈLE (insecte coléoptère). . . . . oρviññaρk.
CHUCHOTER, v. intr. itçibiuktoaρk.
CHUT ! interj. . . . . ta! tutchâyok!
CHUT PAIX ! interj. . tayma ! nipaρnak !
CHUTE D'EAU, n. c.. kρoρlò-neρk. = petite —: kρolonáρaluk.
CHUTE des feuilles. . iyukaρktoaρk.
CHUTE DU JOUR, n. c. taktuvân-agtçiρ'a.
CI, adv. de lieu.. . . tamàn. = ovànœmán.
CI-APRÈS, loc. adv. . kiñuléa.
CIBOULETTE SAU-VAGE. . . . . . eρnálik-ivik; plur.. -ivit.
CICATRICE, n. rac. . killeρk; plur, killit.
CIEL, n. rac. . . . . kρeylaρk. = kaillék (C.). = — clair. pur : kiloρut. = — couvert : talipok, = kiyéwut.
CIL, S, nr rac . . . . tçiρkpik; plur, tçiρkpit.
CIME, n. rac. . . . . kaρρa. = à la — : kaρρân.
CIMETIÈRE, n. plur.. illuvœρèt-nuamayut.
CINQ, ad,. num. . . . tallémet, = tallimâti. = tallimat (C.).
CINQUANTE, adj. n. adjigaynaρ-mitoat.
CINTRE, n. rac. . . . kayviaρk.
CIRCONFÉRENCE, n. rac.. . . . . . . . âvata.
CIRCULER, v. intr. . iñgilœρayoaρk. = — (sang) : piiyoaρk.
CIRE D'ESPAGNE . . nipititàwn. = nipitîtœρon.
CISEAU, n. dér . . . kibilàn.
CISEAUX, n. dér. . . kiρutik. = tchukîn. = tchutikîn. = kikρiautit (C.). = petits — : unmia-otik. = pudjoyaρk.
CLAIR, RE, adj. v. . kρawmaρtoρk. = kρawmaρèatçiaρk.
CLAIR DE LUNE, n.c. tatkρama-ubluρk (jour de lune).
CLAIR DE LUNE (faire) v. impers. . . . . . kρawma-tçidjoaρk.
CLAIRIÈRE, n. dér. . añgma-neρk.
CLAIR-SEMÉ, adj. pl. nappaρto-aluït (arbres). = tamaktçi-djoat (objets).
CLANCHE, n. dér.. . kρaktchutàwn.
CLAPOTEMENT, n. v. iglukitaoyaρnik.
CLAPOTER, v. impers. iglukitaoyaρk.
CLARINETTE, n. rac. nipçawt.
CLAVICULE, n. rac.. kρotok; plur, kρotut.
CLEF, n. rac. . . . . kρiρok. = kρiρûn. = añéρchîn. = uku-nœρot (C.).
CLIGNER, v. intr. . . tchikubiaktoaρk. = iyinmiktoaρk.
CLIGNOTER, v. intr. . kρablèlayoaρk.
CLISSE DE PIROGUE, n. c. . . . . . . . chianœρaρk; plur., chianœρèt.
CLOCHE, n. c.. . . . avilœρaρpàk.
CLOCHER, n. c . . . kρaléρaρk.
CLOCHETTE, n. dér. . aviloρàwn.
CLOISON, n. c. . . . añgmanak; plur., añgmanœρèt.
CLOS, u. plur.. . . . pañat.
CLOTURE, n. plur. . adiguliktèt.
CLOU, n. rac . . . . kikkéaρk; plur., kikkéït. = i. e. furoncle : tçoρρok.
CLOUÉ, ÉE, v. intr.. kaçaktoaρk. = kρatchaρtoρtaρk.
CLOUER, v. tr. . . . kρachaktòaρk. = kikkéaktoaρk.
CŒCUM, n. rac.. . . igvi.
CŒUR, n. rac.. . . . omàn. = mon —: omanna. = à contre —: omañ-uyaρtoaρk. = de tout mon —: omam-nik.

CŒUR DE L'HIVER. . kavialaɒk.
COFFRE, n. rac . . . koɒpok. = kéyoɒot (C.). = tchulootit =
— *esquimau* : tchuluɒatçiaɒk.
COGNER, v. tr. . . . . aptçañayak.
COIFFE (i. e. capuchon
de femme) . . . . . uñéaɒtaɒk.
COIFFER, v. t.i. . . . natçag'a. = *i. e. peigner* : illaïg'a.
COIFFER (se), v. intr. natçaɒktoaɒk. = naaktok (C.) = *i. e. se peigner* : illeɒtoaɒk.
COIN, n. rac. . . . . killuk. = — *de l'œil* : kipaloaɒk.
COL, COLLET, n. rac. tchìni.
COLÈRE (être), v. intr. oɒolᵒyuaɒk.
COLÈRE (être en), v.
intr. . . . . . . . ninakptoɒk. = gadlaɒpoɒk. = tchukaɒk-
tioɒk. = eɒkɒètchulimayoaɒk.
COLÈRE (la), n. v. . . oɒolôneɒk.
COLLE, n. c. . . . . nipititœɒòn. = nipititâwn.
COLLÉ, ÉE, v. intr. . killuɒikiɒk. = killuɒiktçidjoɒk.
COLLÈGUE, n. c. . . tuppeɒ-kat.
COLLER, v. tr. . . . nipiti-tçidjoɒk.
COLLIER, n. c. . . . oɒɒatkɒey. = néaɒkotit. = nigaɒtoaɒk. =
— *de chien* : ipeɒktaɒk. = — *servant à porter les fardeaux* : uniutaɒk.
COLLINE, n. c. . . . kɒeymeɒ-pak. = — *riveraine* : kɒéymi-
ɒaɒk.
COLORIS, ou incarnat
du visage . . . . . awk-tchaaɒktoaɒk.
COMBAT, n. dér. . . akéɒàwn.
COMBATTANT, n. v. . akéɒaodjoaɒk ; *plur.*, akéɒaodjoat.
COMBATTRE, v. tr. . akéɒaptᵒyoaɒk.
COMBIEN ? adv. . . . kraptçi-nik ? = — *de fois?* kraptçi-atoɒ-
kluné ? = — *de jours?* kɒaptçinik ublu-
nik ? = — *de nuits?* tchinuktintçalik?
= — *de temps?* akùnit?
COMBLE, n. . c . . . kaviñ-uyalik.
COMESTIBLE, n. v. . néɒɒèyaoyuaɒk.
COMIQUE, v. intr . . iglaoyaɒtçilig a.
COMMANDEMENT, n.
v. . . . . . . . . . tilliniùn. = kibugaɒòn. = okkɒakàwn.
COMMANDER, v. tr. . okkɒa-kak, kaya, kakin. = kibugœɒé-
yuaɒk. yakin. = — *d'aller* : ipeɒkɒo•
yaɒk.
COMME, conj. (signif.
ainsi) . . . . . . taymana. = imanna. = taymuña-mun.
= taɒçotunak.
COMME (sign. tel que). kɒawna, = iklaɒkɒova. = *v. g. c'est comme du sang* : awk iklaɒkɒova.
*en compos.* : uyaɒk. = uya (*finals*).
COMME (sign. d'après). tayma-illibluɒ.
COMME. . . . . . *de coutume* : illaleɒklunè. = — *il faut* : iñunak.
CONMENCEMENT, n.
rac. . . . . . . . avatik.
COMMENCEMENT (au)
loc. adv. . . . . . alɒanè. = áko. = akug'u.
COMMENCER, v. t. . . pitçamag'a. = — *d'être* : pitçamaɒni-
toaɒk. = — *à marcher* : pitchukɒa•
leɒktoaɒk.
COMMENT ? adv. . . . *i. e. de quelle manière?* naw-kut ? =
naw-naw ? = kɒano-kɒano ? = una-
una ? = *i.e. par quel moyen?* tchu-mik ?
= — *s'appelle-t-il?* naw-naw atkɒa?
(*anim.*). = una-una tchuna? (*inan.*).
= — *t'appeles-tu?* naw-naw atkɒèn?
= ilbil una? (C.)
COMMERÇANT, n. v. kiɒuktoak.
COMMERCER, v. intr. kiɒuktçimayoaɒk
COMMETTRE, v. intr. tçuléaɒoaɒtoaɒk.

COMMIS (i. e. employé) kɒatétçé-mikiyoɒk.
COMMIS, adj. v . . . tchénéyoak.
COMMISSURES des
doigts . . . . . . tapiñ-anuéït.
COMMODE, v. impers. tçavaɒ-eytoɒk. = kigœli-itoɒk. = kigœli-
iñaya.
COMMUN (i. e. ordi-
naire). . . . . . . illa-lik.
COMMUNÉMENT, adv. illa-illa-illo.
COMMUNIANT, adj. v. tamuɒutaoɒk.
COMMUNIER (se dit
des fidèles), v. intr.. tamuɒutaoɒk, taña, tàn ; tamuɒàwn !
COMMUNIER (se dit
du prêtre), v. tr«. . okɒumigitaoɒk, taɒa, taɒktin.
COMMUNION, n. v. . tamuɒeɒneɒk.
COMPACTE, adj. . . . ulameɒtoɒk.
COMPAGNON, n. plur. iglom-okat. = tuppeɒ-kat. = — *de voyage* : ingakèt. = ingiaɒkatek.
COMPAS, n. dér. . . . iyauyaɒktçin.
COMPATRIOTE. . . . nunaɒ-kat.
COMPLET, adj. . . . aula-itoɒk.
COMPLÉTER, v. tr. . . aula-itu-liyuaɒk.
COMPRENDRE, v. int. *i. e. entendre* : tutchâyok. = *i. e. conce-
voir* : tutchaoyoaɒk, yoa.
COMPRIMÉ, ÉE, adj. v. patig'a.
COMPRIMER, v. tr. . . patiññitoaɒk. = — *en acculant* : tinoɒaɒ-
nitoaɒk.
COMPTE, n. plur. . . kitçit.
COMPTER, v. tr. . . kitçi-tçidjoaɒk.
CONCAVE. adj. . . . avati-lik.
CONCÉDÉ, ÉE, adj. v. aɒoyak.
CONCÉDER, v. tr. . . aɒotitaynaɒ'a.
CONCENTRIQUE, adj. iɒna-alik.
CONCERNANT, prép. taykàn. = akkianè.
CONCEVOIR, v. tr . . nadjitaɒktoaɒk. = nayitaɒktoaɒk. = *i. e. comprendre* : tutchaoyoaɒk, yoa.
CONCITOYEN. . . . . nunaɒ-kat.
CONÇU, UE, adj. v. . nadjitaɒk.
CONCUBINE, n. v. . . uniñaɒtoaɒk.
CONDUIRE, v. tr. . . naktçaɒaya. = akçutçioɒtitçiyoɒk. = — *à l'aide d'une corde* : tachikoaɒia. = — *les chiens, un traîneau* : tchuañgna-
luktoaɒk.
CONFESSER, v. tr.. . nalaktoaɒk. = inmiɒuaɒktuaɒk : (*i. e. avouer*).
CONFESSER ( se ) v.
réfl . . . . . . . . tchuineɒkɒitayiliyoaɒk. = tchuïnaoyoat
igitupit.
CONFESSION, n. v. . inmiɒuaññeɒk. = tchuïneɒ kɒitayiliyanè.
CONFIRMATION, n.v. naɒuñgneɒk.
CONFIRMÉ, adj. v. . nanukig'a.
CONFLUENT, n. rac.. katçaɒk.
CONFONDRE (les), v. naluyañaktçak tchimayoaɒk. = *i. e. ren-
dre confus* : unuïliyaɒa, yaɒma, yaɒ•
kin.
CONFONDU, US, adj.
v. . . . . . . . . naluyañaktçak tchimaya.
CONFONDU, CONFUS,
v. intr. . . . . . . inuïliyuaɒk.
CONGÉDIER, v. tr . . aulakɒotçidjoaɒk. = — *du geste* : kéataɒ•
toyoaɒk.
CONGELÉ, ÉE, adj. v. kɒè-kɒè itoɒk.
CONJOINTEMENT,
adv . . . . . . . ilagœlun. = *en compos.* : mik. = mnik.
nimik.
CONJURER (i. e. sup-
plier. . . . . . . éɒɒéniyoaɒk.
CONJUREUR, n. dér.. añɒékok.

CONNAITRE, v. tr. . illitchimayoapk, yapa *et* yatka : *1^e pers.*
= — *par soi-même :* tçatkaklépéyéït.
= — *par des on-dit :* illitchimayaït.
= — *tout :* naluñitéït.

CONNAITRE (se), v.
intr. . . . . . . illitchimayoapk, yoami : *1^e pers.*
CONSÉCUTIVEMENT,
adv . . . . . . . tçivuliklopo.
CONSIDÉRABLE, adj.
c. . . . . . . . . añéyoap-påk.
CONSIDÉRABLEMENT
adv . . . . . . . aklopkàn.
CONSIDÉRER, v. tr. . kpuwepkpiyoapk.
CONSOLÉ, ÉE, v int. tchaymatoapk.
CONSOLER, v. tr. . . *un affligé :* tçaymaktçaga. = — *un enfant :* inepktiga, gapma, gané.
CONSOLER (se),v.réfl. inminina tçaymapktoapk.
CONSTAMMENT, adv. tçoko.
CONSTIPATION, n. v. ana-yuïlùn.
CONSTIPÉ, v. intr. . ana-yuï-toapk.
CONSTRUIRE, v. tr. . igluliyoapk.
CONSUBSTANTIEL,v.
intr. . . . . . . . innok-atapotçipk mallœpoñ-optapk.
CONSUBSTANTIELLE-
MENT, adv . . . . illaminik.
CONTAGIEUX, adj. v. tapodjidjoapk.
CONTAGION, n. dér.. tapodjin.
CONTE, n. dér. . . . kipuktàwn.
CONTEMPLER, v. tr.. kponnéaptoapk.
CONTENANT, n. c. . imà.lœpik; *plur.,* imàlœpit.
CONTENIR. v. intr. . imàlœpéktoapk. = — *par sa présence :* agliyoapk. = tànepktoyuapk.
CONTENT, v. intr.. . popepktoapk. = piopiyopk. = kpuviay.tçuktoapk. = kùnayanakuni (C.). = — *de quelqu'un :* umiñga popepktoapk.
CONTENTER, v. tr. . popepktuliyap'a.
CONTENTER (se), v.
intr. . . . . . . popepktuliyoapk.
CONTER, v. tr. . . kipuktaptoapk.
CONTINENT, v. intr.. inuñ-una-ituapk. = tchuï-tchuïktuapk.
CONTINUELLEMENT,
adv . . . . . . . anigodjaptoat.
CONTRADICTEUR
CONTREDIRE, v. tr. tçanepkpaniktoapk. = tayma-tçilioptéilig'a.
CONTRAINDRE, v. tr. àmanago.
CONTRAIREMENT
adv . . . . . . . tçanepkpapa. = *i. e. à l'encontre l'un de l'autre :* padjépodjiuk.
CONTRE, prép. (marquant opposition). . tçanepkpapa.
CONTRE (avec mouvement).. . . . . . adjigo-mùn. = adjigopkpamùn. = adji gop-kumùn. = — *le cours des astres :* illupa-mùn. = — *le courant :* tçapva adjigopkumùn tçakat. = *l'un — l'autre :* padjœpo. = kuñg-uyuk.
CONTRE ( marquant proximité). . . . tçanéa-né. = tçanéa-nùn. — *le feu :* ignépum tçanéa-nùn.
CONTRE-CŒUR (à),
loc. adv . . . . . amañuyaptoapk.
CONTRÉE. n. rac. . . nuna.
CONTREPOIL (à), loc.
adv.. . . . . . . ipa.
CONTRIT, v. intr. . . kpiggluktoapk.
CONTRITION, n. v. . kpigluñnepk.
CONTUS, SE, adj. v.. tuñoyopk.

CONVERGENT, TE,
adj. v . . . . . . kuniktitepk-tapk; *plur.,* -tat.
CONVERGER, v. intr. kuniktitepktoapk.
CONVEXE, adj. c.. . ipkpèdjép-alik.
COPEAU, n. dér. . . *de hache :* olimapk; *plur.,* olimaït. = tchiklap-topnœpèt. = tukiñayop-topnœpèt. = – *de varlope :* tçavit. = — *très-menus servant de bourre :* tçavi.lit. = killikaït.
COPIER, v. tr.. . . . igiyaptçidjoapk. = mallœpotçidjoapk.
COQ DE BRUYÈRE. . *tetrao phasianellus :* tatidjipapk. = *lagopus americanus :* kañepk (*celle qui s'enfonce*). = akadjiek (C.). = apkpé.djigepk ; *plur.,* apkpédjilit. = *lagopus salicensis seu albus :* tutépéalik.
COQUE de barque, de
navire. . . . . . natkpo.
COQUILLE bivalve, n.
plur . . . . . . . uwillow. = kukupk-tiput.
COQUILLE univalve,
n. c.. . . . . . . tchiutépopk. = *dentalium :* patçipk; *plur..* papkpèt.
COQUILLE d'œuf, n. c. tçawnapk-toyopk.
CORBEAU . . . . . tulupapk; *plur.,* tulukpèt.
CORDE, n, rac.. . . aklunapk. = — *de l'arc :* nupakta. = — *qui renforce l'arc :* pilpaña. = — *de lanière :* nuyapk.
CORDEAU de pêche,
de touée.. . . . . ukémàwn.
CORDE DE BOIS, n.
plur.. . . . . . . kpalépéït.
CORDER, v. tr.. . . . n uatépéyoapk.
CORDON, n. c.. . . . uyamiyuta. = uyamiyutepk. = uyamit.kpon. = — *des raquettes :* tchiñipk. = — *des souliers* kpélépotit.
CORNE, n. rac. . . . nagiuk; *plur.,* napiuït. = naggiu (C.). = nakdjiuk. (*se dit aussi pour poire à poudre*). = — *qui termine les pointes du kpayak :* niotapk.
CORNÉE, n. dér. . . . kpatepnepk.
CORNIÈRE, n. rac.. . itçuk.
CORNU, adj. dér. . . nakdjiulik.
CORONAL, (os), n. c.. kpaguptçaunépa. = kpablunapk. = *de là le nom donné aux Européens.* kpablunét, *ceux qui sont couronnés, qui portent une sorte de couronne (chapeau).*
CORPS, n. rac.. . . . timè. = tçaonepk. = mimepnèt. = — *sans tête :* katipapk.
CORPULENT, v. intr. puvalayuapk.
CORRIDOR, n. c. plur. kpanitat.
CORRIGER, v. tr... . cplikuya. = — *en frappant* ; tchuag'a.
CORROMPRE, v. tr. . kuyuliyoapk.
CORROMPRE (se), v.
intr. . . . . . . . manepk (*nom d'homme*).
CORROMPU, UE, adj.
v. . . . . . . . . aunektoapk.
COTE, COTEAU, n. c. *à pic :* kpéymipk. = — *sablonneuse :* piñoptçapiopk. = — *riveraine ;* kpey.nipapk. = — *en talus rapide :* imnapk. = *accore :* ikapgopk; *plur.,* ikapgoput.
COTE, COTELETTE, n.
c. . . . . . . . . tulimapk; *plur.,* tulimàti.
COTE rivage). . . . tçik-tçapk.
COTE A COTE, loc. ad. tatutapklépèt. = akélœpéklutik.
COTÉ, n. rac. . . . . *inan.:* avatik. = illa. = *anim.: voir* Côte. = *à* — : tçanig-mut. = tçanéa. = tçanigna. = *de* — : tçanigmùn.

5

COTON, n. c. . . . . . paléït.

COU, n. c. . . . . . . kpuñ-itçipk (se dit aussi des animaux).

COUARD, v. intr.. . . alañtapk. = epktçiyoapk.

COUCHANT, n. c. . . uavap-nepk.

COUCHER, n. v. . . . nulidjûn. =tchiniktoapk. =— du soleil: nipiyopk. = — de la lune : unukpok (C.).

COUCHER (se), astres. nipiyoapk. = illauyak nuyunakuni (C.).

COUCHER (se), v. intr. tchiniktoapk. = — sur le dos : nivœpalapktopk. = nivœpalapklunè tchiniktoapk. = sur le ventre : patçapktopk. = patçapklunè tchiniktoapk. =— sur le côté : ignaptopk. = — jambes allongées : tchitomipk. =— à l'étroit : tatiyoapk. = — jambes recoquillées : imublonè tchiniktoapk.

COUDE, n. rac. . . . ikotçik. = ikkuïk (C.).

COU-DE-PIED, n. c. . achepnepk.=tçiñepnœpèk.= tçinañgna.

COUDRE, v. tr . . . mipkpopktopk. = miptçoptuapk.

COULÉE, (petit vallon avec ruisseau) . . . kûp-nina.

COULER (eau, rivière), v. intr. . . . . . . iñgilœpayoapk. = immepkoktoapk.

COULER BAS (navire). . . . . . . auloyoapk.

COULEUR, n. v. . . akunépep-koptchop-paluk.

COULOIR, n. plur. . . kpanitat.

COUP, n. dér . . . . de bâton : anakon. = — de dent : kig'a. = — de feu : pitçika. = ikokpolatuaktok (C.). = — de pied : apkpòn. = — de poing : tiglòn.

COUPÉ, ÉE, adj. v. . en tranchant : pilakto. = — en frappant : anaoyopk. = — aux ciseaux : pudjuoyaptoptuapk.=—en morceaux: kpipiya.

COUPER, v. tr. . . . en tranchant : kikteptoapk. = — en taillant : tçavi-oyapk-toapk. = — en frappant : anaoyapk. = anaoleptoapk. = — en sciant : pilapktoapk. = — avec des ciseaux : puyuyak. = — en déchirant avec les mains : alikatàpktopk. = — avec la hache : kiblânœpèt. = — avec les dents : tamoapk, mopa. = — en morceaux : kpipiyoapk (se dit aussi de la coupe des cheveux). = — en deux : napiyopk.

COUPER, v. tr. figur. un chemin (i. e. le traverser) nabiapotçig'a (et un cours d'eau, à pied). =— un cours d'eau, en canot : napiyopk.

COUPLE, n. plur. . . mallœpoït.

COUPON, n. rac. . . . tchika.

COUPURE, n. rac. . . aloapk. = pilapk.

COUR, n. rac. . . . . pê.

COURAGE, n. v. . . alayuïnepk.

COURAGEUX, v. intr. alopeytuapk. = alayuïtuapk

COURANT, n. rac. . . tçapvapk. =— fort, rapide : aktçapnepk. = itepktçapnepk. = — marin : iñépapnepk.

COURBE , adj. . . . . inan. apoñayoapk. =amapiuk : (ligne, C).

COURBÉ, ÉE, adj . . anim.: tchikipkag'a. = inan.: pépéñayopk.

COURBE (i. e. membrure d'embarcation) titepk; plur., titpit.

COURBER, v. tr. . . . tchikipkaptig'a. =— la tête : tchikiyopk.

COURBER (se), v. intr. okoyuapk.

COURIR, v. intr. . . . mitçipaptoapk. = apkpalaaptoapk. = akpañepktoapk (se dit aussi des animaux).

COURIR (feu), v. impers. . . . . . . . aulatchimayoapk.

COURONNE, n. c. . . kpiñapktapk.

COURONNER, v. tr. . natçag'a.

COURONNER (se), v. intr. . . . . . . . . natçapktoapk.

COURROIE, n. c.. . . uniutapk.

COURS D'EAU, n. rac. kupk. = kuuk (C.).

COURT, adj. v. . . . . naïtopk (inan.). = naïtuapk (anim.).

COUSIN ou maringouin n. c. . . . . . . . . kpiktopéapk ; plur., kpiktopéaït. = kiktowéyak (C.).

COUSIN (nom de parenté), n. rac.. . . êpnak. = mon — : epnatka. = plur.. uyupualuk.

COUSINE, n. rac. . . panik. = ma —: panitka.

COUSSIN, n. rac.. . . akin.

COUSU, UE, adj. v . . mikpopkta.

COUTEAU, n, c. . . . esquimau : tçavik. = igluktoolik. = tçavipatçiapk. = — crochu : tçénén. = anelpot (C.). = — de chasse : papiñgnapk. = — de femme : ulualuk. = — de travail : tçavipòn. = — de table : néppén. = ignipitualik. = — de poche ou fermant : tçavépaluk. = nabayapk. titayapk.

COUTURE, n. rac. . . killuk ; plur., killuït (et C.) (se dit aussi des coutures des canots, barques, etc.)·

COUVERCLE, n. v.. . matopapk. = népoméap-vik. = — de chaudron : éukkuak (C.). = — de pipe : millik (C.).

COUVERT, TE, v. intr. animé : ulilik. = tête — : natçapalik. = inan. : matoyopk. = taluyopk.

COUVERTURE, n. rac. ulik. = olik. = — de laine rayée : ulikkpupitçapk. = ulik-aktak (C.) =— de livre : kpépétapotik. = i. e. toiture : nappaptum-amépaït.

COUVRIR, v. tr. . . . quelqu'un : ulig'a. = — un vase : matopaptoapk. = — plusieurs vases : matopaptoéït.

COUVRIR (se), v. intr. uliktoapk. = — la tête : natçaptoapk. = — du bouclier : talutcheptoptuapk.

COUVRIR (se), temps, ciel, v. impers. . . nuvu-yalepktoapk.

CRACHAT, n. rac. . . nuvapk.

CRACHER, v. intr. . . kpìtchépéapktoapk, péapa.

CRACHOIR, n. v. . . nuvapkuvik.

CRAIE, n. c. . . . . . tchik-optchok.

CRAINDRE, v. tr. . . opktçidjopk. = alapktatoapk. v. g. de parler.

CRAINTIF, VE, v. intr. alañtapk.

CRAINTIVEMENT adv. uliklùn.

CRAMPE (avoir la), v. intr. . . . . . . . . kpaloyiyoapk.

CRAN, n. dér. . . . . titœpapk.

CRANE, n. c. . . . . kpapéktapk.

CRASSE, n. rac. . . . tutupk. = tutuk. =— de pipe : ipkpopk. = — de lame : kpaylénepk.

CRASSEUX,SE,v. intr. totòyot.

CRAVATE, n. dér. . . kpumitçipòn.

CRAYON, n. dér. . . nakatçiup. = ikképàwt (C.).

CRÉATEUR, n. c. . . Nuna-tchénéya.

CRÉATION, n. v. . . . nunamik-tchénéyoapk.

CRÈCHE, n. c. . . . . allugvik.

CRÉDULE, v. intr. . . tamaïta añepktokatka.

CRÉER, v. tr. . . . . tchumaynapmig'a. = kadjunapk nimiktchénéyoapk. = kpanoppilaoppa.

CRÉMAILLÈRE, n. c.. naktitapk.
CRÉMAILLON, n. c.. kpapéapk; *plur.*, kpapitçat.
CRÊPE, n. c..... akutoyapk.
CRÉPUSCULE, n. rac. ublapk.
CRESSON (draba alpina)....... pépoptopk.
CRETON de la graisse, n. c........ tçakpaluk.
CREUSER, v. tr... killik-tuapk.
CREUX, SE, adj. v... itiyopk. = ititçiyopk.
CREUX, n. c..... *de la main* : itimak. = — *de l'estomac* nédjiék.
CREVASSE, n. c.... kpumnepk.
CREVER, v. tr..... tuvaptoapk.
CREVER (se), v. intr. kpapktopk *(vessie).* = pakapktoapk *(fusil).*
CREVETTE, n. c.... naul'apnapk *(femme de mouette).*
CRI, n. dér...... kokpo-apòn.
CRIBLE, n. c..... inœpaptoapk.
CRIER, v. intr. ... kokpoaptopk. = eppéaloaptoapk.
CRIN, n. rac..... mitkpok.
CRIQUE, n. c..... kañep-aluk; *plur.*, -aluït.
CRIQUET (locusta tuberculosa).... pigœlépéapk.
CRISTALLIN, n. c . takonân
CROCHET, n.c... niktçin-ayopk. = — *de chaudron* : naktitapk. = — *de dard* : kpapéapk; *plur.*, kpapitçat.
CROCHETER, v. tr.. niktçigaptoapk.
CROIRE, v. intr... añepktoapk, toapa. = *ne pas* — : añéytuapk. = kigloapa, avapma. = tunopkpaopk, kpana. = *se* — *plus que les autres*: añitkatkagop, katka.
CROISÉ, ÉE, adj. v . kpalépék.
CROISÉE, n. rac. .. ip'alepk.
CROISER, v. tr. ... *les bras* : unepkmitchimayoapk. = — *les jambes* : tukeptçimayoapk.
CROISSANT, n. c... miptapapk.
CROITRE, v. impers.. *végétaux* : aglivaliayoapk. = *eau* : ulitpaléayuapk.
CROIX, n. c..... kpéyuk-kpalépèk. = *i. e. crucifix* : oliamitkpopk.
CROSSE....... *de fusil* : kañepk. = *i. e. bois recourbé,* — *d'évêque* : kpibiapk.
CROTTIN, n. c. ... anatçat-kpapk; *plur.*, -kpat.
CROUPE, n.rac. ... tunug.
CROUPION, n. c.. . pap-kiti.

CROUPIR, CROUPISSANTE, v. impers.. opktchoatoapk.
CROUTE, n. c.... *de glace* : tçikoléapk, = — *de la neige* : naniktika.
CROYABLE, adj. v . oñepktoapk.
CRUCIFIÉ, v. intr.. itchapvéa.
CRUCIFIER, v. tr. . ichapktítapk. = ichañapktoapk.
CRUE DE L'EAU. .. ulikpaliayopk.
CRUEL, LE, v. intr. epktçinaktoapk.
CUBITUS, n. dér.. . adjigàwn.
CUEILLIR, v. tr. ... *des rameaux* : kpipiyoapk. = — *des fruits* : tigopaptoapk.
CUILLER....... *de bois, esquim.*: kpayutapk. = kpayutapatçiapk. = opwéwuyak (C.). = — *de fer europ.*: aluktçàwn. = kpayutapiapk.
CUIR, n. rac..... amepk; *plur.*, amépaït. = — *à repasser les rasoirs* : ipatchep-vik.
CUIRE, v. impers... ip'ayuk. = — *à l'eau* : imépalik.
CUISINE, n. rac.... ip'a.
CUISINIER, n. c.... ip'ayé-aluk.
CUISSE, n. c..... kpok-toapk. = koktoak (C.)
CUIT, TE, adj. v... otut. = — *à l'eau* : imalik.
CUIVRE, n. c..... moppapioapk. = kpamuyak *(jaune).* = kannoyapk *(rouge).*
CUL, n. rac..... nunluk. = *i. e. fond de plat etc.*: ataa. = *i. e. fond de barque* : natkpo.
CULASSE, n. c. ... kimik-kpéoyak.
CULBUTE, n. dér. .. nimœpalopkpiyapòn.
CULOTTE esquim... kpaplik. = attaktoak (C.).
CULOTTÉ, ÉE, v. intr. kammilik.
CULOTTER, v. tr. .. kpapliktuga *(se dit des hommes).* = kammiktuga *(se dit des femmes et des Européens).*
CULOTTER(se),v.intr. *hommes* : kpapliktoapk. = *femmes et Européens* : kammiptoapk.
CURE-DENT, n. dér.. kupkilin.
CURE-MOELLE n. dér. patkpòn.
CURE-PIPE, n. rac. . tchubiàpn; *plur.*, tchubiàwt.
CURER, v. tr..... pateptoapk.
CURIEUX, SE, v. intr. kpeymilœpèaptoapk. = itçivœpè opomayoapk.
CUVE, n. c...... puputapk.
CYATHOPHYLLUM, n. rac.(madrép.fossile). kukòn.
CYGNE, n. c..... kpopk-djiuk. = kopk-yuk.
CYNIQUE, v. intr. . . taluñiktoapk. = talopotçoñitoapk.

# D

D'ABORD, loc.adv... ako. = akug'u
DAGUE, n. c...... kigalik.
DANGEREUX, adj. v. anayanaptopk.
DANS (marquant le lieu), prép. rac. . . atàn. = itanè. = anè. = nè *(abrév.).* v. g. *il demeure* — *les bois* : kpéyuït itanè iktçivayoapk. = — *la mer* : imañg-atàn. = imma-nè. = ikkiañanè. = — *le pays des blancs* : kpabluna nuna-nè.
DANS (marquant l'état)........ mi. = minun. = v. g. *il est* — *la maison*: iglu-mi-oyuapk; — *les mains* : iti-
DANS (marquant le mouvement)..... mang-minun. = — *la barque* : umiapmì.
mun. = nun. (*devient* muk *en compos.*). = — *l'eau* : imma-mun. = *jeter* — *l'eau* : imma-muk-toapk. = — *le feu* : ignep-mun. = *jeter* — *le feu* : ignep-muk-toapk.
DANS (marquant un lieu exigu) .... kon. =v. g. *versez de l'huile* — *la lampe* : kpalunepgnik kpolep kon ikitaumun.
DANS LE HAUT, loc. prép....... puïyopk.

DANS PEU DE TEMPS, loc. prép. . . . . . kᴘani-kon.
DANS QUELQUE TEMPS, loc. prép. uteᴘtoᴘk.
DANS LE SEIN, loc. prép. . . . . . kautoᴘtoᴘk.
DANS (ètre).. . . . . atañitoaᴘk.
DANSE, n. v. . . . . momeᴘtoᴘk.
DANSER, DANSEUR, v. intr. . . . . . . momeᴘtoaᴘk.
D'APLOMB, loc. adv. . kᴘañatayoaᴘk. = napañg (en compos.).
D'APRÈS, loc. prép. . titœᴘaᴘklunè. = tayma-illibluᴘ. = — le cours du soleil : paᴘklu. = — le sens du poil : maliñayaᴘk.
DARD, n. rac.. . . . en fer : kukia. = — en os : tibia. = — en silex : kᴘan-miaᴘk. = — de harpon : tchan-miaᴘk. = — d'insecte : ig'uuta.
DARDER, v. tr.. . . . naoligœᴘaᴘtoᴘk.
D'AVANCE, loc. adv.. tçivuᴘnœᴘagun.
D'AVANTAGE.. . . . signif. plus: kilu. = añéyo-mun. = añiblut. (en quantité). = tchikpalik (se dit du calcul). = signif. encore : aktçun. = encore plus : eypaptçoᴘ.
DE (signif. avec, par), mik. = mè. = nimik.
DE (marquant provenance) . . . . . . mîn. = v. g. les gens — la maison : iglu min innoït. = — terre : nuna min.
DE (marquant séparation). . . . . . . miñgnùn. = v. g. il est parti — son pays: nunak miñgnun tçavikluaᴘtoaᴘk.
DE (marquant le génitif, le possessif). . . se rend par les désinences um, ᴘ, v, b.
DÉ A COUDRE, n. rac. tikik.
DÉBACLE, n. v.. . . iniᴘœᴘa-oᴘtoᴘk.
DÉBALLÉ, ÉE, adj. v. añᴘiptigwa.
DÉBALLER, v. tr. . . añᴘiptiga.
DÉBANDER, v. tr. . . noᴘkᴘaktçitaᴘk.
DÉBARQUER, v. intr.. niuyuaᴘk. = v. tr. : niutigaït.
DÉBARRASSER, v. tr. nanmayaᴘa.
DÉBARRASSER (se), v. intr. . . . . . . naluᴘa.
DÉBATTRE (se),v.intr. ayakalaᴘtoaᴘk. = tukéᴘaᴘtoaᴘk. = añalaluktita. = tukéᴘaᴘtita.
DÉBAUCHÉ, v. intr. . tchuïnaᴘk.
DÉBAUCHER, v tr. . kuyuliyoaᴘk.
DÉBILE, v. intr. . . okᴘiktoᴘk.
DÉBLAYÉ, ÉE, adj. v. kᴘeᴘktaᴘk.
DÉBLAYER, v. tr. . . tçaunig'a (le terrain). = tçanneᴘtoaᴘk (une maison).
DE BON MATIN, DE BONNE HEURE.. . kᴘilla-mik.
DÉBORDÉ, ÉE, adj. v. immeᴘk-tipali-ayoᴘk.
DÉBORDER, v. intr.. immeᴘk-tipali-ayoᴘk.
DÉBOUCHÉ, ÉE, adj. v. . . . . . . . . . tchimneᴘtaᴘk.
DÉBOUCHÉ, n. c. . . tatçiᴘkᴘuun (de lᴘc).
DÉBOUCHER, v. tr. . tchimnig'a. = uñavaᴘtoaᴘk. = — à l'aide d'un tire-bouchon : pitigiyoaᴘk.
DEBOUT, v. intr. . . nikuvigtoᴘk. = nikuva ᴘayoaᴘk. = ani mal : napayoᴘk. = napaᴘéktoaᴘk (objet).
DEBOUT! DEBOUT! interj. . . . . . . . tubaᴘin!
DÉBOUTONNER, v. tr. tutaoyaᴘ-tayéᴘeït.
DÉBUT, n. rac. . . . avatik.
DÉBUTER, v. intr. . pitçamag'a.
DÉCAMPER, v. intr. . nuᴘutaᴘtoaᴘk.
DÉCAPITÉ, ÉE, v. intr. néaᴘkᴘo-eᴘtaᴘk.
DÉCAPITER, v. tr . . nèaᴘkᴘo-eᴘtoaᴘk.

DE CE COTÉ-CI, loc. adv. . . . . . . . illa. = tugliptinnè. = ilañgnun : ı. e.: en venant. = manni (C.). = ilañgminun : id., avec mouvement.
DÉCÉDÉ, ÉE, v. intr. tukᴘo-yoᴘk.
DÉCÉDER, v. intr. . tokᴘo-neᴘkoaᴘk.
DÉCEINDRE. v. tr.. . taptçi-dĵaᴘa.
DÉCEINDRE (se), v. intr. . . . . . . taptçi-yaᴘktoaᴘk, toami.
DÉCEINT, v. intr.. . taptçi-itoᴘk.
DÉCELER, v. tr.. . . niᴘâoyoaᴘk.
DÉCEMBRE, n. c. . kᴘayviyivik : lune des cahuttes.
DÉCENT, TE, v. intr. anoᴘadĵiaᴘtoaᴘk.
DE CETTE FAÇON. . imanna.
DÉCEVOIR, v. tr. . wiyéniktuaᴘk.
DE CHAMP, adv. . . napayoᴘk.
DE CHAQUE COTÉ, loc. adv . . . . . . . tçayné-loᴘéïtut. = avec mouvement katchoᴘktoag.
DÉCHARGÉ, ÉE.. . ima-itoᴘk (se dit des armes comme des véhicules).
DÉCHARGER, v. tr. . quelqu'un: nanmayaᴘa. = — une barque: niutigaït. = — un véhicule : utçidĵaᴘaït.
DÉCHARGER (se),v.int intr. . . . . . . . naluᴘa.
DÉCHAUSSÉ, ÉE, v. intr. . . . . . . kawveᴘtoaᴘk.
DÉCHAUSSER, v. tr. kawvayéᴘanè.
DÉCHAUSSER (se), v. kawvayeᴘtuaᴘk.
DÉCHIQUETÉ, ÉE, adj. v. . . . . . . . tcheᴘkᴘoptaᴘk.
DÉCHIQUETER, v. tr. tcheᴘkᴘoᴘ-tçidĵoaᴘk.
DÉCHIRÉ, ÉE, adj. v.. ayutaᴘk-tçiyoᴘk. = aliktoᴘtuat : par l'usure. = aleᴘtatuat : souliers. = killak (C.).
DÉCHIRER, v. tr. . . aliktoaᴘk. = nutçuktoaᴘk. = — en morceaux : aᴘulugiug'a. = — en deux : avig'a.
DÉCHIRER (se), v. intr. abwoᴘnig'a.
DÉCHIRURE, n. v.. . allaᴘk. = tchigaᴘneᴘk : par suite de fente. = aligneᴘk : par suite d'accroc. = aloᴘneᴘk : par suite d'usure.
DÉCLARER, v. tr. . . tigwaᴘtommaya. = — le coupable : niᴘâoyoaᴘk.
DÉCLIN DU JOUR, n. c. taktuvañagtçiᴘa.
DÉCLINER (une offre), v. intr.. . . . . . eᴘlitoaᴘk.
DÉCIDÉ, v. intr. . . onoᴘtoᴘk.
DÉCOCHER, v. tr. . . pitiklig'a. = piteᴘktçaᴘktoaᴘk. = pititçiktoaᴘk.
DÉCOIFFER, v. tr.. . natçäïᴘ'a
DÉCOIFFER (se), v. intr. . . . . . . natçeᴘtoaᴘk. = naeeᴘtok (C.).
DÉCOMBRER. . . . tçannik; plur., tçannit.
DE COTÉ, loc. adv . . tçanéa. = tçanigna. = avec mouvement : tçanigmun.
DÉCOUPÉ, ÉE, adj. v. ipitig'a.
DÉCOUPER, v. tr. . . ipitéᴘiya. = — par tranches : ikéaᴘa. = — en lanières : tçaviᴘaᴘtoaᴘk.
DÉCOUPURE, n. pl. . killiktat.
DÉCOURAGÉ, ÉE, v. intr. . . . . . . tçuléaktçaᴘaloané kamaᴘkitéït.
DÉCOURAGER (se). . tçuléaktçaᴘaloané kamaᴘkitéit.
DÉCOUVERT, v. adj.. ulitoᴘk. = tête — : natçaᴘ-itoᴘk. = vase — : taloéᴘa. = matoeᴘtoᴘk.
DÉCOUVRIR, v. tr. . quelqu'un : ikéᴘaᴘtoaᴘk. = ikéᴘayoaᴘk. = — un vase : néᴘomiagaᴘk. = — plusieurs vases : néᴘomiagaït.

DÉCOUVRIR (se), v. intr. . . . . . . . . uléïtoapk.
DÉCROCHER le chaudron. . . . . . . • atkpagapk.
DÉCRUE de l'eau. . . immepktipaliayopk.
DÉÇU, ne. v. intr.. wiyiya.
DÉCULOTTÉ, ÉE. v. intr. . . . . . . kammiktopk. = kammilâtopk.
DÉDAIGNER, v. tr. . umitchoktoapk. = — du regard : kpiñ= élépéyapnitoapk.=kpiñélepé-uniyoapk.
DEDANS, n. rac. . . illua. = — des cuisses : illutapk.
DEDANS, prép. . . . voir dans.
DEDANS (être). v. intr. atân-itoapk. =iglumi-oyopk. = iglumi-oyapk.
DÉDIRE (se), v. intr. opkpamèun opalœpodjuapk.
DÉFAILLIR, v. intr.. nukigeptoapk. = éppéviopaptoapk.
DÉFAIRE, v. tr.. . . añpiptig'a.
DÉFENSE, n. v.. . . . eplikon.
DÉFENSE (v. g. de-morse), n. rac.. . . tupapk.
DÉFENDRE (le),v. tr. epmañgniktoapk.
DÉFENDRE (lui), v. tr. epliktoapk. = eplékotçidjoapk.
DÉFENDRE (se), v. opolepkpataptoapk. = iñgnepkpataptoapk. = i. e. parer les coups avec le bouclier : talutcheptoptoapk.
DÉFENDU, UE, adj. v. tapo.
DÉFIER (i, e, provoquer), v. tr.. . . . aképoaptoapk.
DÉFIGURÉ, ÉE,v. intr. akidjidjoapk.
DÉFIGURER, v. tr.. . kpiptaktçag'a.
DÉFUNT, TE, adj. v.. tukpoyopk.
DÉGAINER, v. tr. . . amuya.
DÉGEL, n. v.. . . . . iñilœpaotuark.
DÉGELÉ, ÉE, adj. v . . apokpéyoapk.
DÉGELER, v. impers. kpitomayapkpiya,
DÉGRADÉ (être), terme canadéen : i, e arrêté par le mauvais temps. kpéymepnak.
DÉGRINGOLER, v. tr. apktchàyoapk.
DÉGUENILLÉ, ÉE, v. intr. . . . . . . anopapluktualuk,
DÉGUISER. . . . . sa pensée : niñapto. = — ses paroles : taluñmayoapk.
DÉHONTÉ, ÉE,v. intr. taluñiktoapk. = talopotçoñitoapk.
DEHORS, adv. . . . . kpani.=tçila-tàn. =avec le V.: tçila-mi.
DEHORS (être),v. intr. tçila-mi-oyopk. = itçoptopk.
DEHORS, n. rac.. . . kpaa. = tçilata.
DÉJA, adv. . . . . . eypané. = ipoktçân.
DÉJA ? . . . . . . taymaïn?
DE LA, loc. adv.. . . tçanig-min.
DÉLABRÉ, ÉE, adj. v. olupoyopk.
DÉLAISSER, v. tr.. . igïtoapk.
DE LA SORTE, loc. adv. imanna.
DÉLATEUR, TRICE, n. v. . . . . . . . . . tiguaptommaya.
DE L'AUTRE COTÉ.. akkéa. = uñalayné. = uñatanè. = umatanè. (C). = s'emploient indifféremment pour les cours d'eau, les montagnes, etc.
DE L'AUTRE COTÉ.. avec mouvement de départ : akkéañgnun. = avec mouvement de retour : akki-miñg-nun.
DÉLAYER, v. tr. . . awpepkaptig'a.
DÉLICIEUX, USE, adj. v. . . . . . . . . mamañaya. = nakpaptçi-mamma.
DÉLIÉ, ÉE, v. intr.. . añpiptigwa.
DÉLIER, v. tr. . . añpiptiga.
DÉLIRER, v. tr. . . . illitçimañuyâleptoapk.

DÉLIVRER, v. tr . . . kaymayuapk.
DE LOGE EN LOGE, loc. adv. . . . . . itikatapklonè. = aniguyuïloapkluït.
DE LOIN, loc. adv.. . kiluva-nin.
DE LOIN EN LOIN, loc. adv. . . . . . . . . akpagop.
DELTA, n. c. . . . . kikepktaluk. plur. : kikepktaluït.
DÉLUGE, v. impers.. uliktuapk.
DE LUI-MÊME. . . . umiñga. = tabiu-miña.= omaptin-mik.
DE L'UN ET L'AUTRE. tatutapklépèt.
DEMAIN, adv. . . . . akpagu. = ubla-kon. = ublum-aypa. = — matin : kpaw-pàn.
DÉMANCHÉ, E, adj.v. amuya.
DÉMANCHER, v. tr. . amupkpag'a.
DÉMANCHER (se), v. impers. . . . . . . amuyopkp.
DEMANDE, n. v. . . . atœpòn. = atepktçiòn.
DEMANDER, v. tr. . . atepktçioptoapk.
DÉMANGEAISON, n.v. uñilapktçin. = kumpùn : (causée par la vermine).
DÉMANGER, v. impers. uñilapktçidjoapk.
DE MÊME, adv. . . . imanna. = taymatçi. = kpawna. = en compos.: uya. =auya. =uyapk (finale).
DÉMENTIR, v. tr. . . uïdjitçapnitoapk.
DEMEURE, n. rac.. . iglo. = i. e. lieu, place : innè. = ma — : inniga = ta — : innin.
DEMEURER, v. intr. . iktçivayoapk. = — longtemps assis : kpatçilinappok.
DEMI, E, adj... . . . dans le sens vertical : kpopapk. = kpow-pak°. = dans le sens horizontal : napapk. = naviktopk.
DEMI (à), loc adv. . . imak-itop. = — plein : imawaptopk.
DEMI-JOUR, n. c. . . kpilapoppalu-itopk.
DEMI-LUNE,v. impers. akimuktuapk.
DEMI-MORT, v. intr. . avaptaoyoapk.
DEMI-PLEIN, adj v . . imawaptopk.
DE MOI-MÊME. . . . umiñgam-nik.
DE MOINS EN MOINS, loc. adv. . . . . . ilâni-tchunagop.
DEMOISELLE ou libellule. . . . . . . niulœpapk (libellula). = illat-kputchi-toptopk (agrion).
DÉMOLI, E, adj. v.. . piñotapk.
DÉMOLIR, v. tr. . . piñota.
DÉMOLIR, (se),v. intr. piñoyoapk.
DÉMON.. . . . . . topnpapk (i. e. séparé, retranché). = kpiuwapk. = tchiutilik.
DÉNONCÉ, v. intr. . tikwaptomayapk.
DÉNONCER, v. tr. . . tikwaptommaya.
DÉNOUER, v. tr. . . iyunagtoapk.
DE NOUVEAU, adv, . anakpanatop. =otepkpapklunè. = taku-vimni-unepklunè.
DENSE, v. intr. . . . inépaptoapk.
DENT, n. rac. . . . . kigut; plur., kiputit. = kiutit (C.). = ma — : kiputka. = ta — : kiputkin. = — canine: tolopéak. = apglepk-kpénnépapk. = — incisive : tçivopak. = ta —: tçivodjatin. = — molaire : epkleppaki. = — de mammouth : kilékuvapk. = — de morse : tupapk.
DENT de scie, n. dér. kig'utapk; plur., kigutaït.
DENTALIUM (coquille univalve blanche). . patkpapk; plur., patkpeït.
DENTELÉ, E, adj. dér. killik-tatopk.
DENUDÉ, ÉE, (arbre, plante). . . . . . kpoapeptoapk.
DE PART EN PART, loc. adv. . . . . . atipoptop.

| | |
|---|---|
| DE PART ET D'AUTRE. | tçayné-loρóytut. |
| DE PARTOUT, adv. . | tamapti-gùn, = kρonné-aρaρk. |
| DÉPASSER, v. tr. . . | *i. e. laisser en arrière* : tchénéρétkρoléya. |
| | = *i. e. excéder en hauteur* : takilœρa. |
| | = *i. e. excéder' en grosseur* : añilœρa. |
| | = *inan.*: tunaρ-tigiyuat. |
| DÉPÉCÉ, ÉE, adj. v.. | ipitiga. |
| DÉPÉCER, v. tr.. . . | ipitéρiya. |
| DÉPÊCHER, v. tr. . . | iρeρkρoyaρk. |
| DÉPÊCHER (se), v.int. | kρuiñitcheρktoaρk. |
| DÉPENDRE (le), v. tr.. | atkρagaρk. |
| DE PEUR QUE, loc. | |
| conj. . . . . . . . | tçaneρkρaρa. |
| DÉPISTER, v. tr. . . | akρupiyuliyoaρk. |
| DÉPLACÉ, ÉE, v. intr. | nuρuta. |
| DÉPLACER, v. tr. . . | nuρuñtaρk. |
| DÉPLACER (se), v. | |
| intr.. . . . . . . | nuρutoaρk. |
| DÉPLIER, v. tr. . . . | itçiviklugo. |
| DÉPLUMER, v. tr.. . . | éρétaρtuaρk. |
| DE PLUS, prép. . . . | maliñgoya. |
| DE PLUS EN PLUS, | |
| loc. prép.. . . . . | aglivaliabluρit. = — *haut* : kiviktitçi· |
| | mayoat. = — *loin* : uñaleynun kivik· |
| | titçimayoat. |
| DÉPOSER, v. tr. . . . | illiyaρk; *1e pers.*, illéo. |
| DÉPOUILLE, (lard du- | |
| dos. . . . . . . . | tunoρk. |
| DÉPOUILLER, v. tr.. . | illitçimaρaluaρtilugo atig'a. |
| DÉPOURVU, v. intr. . | itoρoρ. |
| DÉPRAVÉ, ÉE, v. intr. | tchuïnaρk. |
| DÉPRIMER, v. tr. . . | patiñnitoaρk. |
| DEPUIS, prép.; depuis | |
| que. . . . . . . . | taymañ-aρtat. |
| DEPUIS LONGTEMPS, | |
| loc. prép. . . . · . | alρaït. = uñavakùn-taymañaρtat. |
| DEPUIS PEU, loc. | |
| prép.. . . . . . . . | tchivikitoρ-taymañaρtat. |
| DEPUIS QUAND ? DE- | |
| PUIS QUEL TEMPS? | taymañ-aρtanin? |
| DÉPUTÉ, v. intr. . . | iyaρktoρk. |
| DÉPUTER, v. tr. . . . | iρeρkρoyoaρk. |
| DE QUELLE FAÇON ? | |
| MANIÈRE? . . . . | naw-kut? |
| DE QUI?. . . . . . . | kiya? |
| DÉRANGER, v. tr..'. | nuρuñtaρk. |
| DÉRANGER (se), v. | |
| intr.. . . . . . . . | nuρutoaρk. |
| DÉRIVE (à la), loc.adv. | tçaρva-tcheρtut. |
| DERNIER, adj. v... . | kiñuleρk. = kiñuleytoρk. |
| DERNIER (i. e.écoulé). | |
| adj. . . . . . . . . | eyρanè. |
| DERNIER (être), v. | |
| intr . . . . . . . | kiñuleρktçoρtoaρk. |
| DERNIER LIEU (en), | |
| loc. adv. . . . . . | kiñunœρèn. = akρago-anè. |
| DERNIÈREMENT, adv. | áko. = akoρiyoaρk. |
| DERNIÈRES GLACES, | |
| (les). . . . . . . . | tçikoρ-lineρk. |
| DÉROBÉ, ÉE, adj. v.. | tigiliyoovìt. |
| DÉROULÉ, ÉE, adj. v. | ichiptiyaρk. = itchivanitaρk. |
| DÉROULER, v. tr.. . | itchiviyuñ-imaya. |
| DÉROUTÉ, v. intr. . . | ulapiktçidjoaρk. |
| DERRIÈRE, n. rac. . | nunluk: *i. e. partie inférieure du corps.* = *i e partie postérieure du corps* : tunug. = *id., d'un objet* : tunua. = *id., de la tête* : tunutçuk. = tunutchu· itçaρk. |

| | |
|---|---|
| DERRIÈRE, prép. . . | kiñuρnœρèn. = *avec mouvement* : kiñ· uρnan. |
| DERRIÈRE (par), loc. | |
| prép. . . . . . . . | tunó-mún. = tunom-nun. = *avec mou· vement* : uïvaρa. |
| DÈS, DÈS QUE. . . . | mìn. = — *le principe* : alρanè. |
| DÉSAPPROUVER, v. | |
| tr. . . . . . . . . | piñgwaρtaρégnituaρk. |
| DÉSAVOUER (se), v. | |
| réfl. . . . . . . . | inmiρun-añyitoaρk. |
| DESCENDRE, v. intr.. | iyukρayoaρk. =_— *une rivière* : tçavaρ· tçeρtoaρk. |
| DESCENTE, n. c. . . | uρiñayaρk. |
| DES DEUX COTÉS, loc. | |
| adv. . . . . . . . | tçaynè-loρèïtut. |
| DÉSERT, n. c. . . . . | naρρaρtoyoρk. = kρéyu-itoρk. |
| DÉSERTER, v. intr. . | pikittoaρk. |
| DÉSERTEUR, n. v... | pikittoaρk. |
| DÉSESPÉRÉ, adj. v. . | atçimigoρkρaleρtoaρk. |
| DÉSHABILLER, v. tr. | tçaglilig'a. |
| DÉSHABILLER (se). . | *à l'européenne* : tçaglileρtoaρk. = *à l'es· quimaude* : matateρtoaρk. = mataρk· toaρk. |
| DÉSHONORÉ, ÉE, v. | tchuïna-ρiliρat. |
| DÉSHONORER, v. tr.. | tchuïna-ileρkρoya. |
| DÉSHONORER (se), v. | |
| intr.. . . . . . . . | tchuïna-otkρoya. |
| DÉSIR, n. rac.. . . . | itchuma. |
| DÉSIRER, DÉSIREUX, | |
| v. tr. . . . . . . . | *les personnes et les choses* : uniñuyaρ· toaρk. = — *simpliciter* : uniñmaρ· toaρk. |
| DÉSOBÉIR, v. tr. . . | piyomañgnitoaρk. = unieρtoaρk. |
| DE SOI-MÊME. . . . | inminik. = inmiña. |
| DÉSORDRE (en), loc. | |
| adv. . . . . . . . . | ima-itoρ. |
| DÉSORIENTÉ (être), v. | |
| intr. . . . . . . . . | ulapiktçidjoaρk. |
| DÉSORMAIS, adv. . . | kρakoρyoaρoρ. |
| DÉSOSSÉ, ÉE, adj. v. | ipitiga. |
| DÉSOSSER, v. tr. . . | ipitiρiya. |
| DESSÉCHÉ et SE DES- | |
| SÉCHER. . . . . . | paneρtoρk. |
| DESSIN, n. c. . . . . | inno-uyaρk : *de portrait.* = nuna· uyaρk : *de paysage.* = — *esquimau sur les flèches, etc.* : makatat. |
| DESSOUS, adv.. . . . | atanè. = atρanè. |
| DESSOUS (être),v.intr. | atanè-itoaρk. = atρanè-itoaρk. |
| DESSOUS, n. rac. . . | *du pied* : allak (C.). = — *de vase* : ataa. |
| DESSUS, n. rac. . . . | tunuat; *plur.*, tunueït. = v. g. *de la main* : adjigay-tunuat. = — *du sou· lier* : kρamiaρoktit. |
| DESSUS, adv. rac. . . | kρaàn. = kon. = kut. = mì. = v. g. — *la glace* : tçiku kon *ou* tçiko kut. |
| DESSUS (être), v. intr. | kρaàn itoaρk. |
| DE SUITE, adv. . . . | uρaloρtoρ. |
| DE SUITE! adv. . . . | kè ! = kèata ! |
| DÉTACHÉ, ÉE, v. intr. | añρiptigwa. |
| DÉTACHER, v. tr... . | añρiptiga. |
| DÉTELER, v. tr. . . . | anòyag'a. |
| DE TEMPS EN TEMPS, | |
| loc. adv.. . . . . . | inuviktuat. = tçokon-iktoat. |
| DÉTENTE du fusil,n.c. | noρaρktè. |
| DÉTENU, v. intr. . . | oρkwaρodjaρk. |
| DÉTÉRIORÉ, adj v.. . | auneρtoaρk. |
| DÉTÉRIORER (se). . | auneρtoaρk. |
| DÉTERRER, v. tr. . . | adjigaktoaρk. |
| DÉTESTER, v. tr. . . | omitçotçidjoaρk. |

DE TOI-MÊME. . . . illutimnik.
DÉTONNATION, n. v. tchiñnulayoɒk.
DÉTORTILLÉ, adj. v.. ichiptiyaɒk.
DÉTOUR, n. rac.. . . . kañeɒk.
DÉTOURNER (se), v. alañg-mun miyaɒtoaɒk.
DE TOUS COTÉS, DE
TOUTES PARTS,
loc. adv. . . . . . tamapti-gun.
DE TRAVERS loc.adv. *en actes :* uwiññaɒtoɒ. = *en paroles :*
tçanè-muktoɒ. *(se rend aussi par à*
*côté ; voir ce mot.)*
DE TRAVERS (être),
v. intr. . . . . . tchupiñ-aɒtuaɒk.
DÉTREMPÉ, adj. v. . piunaeɒnak (C.).
DÉTREMPER, v. tr. . awɒepkaɒtig'a.
DÉTROIT, n. c. . . . ikaɒatçaɒk.
DÉTRUIRE, v. tr. . . katçoɒlugo.
DÉTRUIRE, (se), v.
mut. . . . . . . katçoɒlogo.
DEUX, adj. num. . . málœɒok. = aypak. = malɒok (C.).
DEUX A DEUX, loc.
adv. . . . . . . malœɒo-oɒklunè.
DEUX (être), v. intr.. malœɒo-uyuaɒk. = — *ensemble :* malœ-
ɒoeït.
DEUX FOIS.. . . . . malœɒo-atoɒtlun.
DEUXIÈME, adj. n.
ord.. . . . . . . tchivoluotuglia.
DEUXIÈME FOIS. . . malœɒo-aɒlunè.
DEVANCER, v. tr. . . tchénéɒetkɒoléya.
DEVANCIERS, n. v. . tchivuléɒaɒtuat.
DEVANT, n. rac.. . . *inan.:* kɒaa. = *animé :* tçatkɒa. = —
*de la jambe :* kɒana.
DEVANT (i. e. en face),
prép.. . . . . . . tçatkɒam-ni.
DEVANT (i. e, au-de-
vant, par devant),
prép.. . . . . . . tçatkɒaɒa. = tçatkɒaɒòn. = tçaléɒa.
DEVANT (i. e. en
avant), adv. . . . . tçatkɒan-nun. = tçatkɒaɒ-nut. = tçat-
kɒaɒ-mun : *avec mauvement.*
DÉVASTER, v. tr. . . katçoɒlugo.
DÉVELOPPÉ. ÉE, adj.
v.. . . . . . . . itchivanitaɒk. = ichiptiyaɒk.
DÉVELOPPER, v. tr.. itchiviyuñimaya.
DEVENIR, v. intr. . . *bon :* nakooɒtoaɒk. = — *mauvais :*
tchuïnaliyoaɒk.
DÉVERGONDÉ, ÉE, v.
intr. . . . . . . . tchuïnaɒk.
DÉVIDÉ, ÉE, adj. v. . nimeɒtaɒk.
DÉVIDER, v. tr. . . . nimeɒtoyaɒk.
DÉVIDOIR, n. v. . . . atoaɒtitaɒk.
DEVIN, n. c.. . . . . añɒékok ; *plur.,* añɒékoït.
DEVINER, v. tr. . . . itchibiyoaɒtoaɒk. = naluñgïta. = —
*par la jonglerie :* avatkoyoaɒk.
DÉVISSÉ. ÉE, adj. v. kɒiɒutaya (*de* kɒiɒòn, *serpent*).
DÉVOILER, v. tr. . . kilœgooyat.
DÉVOILER(se),v.intr. kilœgo oyitoaɒk.
DÉVORER, v. tr. . . . uniyoaɒk.
D'HABITUDE, loc.adv. illaleɒklunè.
DIABLE. . . . . . . *voir* démon.
DIADÈME en cuivre,
des femmes. . . . . kawɒot (C.).
DIAMÈTRE, n. dér. . ayâɒota.
DIAPHANE, adj. v. . anmawluktuaɒk.
DIAPHRAGME, n. c. . aɒkɒéav-ineɒk.
DIARRHÉE, n. c. . . ikkaɒneɒk.
D'ICI DE LA, loc. adv. iɒklaɒtchimayut.
DIEU des Esquimaux. aneɒnè-aluk (*Grand-Esprit*).

DIEU des Chrétiens. . Nuna-tchénéya. = — *le Père :* Apan.
= — *le Fils :* Nutaɒk. = — *le Saint-*
*Esprit :* Aneɒnek-taktyoɒk.
DIFFAMÉ, ÉE, v. intr. tchuïnaɒiliɒat, -liɒanè, -liɒatin.
DIFFAMER, v. tr. . . tchuïnaɒileɒkɒoya.
DIFFAMER (se), v.
intr. . . . . . . . tchuïnaotkɒoya.
DIFFÉREMMENT, adv. taïma-tçilioɒtè. = *avec le V.:* attunim.
DIFFÉRENT, DIFFÉ-
RER, v. intr,. . . . *inan.:* illuliamik-aypalik. = *animé :*
innuñ mik adjiñiktoaɒk.
DIFFÉRENTS. . . . . nuvuyat.
DIFFÉRENT (c'est),
loc. adv.. . . . . . âllami.
DIFFICILE, adj. v.. . ugluktoɒk. *c'est — :* nallunakuni. (C.)
DIFFICILEMENT, adv. tchiniklun. = ugluktoɒmik.
DIFFUS, SE, adj. . . takomakɒaɒtaɒaɒk.
DIGÉRER, v. tr.. . . tchitovaléayoaɒk.
DIGUE, n. pl. . . . . tchimiktootit.
DILACÉRÉ,ÉE, adj.v. kaɒoɒtoaɒk. = tcheɒkɒoptaɒk.
DILACÉRER, v. tr.. . tcheɒkɒoptçidjoaɒk.
DILATÉ, ÉE, adj. v. . agluvaliayoɒk.
DILATER (se), v. intr. agluvaliayoɒk.
DIMANCHE, n. c. . . Nunatchénéya-ublua.
DIRE, v. tr. . . . . . kɒoléaɒktoaɒk. = uɒaktok (C.). = *ne*
*pas — :* okɒauyâna. = *à plusieurs*
*personnes :* wiwulut-tçidjoaɒk. = —
*des sottises :* inno-neɒluktoaɒk. = —
*des paroles messéantes :* tçanè-oyaɒk-
toaɒk. = — *la même chose :* pitkɒéy-
taɒaït. = — *la vérité :* okɒatkɒiktoaɒk.
= eɒkɒotoïktuaɒk.
DIRECT, adj. v. . . . nakeɒktoɒk.
DIRECTEMENT, adv.. nakeɒktçiblunè. = — *avec mouvement :*
nakeɒkto-mûn.
DIRIGER (se), v. intr. nakeɒktoaɒk.
DISCOURIR, v. intr. . malœɒotat, tané, tkatin.
DISCRET,ÈTE, v. intr. oɒaktayliniktoaɒk.
DISCULAIRE, adj. v.. anmalœɒo-toatçiaɒk.
DIS DONC !. . . . . . hay !
DISETTE, n. v. . . . neɒkɒè-illoaɒtut.
DISPARAITRE, v. intr. taliktuaɒk (*se dit aussi des animaux,*
*des esprits, etc.*).
DISPARATES, v. intr. nuvuyat.
DISPERSER, v. tr.. . eɒklaktituït.
DISPERSER (se), v.
intr.. . . . . . . . eɒklaktuat.
DISPERSÉS, adj. v.. . tchamoëoyut.
DISPOS, (v. intr.. . . tchuɒa-itoaɒk.
DISSEMBLABLES, adj.
v. . . . . . . . . . nuvuyat. = illulia-mik aypalik.
DISSÉMINER, v. tr. . tchiaɒaït.
DISSÉMINÉS, ÉES,adj.
v. . . . . . . . . . tchamoëyut.
DISSIMULER, v. tr. . niñaɒto.
DISSIPÉ, ÉE, v. intr.. titañuyaɒtoaɒk.
DISSIPER (se), v. intr. titañuyaɒtoaɒk.
DISSOLU, UE, v. intr. tchuïnaɒk.
DISTANT, adj. v. . . uñatçiktoɒ-itoaɒk.
DISTINGUER, v. tr. . takonœɒè-tçidjoaɒk.
DIVAGUER, v. tr. . . illitçimañ-uyaleɒtoaɒk.
DIVERTIR, v. tr.. . . piuyeɒktoaɒk.
DIVERTIR (se), v. intr. piuyaɒtoɒk. = — *en mal :*pineɒluktchi-
mayoaɒk.
DIVISER, v. tr. . . . *en deux :* napiyoɒk.= —*entre plusieurs :*
abuguva.
DIVISER (se), v. intr.. tchiɒkɒomaliyoaɒk.
DIVORCER, v. intr. . avituak.

DIX, adj. num.. . . . kᴘolit. = kᴘalénotot. = kawlit (C.).
DIX-SEPT, adj. num.. itiañgnéᴘat aᴘvénèlœᴘit aypak;
DIX-HUIT, adj. num. itiañgnéᴘat aᴘvénélœᴘit ilaak.
DIX-NEUF, adj. num. itiañgnéᴘat aᴘvénèlœᴘit tçitamat.
DOCILE, v. intr.. . . pitkᴘoyénitoaᴘk.
DOIGT, n. rac.. . . . inuᴘaᴘk; *plur.*, inukat. (*se dit aussi des* — *de pied*). = *petit* —: kᴘikeᴘt• kᴘoᴘk. = ékkaïkok (C.).
DOMESTIQUE, n. rac. kivgaᴘk. = *mon* —: kivgaᴘa.
DOMPTER, v. int. . . *un animal* : illitoaᴘk. = — *quelqu'un* : illitçaya.
DON, n. v.. . . . . . tunepgut.
DONC (signif. c'est pourquoi), conj. . . umiñga. = unami
DONC! (finale), conj.. oᴘk; ᴘoᴘk; goᴘk (*finals*). v. g. *moι* —: uwañaoᴘk. = *toi* —: illwiñgoᴘk.
DONNÉ, ÉE, adj. v... tuniyaᴘk.
DONNE, DONNE-MOI! ham! = kᴘaytçun! = kᴘaytçinàwn!
DONNER, v. tr. . . . tuniyoaᴘk. = naloᴘkᴘéaoᴘk, kᴘéaᴘa. = aytoᴘ-pañgnaᴘk. = — *à manger* : aytuaᴘk. = — *la part de nourriture* : aytoᴘtoᴘa. = *ne pas* — *à manger* : néᴘᴘèmaᴘkᴏt. = — *la liberté* : kay• mayuaᴘk. = — *la main* : tiguleᴘktoï• yuaᴘk. = — *un clystère* : tchinaᴘta• toaᴘk. = —*un coup de pied* : aᴘklèᴘaga. = aᴘklèᴘaᴘtoaᴘk. = *les* — *en mariage* : aytuliᴘiya.
DONNER (se), une hernie. . . . . . . . niuluktuaᴘk.
DORÉNAVANT, adv . . kᴘakoᴘyoaᴘoᴘ.
DORMANTE (eau), adj. v.. . . . . . . . oᴘktchoatoaᴘk.
DORMIR, v. intr. . . tchiniktoaᴘk. = — *longtemps* : uñinœ• ᴘatoᴘk. = tchiñumayoaᴘk. = — *peu de temps* : tchinaᴘktchilaᴘktoaᴘk. = *je vais* — : innitok (C.).
DOS, n. rac. . . . . . *humain* : tuno. = kimeᴘlok (C.). = — *d'animal* : tunua. = — *d'un objet* : tonua.
DOSE, n. rac. . . . . ikléun.
D'OU? loc. adv. . . . nakit?
DOUBLE, v. intr. . . naloœᴘotçaᴘk. = *avoir* —: maloœᴘolik.
DOUBLÉ, ÉE, adj. v.. tapitçimayoaᴘk.
DOUBLURE, n. v.. . . illoaᴘotaᴘk.
DOUCEMENT, adv.. . taᴘtotchaᴘtoaᴘ.
DOUILLET, v. intr. . kᴘimamuᴘuluktuaᴘk.

DOULOUREUX, EUSE, adj. v.. . . . . . . anepnéluktoaᴘk.
DOUTER, v. intr. . . tunoᴘkᴘaᴘa, kaᴘanè, kaᴘaᴘtin.
DOUTER (ne pas), v. intr.. . . . . . . . tunoᴘkᴘañita.
DOUX, CE, adj. v.. . *au goût* : mamak• = mamaᴘiya. = mamaktçaᴘk. — — *au toucher* : ma• néaᴘtoᴘk. = kᴘeᴘktoaᴘk.
DOUX (de caractère), v. intr.. . . . . . . illuᴘiya. = pitkᴘitoaᴘk.
DOUX (temps).. . . . idjianᴄᴘk.
DOUZE, adj. num.. . itiañgnéᴘat aypak.
DRAP, n.. . . . . . . tchuñayoak. = atigektçayaᴘk. = — *blanc* : atutiktçaᴘk. = — *noir* : keᴘ• neᴘtoᴘk. = — *rouge* : awtchuk°. = awᴘaluktok )C.).
DRAPEAU, n. c.. . . aᴘoᴘè-tçiun,
DRESSÉE, ÉE, v. intr, *animé* : nikuvigtoᴘk. = *animal* : naᴘᴘa• yoᴘk. = *inan.*: naᴘᴘaᴘéktoaᴘk.
DRESSER (se), v. intr. nikuvitoaᴘk.
DRILLE, n. c. . . . . kin-miaᴘk. = kaybluyaᴘk.
DRILLER, v. tr.. . . kᴘaybloᴘtoaᴘk.
DRISSE, n. dér. . . . nutçaᴘàwn.
DROIT (i. e. debout), v. intr. . . . . . . nikuvaᴘayoaᴘk. = niguviktoᴘk. = *animal* : naᴘᴘayoᴘk. = *objet* — : naᴘᴘa• ᴘéktoaᴘk.
DROIT (i. e. juste), adj. tamaᴘta. = tamèna.
DROIT (i. e. direct), adj. . . . . . . . . nakeᴘktoᴘk. = chitkiktoaᴘk.
DROITE, n. dér. . . . taleᴘ-ᴘéa (*de* taleᴘk, *bras*). = taleᴘ-pik, pitka. = *à* — : taleᴘ-pi-wut. = *avec mouvement* : taleᴘ-pim-nun.
DRYADE des mashkégs aᴘᴘit.
DUFFLE, (gros drap anglais). . . . . . atutiktçaᴘk.
D'UN AUTRE. . . . . innuñ mik.
DUPE, DUPÉ, v. intr. wiyiyaᴘk.
DUPER, v. tr. . . . . wiyéniktuaᴘk.
DUR, E, adj. v. . . . â-tchuïtoᴘk. = tamoᴘktçéᴘétoᴘk (*viande* —).
DUR (être), v. int. . . iluᴘutçuatañᴘitoaᴘk ; — *de caractère.* = pilitâtañ-ita : — *de cœur.*
DUVET, n. rac.. . . . éᴘétaᴘk : *plur.*, éᴘᴘéteït.
DYSSENTERIE. . . . ikkaᴘneᴘk.
DYTIQUE, (insecte coléoptère).. . . . . illigaᴘaᴘk.

# E

EAU, n. rac.. . . . . **immeᴘk.** = imaᴘk. = imuñtchaᴘk. = **immék,** (C.) = — *bouillante* : yoᴘa• toaᴘk. = puyok (C.) = — *froide, fraîche* : kidjeᴘktçimañitoaᴘk. = — *dormante* : oᴘktchoaᴘtoaᴘk. = — *courante* : tçaᴘvaᴘtoaᴘk. = — *salée* : mama-itoᴘk = — *sulfureuse*, *thermale* : ignañ-nik-toaᴘk. = — *trouble, vaseuse* : itçoᴘktoaᴘk. = — *vive, qui ne gèle pas en hiver* : tçikotchuï- tuaᴘk.
ÉBAHIR (s'), v. intr.. ᴘinnaᴘotçaᴘtoaᴘk.

ÉBLOUI, v. intr.. . . iñgnéatchoᴘktoaᴘk.
ÉBLOUIR, v. tr. . . . iñgnèatchuktuliya.
ÉBLOUISSANT , TE , adj.. v . . . . . . . iñgnèatchuktuliya.
ÉBOULÉ, ÉE, adj. v. kiviktaᴘk. = aktçagvik.
ÉBOULEMENT, n. v.. aᴘktçaktoaᴘk.
ÉBOULER (s'), v. intr. kiviktiktoaᴘk. = — *en roulant* : aktça• yoaᴘk.
ÉBOURIFFÉ, ÉE, adj. v. . . . . . . . . . . matçoloᴘtoaᴘk.
ÉBRANLER, v. tr.. . aulayeᴘktçidjoaᴘk.
ÉBRÉCHÉ, ÉE, adj. v. itçuk-itoaᴘk.

ÉCAILLE, n. c. . . . . kͽapiçiͻk; *plur.*, kͽapiçit.
ÉCAILLÉ, ÉE, adj. v. kapiçiͻtçimayoaͻk.
ÉCAILLER, v. tr. . . . kapiçitçidjoaͻk.
ÉCARTÉ, ÉE, v. intr.. tçiblaͻtçimayoaͻk.
ÉCARTER, v. tr.. . . . igluvalaͻktiga; *plur.*, -tigait. = *fusil :* tamatigun paleͻtog'a.
ÉCHALOTTE sauvage. eͻnâlik-ivik.
ÉCHANGER, v. tr. . . tchimmeͻtoaͻk. 1ᵉ *pers.*, tchimméa.
ÉCHAPPÉE de nuages. kilaͻoͻkpaluk.
ÉCHAPPER(s'), v. intr. kͽimâyoaͻk.
ÉCHARDE, n. c·. . . tchùkkineͻk.
ÉCHARPE (en). . . . uniotaͻk.
ÉCHARPER, v. tr. . . katchaͻiktoaͻk.
ÉCHELLE, n. c. . . . . mayoaͻ-vik.
ÉCHELON, n. c. . . . adjaͻòn; *plur.*, adjaͻotit.
ÉCHEVEAU, n. c. . . nudjiaͻk; *plur.*, nudjiát.
ÉCHEVELÉ, ÉE, v. intr. . . . . . . . matcholoͻtoaͻk.
ÉCHINE, n. rac. . . . kͽolik.
ÉCHO, n. dér. . . . . akin-mik. = navaͻkͻoͻk-tutén. = — *lointain :* takotçaͻéa.
ÉCHOUÉ, ÉE. adj. v. itkalœͻéktoaͻk.
ÉCHOUER (s'), v. intr. itkalœͻéktoaͻk.
ÉCLABOUSSER, v. tr. djugiuktoaͻk.
ÉCLABOUSSURE , n. djugùn.
ÉCLAIR, n. v. . . . . kͽawmaͻkloͻk,
ÉCLAIRCIE. . . . . *dans le ciel :* kilaͻoͻkpaluk. = — *dans les bois :* añgmaneͻk.
ÉCLAIRCIR(s'), temps. kilœoͻpaluktoaͻk.
ÉCLAIRER, v. tr. . . ikinœͻaͻtoaͻk. = (*astres*) : kͽawmaͻéa-tçâliga. = — (*lampe*) : ikita.
ÉCLAIRER (i. e. faire des éclairs). . . . . igneͻpaͻuktuaͻk.
ÉCLAT de bois. . . . tchiklaͻ-toͻnœͻaͻk; *plur.*, toͻnœͻèt.
ÉCLATER, v. intr. . . *arme à feu :* pakaͻktoaͻk. = — *rocher :* nutiktoͻk. = — *de rire :* iglatçaoͻk-kͻéyoaͻk. = — *en sanglots :* manik-toaͻk.
ÉCLIPSE, n. ç. et éclipser (s'). . . . . tchikͻeynœͻéͻtoaͻk.
ÉCORCE, n. rac.. . . améͻaͻk; *plur.*, améͻaït. = *par acception:* ameͻk (*peau*). = — *du peuplier liard :* kͻatçaloͻk. = — *du bouleau à pirogues :* kͻeyͻoͻk.
ÉCORCHÉ, ÉE, v. intr. aktoͻk (*animal*). = aktog'a (*homme*).
ÉCORCHER, v. tr. . . *un homme :* nuchuglugo. = — *un animal :* aͻktoͻtuaͻk.
ÉCORCHURE, n. v. . . taliñgneͻk.
ÉCOULÉ, ÉE, adj. v.. kͽauyaͻktoaͻk.
ÉCOUTER, v. tr.. . . malaktoaͻk. = — *attentivement :* ula-peͻkͻiyoaͻk.
ÉCRASÉ, ÉE, ·v. intr. kͽaaͻktotit.
ÉCRASER, v. tr. . . . aͻklaͻaklopo. = — *un objet mou :* kͽa aͻktigaït, gaͻa. = — *en poudre :* illañgnuyua.
ÉCREVISSE. . . . . . naullaͻnaͻk : (*femme de la mouette*).
ÉCRIER (s'), v. intr.. kͽokͻonmiyaͻtoaͻk.
ÉCRIRE, v. tr. . . . . kͽaléuyaͻktoaͻk.
ÉCRIT (URE), n. o. . kͽaléuyaͻk.
ÉCRITURE-SAINTE. . Nunatchéneyam-kͻaléuyaͻk.
ÉCRIVAIN, n. v. . . . ikkéͻaktok (C.).
ÉCROUELLES, n. c.. kͽineͻktçinaͻk.
ÉCROÙLÉ, ÉE, adj. v. aktçaktoaͻk.
ÉCROULER (s'), v. intr. . . . . . . . aktçayoaͻk.
ÉCROULEMENT, n. v. aktçavik.
ÉCUELLE esq. . . . . kͽayutaͻk. = kayuktak (C.).
ÉCUME, n. rac. . . . kͽaͻok.

ÉCUREUIL, n. c. . tikitçoͻaͻk.
ÉDIFIER, v. tr. . . . igluliyoaͻk.
EFFACÉ, ÉE, adj. v.. miñwaͻta.
EFFACER, v. tr. . . . miñwoͻktoͻk.
EFFAROUCHÉ, v. intr. kͽuïnaͻktuyoaͻk.
EFFAROUCHER, v. tr. kalèuñloͻtuliͻa.
EFFLANQUÉ, v. intr. aͻkͻéamoïtoaͻk.
EFFLEURER, v. tr.. . *d'une flèche :* kaliktçuva. = — *du couteau, du bâton, d'une pierre :* tilaͻ-innaͻa.
EFFLANQUÉ, ÉE, v. aͻkͻé-amo-îtoaͻk.
EFFORCER DE (s'). v. intr.. . . . . . . . oͻkumaylatçidjoaͻk. = oͻkumay tuleͻ-kͻiyoaͻk.
EFFRAYÉ, s'effrayer, v. intr. . . . . . . eͻktçiyoaͻk. = eͻktçinañayak : *on s'effraye.* = kͽimayoaͻk.
EFFRAYER, v. tr. . . uliktoaͻk. = eͻkçitànitoaͻk.
ÉGAL, LE, v. intr. . . illuliyak.
ÉGALEMENT, adv. . . imànna.
ÉGARD DE (à l'), loc. prép. . . . . . . . taykân. = akkianè.
ÉGARÉ, ÉE, v. intr. . *inan.* ullapitoͻk.
ÉGARER, v. tr. . . . ullapiktuaͻk.
ÉGAYER, v. tr. . . . pͻuyeͻktoaͻk.
ÉGAYER (s'), v. intr.. piuyaͻtoͻk. = — *insolitement :* pineͻ-luk-tchimayoaͻk.
ÉGLANTIER, n. c. . . kakillañnaͻk.
ÉGLANTINE, n. pl. . kakillaͻnat.
ÉGLISE (temple). . . okͻaͻvik.
ÉGLISE (société des fidèles. . . . . . . . Ekléjiaͻk.
ÉGOINE (scie à main). olluaͻtòn.
ÉGORGÉ, ÉE, v. intr. toͻkͻo-taͻk.
ÉGORGER, v. tr.. . . kibdjidja.
ÉGRAINER, v. tr. . . pukeͻkͻatoaͻk.
ÉGRATIGNÉ, ÉE, adj. v. . . . . . . . . . . kͽiktçugaͻk.
ÉGRATIGNER, v. tr.. kͽiktçoaͻtoaͻk.
ÉGRATIGNURE, n. v. kͽiktçoͻk. = kͽiktçoanœͻèt.
EIDER (fuligula molissima). . . . . . . tutéͻéalik.
ÉLAGUÉ, ÉE, adj. v.. aͻita-yig'aͻk.
ÉLAGUER, v. tr. . . . aͻita-yig'a.
ÉLAN, n. v. . . . . . aïlœͻawmiyaͻk.
ÉLAN ou Orignal, (alces americanus). . . tuktu-oma. = *mâle :* pañgneͻkͻ. = *femelle :* kulavak. = *faon :* awpilaͻtoͻ.
ÉLANCER (s'), v. intr. aïlœͻawmiyaͻtoaͻk.
ÉLASTIQUE, adj. . . tatçidjiaͻtoͻk. = tatçidjoͻaͻtoaͻk.
ÉLÉPHANT FOSSILE, ( Elephas primigenius). . . . . . . . killigvaͻk.
ÉLEVÉ, ÉE, adj. v. . takiyoͻk. = — *de main d'homme :* itça-oyaͻk.
ÉLEVER, v. tr. . . . itçautçidjoaͻk.
ÉLEVER (s', eau). . . tunaͻtigiyuat.
ÉLIMINER, v. tr. . . ayagaͻnitoaͻk.
ÉLIRE, v. tr. . . . . kͻémilœͻéaͻtoaͻk (*i. e. choisir*).
ELLE, pron. pers. . . oma.
ELLIPSE, n. c. . . . . añgmalœͻo-kͻitaͻk.
ÉLOIGNÉ, ÉE, v. intr. tçivitunéaͻtoat. = uñatçiktoͻk, = *parent* —: illaͻignitaͻk; *plur.*, illaͻigni-téit.
ÉLOIGNER, v. tr. . . ayagaͻnitoaͻk.
ÉLOIGNER (s'), v. intr. . . . . . . . kilumuktoͻk. = *animal :* niblitaͻk.
EMBALLÉ, ÉE, adj. v. puͻgͻiͻa.

7

EMBALLER, v. tr. . . pugiyuaɒk.
EMBARQUER, v. intr. umia-muk-tuaɒk (*i e monter en barque*).
EMBARQUER, v. tr. . umia-mupèït (*des marchandises*).
EMBARRAS des grèves. nàtoɒk.
EMBARRASSER, v. tr. naklêya.
EMBELLIE, n. c. . . . tçillan-oɒa.
EMBELLIR, v. tr. . . miɒkɒoɒèktçinigaït.
EMBELLIR (s' temps),
  v. intr. . . . . . . kɒilaɒoɒ-paluk-toaɒk.
EMBOBINÉ, ÉE, adj.
  v. . . . . . . . . nimeɒtaɒk.
EMBOBINER, v. tr. . nimeɒtoyaɒk.
EMBOUCHURE, n. rac. paña (*se dit des rivières, des vases, des armes*)-
EMBOUVETER, v. tr. kipkaɒktaɒk.
EMBOUVETÉS, adj. v. kɒapañ-uktat.
EMBRANCHEMEMT. . de sentier : kɒaɒlivik. = — de rivière : kadjiaɒèk.
EMBRASÉ, ÉE, v. intr. ignin-moɒtoaɒk.
EMBRASER, v. tr. . . kukug'a.
EMBRASSER, v. tr. . iɒkɒita. = signif.. baiser : voir ce mot.
EMBROCHÉ, ÉE, adj.
  v. . . . . . . . . iniyaɒk ; *plur.*, iniyat.
EMBROCHÉE de poissons, n. c. . . . . . inidjivik.
EMBROCHER, v. tr. . un seul : nuvuyaɒk. = — plusieurs : nuvuyat.
EMBROUILLÉ, ÉE adj.
  v. . . . . . . . . imoɒtoaɒk. = kɒileɒktoaɒk (corde).
EMBRYON, n. rac. . . iblaw.
EMMAILLOTTÉ, ÉE,
  v. intr. . . . . . . nimeɒtòoyaɒk.
EMMAILLOTTER, v.
  tr. . . . . . . . . nimeɒtòya.
EMMANCHÉ, ÉE, adj·
  v . . . . . . . . . ipuɒaɒk.
EMMANCHER, v. tr . ipûɒa. = kɒaymitig'a.
EMMÊLÉ, ÉS, adj. v.. matçoloɒtoaɒk. = matçoɒleɒteɒtoaɒk.
EMMENER en captivité,
  v. tr . . . . . . . naɒktchaɒéknitoaɒk. = — plusieurs : -nitoat.
EMMORTAISÉ, ÉE,
  adj. v . . . . . . . kɒapañ-uktat.
ÉMONDÉ, ÉE, adj. v. aɒita-yig'aɒk.
ÉMONDER, v. tr. . . aɒita-yig'a.
ÉMOTION, n. v. . . . kɒèaniktçaɒneɒk.
ÉMOUSSÉ, ÉE, adj. v. igneɒktoaɒk.
ÉMOUSSER (s'), v. intr. ignipitoaɒk.
ÉMOUVOIR (s'), v.
  intr. . . . . . . . kɒéaniktçadjidjok.
EMPAQUETER, v. tr.. pugiyuaɒk.
EMPÊCHER, v. tr. . . d'aller : iñuk-tèïlig'a. = — de dire : oɒak-tèïlig'a. = — d'agir : tchénék-lig'a.
EMPENNÉ, ÉE, adj. v. tigmiɒaktok.
EMPENNER les flèches.. . . . . . . . tchûlleɒtoaɒk.
EMPESTER, v. intr. . mamañituliyuaɒk.
EMPETRUM NIGRUM
  (bruyère). . . . . . paonœɒèt.
EMPILER, v. tr. . . . nuatéɒèyoaɒk.
EMPILÉS, ÉES, adj. v. kɒaléɒit.
EMPLIR, v. tr. . . . . tchitkayoaɒtoaɒk.
EMPOCHER, v. tr. . . illéoɒɒiñniut tchiuyia.
EMPOIGNER, v. tr. . akwaɒòn. = tigulaɒnitoaɒk.
EMPOISONNÉ, ÉE, v.
  intr. . . . . . . . timna-itoaɒk.
EMPOISONNER, v. tr. kimnéytuvaɒk.

EMPOISONNER (s'), v.
  intr. . . . . . . . ikliutineɒlugo.
EMPORTÉ (être), v.int. oɒoloyuaɒk.
EMPORTÉ (être) par le
  vent. . . . . . . . tigita.
EMPORTER, v.' tr . . titkɒatçiutikkaɒ'a. = (vent) : titkɒag'a. = (glace) : naktçaloɒiya.
EMPORTER (s'), v. intr. oɒotoɒk.
EMPREINTE, n. rac. . tumiɒk ; *plur.*, tumit.
EMPRESSER (s'), v.
  intr. . . . . . . . kɒuïñitcheɒktoaɒk.
EMPRISONNER, v. tr. oɒkwaɒodjaɒa.
EMPRUNTER, v. tr. . liktçatçiyoɒk. = tchénédjidjoaɒk.
ÉMU (être). v. intr. . kɒèaniktçadjidjoɒk.
EN, prép. (marquant
  le lieu). . . . . . . *se rend par sur, dessus :* mi ; mik. = *avec mouvement :* mun. = v. g. — *canot :* kɒeyna-mik. = — *barque :* umiak-mi.
EN, prép. (marquant
  la manière). . . . *se rend par par :* néè, gnè. = v. g. — *nom :* atkɒañgnè.
EN ABONDANCE, loc.
  adv. . . . . . . . innuïaktulik.
EN AGE VIRIL, adj.. *homme :* añhòn. = *femme :* aɒnaɒk.
EN ALLER (s'), v. intr. aulaoɒk. = *va-t-en :* aïllœɒit.
EN AMONT, loc. adv. *voir en haut.*
EN ARRIÈRE, loc.adv. kiñuɒgàn. = tuno-mut. = *avec mouvement, i. e. à reculons :* kiño-muk. = tuno-mut. = tunom-nun. = *i. e. en retournant :* péɒeytoɒk. = *i. e. sur le dos :* nivœɒalaɒkluné. = *idem, avec mouvement :* nivœɒalañg.
EN AVANT, loc. prép. tçakɒaɒ-mut. = *avec mouvement :* tça-kɒaɒ-mun. = tçatkɒam-nun. = *i. e. sur le ventre :* pa-tçaɒkluné. = *id., avec mouvement :* patçañg.
EN AVOIR (y). . . . . aɒaɒtoɒoɒ.
EN BANDOULIÈRE. . uniotaɒk.
EN BAS, loc. adv. . . unàn. = atɒanun. = *avec mouvement :* àn-mun.
EN BIAIS, adj. v. . . iglùtitaɒk.
EN BONNE SANTÉ
  (être), v. intr. . . . tchuɒaïtoaɒk.
ENCADRÉ, adj. . . . avatchœɒo-tchimmanig'a.
ENCAPUCHONNER, v.
  tr. . . . . . . . . . natçag'a.
ENCAPUCHONNER
  (s'), v. intr. . . . . natçaɒktoaɒk.
ENCEINTE (être), v.
  intr. . . . . . . . nadjitaɒtoaɒk, tuña.
ENCENSER, v. tr. . . nalukataɒtoaɒk.
ENCHAÎNÉ, v. intr. . kɒileɒktçuanè.
ENCLOS, n. rac. . . . ɒè.
ENCOCHE. . . . . . . *des flèches :* itéɒioa. = — *de l'arc :* ku-bloɒok°.
EN COLÈRE (être), v.
  intr. . . . . . . . eɒkɒètchulimayoaɒk.
ENCORE, adv. . . . . aktçun. = maliñuya. = — *plus :* eyɒaɒ-tçoɒ. = *signif. et, aussi :* blu. = lu. = luoɒk.
ENCRE, n. c. . . . . mitchuktaɒk.
ENCRIER, n. c. . . . mitchuktaɒvik.
EN DEÇA, loc. adv. . tuglivut. = tugliɒtinnè (*avec mouvement*). = mikaani (C.).
EN DEDANS, loc. adv. atàn.
EN DEHORS, loc. adv. kɒatçàn. = — *du sentier :* aɒkɒutçineɒk-tçanéɒanè.

ENDENTÉ, ÉE, adj. . éppéoyaρk.
EN DERNIER LIEU,
loc. adv. . . . . . . kiñunœpèn.
EN DÉSORDRE, adj.. ima-itoρk.
EN DESSOUS, loc. adv. atanè. = atpanè.
ENDÊVER, v. intr.. . kρiñliñatuyoaρk.
EN DEUIL (être), v.
intr. . . . . . . . . tuρkρovik. = tuρkρovéa (maison, loge).
ENDIMANCHER(s'), v.
intr. . . . . . . . . adjuρaït: 1e pers.: adjukatka, kapkin.
ENDOLORI, v. intr. . néllañρoρneρk.
ENDORMIR, v. tr. . . tchinaktoρk.
ENDORMIR(s'), v. intr. winœρaρktoaρk.
ENDORMI (être), v.
intr . . . . . . . . . naléñinaρtaρk.
ENDROIT, n. rac.. . . kρaa.
ENDURER, v. tr.. . kρonoñaytuaρk.
EN ÉCHANGE, loc.
prép. . . . . . . . tutchaρtoρ.
EN ÉTÉ. . . . . . . auya-mi (C.).
EN FACE, loc. adv . . akunaρk.
EN FAISANT SEM-
BLANT, loc. adv.. . iyiktchuaρkluρilun.
ENFANT, n. rac. . . i. e. descendant, fils : nutaρk; plur.,
nutaρkρat. = iyayé; plur., iyaït. (et C.)
= — mâle (i. e. petit garçon) : nu-
kutpéaρk; plur., nukutpiρket. = — de
12 ans : nianéρagon. = — femelle (i.e.
petite fille : niuvéaρktçiaρk. = — en
bas âge : nukutpéρaluk. = — qui
commence à sourire : pitchukpaleρ-
neρk.
ENFANTER.. . . . . aniyoaρk.
ENFER, n. dér. . . . igneρtaρk.
ENFERMÉ, ÉE, v·intr. opkwaρodjaρk. = opkwaρodjuyoaρk.
ENFERMER, v. tr.. . opkwaρodjaρa.
ENFERMER(s'),v.intr. opkwaρtoaρk.
ENFILÉ, ÉE. . . . . nuwiyoρk (terme générique).
ENFILER, v. tr.. . . nuwiyoaρk.
ENFIN. . . . . . . . kiñunœpèn. = kiñuρgàn.
ENFLAMMÉ, ÉE, adj.
v. . . . . . . . . . igniñmoρtoaρk.
ENFLAMMER, v. tr. . kukug'a.
ENFLAMMER (s'), v.
intr. . . . . . . . . kρamimalœρaρklunè ikitkρitoaρk.
ENFLÉ, ÉE, adj. v... puρittuaρk.
ENFLER, v. impers. . puviyoaρk. = (eau :) ulitpaléayuaρk.
ENFONCEMENT, n. v. kañeρkρaρk.
ENFONCER, v. tr. . . tatidig'aρk. = — un dard : nappaρtoaρk.
= — le doigt, etc.: kapug'a. = — la
viande dans le chaudron : ayaρk-
tchaoρk, tchaρa.
ENFONCER (s'), adj.v. mauyaρtoaρk (se dit pour l'eau, la boue,
ENFOURCHÉ, ÉE. adj. etc.).
v. . . . . . . . . . ablaktoρk.
ENFUIR (s'), v. intr.. kρimàyoaρk (se dit aussi des animaux,
des esprits),
ENFUMÉ, ÉE, adj. v. puyuρaluktoaρk.
ENGAGER, v. tr,. . . piñoρtitçi-étakρaklotçadjaρa.
ENGAGER (s' à), v.
intr. . . . . . . . . anig'aρia.
ENGAINER, v. tr. . . kaymita.
EN GARDE (être), v.
intr. . . . . . . . . tçaρañ-oyoaρk.
ENGENDRER, v. tr. . nutaρaⁿignuaρk.
ENGLOUTIR (s'), v.
intr.. . . . . . . . kivigoáρk (se dit aussi du linge). = au-
loyoaρk (canot). = aktçayoaρk (rocher,

ustensile). = pulapkaρtoaρk (plusieurs
personnes ou objets).
ENGOUER (s' de), v.
intr. . . . . . . . . inuvioyaρtoaρk.
ENGOURDIR (s'). v.
intr. . . . . . . . . kρéρétaya.
ENGRAISSER, v. intr. tçuïañeρρaléayoaρk.
EN GRAND NOMBRE
(être), v. intr. . . . innuï-aktuat.
EN HAUT, loc. adv. . pàn. = tatpañma (locatif). = tatpào-
nut. = kρuliρ-nut. = kρabiaρ-nut.
EN HAUT (avec mou-
vement). . . . . . . kρon-mun. = kρolua-nun (position). =
tatpáo-mun. = tatpao-muña. = kρu-
liρ-mun. = kρabiaρ-mun. = puï·
yoρk.
EN HAUT (être), v.
intr. . . . . . . . . itçautig'a.
EN HAUT (d'), loc. adv. tatpam-anè.
EN HIVER, loc. adv.. ukkio-mi.
ENJAMBÉE, n. dér. . abloρàwn.
ENJAMBER, v. tr. . . abloρàwn-miyaρtoaρk.
ENJOLIVER, v. tr·. . miρkρoρèktçinig'aït.
EN L'ABSENCE DE
loc. prép.. . . . . . nalukaρklunè.
ENLACÉS, adj. v. . . iρkρèdjiodjoat.
EN L'AIR, loc. adv. . voir en haut.
ENLEVER, v. tr. . . . piyaρa. = — dans ses bras : nuléaρni·
toaρk.
EN MÊME TEMPS, loc.
adv. . . . . . . . . malikloρo.
ENNEMI, n. c. . . . akéρaρk; plur., akeρkρat.
ENNEMI (être), v. intr. niñaρtoaρk.
ENORGUEILLIR (s'),
v. intr.. . . . . . . añotigoyéaρktoaρk.
ENNUYER, EN-
NUYEUX, v. tr.. . epkρèma-tchuktu-liyoaρk.
ENNUYER (s'), v. intr. epkρèma-tchuktoaρk. = uvayaïluaρtoρk.
= ichumayoρk. = i. e. languir de
l'absence de quelqu'un : kρanilaρtuaρk.
ÉNORME, adj. . . . . añéyoaρ-pak. = añéyoaρ-paluk.
EN ORDRE, loc. adv.. immalik.
EN OUTRE, loc. adv.. inaliñguya.
EN PEINE (être), v.
intr. . . . . . . . . kigluktoaρk.
EN PENTE, adj. v... wiñaρtoaρk.
EN PLACE DE, loc.
prép.. . . . . . . . inañiρa.
EN PLEIN AIR, loc.
adv . . . . . . . . tçilla-mi.
EN PREMIER LIEU,
loc. adv,. . . . . . tçivuρnœpanè.
EN PRÉSENCE DE,
loc. prép. . . . . . tçatkρam-ni.
·EN PRINCIPE, loc.
adv.. . . . . . . . ako.
EN QUANTITÉ, loc.
adv. . . . . . . . . tamatkiρéït.
EN QUEL LIEU?. . . nàni?
ENRAGÉ, v. intr. . . uviakρéyoaρk.
ENRAGÉ (i. e. pester),
v. intr. . . . . . . kρinliñatuyoaρk. = kitchoρktoaρk.
EN RETOUR, loc. adv. tuktçéρon. = tuktçeρktoρ. = tuktchaρ·
toρktoat.
EN RETOURNANT . . péρeytoρk.
ENRICHIR (s'), v. intr. tchualuktoaρk.
ENRHOUÉ, v. intr. . . kapikiktoaρk.
ENROULÉ, ÉE, adj. v. kρilauñgudjidjoaρk.

ENSANGLANTÉ, ÉE,
v. intr. . . . . . kutulañeɸk.
EN SAUTOIR. . . . . uniotaɸk.
ENSEIGNÉ, v. intr. . illitçaɸktoaɸk.
ENSEIGNER, v. tr.. '. illitçapotçidjoaɸk. = comme prêtre :
naktçaɸktoaɸk.
ENSEMBLE, adv,. . tamaɸmik. = illagœlun.
ENSEVELI, IE, v. intr. tchauyoaɸk. = i. e. mis en cache :
illuveɸkɸ.
ENSEVELIR, v. tr. . . tchauyaɸa. = i. e. mettre en cache ·
illuvaɸa.
EN SOI-MÊME. . . . inmigoɸ. = avec mouvement : inminin.
ENSORCELER, v. tr.. tçokɸo-tçeɸkɸiyoaɸk.
EN SUITE, prép.. . . kiñuléa.
EN SUIVANT, prép. . kiñunœɸagun.
EN SUS, prép.. . . . maliñgoya.
ENTAILLE, n. dér.. . neɸtoleɸvik (voir aussi encoche).
ENTAILLER, v. tr. . kigaktoɸtoaɸk.
ENTAMÉ, ÉE adj. v. pilaktçidjaɸa.
ENTAMER, v. tr. . . pilaktçidjaɸktoaɸk.
EN TAS, loc. adv. . . imublonè.
ENTASSER, v. tr…. . nuakteɸtoat.
ENTASSÉS, adj. v.. . nuateɸkat.
ENTENDRE, v. tr.. . tutchâyok, yoa; impératif : tutchavit!
= — tout : illoɸnaɸkluɸit tutchâyéït.
ENTERRÉ, ÉE, v. intr. tchaoyaɸk.
ENTERRER, v. tr.. . tchauyoaɸk, yaɸa.
ENTÊTER (s'), v. intr. piktailiniktoaɸk.
ENTIER, v. intr. . . . animé : aulaytoɸk. = meɸkɸéɸtchaɸnœ·
ɸètoaɸk. = inan.: illañgneytoaɸk.
ENTIÈREMENT, adv.. tamatkeɸkluɸit. = illoɸnaɸkluɸit.
ENTORSE, n. v. . . • tunmakalataɸk.
ENTORTILLÉ, ÉE, adj.
v.. . . . . . . . kɸileɸtchoɸtoɸk. = kɸileɸktchuɸa (ani-
mé). = kɸileɸktchòn, = nimaɸon.
ENTORTILLER, v. tr. kɸileɸktchuvaoɸk. = nimaɸa.
ENTOURAGE de traî-
neau… . . . . . . nimeɸton. = katchoɸtœɸon.
ENTOURER, v. tr. . . nimeɸtoɸkloɸon. = nimeɸtoya (— d'un
linge).
ENTRAIDER (s').. . . aɸtçaɸpaléadjoak.
ENTRAILLES.. . . . eɸklo.
ENTRAINER, v. tr. . iɸkɸéatçuktoaɸk nutçupeɸnitoɸaloaɸk.
ENTRAVER, v. tr.. . nakléya.
ENTRAVERTIR (s'). . piktaylinikdjoak.
ENTRE, prép. . . . . akonœɸèt. = akiañané. = v. g. — deux
eaux : imam akiañané.
ENTRE-JAMBES (l').. peɸlaɸnaɸk.
ENTRE LES BRAS, loc.
adv.. . . . . . . kigumiaɸia. = kidjigumiaɸia. = —
mes bras : kigumiaɸiaɸa.
ENTRE LES MAINS,
loc. adv. . . . . . itimiaɸia. = — mes mains : itimiaɸiaɸa.
ENTRE LES JAMBES,
loc. adv.. . . . . ` abluméuktaɸia.
ENTRECHOQUER (s'), tçaɸmiɸaodjoak.
ENTREDÉCHIRER (s'), tigoɸaodjoak.
ENTREDÉVORER (s'). kigaodjoak.
ENTREDONNER (s').. aytoɸtodjoak.
ENTRÉE, n. rac.. . . ɸà.
ENTREFRAPPER (s') tigluaɸodjoak.
ENTR'ÉGORGER (s').. kibtçidjoak.
ENTRELACER (s').. . kɸaɸañuktutigaït.
ENTREPERCER (s'). . kaɸodjoak.
ENTREPOUSSER (s').. adjagaodjuak.
ENTREQUERELLER (s'). kɸanœɸoyoak.
ENTRER, v. intr. . . iteɸtoaɸk. = iteɸtoɸk. = uteɸtoaɸk, toɸa,
tutìn; impératif : itéɸit! = animal :

kɸakiyoaɸk. = objet : tuoɸktitoɸk. =
esprits, oiseaux, poissons : iteɸtoaɸk.
ENTRER (ne pas). . . itiñiktuaɸk.
ENTRETUER (s'). . . tokɸoɸo odjoaɸk,
ENTREVOIR, v. tr.. . tâleɸtoaɸk.
ENTREVOIR ( s' ), v.
mut. . . . . . . . takunaodjoaɸk.
ENTROUVRIR, v. tr.. itchuaɸtoɸtuaɸk. = — un livre : ikeɸné·
aɸiyoaɸk.
ENTROUVRIR (s'). . . (ciel) : ichiɸtchalaɸpaléayoaɸk. = (terre) :
tchikɸaléayoaɸk.
ÉNUMÉRER, v. tr.. . kitçitçidjoaɸk.
EN VAIN, adv.. . . . unin.
ENVELOPPE, n. dér. nimeɸk (de ameɸk, peau). = — du
traîneau : aɸktçaɸikòn. = — en pa-
pier, d'objet : puktçat. = — de lettre :
naktçiuyaktçat kɸaléuyaɸk.
ENVELOPPÉ, ÉE, v.
intr. . . . . . . . nimeɸtooyaɸk. = imolœɸoyaɸk.
ENVELOPPER, v. tr.. nimeɸtoya. = imolœɸoya.
EN VENANT, loc. adv. kɸeymun.
ENVERS, n. rac. . . . des peaux, des vêtements : illua. =
— d'un objet : ikig'a.
ENVERS, prép.. . . . tçaneɸkɸaɸa.
ENVIE, n. v. . . . . . ipitçameɸluk.
ENVIER, v. tr. . . . ipitçamaɸtoaɸk. = — plusieurs person-
nes ou objets : ipitçamaɸtoɸéït.
ENVIRON, prép. . . . pineɸluktòn.
ENVIRONNER, v. tr.. nimeɸtoɸkloɸon.
ENVOLER (s'). . . . tiñiyoɸk. = kétçiomitaɸtoaɸk. = pensée :
tçaɸkɸaɸkléɸéɸéodjia.
ENVOYÉ, n. v . . . . iyaɸktoɸk.
ENVOYER, v. tr.. . . iɸeɸkɸoyaɸk. = — queque chose : kilun·
muktitet. = — une lettre : nalunaït·
kɸutoaɸk, kɸuta. = — chercher : tili·
yiniktoaɸk.
ÉPAIS, SSE, adj.. . . ulameɸtoɸk. = i. e. dense : inéɸaɸtoaɸk.
ÉPAIS (être), de corps,
v. intr. . . . . . . puvalaluyaɸk.
ÉPAISSIR (s'). . . . . inéɸaɸtoaɸk.
ÉPANOUI, IE, adj. v.. ichibiaktoaɸk; plur., -toat.
ÉPANOUIR (s'), v. intr. ichibiaktoɸk.
ÉPARGNER, v. tr.. . piñgoɸteɸtoaɸk.
ÉPARPILLER, v. tr. . tchiaɸaït.
ÉPARPILLÉS, ÉES,
adj. v. . . . . . . tchamoë-oyoɸk; pur., -oyut.
ÉPATÉ, ÉE, adj.. . . kɸavik-itoɸk (le bout manque).
ÉPAULE, n. rac. . . . tuïk. = eɸdjik. = os de l'—: kéatçik.
= — d'animal : taleɸk (i. e. bras).
ÉPAULER, v. tr. . . . inâoya.
ÉPÉE, n. c. . . . . . tçavik-pak.
ÉPELER, v. tr. . . . tçukeɸtoaɸk.
ÉPERVIER, n. c« . . kitçiɸavik.
ÉPHÉMÈRE (insecte
névropt.) . . . . . . aɸkɸitlaɸk.
ÉPI, n. rac. . . . . . iɸnaɸk.
ÉPIDERME, n. c.. . . uvinnik. = kɸaɸk. = mon — : kɸaɸa.
ÉPIER, v. tr. . . . . . tchulaktçéaɸia.
ÉPIGASTRE, n. rac. . nédjiék.
ÉPIGLOTTE, n. rac. . igiyaɸk.
ÉPILER, v. tr. . . . . éɸɸétaɸtuaɸk.
ÉPILOBE (plante Ona-
grar). . . . . . . ivik-ikineɸk.
ÉPINE, n. plur. . . . kakillañnut.
ÉPINE dorsale, n. pl.. kiglitchuïnaït. = (une des vertèbres) :
kiglitchuïnaɸk.
ÉPINGLE, n. dér. . . tuɸuta-uyaɸk : (petite alène). = kuɸké-
lèn (cure-dent).

ÉPINGLER, v. tr. . . . kakéopkpapktoapk.
ÉPISSOIR, n. dér.. . . kpéputapk.
ÉPISSER, v. tr. . . . kpéputaptoapk.
ÉPLUCHÉ, ÉE, adj. v. amiyapk.
ÉPLUCHER, v. tr. . . amiyapa.
ÉPOINTER, v. tr. . . igniktçag'a.
ÉPONGER, v. tr. .. miluktitag'a.
ÉPOUSE, n. c. . . . nulléapk; *plur.*, nulléapeït. = *mon* —: nulléapa. = *ó mon* —: nulléamam!
ÉPOUSER, v. tr.. . . tchaga, gapia : *1e pers.* = nulléaptoapk.
ÉPOUSSETER, v. tr. . tchubluapag'a.
ÉPOUVANTER, v. tr. epktçiyoapk.
ÉPOUVANTER (s'), v. intr. . . . . . . . kpimayoapk.
ÉPOUX, n. c. . . . . nulléapk; *plur.*, nulléapéït. = *ó mon* —: wi!
ÉPROUVER. . . . . . *i. e. essayer* : udjeptotçidjoapk. = *ι. e. ressentir* : niopmiyun-miyaptoapk.
ÉPUISÉ, ÉE, adj.. . numuñtçidjoapk.
ÉPUISER, v. tr. . . . numuñtçitçadja.
ÉPUISER (s'), v. intr.. numuñtçidjoapk.
ÉQUERRE, n. dér. . . titepktòn.
ÉQUIPOLLÉS. adj.. . kpikepktaluit. = kpikepktat.
ÉQUITABLE, adj. . . tamapka. = tamêna.
ÉRIGÉ, adj. . . . . . omaptoapk.
ÉRUCTATION, n. rac. nitçapk. = nitçaulapon.
ESCABEAU, n. c. . . iktçipavik.
ESCALADER. v. tr. . pakinipaptoapk.
ESCALIER, n. . . . . tunmipkpatik.
ESCARPÉ, adj.. . . . kpiñaopk. = kpeymipk : *côte* —.
ESCARPOLETTE, n.c. apkluñeptâwn.
ESCLAVE, n. dér. . . tiguyapk (*capturé*). = tséyaktapk.
ESCLAVE, v. intr. . . kpimaganè, = anitéyuïléami (C.).
ESCOUBANE, n. rac., illàwn (*écumoire à glace*).
ESCROQUER, v. tr.. . tigiliktoapk.
ESPADON, n. c. . . . ugiunap-pak : (*le grand cornu*).
ESPÉRANCE, n. v.. . néppéopnepk.
ESPÉRER, v. tr.. . . néppéoktoapk (*se dit aussi pour attendre*).
ESPION, ESPIONNER, v. tr. . . . . . . . alayoaptoapk.
ESPRIT. . . . . . . anepnepk. = — *humain :* kadjunapk. = — *Saint :* Anepnepktakiyopk. = *i. e. âme humaine :* innulik.
ESPRIT (en), loc. adv. kadjunap-mik.
ESQUIMAU. . , . . . *en général :* innok; *plur.*, innoït. = — *des bouches de l'Anderson et du Mackensie :* tçiglepk; *plur.*, tçiglit. = — *de Churchill :* aggut; *plur.*, aggutit. = *Voir à la fin du dictionnaire l'énumération des tribus esquimaudes.*
ESQUIF, n. c. . . . umiapak.
ESQUIVER, v. tr. . . olopéaptoapk.
ESQUIVER (s'), v. intr. iyeptotoapk.
ESSAYER. . . . . . *de faire :* nuktop-kpaléotiktçi-tchénéya. = — *de marcher :* nuktop-kpaleptoapk. = — *un vêtement :* akiyiyoapk.
ESSENTIEL, LLE, adj. pimaptoapk.
ESSUIE - MAINS, n. dér. . . . . . . ibupun. = allapon.
ESSUYER, v. tr.. . . allapktipktoapk.= — *ses pieds :* tçalipoptoapk.
ESSUYER (s'), v. intr. tiblikiyaptoapk. = — *la bouche :* allapota.
EST (l'), n. c. . . . . tçanep anep-anep (mun).
EST-CE ASSEZ? loc. adv.. . . . . . . . taymaïn?

EST-CE QUE ? (il est final). . . . . . . . aïn? = èt? = kèt? = lonèt?
ESTIMABLE, v. intr. . kamapiapk.
ESTIMER, v. tr. . . . kamawtchuktuapk.
ESTOMAC, n. rac.. . tiñopk, = apkpéapopk.
ET, conj. . . . . . . lu. = blu. = l'u. = klu. = luopk. = lunè.
ÉTABLE, n. c. . . . . uminmappaït-iglua.
ÉTABLI, n. dér.. . . tchénnavik.
ÉTAI, ÉTANÇON, n. c. kpilutapk (*de mat*).
ÉTANCHER, v. tr. . . nipepkpotçeptova.
ÉTANG, n. rac. . . . tatçipk.
ÉTÉ, n. c. . . . . . . añuyapk. = añuyapa. = *en* —: añuyami. = *l'— dernier :* alpani (C.)
ÉTEIGNOIR, n. dér. . kpamitsapon.
ÉTEINDRE, v. tr. . . kpamitsaga. = tchubloapa (*en soufflant*).
ÉTEINDRE (s'), v. intr. kpamiyoapk.
ÉTEINT, TE, adj. v. . kpamiyoapk.
ÉTENDRE, v. tr.. . . itçapktig'a. = — *les bras :* itçaptoapk. = — *les jambes :* ichiptçilañeptoapk.
ÉTENDRE (s'), v. intr. itchapktchimayoapk. = ikpoëmachuktoapk.=(*arbre)*: nalépèmayoat.=(*eau):* ichipkpoñaptoapk. = (*feu):* maliktchimayoapk.=(*peuple):* ichiptçilañeptoat. = (*terre)* : ichivichimayoapk.
ÉTENDU, UE, v. intr. ichipchulañeptoapk = (*linge)* : ichuïtuapk.
ÉTERNEL, LLE, v. intr. . . . . . . . tchopaïtoapk. = tchokpotan-itoapk.
ÉTERNELLEMENT adv. . . . . . . . . itçuïtulimayoat.
ÉTERNUEMENT, n. v. taïyopktçapk.
ÉTERNUER, v. tr. . . taïyoptuapk. = *Quand un Esquimau éternue, les assistants répondent :* tapéoptoapk.
ÉTINCELANT, adj.. . tapalia-añepktçidjoapk.
ÉTINCELLE, d. dér. . awma-opnepk; *plur.*, awma-onat.
ÉTINCELER, v. tr.. . tapalia-añepktçidjoapk.
ÉTIOLER (s'), v. intr.. olopoyuat. = kpitoliyoat.
ÉTIRER, v. tr.. . . . nutçupa-odjoak.
ÉTIRER (s'), v. intr. . (*debout)* : ichaptoapk. = (*couché)* ichapkchimayoapk.
ÉTOFFE, n. c.. . . . tañepkp. = tañitçuk.
ÉTOILE, n. c.. . . . ublo-piapk; *plur.*, ublopiaït. = ublopéak (C.). = — *filante :* anapktopkp. = — *de mer (astérie)* : atigaoyat.
ÉTONNÉ, ÉE, v. intr. kpugluktoapk.
ÉTOUFFER (l'), v. tr. matudjidja. = — *dans l'eau :* ipipkaptig'a. = — *par la fumée :* kaymutag'a. = — *son enfant en dormant :* tatita.
ÉTOUFFER (s'), v. int. tupittuapk. = — *en dormant :* tatitoapk. = — *en buvant :* tchitopéytuapk.
ÉTOURDI, IE, v. intr. iyupkapkiya.
ÉTOURDIR, v. tr.. . akimupiya.
ÉTOURNEAU, n. c.. . tçipkpékpè-aluk.
ÉTRANGER, n. c.. . . allañ-ayopk.
ÉTRANGLÉ, ÉE, v. v. intr. . . . . . . . kpaptitçiya.
ÉTRANGLER, v. tr. . kpaptigudja. = igiananik tigudjidja.
ÉTRANGLER (s') v. réfl. . . . . . . . . inminik kpaptitçidjoapk.
ÉTRE, v. subst. . . . *se rend par les finales* itoapk, oyuapk *ajoutées aux adjectifs. et par l'intercalation de la particule* pi. = *Ex.:* apañçiwopk : *il est son père.*
ÉTRE (y), v. intr. . iktçivayoapk.
ÉTREINDRE, v. tr... ipkpéitoapk, tapa, tatin.
ÉTROIT, TE, adj. . . nopikituapk. = tatiyoapk.

8

ÉTROIT (à l'), loc. adv.    tatiblunè.
ÉTUI, n. rac. . . . . .   popkp. = uyamma.
EUCHARISTIE, n. c. .   Nunatchénéya-akutoyauta.
EU ÉGARD A, loc.
  prép. . . . . . . . .   taykan. = akkianè.
EUNUQUE, n. c. . . .   igiok-itopk.
EUROPÉEN. . . . .   kpablunapk ; *plur.*, kpablunèt (*les cou-
ronnés, ceux qui portent une couronne,
un couvrechef (chapeau)*).
EUX, ELLES, pr. pers.   (*présents*) : okkoa. = (*absents*) : tapkoa.
ÉVANGILE, n. c. . .   J.-C, kpaléuyapa.
ÉVANOUIR (s'). . . .   nukigeptoapk. = éppévíopaptoapk.
ÉVANOUISSEMENT ,
  n. v. . . . . . . . .   éppévíopapnepk.
ÉVAPORÉ, ÉE et ÉVA-
  PORER (s'), adj. . .   tigiyoptoapk.
ÉVEILLÉ, ÉE, v. intr.   tupapa (*aprés avoir dormi*). = — *d'es-
prit* : illitchimañoyaptopk. = *i. e. ne
pas dormir* : itkpomanepkpotoyoapk.
ÉVEILLER, v. tr. . . .   tupapniktoapk.
ÉVEILLER (s'), v. intr.   tupaktoapk.
ÉVENT, n. dér. . . .   puya-olik.
ÉVENTÉE, ÉVEN -
  TER (s'), v. intr. .   tigiyoptoapk.
ÉVÊQUE, n. c. . . . .   naktçapiyap-pak.
ÉVIDÉ, ÉE, adj. v. . .   patkpéptoapk.
ÉVIDER, v. tr. . . .   pateptoapk.
EXAGÉRÉ, ÉE, adj. v.   agliliyapk.
EXAGÉRER, v. tr. . .   aglilipa.
EXAMINER, v. tr. . .   takonpagapa.
EXAUCER, v. tr. .   ipiktçidjoktçapk.

EXCAVATION, n. c. . .   piñoptçapiuk.
EXCÉDER, v. tr. . . .   *en taille* : takilœpa. = — *en grosseur :*
añilœpa.
EXCELLENT, TE, v.
  intr. . . . . . . . .   nakoyoapk.
EXCEPTÉ, prép. . . .   inuviaktunik.
EXCESSIVEMENT, adv.   añéyomun-aklapkàn.
EXCOMMUNIER, v. tr.   igitoapk.
EXCRÉMENTS, n. rac.   anapkp.
EXCUSER, v. tr. . .   piumililig'a.
EXCUSER (s'), v. intr.   tchipkpoptçidjoapk.
EXÉCUTER, v. tr. . .   tiliya.
EXHALER, v. tr. . . .   tchupukomiyaptoapk.
EXHALER (s'), v. intr.   tikumiyoapk.
EXISTENCE, n. c. . .   innutçapk.
EXISTER, v. intr. . .   òmanepktoapk.
EXORCISER, v. tr. .   Topnpapk igitoapk.
EXPANSION de rivière.   népòtonepk.
EXPECTORER, v. tr. .   niopmiktoapk.
EXPIRER, v. intr. . .   iteynaniktoapk.
EXPLIQUER, v. tr. . .   tutchamañgitoapk.
EXPLIQUER (s'), v. int.   tutchayotçidja (*i. e. se faire comprendre*).
EXPLORER, v. tr. . .   kpénepktoapk.
EXPLOSION, n. v. . .   tchiñnulayoapk.
EXPRÉS, adv. . . . .   opotpit.
EXTÉRIEUR, n. c. . .   tçillata. = *à l'—:* tçillatàn.
EXTRAVAGUER , v.   illitçimañuyaleptoapk.
EXTRÊME, adj . . . .   itçukméopk.
EXTRÊMEMENT. . . .   oñéyomun-aklapkàn. = piluaptopk.
EXTRÉMITÉ, n. rac. .   itçuk. = avatik. = kappa (*des arbres*).
EXTRÉMITÉ (à l'), loc.   itçuk-mi. = itçu-kappa.

# F

FABRIQUER, v. tr. . .   tchénéyoapk.
FAÇADE, n. rac. . . .   tçatkpa (*i. e. devant*).
FACE, n. rac. . . . .   kînapk.
FACE A FACE, loc.
  adv. . . . . . . . .   akunapk.
FACHÉ, ÉE, v. intr.   opotoapk. = epktçitçiyaktoapk.
FACHER (le), v. tr. . .   opolotçidja.
FACHER (se), v. intr.   tchukaptitoapk. = katçopnikayopktoapk.
= *ne pas —:* tchukaptitchuiktoapk.
FACHEUX, v. intr. . .   opoloyuapk (*i. e. de mauvais caractère*).
FACILE, adj. . . . . .   òkitopk.
FACILEMENT, adv.   okituapklunè.
FAGOT, n. c. . . .   nimapodjapk.
FAIBLE, v. intr. . . .   apktuñ itçidjoapk. = tchukañayoapk. =
*étoffe —* : tçigalayoapk. = *voix —* :
nipikitwapaluk.
FAILLE de terrain, n.
  dér. . . . . . . . .   kiviktapk.
FAIM. n. rac. . . . .   kàk[i].
FAINÉANT, v. intr. .   tchuliktuapk,
FAIRE, v. tr. . . . .   tchénéyoapk ; *passé* : tchénéyoatka ;
tchénéloaptoapk ; *impératif* : tchéni-
gin ! *et* tchénépit ! = *en compos.*:
tçidjoapk. = tchénéyapalua : *qui a
fait.* = — *par soi* : umiña minik
tchénéyoapk. = —*pour soi :* uvamnun
tchénéyoapk. = — *de rien* : tchuma-
inap-mig'a.

FAIRE (i.e. commettre)   tchuléapoaptoapk.
  — (se), v. intr. . . .   tchénéitoktçapk. = — *homme* : inomnik
tchénéitoktçapk. = inéoptoapk, toami.
  — AVEC LES MAINS.   itçapkpiyoapk.
  — ATTENTION. . . .   aypan-añepkpotcheptoapk. = *fais atten-
tion !* aypan añepkpotchéppèn !
  — BEAU, v. impers.   tçilla-piktçidja.
  — BIEN, v. tr. . . .   tchéokat.
  — BON, v. impers. .   tçavap-eytopk. = kigœli-itopk.
  — BOUILLIR. v. tr. .   tchépatit-tçidjoapk.
  — CALME, v. impers.   tçillapiktçidjoapk.
  — CAS, v. intr . . .   añepkpotcheptoapk. = alañnua-nik-
toapk. = *ne pas —* : naluïyo-oyapk-
toapk.
  — CHAUD, v. impers.   onapktoapk. = uunakum (C.).
  — CHAUFFER, v. tr.   onapktitçig'a.
  — CLAIR DE LUNE,
  v. impers. . . . .   kpépnœpèatçiaptoapk.
  — COMPRENDRE (se)
  v. intr. . . . . .   tutchavaleptçagapa.
  — CUIRE, v. tr. . .   ipayoapk.
  — DE LA BABICHE
  (i. e. des lanières).   tçavipaptoapk.
  — DE L'EAU, (i. e,
  creuser la glace
  pour en puiser). .   immepktatoapk.
  — DES BASSESSES.   kpolonapnitoapk.
  — DES CORDES, v. tr.   kpébiapk.

FAIRE DES EFFORTS,
v. intr. . . . . .   kumaylatçidĵoaᵽk.
— DES ENTAILLES,
v. tr. . . . . . .   titœᵽaᵽtoaᵽk.
— DES FLÈCHES, v.
tr. . . . . . . . .   kᵽaᵽdĵiyoaᵽk.
— DES GALETTES,
v. tr. . . . . . .   akutoyaléoᵽktoaᵽk.
— DES GESTES en
chantant, v. intr.   tchokolayoaᵽk.
— DES MERVEILLES
v. tr. . . . . . .   nañineᵽ-minik-toaᵽk.
— DES RIGOLES, v.
tr. . . . . . . . .   pigiwikléoᵽtoaᵽk.
— DEUX CHOSES A
LA FOIS. . . . .   malœᵽolak-tçidĵoaᵽk. = — *deux choses*
     *consécutivement* : tçivuligéaᵽtoaᵽk.
— DIRE (lui), v. intr.   pitkᵽuñita.
— DU FEU, v. tr.   ikitĵun. = igneᵽk-tchénéyoaᵽk.
— DU BOIS (i. e. al-
ler en ramasser)..   kᵽéᵣuktak-taᵽtoaᵽk.
— DU PARCHEMIN,
v. tr. . . . . . .   tçaluktoaᵽk.
— DU TABAC, v. tr.   iyaᵽtçidĵoaᵽk. (*i. e. en hâcher*).
— DU VENT, v. im-
pers. . . . . . .   ꭤnoᵽè-ayoaᵽk. = aniyoaᵽk (C.). = kᵽa.
     yiyoaᵽk.
— ENTRER, v. tr. .   *anim.:* iteᵽkᵽoya. = *ɪnan.:* iteᵽtitig'a.
     = — *à force :* tatiteᵽtoaᵽk.
— FACHER (le), v.tr.   oᵽolotçidĵa.
— FAUX FEU(arme),
v. impers. . . . .   tchiugum-ayoaᵽk.
— FRIRE, v. tr. .   ipuliᵽawn tchénéyoaᵽk.
— HALTE, v. intr. .   nutkᵽatoaᵽk.
— HOMME (se), v. tr.   inéoᵽtoaᵽk, taᵽma, *1ᵉ pers.*
— HONTE (lui), v.
intr. . . . . . .   taloᵽktuliyoaᵽk.
— JOUR, v. impers.   kᵽawma-ᵽéatçiaᵽk.
— LA BARBE (se), v.
intr. . . . . . .   kᵽioᵽaᵽtoᵽk.
— LA CUISINE,v.tr.   ig'ayoaᵽk, yoaᵽa, *1ᵉ pers.*
— LA GÉNUFLEXION...   kᵽeypiléaᵽk, léna, *1ᵉ pers.*
— LA GUERRE, v. tr.   aképaᵽtoyoaᵽk.
— LA JONGLERIE,
v. tr. . . . . . .   uniñoyuaᵽk, yuaᵽa.
— LA MOUE, v. intr.   mameᵽtuniktoaᵽk.
— LA PAIX, v. intr.   tchumiñodĵa. = otçeᵽtoat.
— LA SOURDE
OREILLE, v. intr.   tutchâmañituaᵽk.
— LE CHEMIN, v. tr.   apkᵽutçinéoᵽtoaᵽk.
— LE COMIQUE, v.
intr.. . . . . . .   kᵽitutçuktçaᵽtoaᵽk.
— LE FOU, v. intr..   titañuyaᵽtoaᵽk.
— LE GUET, v. intr.   tupaᵽniktoktçaᵽk.
— LES GROS YEUX,
v. intr.. . . . . .   wiloᵽtoaᵽk.
— LE SIGNE DE LA
CROIX, v. intr. .   tikuaᵽtoᵽtuaᵽk.
— LES PETITS YEUX
v. intr.. . . . . .   tçeᵽkᵽubiuñ-aᵽtoaᵽk.
— L'HOMME, v. intr.   aontibioyaᵽtoaᵽk.
— LUMIÈRE A, v.int.   ikinœᵽaᵽtoaᵽk.
— MAL, v. intr. . .   kutchoᵽtoᵽk. = *lui* — : nalucheᵽtoᵽ-
     toaᵽk, tuña.
— MAL (se), v. intr.   nalucheᵽtoᵽtoaᵽk, toami.
— MALGRÉ SOI, v tr.   amañuyaᵽtoaᵽk.
— MOURIR (le), v. tr.   tokoᵽyuaᵽk. = — *par la jonglerie :*
     tçokᵽo-tçeᵽkᵽiyoaᵽk !

FAIRE NAUFRAGE,
v. intr. . . . . .   kinuyoaᵽk.
— (NE PAS) . . .   tchuliktuaᵽk. = *ne fais pas cela!*
     tchènèteyliya!
— NOIR, v. impers..   imòmayaᵽk.
— NUIT. . . . . .   unuañoyuaᵽk.
— PAR LA PENSÉE.   tchumaïnaᵽmig'a.
— PEUR, v. tr. . . .   eᵽktçitam-itoaᵽk.
— PITIÉ, v. intr. . .   tchualuiktuaᵽk.
— PLACE, v. tr . .   ininiga. = *étant assis :* ininiktig'a.
— POUR LUI, v. tr.   tchééneᵽtkᵽoya.
— PORTAGE, v. tr.   ibiaᵽiaᵽtoaᵽk.
— PRISONNIER, v.   kᵽimañgniktoaᵽk. = aniteyniliktoaᵽk.
— RIRE, v. tr. . . .   kᵽitutçuktçaᵽtoaᵽk.
— ROTIR, v. tr. .   adĵikeᵽktoᵽtoaᵽk.
— SEMBLANT, v. tr.   *se rend en ajoutant la suffixe* to *à la*
     *racine des V. dont on change alors lᴀ*
     *désinence en* yaᵽtuaᵽk. v. g. — *de*
     *manger :* néᵽᵽè-to-yaᵽtuaᵽk. = — *de*
     *dormir :* tchinik-to-yaᵽtuaᵽk. = —
     *de faire :* tchéné-to-yaᵽtuyaᵽk.
— SANS LE VOU-
LOIR, v. tr. . . .   kᵽigluktuaᵽk.
— SÉCHER, v. tr. .   paniᵽtoᵽtoaᵽk.
— SENTINELLE, v.
.   tupaᵽniktoktchaᵽk. = mak-tchilak-taᵽ·
     toaᵽk.
— SIGNE, v. intr. .   *de venir :* nuluᵽaᵽtoaᵽk. = — *en agitant*
     *un linge :* nuluatukuni (C.). = — *des*
     *yeux :* iyiñgmiktoaᵽk. = tikuaᵽtoaᵽk :
     (*simpliciter*); *ɪmpératɪf :* tikuaᵽon !
— SILENCE, v. intr.   tçéᵽèkabiuktuat.
— SOLEIL, v. impers.   tchikᵽéné-itoᵽk.
— SOUFFRIR, v. tr.   tchuᵽeᵽktuliyoaᵽk.
— TÊTER, v. tr. . .   miluktutçidĵoaᵽk.
— TOILETTE, v.
intr.. . . . . .   tçavaᵽkᵽéyoaᵽk.
— TOMBER, v. tr. .   piñudĵidĵoaᵽk.
— TOUT, v. tr.. . .   illoᵽnaᵽkluᵽit-tchénéyoat.
— UN HOMME(créer).   inéoᵽtoaᵽk.
— UNE HUTTE DE
NEIGE, v. tr. . .   igluliyoaᵽk. = aputçioᵽtoaᵽk.
— UNE BOULE DE
NEIGE, v. tr. . .   anmaloᵽektçag'a.
— UN FAUX PAS, v.
intr. . . . . . .   pukaᵽtoᵽtuaᵽk.
— VENIR, v. tr. . .   kᵽaïtkᵽoya.
— VOIR, v. tr.. . .   takuᵽkalaktag'a.
FAISAN.. . . . . . .   *voir* coq de bruyère. (*tetrao phasia-*
     *nellᴜs*).
FAISCEAU, n. c.   kᵽaᵽioyaᵽk.
FAIT (fabriqué), adj. v.   tçuliyoaᵽk. *plur.*, tçuliyoat. = tchénéya.
FAIT (action) n. r. .   piuva. = piliuva.
FAITE, n. rac. . .   kaᵽᵽa.
FAIX, n. dér. . .   nanmalik.
FALAISE, n. c. . .   kᵽeyᵽotchukᵘ. = — *sablonneuse :*
     tçivoᵽak-tçoaᵽkᴜuk. = — *terreuse :*
     ipeᵽk-tçoaᵽkᴜuk.
FAMILLE, n. pl . .   kitoᵽnaᵽèt.
FAMINE, n. pl. . .   neᵽkᵽè-iloaᵽtut.
FANÉ, ÉE. adj . . .   kᵽitoliyoaᵽk. = oloᵽoyuaᵽk.
FANER (se), v. impers.   kᵽitoliyoat. = oloᵽoyuat.
FANGE, n. rac. . . .   maᵽak. = machak (C.).
FANON de baleine,
n. c. . . . .   tchuᵽkᵽaᵽk. = *plur.*, tchuᵽkᵽaït.
FANTOME. .   innulik.
FAON. . .   *de renne :* noñᵽaᵽk. *plur.*, noñᵽéït. =
     — *d'élan :* awpilaᵽtoᵽ.
FARDEAU, n. dér.. .   nanmalik.

FARINE. n. c.... tapéop-nito-aluk.

FAROUCHE, v. intr. . (*personne*) : tçuméutçimañitoapk. = (*animal*) : kpuïnapk-tuyuapk.

FASCINE. n. c. . . nimâpodjapk.

FATIGUÉ, v. intr. . yapayòn. = yapayopkp, yuña. = (*du travail*).

FAUCON..... kigipavik.

FAUSSEMENT, adv. . tamadjañ-illuapl'uné.

FAUSSES-COTES. . . nuvuliktçèt.

FAUT (il), inconj. . piwok. = *il ne = pas* : pitçi.

FAUTE, n. c. . . tammaptookp. = *c'est ma faute!* tchu-léapoaptoami. = *par ma faute* : in-mipun.

FAUTE DE, loc. prép. itopop.

FAUVE, adj... . kepneptoapk.

FAUX, adj. . . tamadjañituat. = *œil* — : iyaoyapk.

FAVORIS, n. c. . uluapon ; *plur.*, uluapotit.

FEINDRE, v. tr.. . . pepktaléyoapk. = — *d'aller* : péatkpo-lodjuapk.

FÊLÉ, adj. . . . . . mipkpéptchapnepk.

FÊLURE, n. rac. . kpuvepk ; *plur.*, kruvit.

FEMELLE. . . . . *des petits animaux* : kibiopk. = — *des ruminants* : kulavak. = — *en général* : apnènœpapk. = *être* —: apnènœpa-oyuapk.

FEMME, n. rac. . . apnè. = añpènak (C.). = — *adulte* : apnapk. = *belle* — : anânauwok. = *jeune* — : niviapktçiapk. = *vieille* — : apkpotçaluk. = *i. e. épouse* : nulléapk. = *ma* —: nulléapa. = χénéñlié (C.). = *ó ma* —: nulléamam!

FEMME (être), v. intr. apna-oyuapk.

FÉMUR, n. c. . . kpupktopapk.

FENDILLÉ, ÉE, adj.. kpuvitopk.

FENDU, UE, adj... . mipkpeptçapnepk.

FENÊTRE. . . . ipalepk. = — *de glace* : kpeyleytit.

FENTE, n. dér. . . kpuvepk ; *plur.*, kpuvit. = kpupapk.

FER, n. rac.. . . . tçavi. = tçavitkpapk : *fer blanc.* = — *rougi* : ivitapk.

FERME, v. intr.. . àtchuïtopk (*inan.*).

FERMÉ, ÉE, adj. v. upkuaplé. = kpiputçeptuapk. = — *à clef* : kpipun-itopk.

FERMER, v. tr. . . . okoapa. = illigoapk, gipa, gòn. = map-titoapk. = — *à clef* : kpiputoapk. = — *la bouche* : mameptoapk. = — *les yeux* : tçikoniñaptopk. = — *l'o-reille* : umiktçimayoapk. = umpimayo-apk. = — *un couteau* : nappayaptoapk. = tchepkpopktoapk. = — *un livre* : maptitoapk. = *ferme!* (*impératif*) : okuan ! = maptitup !

FESSE, n. rac. . tchivéapk. = mìmék (C.).

FESTIN, n. c. . néppémappkut.

FESTINER, v. tr. innuïtoptoapk.

FESTON, n. pl. . . killiktat.

FÊTE, n. c.. . . ubluppak, = ublupk-takiyopk.

FÉTICHE, n. dér. . . kpilakpòn.

FÉTIDE, adj. . . . . mamañ-itopk.

FEU, n. rac.. . . . . ignepk. = ukg'a (C.). = — *dans les bois, i· e. incendie* : ikìnepk. = — *doux* : imapktçuatçiapk.

FEUILLE, n. rac. . kpoapak. = kpoapeïk; *plur.*, kpoakpat. = atuma-uyak (C.). = — *des cóniféres* . apitapk ; *plur.*, apitat. = — *de papier* : mamañ-oyapk.

FI ! interj. de dégoût.. pwapk !

FIANCÉ, ÉE, n. v.. . kpumigiyayluaptopk.

FIBRE, n. dér. . . . nokpapòn ; *plur.*, nokpapotit.

FICELLE, n. rac. . . kpébiapk.

FICHÉ, ÉE, adj. v. . kapodjiapk. = *couteau* —: nappaptuapk.

FICHER, v. tr.. . . . nagepktçidjoapk. = udjepkpaoyapk-ap-klunè-tuptçaptuapk. = — *un couteau en terre* : nappayapktita.

FIEL, n. dér. . . . imapopkp. (*de imapk, eau*).

FIENTE, n. rac. . . . anapkp.

FIER, ÈRE, v. intr. . añotigoyéapktoapk.

FIER A (se), v. intr. kiñgmuitchuïtopk.

FIÈVRE, n. dér. . . . kidjiâwn.

FIFRE, n. v. . . . . toptuapk.

FIGÉ et SE FIGER, v. intr. . . . . . . atçueptoapk.

FIGURE, n. rac. . . kinapk· =·— *de la lune* : tatkpèm-innopk.

FIL, n. rac.. . . . . ivalok; *plur.*, ivalot. = — *de caret* : kpubiak-tçapk. = kilayutiktçat. = — *d'archal* : amupâwn. = — *de la vierge* : pilœpaña. (*Les Esquimaux en attribuent la formation aux four-mis; les Dénès aux araignées.*)

FIL (i. e. tranchant). kina.

FILE et A LA FILE. . wiwulœpéït.

FILET, n. rac.. . . . kpubiapk. = *i. e. réseau quelconque* : idjigapk (v. g. *moustiquaire*).

FILLE (puella), n. c.. apnapénapk. = *petite* —: niuvéapktçapk.

FILLE (nata). . . . niwidjiapk. = nivieptçapk. = *ó ma* —! ayo!

FILOU, n. v. . . . tigiliyoyuapk.

FILS, n. rac.. . . . . nutapk; *plur.*, nutapkpat. = *mon* — : nutakpa, tapktin, tapa. = iyayé; *plur.*, iyaït (C.).

FILS UNIQUE . . . . ataotçipk-aptalik. = ataotçipk-apktapk.

FILTRE, n. v. . . . . inœpaptoapk.

FILTRÉE, adj. v.. . . inœpaptopk.

FILTRER, v. tr. . . . inœpaptita.

FILTRER, v. impers.. inœpaptopk.

FIN, n. rac.. . . . . itçuk. = avatik. = — *à la* —: kiñunœpèn. = — *du monde* : tchikpomanéap-toapk.

FIN (i. e. mince), adj. naïtopk.

FINAL, LE, adj.. . . itçukméopk. = *i. e. dernier* : kiñulepk.

FINALEMENT.. . . . kiñunœpèn.

FINI, IE, adj. v. . . . utçeptun. = utçeppéun. = (*discours*) itçu-eytut.

FINIR, v. tr. . . . . utçéatopk.

FIOLE, n. c.. . . . . moppaoyapk.

FIRMAMENT, n. rac.. kpeylapk.

FISSURE, n. dér. . . kpumnepk.

FIXÉ, ÉE, adj. v. . . pituktapk.

FIXER, v. tr.. . . pituktuapk.

FLAGEOLET, n. v.. . toptuapk.

FLAIRER, v. tr.. . . neyktchaptopk. = neywopk.

FLAMBEAU, n. c.. . inépoyapk.

FLAMBER, FLAMME, v. impers.. . . . . ikoalapktoapk.

FLAMMÈCHE, n. c . . awma-opnepk; *plur.*, awma-onat.

FLANC, n. c. . . . . tçanipapk. = nipku (C.).

FLANER, v. intr. . tchuliktuapk.

FLAQUE, n. dér. . . immaptçuk.

FLASQUE, adj. v.. . . opktchoatoapk.

FLATTER, v. tr.. . . apglilipa, ligapa, 1e *pers*.

FLATTER (se), v. intr. apglileptoapk.

FLATUOSITÉ, n. rac.. nilepk.

FLÈCHE, n. rac . . . kpapiopk ; *plur.*, kpapiot. = kiguvak. = kayèpok (C.).

FLÈCHE EN FER en crémaillère. . . . tçavilik. = apnaoalik. = ipulipaïtop.

FLÈCHE EN OS. . . katkɔok. = kukkikɔoɔk. = — *à tête carrée* : tçiuluek.

FLÈCHE EN FER. . . *en cœur* : topotaoyalik. = — *de forme antique* : tchan-miaɔk.

FLÈCHE PRISMATI-
QUE. . . . . . . kɔiénmiulik.

FLÉCHIR le genou. .
impers. . . . . . akɔubiyooktoaɔk.

FLÉTRI (se flétrir). . kɔitoliyoaɔk. = olopoyuaɔk.

FLEUR, n. dér. . . . nuvuyak; *plur.,* nuvuyat (*de* nuvuk, *pointe*).

FLEURI,.FLEURIR, v. ichibiaktoaɔk.

FLEUVE, n. c. . . . kuɔ-vik.

FLEUVE MACKENSIE. kuɔvik. = tawaɔak-kudjiga.

FLEUVE ANDERSON. kɔatçitoɔméoɔk. = tawaɔak-kɔéneɔtoɔ.

FLEUVE PEEL. . . . aɔvéɔon.

FLEXIBLE, adj. . . . aɔéoɔa.

FLOCON de neige, n.c. kɔanik-paɔk.

FLOT, n. rac. . . . . ulik.

FLOTTER, v. intr. . . naluktoaɔk. = — *au vent* : kɔayniktoat.

FLOTTEUR de filet. . paktaotit.

FLUET, v. intr. . . . tuɔyaɔktuaɔk.

FLUIDE, n. v. . . . . uyuméɔèaɔayoaɔk.

FLUX, n. v. . . . . . iméɔiuñ miyaɔtoaɔk.

FŒTUS, n. rac. . . iblaw. = iblawk°. = — *hum.:* nadjitalik.

FOI, n. v. . . . . . . añeɔneɔk.

FOIE, n. c. . . . . . naɔukaɔk.

FOIN, n. rac. . . . . ivœɔit. = iwik (C.). = iwik-kakuni (C.) : *petit foin*.

FOIS, n. dér. . . . . atoɔtlun.

FOIS (à la), loc. adv. . tamaɔmik. = kalodjat.

FOIS (deux), loc. adv. . malœɔo-atoɔtlun.

FOIS (une), loc. adv. . ataɔtçi-atoɔtlun (*Ainsi de suite de tous les noms de nombre*).

FOISON (à), loc. adv. . tamaïta.

FOLATRER, v. intr. . titañuyaɔtoaɔk.

FOND, n. rac. . . . . ataa. = *au* — : ataàn.

FOND de lac, n. dér. apéa-lik.

FOND de l'eau, n..c.. tuñawik.

FONDATION, n. c. . . nunam-illua-nituak.

FONDEMENT, n. rac. iteɔk. = — *d'édifice* : tùnnak.

FONDRE, v. impers. . awktoaɔk. = kɔoɔloktoaɔk.

FONDRIÈRE, n. rac. . mauyaɔk.

FONDU. UE, adj. v. . aoɔkɔéyoaɔk.

FONTE, n. c. . . . . tçavi-aoɔkɔéyoɔk.

FONTE des neiges, v.
impers. . . . . . . upinœɔatchaɔtoaɔk.

FORCE, n. dér. . . aɔktòn.

FORCÉ, ÉE, v. intr. . pitçéɔèlatçiyoaɔk.

FORCÉMENT, adv. . . pitçéɔèlatçiblunè.

FORCER, v. tr. . . . âmanago.

FORCINE (loupe végé-
tale). . . . . . . piñiñgtik.

FORÊT, n. c. . . . . nappaɔtoyoɔk. = —*épaisse* : nappateɔtat.

FORÉ (i. e. percé) . . ânmaneɔk.

FORGÉ, ÉE, adj. v. . kauwaɔk.

FORGER, FORGERON,
v. tr. . . . '. . . kawktuaɔk. = tçavilioɔtoaɔk.

FORMER, v. tr. . . . *se rend par la suffixe* yéoɔtoaɔk *ou* yioɔtoaɔk *ajoutée au nom de l'objet que l'on forme.* v. g. — *une statue* : inno-yioɔtoaɔk. = — *une maison* : igloɔoyéoɔtoaɔk.

FORNICATION, n. v. . kutchuktu.

FORNICATEUR, FOR-
NIQUER, v. intr . . kutchuktoaɔk. = kutchoɔtoɔk. = kuyañ·niktoaɔk.

FORNIQUER, (ne pas). kuyayuïktuaɔk.

FORT, TE, adj. et v.
intr. . . . . . . . *animé* : aktçut. = aɔktoɔa. = aɔtoɔklo. = kɔumeytoɔk. = aɔkton-itoaɔk. = *inan.:* aɔktoɔa. = akitoyuaɔk. = — *au goût* : umilaña umiyaɔtoaɔk. = — *à l'odorat* : mamañ-itoɔkɔ. = — *à l'ouïe (son)* : iktulaɔtoɔk.

FORT (très). . . . . aɔktoɔpawñmiñga.

FORT (i. e. très), adv. unuɔtur. = — *bien* : tçavaɔiga.

FORT-DE-TRAITE, n.
c . . . . . . . . igloɔ-ɔòk.

FORTEMENT, adv. . . aɔktoɔaklunè.

FORTUITEMENT, adv. upinœgaɔkl  uɔu.

FOSSE, FOSSÉ, n. c. . kɔogwiktçak.

FOSSES nazales, n. pl. âɔmanat. = *sing.:* âɔmanak.

FOSSETTE, n. rac. . . tûttak. = — *des joues, plur.:* tuttaït. (*C'est aussi le nom que les Esquimaux donnent aux* labrets *ou ornements desjoues*).= kɔow-ilœɔot : *de la gorge.*

FOSSILE de madrépore *cyatophyllum* : kukòn. = — *de l'Éléphas primigenius* : kilékuvaɔk.

FOU, v. intr. . . . . tutchaomañgitaɔkut. = *i. e. léger* : titañ·uyaɔtoaɔk. = illitchimañoyaɔtoɔk.

FOUDRE, v. impers. ignep-paluk-toaɔk.

FOUET, n. dér. . . kɔeymilœɔòn. (*de* kɔeymiɔk, *chien*).

FOUETTER, v. tr. . . ipéɔaɔtokok.

FOUILLER, v. tr. . . kɔénepktoaɔk.

FOULARD. n. dér. . . kɔoñitchiɔòn.

FOULÉ, ÉE aux pieds,
v. intr. . . . . . . tunmalataɔk. = *i. e. luxé* : titgitkɔo·leɔktoaɔk.

FOULER, v. tr. . . . *avec les mains* : tatiteɔtoaɔk. = *aux pieds* : tunmakalaktçidjoaɔk.

FOUR, n. dér. . . iɔ'avik (*de* iɔ'a, *cuisine*).

FOURBE, v. intr. . . malœɔo-aɔktçimayoaɔk.

FOURBI, IE, adj. v. . taniktoaɔk.

FOURBIR, v. tr. . . . tanig'a.

FOURCHETTE, n. dér. néɔkɔétit (*de* neɔkɔè, *viande*). = néɔɔétit (*de* néɔɔéyoaɔk, *manger*). = néɔɔitit (C.).

FOURCHU (arbre), adj. kɔaɔligik.

FOURMI, n. c. . . . . kɔaléɔo-alik.

FOURMILIÈRE, n. dér. tchiti : (*nid.*)

FOURNEAU de pipe,
n. c. . . . . . . . kɔaliktaɔk. = tçubuloaɔk.

FOURRÉ, n. c. pl. . . uptçimayoat.

FOURREAU, n. rac. . ɔoɔkɔ. = uyamma. = — *de pipe* : immut (C.). = — *d'arc* : pititçileɔɔéa.

FOURRURE, n. rac. . ameɔkɔ (*i. e. peau*); *plur.,* amit.

FOUTREAU ou Vison,
n. c. . . . . . . . téɔéaɔ-paɔk.

FOYER, n. c. . . . . ignep-nun-iyukaɔɔy-kun.

FRACTURÉ.ÉE,adj.v. naɔiktoaɔk.

FRAGILE, adj. v. . . naviktçaɔa-itoɔk.

FRAGMENT, n. rac. . tchika.

FRAI, n. rac. . . . . tçuɔaɔk. = *plur.,* tçuvaït.

FRAICHEUR, FRAIS,
n. dér . . . · . . . nigœlaneɔk. = — *du soir* : kɔiɔkɔaɔk.

FRAIS, FRAICHE, adj.
et v. impers. . . . (*i. e. récent, pas salé*). taytçiaɔk. (C.). = kiniɔayoɔk. = tiyamañ-itoɔk. = (*i. e. légèrement froid*) : nigœlaneɔktoaɔk.

FRAISE, n. c. . . . . atçidjam-taɔɔa.

FRAISIER, n. c... . . atçidjam-taɔɔa-kɔotik.

FRANC, CHE, v. intr. ipkɔotoyoïktuaɔk (*i. e. pas menteur*). = wiyiniyuïtuaɔk. (*i. e. pas trompeur*).

FRANÇAIS, n.. c. . . kɔoléaɔkutçin : (*les parleurs.*)

FRANCHIR, v. tr. . . itçivitoɔk. = akpañeɔtoaɔk.

9

FRANGE, n. rac. . . tçina. = nigiet. = — *de capuchon :* itepvéa. = putçitapota.

FRAPPER, v. tr . . . aptçañayak.=—*de la main :* ollopéatçapk-toapk. = — *du pied :* apklépaptoapk. = — *du bâton :* anaoñtapk, anaopa (*1e pers.*) = anaulœpoyooapk. = — *du couteau :* kpapiyok. = — *avec des verges :* anaulaoyaptoapk. = — *avec des cordes :* nupkpatapktoapk. =— *du poing :* tigluné, tiglua. (*1e pers.*). = — *la terre du pied :* kimiktçaptoapk. = — *de la corne :* alupéaptoapk. = — *à la porte :* apçatoapk. = — *des mains (i. e. applaudir) :* pataktopk.

FRAUDER, v. tr.. . . nivopayapktoapk.

FRAUDER (ne pas). . nivuayoïktuapk.

FRAYER (poisson), v. impers. . . . . . tchuvéoptoapk.

FRÊLE, v. intr. . . . kuïneytuapk.

FRÉMIR, v. intr.. . . uliktuapk.

FRÉMISSEMENT, n. v. ûluon. *plur.,* ûluolit.

FRÈRE aîné, n. c. . añayoa. *plur.,* añayoït. = añayoa-luk. = époyaluk.

FRÈRE cadet, n. c.. . nukka. *plur.,* nukkapéït. = nayapot. = *mon* — : nukkapa.

FRÈRES, n. pl. . . . añayoït. = nukkapeït.

FRÈRE LAI (i. e. religieux). . . . . . inuñayapk.

FRETIN, n. c.. . . . ipkpaloapk.

FRIMAS, n. c.. . . . *des arbres :* aputçipéït. = — *des demeures :* kpuvatkpopa. =—*du visage :* tçikoplipéït.

FRIPON, v. intr. . . tigiliktopk.

FRIRE, v. tr. . . . . ipulipawn tchénéyoapk.

FRISÉ, ÉE, v. intr. . ipkpétchulañaptoat.

FRISSON, n. dér. . . ûluon. *plur.,* ûluotit.

FRISSONNER, v. intr. uliktuapk.

FRIT, FRITURE. . . . ipulipalik.

FROID, n. dér. . . . nigœlanepk. = uvalapk. = kpè-kpey. *au genit. :* kpékpèm. = *grand* —: kpanaktapk. = itiek kiakuni (C.) : *avoir — aux pieds.*

FROID (faire, être), adj. et v. impers. . kpékpéñ-oyuapk.

FROISSÉ, ÉE, v. intr. imuñaptoapk. = imulopkpatçéït.

FROISSER, v. tr. . . imutçaya.

FROMENT, n. c. . . . akutoyoptat-ivik.

FRONCÉ, ÉE, adj. v.. tapiteptapk. = *sourcils*— : tapiñaptopkp.

FRONCER les sourcils. kpabluna atçiktçidjaït.

FRONDE, n. c. . . . . ilootik.

FRONT, n. rac. . . . kawk (C.). = kpapkpoa; *plur.,* kpawkput. = kpawk-tçuapk.

FRONT (sur le), loc. kpagomiñ-kon.

FRONT (de bandière, ou de front),. . . . añadjiapèt.

FRONTAL (os), n. c. . kpaguptçaunépa. = kpablunapk; *plur.,* kpablunèt. (*nom des Européens*).

FRONTEAU, n. c. . . kpiñapktapk. = — *en cuivre des femmes :* kaopot (C.).

FRONTIÉRE, n. c.. . katiñgavikput.

FROTTÉ, ÉE, v. intr. apiktoapk.

FROTTER, v. tr.. . . apéaliktoapk.=*i. e. oindre :* nanuktoapk.

FROTTOIR, n. dér. . apiktun.

FRUIT, n. rac. . . . atçiyapk ; *plur.,* atçiyèt.

FRUIT en général.. . atçiyapluk; *plur.,* atçiyaplut.

FUIR, v. intr. . . . . kpimaptoptoapk.

FUITE, n. dér. . . . . kpimaptopnepk.

FUMÉE, n. rac. . . . itçipk. = iya.

FUMÉES, n. c.. . . . anatçatkpapk ; *plur.,* anatçatkpat.

FUMER, v. intr. . . . kwiñepktoapk.

FUMER, v. tr. (v. g. de la viande). . . . itçipkp-éupaktoapk.

FUMER, v. impers. (fumée). . . . . . itçipktoapk (*et* C.).

FUMETERRE, n. c. . . kpopktchokpaluk.

FUNÉRAILLES, n. c.. tchaoniktoapk.

FUR ET A MESURE (au), loc. prép. . . tçivuli-klopo.

FURETER, v. tr.. . . kpénepktoapk.

FUSIBLE, adj. v. . . aopkpilayoapk.

FUSIL, n. c.. . . . . pitiktçi (*i. e. arc*). = — *fin :* tçavînapk. = — *à capsules :* anmaptàlik. = ékkoktiyut (C.). = — *à deux coups :* malœpo-nipâlik. = malœpo-nupaluk. = malpulik (C.)

FUTUR (signe ou élément du) . . . . . néap; yomap; néaptook (*intercalés dans le corps des V.*).

# G

GACHETTE, n. c. . . nopapktè.

GADELIER, n. c. . . nappaptopaoyat.

GADELLES (ou groseilles à grappes). . atçiaplut.

GAGNÉ, ÉE, adj. v. . *par le travail :* imutçitapk. = — *au jeu :* imuyapk.

GAGNER, v. tr. . . . *par son travail :* imutçita. = — *le large :* itçukayoapk. = *id., en canot :* itçuk-añi-toapk.

GAI, v. intr.. . . . . kpuviaktçuktoapk.

GAILLARD, DE, v. int. atçuïliyoapk.

GAINE, n. rac. . . . popkp. = uyamma.

GAITÉ, n. dér. . . . kpuviaylepk. = kpuviaytçunepk.

GALE, n. dér. . . . . kpatayoapk.

GALERIE de traineau, n. c. . . . . . . naputi. = tçanneptat.

GALET, n. c. . . . . *rond :* kpèblepktçapk; *plur.,* kpéblepk-tçat. = — *plat :* tçatuñayopk.

GALETTE, n. c. . . . akutoyapk. = itkèapk.

GALEUX, EUSE, v. intr.. . . . . . . kpataymaliyoapk.

GALOPER, n. c.. . . panaliktoapk.

GAMBADE, n. dér.. . tçaliktapk.

GAMBADER, v. intr tçaliktaptoapk.

GANGLION, n. c. . . kpénepktçinapk.

GANGRÈNE, n. dér... pakapòn.

GANGRENÉ, (se gangrener). . . . . . pakapodjoapk.

GANSE, n. c. . . . . kpilepktopk.

GANT, n. dér. . . . . adjipaᴩk; *plur.*, adjig'ayèt. = aydgayèt. (C.)

GANTER (se), v. réfl. adjugayeᴩtoᴩtoaᴩk.

GARÇON, n. c. . . . nukatpéᴩaᴩk. = *petit —:* nukutpéaᴩk; *plur.*, nukutpiᴩket. = nutaᴩtoaᴩk; *plur.*, nutaᴩtoat. = *— de douze ans :* nianéᴩagòn.

GARDE, n. rac. . . . paydjé; *plur.*, payyit, païyoat.

GARDE du fusil, n. c. kᴩaleyktòn. = taléᴩa-oᴩiaᴩk.

GARDÉ, ÉE, adj. v. . pigaᴩta.

GARDER, v. tr. . . . pigaᴩtoaᴩk. = *— un malade :* kᴩuyuyuaᴩk. = *— un enfant :* iᴩamiyaᴩtoaᴩk. = *— la maison :* païdjit.

GARDER (se garder de l'ennemi) . . . . . maktchilaktaᴩtoaᴩk.

GARDIEN, n. rac. . paydjé; *plur.*, payyit. païyoat.

GARE! interj. . . . . pin !

GASPILLER, v. tr. . epkleᴩtçimayèt.

GATÉ, ÉE, adj. v. . awneᴩtoaᴩk,

GATEAU, n. c. . . . itkéaᴩk. = akutoyaᴩk.

GATER, v. tr. . . . . awtçadja.

GATER (se), v. intr. . . awneᴩtoaᴩk.

GAUCHE, n. c. . . . tçawnéa. = tçawmik.

GAUCHE (à), loc. adv. tçawmi-wut. = tçawmim-nun.

GAUCHER, v. intr. . . tçawmik.

GAUDENDARD, (scie de long). . . . . . . olluaᴩtòn.

GAULE, n. c. . . . . amituaᴩaluk.

GAULER, v. tr. . . . potçikᴩayoaᴩk, yoᴩa (*Iᵉ pers.*).

GAVE, n. c. . . . . . kᴩanaovaᴩk.

GAZE, n. c. . . . . . kᴩubiaoyaᴩk.

GÉANT, n. c. . . . . añéyoaᴩ-pâluk. = añuvaᴩ-pâluk.

GÉLATINE, n. c. . . aᴩénaᴩkᴩiyoᴩk.

GELÉ, ÉE, adj. v. . . kᴩeykᴩéyoaᴩk; = *corps hum. ou une de ses parties :* kᴩékᴩéneᴩk.

GELÉE, n. rac. . . . . itçoᴩk.

GELÉE blanche, n. c. kᴩékᴩaᴩoᴩtoᴩk.

GELER, v. impers. . . kᴩeykᴩéyoaᴩk.

GEMINÉ, ÉE, adj. . . maloeᴩolik.

GÉMIR, v. tr. . . . . imœᴩèloᴩktoaᴩk.

GÊNANT, TE, adj. v. tatimméaᴩa.

GÊNER, v. tr. . . . . tatimméaᴩniktoaᴩk.

GENÇIVE, n. rac. . . ikik ; *plur.*, ikit.

GENDRE, n. c. . . . . niñayoaᴩk. = akaïknak (C.).

GENÉVRIER, n. dér. . kᴩéçeᴩtòn ; *plur.*, kᴩéçeᴩtootit.

GENOU, UX, n. rac. . niw. = tchitkᴩoᴩk. = nablon ; *plur.*, naklut. = naᴩœlut (C.).

GENOUX (sur les), loc. prép. . . . . . . . . ivamiyaᴩiya.

GENRE humain, n. c. tamaᴩ-mik innoït.

GENS, n. c. . . . . . méoᴩk ; *plur.*. méut ( *ajouté au nom des lieux*). v. g. kᴩéyuk-méut, *les gens ou les habitants des bois.*

GENS vicieux, n. dér. tchukûn ; *plur.*, tchukut.

GERCÉ, GERCER (se), v. impers. . . . . . taliknéᴩétoᴩk.

GERÇURE, n. dér. . talìkteᴩneᴩk.

GERME, n. v. . . . . agliyoaᴩk.

GÉSIER, n. c. . . . . . akiyamitchoa.

GESTE, n. dér. . . . tchénéᴩâwn.

GESTICULER, v. intr. tchénèᴩaᴩtoaᴩk. = *— en chantant :* tcholayoaᴩk.

GIBECIÈRE, n. rac. . . aluk = nanmak.

GIBIER, n. pl. . . . . tigmiluït.

GIBOULÉE, n. v. . . . tçilla luaᴩtoᴩtoaᴩk.

GIBOYEUX, EUSE, adj. v. . . . . . . . . mallépeᴩkᴩotoyuaᴩk.

GIGANTESQUE, adj. . añéyoaᴩ-pâluk.

GIGOT. n. rac. . . . . tchivéaᴩk. = mimek (C.).

GILET, n. c. . . . . . illupaᴩk.

GIRON, n. c. . . . . . kᴩuktoᴩak.

GIROUETTE, n. c. . . kᴩaybialoᴩ-kᴩiyaᴩtoaᴩk.

GISANT, GISER, v. int. *animé :* naleynaᴩtaᴩk. = (*cadavre*) : piñuyoᴩk. = (*masse*) : uvanitoaᴩk. = (*bois*) : -itoaᴩk. = (*objet mou, linge*) : illiyoaᴩk. = (*multitude*) : illakoᴩoaᴩktoat.

GITE, n. c. . . . . . nulèdjœvin. = *mon —:* nulèdjœvig'a. = *— d'un animal :* aᴩkᴩuppivik.

GLACE, n. rac. . . . tçiko. = ikku (C.) — *faible, récente :* tçiko-léaᴩk. = ukkiak (C.). = *— au bord du rivage :* tçikoaᴩtoléᴩa. = tugluyaléᴩ'a. = *— forte d'hiver :* tuwaᴩk. = *— épaisse :* tçeᴩmeᴩk. = *— flottante, champ de —:* iñgiloᴩaᴩktoaᴩk. = *montagne de —:* ibuᴩ; *plur.*, ibut. = *— vive, polie :* itchiyoᴩk. = itchitoᴩk. = *— raboteuse :* maneyloᴩk. = *— en aiguilles, du printemps :* tçikoᴩlineᴩk. = *— en stalactites :* kutchuᴩaᴩk; *plur.*, kutchukàt.

GLACE (i. e. miroir).i taᴩaᴩktot.

GLACIER, n. c. . . . numuyitoᴩ.

GLAÇON flottant. . . iñgiloaᴩktoaᴩk. = *glaçons entrechoqués:* maneyloᴩk.

GLAIRE, n. cac. . . . kᴩatçeᴩnœᴩa.

GLAISE, n. rac. . . . maᴩak.

GLAME, n. c. . . . . nuvak. = iyim-nuva.

GLANDE, n. c. . . . kᴩéneᴩktçinaᴩk. *— — de la graisse* uyaᴩavak.

GLAND, n. c. . . . . nutchuᴩiaᴩk. = *— qui orne les tresses de cheveux :* tuglumiutak. = *— qui orne les pipes :* miluñg-miutatak.

GLISSER, v. intr. . . *en tombant :* kᴩéyutatuaᴩk. = *— en patinant :* tçalœᴩéumiyoaᴩk. = (*traineau*) tçituyuaᴩk.

GLOBE TERRESTRE, n. rac. . . . . . . . tçiut. = uvaleᴩk.

GLOBULE, n. rac. . . puklaᴩk.

GLOBULEUX, EUSE, adj. . . . . . . . . publa-oyaᴩk.

GLORIFIER, v. tr. . . aᴩglilipa, ligaᴩa. (*Iᵉ pers.*)

GLORIFIER (se),v. int. aᴩglileᴩtoaᴩk.

GLOU-GLOU, n. v. . . yoᴩoatoaᴩk.

GLOUTON ou Carcajou. kᴩavik.

GLOUTON, v. intr. . . néoᴩkᴩaᴩk-pâluk-toaᴩk.

GLOUTON, adj. . . . . néoᴩkᴩaᴩkpâluk.

GOBELET, n. c. . . . . imoñtçialuk. = inno-yéuyak. (C.).

GOÉLAND, n. rac. . . naullak. *plur. :* naullèt. = *— à ailes noires :* mitkᴩoteylaluk. == *de Bonaparte (Xema Bonapartii) :* ikᴩiyoaᴩiaᴩk.

GOEMON, n. dér. . . ivioᴩk. (*de ivik herbe*).

GOLFE, n. c. . . . . kañeᴩluk.

GOMME, n. rac. . . . kutchoᴩk. = *— élastique :* nanòn.

GONFLÉ, ÉE, adj. v. . pupituaᴩk.

GORGE, n. rac . . . uyak. = tukku-éyak. (C.).

GORGE montagneuse, n. c. . . . . . . . . éᴩᴩek-akònœᴩak.

GORGER (se), v. intr. aᴩkᴩéa-toᴩktoaᴩk.

GOSIER, n. rac. . . . igiaᴩk. = kᴩakeᴩlut. (*sous le menton*).

GOUDRON, n. dér. . . ângûn.

GOUJAT, n. rac . . . kivgaᴩk.

GOULET, n. c. . . . . kañeᴩdluk.

GOULOT, n. c. . . . tigummivia.

GOULU, v. intr. . . . néᴩᴩeᴩtoyoaᴩk.

GOURMAND, v. intr . aᴘkᴘéatoᴘktoaᴘk.
GOURMANDISE,n.dér. aᴘkᴘéaᴘtoᴘneᴘk.
GOUPILLE, n. dér.. . añiptâwn.
GOUTER, v. tr.... . mamanaptçuyaᴘa.
GOUVERNAIL, n. dér. tçakᴘéyéïtkùn. = **paᴘœᴘoᴘk.** = iᴘkᴘoë-
ᴘetkùn.
GOUVERNER, v. tr. . akkuteᴘtoaᴘk.
GRACE, n. dér. . . . tçaymaneᴘk.
GRAIN, n. c.. . . . . kutaᴘkᴘéaᴘk.
GRAINE, n. rac . . . aᴘpik. *plur.*, aᴘpit.
GRAISSE, n. rac. . oᴘktçòk. = — *de la croupe* : akotoᴘk.
= — *en pain* : puĩneᴘk.=buneᴘnak.
(C.). = — *de moëlle fondue* : patkᴘo-
tçiaᴘk.
GRAISSER, v. tr... . nanuktoaᴘk. = nanueᴘkᴘatçidjaᴘtoaᴘk.
GRAISSEUX, adj. . . ᴘaneᴘktoaᴘk.
GRAMINÉE, n. c. . . mitkᴘolineᴘk.
GRAND, DE, v. intr . añiyoᴘk. = añᴘikuni. (C.). = — *en qua-
lité* : tàkiyoᴘk. = *plus grand* : añiyoᴘk-
tçoaᴘk.
GRAND, adj. (inan.) . ᴘàk. = ᴘòk. = ᴘîk. = ᴘàluk. =
soak. = (finals).
GRAND comme ceci. . taymana.
GRAND HOMME, n. e. innoᴘktoyoᴘk. = innokᴘàluk.
GRANDEMENT, adv. . akloᴘkàn.
GRANDIR, v. intr.. . aglivaliayoaᴘk.
GRAND'MÈRE, n. c . niñyéoᴘᴘòn. *plur.*, niñyéoᴘktçi. = *ó ma
—! anana!*
GRAND-PÈRE, n. c.. atata! (*vocatif*).
GRAS, SSE, v. intr. . kᴘuiniyoaᴘk. = — *de saleté* : paneᴘk-
toaᴘk.
GRAS, n. rac. . . . . oᴘktçok. = — *de l'intérieur de la
croupe* : kᴘavineᴘk. = — *idem de son
extérieur* : akotoᴘk. = tunnok. (C.).
= tunnoᴘk. = neᴘk-oᴘktçolik: (*de la
viande*).
GRATIN, n. c. . . . . tcheᴘnaᴘtoaᴘk.
GRATIS, n. c. . . . . unin.
GRATTER, v. tr.. . . *avec les ongles* : uñilaᴘktoaᴘk, toᴘa. =
— *avec un instrument* : kiligaᴘktoaᴘk.
= — *les peaux* : ikoktoaᴘk.
GRATTER (se), v. intr. uñilaᴘk-tçidjuleᴘ-kᴘiyoaᴘk. = — *à cause
de la vermine* : kummaᴘktoaᴘk.
GRATTOIR, n. c.. . . *en fer* : ulualuk. = ikuktuaᴘk. = — *en
os* : tçalug'a. = tçauneᴘk-ikòn. = —
*en pierre* : uluktçaᴘk.
GRAVE, v. intr. . . . añutuaᴘk.
GRAVIER, n. rac. . ⸴ tçioᴘaᴘk. *plur.*, tçioᴘkᴘat.
GRAVIR, v. tr.. . . . mayuaᴘktoaᴘk.
GRAVURE, n. c.. . . inno-uyaᴘk.
GRÊLE, GRÊLON,
GRÉSIL, n. c. . . . natatkᴘonaᴘk; *plur.*, natatkᴘonat.
GRÊLER, GRÉSILLER,
n. impers. . . . . . natatkᴘonaᴘtoaᴘk.
GRELOT, n. rac. . . . moᴘaᴘk.
GRELOTTER, v. intr.. òliktuaᴘk.
GRÉMENT, n. pl. . . aklunèt. = kᴘilutèt.
GRENAILLE, n. pl. . kutaᴘkᴘat.
GRENIER, n. c. . . . tchuᴘalœᴘòn.
GRENOUILLE, n. c. . naᴘᴘayeᴘk.
GRÈVE, n. c. . . . . tçikdjaᴘk. = — *en pente douce* : uwiñ·

GRIFFE, n. rac. . . . kukket. *plur.*, kukkit.= *ma*—: kukitka.
GRIGNOTER, v. tr.. . kigaptchaluktoaᴘk.
GRIL, n. c . . . . . . adjigeᴘpik.
GRILLADE, n. v.. . . adjigeᴘk.
GRILLAGE, GRILLE,
n. c. . . . . . . . . nullut.
GRILLÉ, ÉE, adj. . . adjigeᴘk.
GRILLER, v. tr. . . . ikipkanœᴘa.
GRILLER, v. impers. ikiniᴘéit.
GRIMACER, GRIMA-
CIER, v. intr. . . . omilaᴘktoaᴘk.
GRIMPER, v. intr. . . mayoᴘaktoᴘtoaᴘk.
GRIMPEREAU, n. rac. tûyoᴘk.
GRINCER des dents, v.
intr. . . . . . . . . eᴘkᴘoᴘktitoᴘtoaᴘk.
GRIVE (merula mi-
gratoria). . . . . . tigméaᴘovè-aluk.
GROGNER, v. intr.. . tatimaᴘtoaᴘk. = (*animal*) : padjuwi-
todjuaᴘk.
GROGNON, v. intr. . aktoᴘkᴘoñ-nitoaᴘk.
GRONDEMENT, n. v.. nipaleᴘk.=(*du tonnerre*):kalluᴘ-oᴘtoᴘk.
GRONDER, v. intr. . tchuañgniktoaᴘk. = (*tonnerre*) : kalluk-
toaᴘk. = (*glace*) : imœᴘotoaᴘk. =
(*chûtes, eaux*) : nipaleᴘk.
GROS, SSE, v. intr. . puvalayuaᴘk. = añèyoᴘk. = añᴘikuni.
(C.). = uguyuk (C.).
GROS, SSE, adj.. . . *inan.* añèyoᴘk. = añᴘikuni (C.). = ᴘàk.
= ᴘòk. = ᴘîk. = ᴘàluk. = soak.
(*finals*).
GROSEILLE. . . . . . *à grappes* : atçiaᴘluk. *plur.*, atçiaᴘlut.
= — *à maquereau* : atçiaᴘvik. *plur.*,
atçiaᴘvit.
GROSEILLIER à grap-
pes. . . . . . . . . naᴘᴘaᴘtoᴘaoyat. = — *à maquereau* :
kakillañnaᴘk. (*Ce dernier mot est
commun à tous les arbustes épineux.*
GROSSIR, v. intr. . . illoᴘtoᴘpaléayoaᴘk.
GROTTE, n. rac . . . koᴘᴘok. = piñoᴘtçaᴘiuk,
GROUILLANT, TE,adj.
GROUILLER, v. . . .
intr . . . . . . . . . iᴘkᴘayoᴘ-kᴘiyaᴘtoaᴘk. (*vers*).
GROUPE, n. pl. . . . mòmayoat.
GRUE, n. c. . . . . . tatiligaᴘk. = katéïyaᴘk.
GRUMEAU, n. c.. . . kᴘatçeᴘtaᴘk.
GUÉ, n. rac.. . . . . ikeᴘmi.
GUENILLES, n. v . . eᴘkᴘauyoᴘktoaᴘk.
GUÊPE, n. dér. . . . iᴘutçaᴘkᴘ.
GUÊPIER, n. dé. . . . oᴘktchòn.
GUÈRES, adv... . . ìkiput. = — *en qualité* : inupiktut.
GUÉRIR, v. tr . . . . aneᴘnéaᴘtoaᴘk, tuña. = tchuᴘayayoaᴘk.
GUÉRIR, v. intr. . . tchuᴘaeᴘtoaᴘk. = anéᴘnéaᴘtoaᴘk, toa-
mi.
GUERRE, n. dér. . . akéᴘàwn.
GUERRIER, n. v. . . akéᴘaᴘdjoaᴘk.
GUETTER, v. tr... . tchulaktçéaᴘia.
GUEULE, n. rac.. . . kᴘanœᴘa.
GUEUX, USE, n. v. . anoᴘaᴘluktualuk.
GUIDE, n. dér. . . . téçioᴘté.
GUIDER, v. tr.. . . . téçioᴘtoaᴘk.
GUIDER (se), v. intr.. téçiuva.

*(top right)* aᴘtoaᴘk. = — *élevée* : kᴘeymiᴘk.

# H

HA! interj. d'admir... akρalè! =kρatçia!

HABILLÉ, ÉE, v. intr. atigiya.

HABILLEMENT, n. c. anoρak-aluk. *plur.* anoρakaluit : (*ce qui garantit du vent.*)

HABILLER, v. tr. . . atigiyaρma.

HABILLER (s'), v. intr. atigiyoaρk. = — *autrement que les autres :* nutaρaleρkluné. = piyikteρ. tok. (C.).

HABITANT, HABITER, v. inir. . . . . . . . iρklaktchimayoaρk.

HABITANTS . . . . . *se rend aussi par le mot* meoρk, *plur.,* méut. *ajouté au nom des localités v. g. habitants des montagnes :* éρρaρ- méut. = — *des bois :* kρéyuk-méut. = — *de la mer :* taρéoρ-méut. = *Mais, à proprement parler* méoρk, méut *ne signifient pas habitants, ils équivalent à nos terminaisons fran- çaises :* ard, ards, *dans* montagnards, campagnards, ain, ains, *dans,* rive- rains, châtelains, vilains, ois, *dans* villageois, bourgeois, françois, *etc.*

HABITATION, n. rac. iglu. *plur..* igloït.

HABITUDE(d'), loc. adv. illaleρkluné.

HABITUELLEMENT . . illaleρkluné.

HABITUÉ, ÉE, v. intr. tchuméotçidjoaρk. = (*animal*) : kρuïnak· tueρtoaρk.

HABITUER (l'), v. tr. tchuméotçiliya.

HACHE, n. rac. . . . tukiñayoρk. *plur.,* tukiñayut. =ulimaut. (C.). = — *à marteau :* tchiklaρk.

HACHETTE. . . . . . ulimaut.

HACHÉ, ÉE, adj. v. . iyaρktçiaρk. = iyaρktçimaρitçiyoρk.

HACHEOIR, n. v.. . . iyaρktçivik.

HACHER, v. tr. . . . ikaρktçidjoaρk. = iyaρktçivitoaρk.

HAGARD, v. intr. . . toaρélañaρtoaρk.

HAILLON, n. v. . . . eρkρaw-yaρktoaρk.

HALEINE, n. rac. . . aneρneρkρ. (*même mot que esprit, souffle*)

HALETER, v, intr.. aneρktçaluktuaρk.

HALLÉ, v. intr. . . . kρeρneρtchiliga.

HALLER, v. tr. . . . uniaρktoaρk. = nutçuρaga.

HALLIER, n. pl . . . uptçimayut.

HALO. . . . . . . kρeybiaρòn. = — *d'étoiles :* agtçuρk.

HALTE! interj. . . . anakρanân!

HAMAC, n. dér. . . . akluñeρtawn.

HAMEÇON, n. c. . . . itkρaluktçiun.

HAMPE, n. rac. . . . ipûn. *plur.,* iput. =*au possessif.* : ipoa- tçibiaρk. = ayaumanak.= *os de la —* : makitaρkρ.

HANGARD, n. dér. . . neρkρàwn (*de* néρkρè *viande*).

HANTER, v. tr. . . . aniguïtchuitaρk.

HANTER (ne pas), v. tr. aniguïyoaρk.

HAPPER, v. tr. . . . miçaluk.

HARANGUER, v. tr. . innom-nua kρoléaρtoaρk.

HARASSÉ, v. intr. . . aρkèneρtoaρk.

HARDI, v. intr. . . . omaρiktoaρk.

HARENG (clupea ha- rengus). . . . . . kρollélipaρk.

HARGNEUX, EUSE, v. intr. . . . . . . . aktoρkρonniktoaρk.

HARMONIUM, n. c. . . atoρtiktaρ-ρàk.

HARNACHER, v. tr. . anoρa. = *plusieurs :* anoρéït.

HARNAIS, n. rac. . . ânu.

HARPON, n. dér. . . naulipaρk.

HARPONNER, v. tr. . nauliktoρk.

HART, n. v. . . . . . napaloρektoaρk.

HATER (se), v. intr. . kρuïñitchepktoaρk.

HAUSSER (se), v. int . kρatçutçidjoaρk.

HAUT, TE, v. intr. . puktuyuaρk. = poρktuyuaρk.

HAUT, adj. v. . . . takiyoρk. = aρani. (C.). = — *comme ceci :* takiyoaρpak.

HAUT, n. rac. . . . . kρabiaρk. = kρuliρk, = tatρaw.

HAUT (là), loc. adv. . pikàn.

HAUT (plus), adj. v.. takilœρa.

HAUTE MER, n. rac . itkρa. = imaρoiktçoaρk. = *dans la —* iikρa-nun.

HAUTEUR des terres. nunañ-iyoρk.

HAVRESAC, n. c. . . naomautaρk. = aρkρayuk.

HÉ! interj. pour appe- ler . . . . . . . kρoρk!

HÉLAS! interj. de dou- leur. . . . . . . . nana!

HERBE, n. rac. . . . ivik. *plur.,* ivit. = iwik. (C.).

HERBES aquatiques. . taρéïtut. = kρoρktchoρ-paluk-toat.

HERBIVORE, n. v.. . iviktoρtoaρk.

HÉRISSÉ, ÉE, v. intr. kitchoρtoaρk.

HERMINE, n. rac. . . téρéaρ.

HERMINETTE, n. c. . tchiklaρk.

HERNIE, n. c. . . . . niwkañéa.

HÉROS, n. c. . . . . innok-ρáluk.

HÉSITER à dire.. . . oρkρautçiktçélitaoyoaρk. = — *à faire :* kρinaluktoaρk.

HEURTER, v. tr.. . . ayaρmiga. = *les* — ayaρméuyuaρk.

HEURTER (se à), v. intr. . . . . . . ayaρméalaktoaρk.

HEUREUX, EUSE, v. intr. . . . . . . . kρuyioρkρimayoaρk.

HIBOU (*strix nictea*).. nikpayûn (*pleureur*). = *petit* — : año· djiuk.

HIBOU BLANC (*strix cinerea*).. . . . . ûpik. = *Les Esquimaux croient com- prendre dans son cri lugubre ces mots :* nikpayûn kρaïn! kρaïn! (*Pleu- reur arrive! arrive!*)

HIER, adv. . . . . . ikρèktçiaρk. = ikpakkak. (C.)

HIRONDELLE, n. c. . tulu-aρnaρk. (*la femme du corbeau.*)

HISSER la voile, v. tr. tiñgœlaρautcheρtoaρk.

HISTOIRE, n. dér. . . kipuktàwn.

HIVER, n. rac. . . . ugioρk. = okkéoρk. = ukiok. (C.)

HIVER (en), loc. adv.. ukiokut.

HIVER (cœur de l'), n. c. . . . . . . . . . kavialaρk.

HIVER prochain (l'). . ugium-eyρa.

HIVERNER, v. intr. . iglumioyoaρk.

HOLA HÉ! interj. pour appeler. . . . . . kρoρk!

HOCHER la tête, v. intr. . . . . . . nitoρaluktoaρk, (*de* nitoρawn *hoquet*).

HOCHET, n. dér.. . . añeρkρòn.

HOMICIDE, n. dér. . . toɒkɒota (dι  ɒo *mort*).

HOMICIDE (crime d'). . toɒkɒonikùn.

HOMME (homo), n. rac. innok; *duel* : innuk; *plur.*, innoït. = innuk. (C.)

HOMME (ètre), v. intr. inno-iyoaɒk. = inno-oyuaɒk.

HOMME fait (vir). . . añhon. = — *robuste* : atçu-ilik. = *être — fait* : aula-ituaɒk.

HOMME MARIÉ (maritus). . . . . . . . wi. = *être —* : nuléalik.

HOMME ILLUSTRE. . innok-paluk.

HONNÊTE, v. intr. . tigiliyoïktuaɒk.

HONTE, n. dér. . . . onuïdjùn.

HONTEUX, EUSE, v. intr. . . . . . . onuïnaoyaɒtoaɒk.

HOQUET, n. dér. . . nitoɒåwn.

HORDE, n. c. . . . . tùnutçuɒk.

HORIZON, n. rac. . . tåɒɒa.

HORIZON (être à l'), v. intr. . . . . . . toɒkɒoɒkɒétchimayoaɒk.

HORIZONTAL, ALE, adj. v. . . . . . . tchénin-aɒktoɒ.

HORLOGE, n. c. . . . tchikɒeynœɒoyaɒk.

HORMIS, adv. . . . . inuviak-tunik.

HORRIBLE, v. intr. . tchuïnaoyoaɒk.

HORS, adv. . . . . . kɒatçan. = — *de portée* : ayoɒneɒk.

HORS (être), de v. intr. kɒatçan-itoaɒk.

HOSPITALIER, v. intr. uñvuaktoɒnitoɒaloaɒk.

HOSTIE, n. c. . . . . Nunatchénéyam-akutoyña.

HOTE. n. rac. . . . allaɒk. = allañ-ayoɒk.

HOUILLE, n. dér. . . iteɒluñneɒk.

HOUILLÈRE en combust. . . . . . . ignéɒyoït. = — *éteinte* : imnaɒk.

HOULE, n. dér. . . . iñgiulik.

HOURRA ! interj, pour applaudir. . . . . . kɒoyanayné!

HOUT, n. c. . . . . . napañan-oluaɒtoat.

HUER, v. tr. . . . . aligdjiɒtchaɒniɒtoaɒk.

HUILE, n. rac. . . . ignéɒk (*feu*). = — *de baleine.* = kɒaluneɒk : *de poisson.* = ivigneɒk : *de lin.*

HUILÉ, ÉE, adj. v,. . nakukkaɒk.

HUILER, v. tr. . . . nanùta.

HUILEUX, adj. v . . piayaɒkɒéyoaɒk.

HUITRE, n. dér. . . . aluñneɒk.

HUIT, adj. num. . . . aɒvénélœɒit-ilaak. = pinnaunik aɒwinilyit. (C.).

HUMAIN, NE (qui appartient à l'homme). innoɒiaɒk.

HUMBLE, v. intr. . piñoɒtiñgitoaɒk.

HUMER, v. tr. . . . miçaluktoaɒk.

HUMÉRUS, n. c. . . . aktoatkɒoɒk.

HUMIDE, adj. . . . . umiktiñayoaɒk.

HUMIDITÉ, n. v . . . nuvutçeɒtoaɒk.

HUMILIER, v. tr. . . unuïliyaɒa.

HUMILIER (s'), v. intr. péumiliñilœɒayoaɒk,

HUMILITÉ, n. dér. . . piñoɒtiñgneɒk.

HUMUS, n. c. . . . . iɒkɒaɒtilik.

HUPPE, n. c. . . . . tchuluñaɒk.

HURLER, v. intr. . . måɒutoaɒk.

HUTTE, n. rac . . . wineɒk. = itçaɒk. = — *de neige* : iglo ɒiyoaɒk.

HYDROPHOBE, v. intr uviakɒèyoaɒk.

HYOIDE (os), n. dér.. igiyaɒk.

HYPOCRITE, v. ints.. kɒiktçimiuniyaɒnitoaɒk.

# I

ICI, adv. . . . . . . . unân. = tamân. = ovân-mân. = uvuña. — *bas —* : unân nunaɒk. = — *près*: awuña.

ICI (être), v. intr. . . iktçivayoaɒk.

IDIOT, TE, v. intr. . . tutchao-mañgitaɒkut.

IDOLE, n. c. . . . . inùyaɒk (*semblable à un homme*).

IGNORANT . . . . . kɒañeɒktçi-mañgitoaɒk.

IGNORER, v. intr. . . naluïyoaɒk, yaɒa. = ùmiyewok (C.).

IL, ELLE, pron. pers. oma. = ųma (C.). = *Dans les V., la 3e personne est ordinairement caractérisée par les désinences* toaɒk, yoaɒk, aɒk, oɒk.

IL FAUT, prép. . . . pin! = piwaɒòn!

IL Y A PEU DE TEMPS ako-ɒi-yoaɒk.

IL Y A. . . . . . . aɒaɒtoɒoɒ. = lik (*final*).

IL Y EN A. . . . . . iktut. = — *un peu* : illa-koɒoaɒktoat.

ILE, n. c. . . . . . . kɒitigaɒk. = kɒikeɒktaɒk; *plur.*, kɒikeɒtaluït. = — *déboisée* : tigiyaɒk.

ILIAQUE (os). . . . . illinneɒk.

ILION, n. c. . . . . . makittaɒk.

ILLÉGITIME, adj. v. . tigumiyaɒtiña.

ILLUSTRE, adj. . . . innokɒàluktoaɒk,

IL NE FAUT PAS, v. pitçi! = pinnago!

IL N'Y A PAS. . . . . eɒtoɒoɒkɒ. = itoɒoɒ. = nuɒuñtoɒ : *il n'y en a pas.*

IL N'Y A PLUS. . . . aɒkluɒo. = aɒklupit (*plur.*).

ILOT, n. c. . . . . . kɒitœɒòn. = — *sablonneux* : kɒikeɒktaluk.

IMAGE, n. c. . . . . mamañ-uɒiaɒk (*i. e. ressemblance*). = taɒaɒk.

IMAGINER (s'), v. intr. uneɒtçimayoaɒk.

IMBÉCILE, v. intr. . . tutchaomañgitaɒkut.

IMBERBE, v. intr. . . umiloaɒtoɒk.

IMITER, v. tr. . . . . igiyaɒtçidjoaɒk = *i. e. reproduire, copier* : malœɒo-tçidjoaɒk.

IMMANGEABLE, adj.. néɒɒéyañyuïktuaɒk.

IMMÉDIATEMENT,adv upaloɒtoɒ.

IMMÉMORIAL, adj takunéɒèyuaɒk.

IMMENSE, v. intr. . . immaɒtoyoaɒk:

IMMOBILE. . . . . . nutchiyoaɒk.

IMMODESTE, v. intr.. anoɒaynœɒaɒtoaɒk.

IMMONDICE, n. rac. . tçannik.

IMMORTEL, LE, v. intr. . . . . . . . òmaɒtoyoaɒk.

IMMUABLE. . . . . allañoɒtañiktoaɒk.

IMPALPABLE. . . . . aktulayañiktoaɒk.

IMPATIENT, IMPATIENTER (s'), v. intr. iɒéalaɒtoaɒk.

IMPLORER, v. tr. . . kɒo-kɒo-aɒtoɒk.

IMPOSER les mains, v. tr. . . . . . . . udjeɒktoaɒk.

IMPOSSIBLE, adj. . . ulaɒitçidjoaɒk.

IMPOSTEUR, v. intr. . oïyéyat.

IMPOTABLE, adj. . . imiɒaunitoaɒk.

IMPROVISTE (à l'), loc. adv. . . . . . . . upinœglaɒkluɒu.

IMPUDIQUE, v. intr.. kuyaρeρtoaρk. = kuyañ-niktoaρk.

IMPUDIQUE (ne pas être). . . . . . . tchui-tchui-tuaρk.

IMPURETÉ, n. v. . . tchuïnaluk. = tchuïneρkρiyoaρk. = piktçañituaρk.

INABORDABLE, adj.. initça-ituaρk.

INACCESSIBLE, adj.. inilaumayoaρk.

INACHEVÉ, ÉE, adj.. igluvaρa.

INACHEVER, v. tr. . kρitœρava.

INANIMÉ, ÉE, v. intr. nutkρañaρktatoaρk.

INAPERÇU, UE, v. int. takutchuïta.

INCARNAT, n. c. . . amik-itoa.

INCARNATION. . . . Nunatchénéyam-nutaρainomnik tchéney-toktçaρk.

INCARNER (s'). v. réfl. innéoρtoaρk , toami. = innom-nik tchénéytoktçaρk.

INCENDIE, n. dér.. . ikîneρk.

INCERTAIN, v. impers. tamadjañituat.

INCERTAIN, v. intr. . ayaρatoaρk.

INCISIVE (dent). . . . tçivoρak. = tçīvodjatin.

INCLINÉ, ÉE, adj. v.. aρoñayoaρk,

INCLINER, v. tr.. . . uviñaρtoaρk. = — la tête : tchikiyoρk.

INCLINER (s'), v- intr. tchikéyoaρk. = okoyoρk.

INCOLORE, adj. v.. . kρateymayoaρk.

INCOMBUSTIBLE, adj. ikilañaytuaρk.

INCOMMENSURABLE, v. intr.. . . . . . immaρtoyoaρk.

INCOMMODE, adj. . . tatimméaρa.

INCOMMODER, v. tr.. tatimméaρniktoaρk.

INCONNU, UE, v. intr. illitaρkρeytami.

INCONNU (Salmo Mackenzii. . . . . . . . tçiρaρk. = tiktaleρk.

INCONSOLABLE, v. intr. . . . . . . . . itchuïtuliyoaρk.

INCONSTANT, TE, v. intr. . . . . . . . . nokotçaρètaρtoaρk. = — dans ses affections : ataotçiliyoaρk.

INCONTINENT, adv.. upaloρtoρ. = tiguaρk.

INCONTINENT, TE, v. intr. . . . . . . . . kuyaρeρtoaρk.

INCORRECT, adj. v.. tamadjañituat.

INCORRIGIBLE, v.int. anotchiñgnuyuïtuaρk.

INCORRUPTIBLE, v. aulañaïtuaρk.

INCRÉDULE, v. intr.. niblœρomañgitoaρk.

INCRÉÉ, v. int.. . . . tutkρètchimayoaρk.

INCROYABLE, adj. v. òneρktçimayoaρk.

INDÉCENT, TE, v, int. anoρaynœρaρtoaρk : (se donner de l'air).

INDÉCIS, v. intr. . . itkρaρtchaρtoaρk.

INDEX, n. rac. . . . tikéρkρ. = tikiak (C.).

INDIFFÉRENT, TE, v. intr. . . . . . . . . idjigiuvaρkluvalo.

INDIGÈNE, adj.. . . . ρunaρiaρk.

INDIGENT, TE, v. int. tchualuïtuaρk.

INDIGESTE, adj. . . . tchuïnaolatçidjoaρk.

INDIGESTION, n. v. . aρkéatoρk-palaρtoρk.

INDIQUER, v. tr. . . tikuatoρtuaρk.

INDISCRET,ÈTE,v.int. akρatoyuaρk (en paroles). = itçivœρéoρomayuaρk (en actions).

INDISTINCT, TE, adj. ateρktçimañita.

INDOCILE, v. intr.. . unieρtoaρk. = piyomañgnitoaρk.

INDOLENT, TE, v.intr. uïnœρaoyaρtoaρk.

INEFFAÇABLE, adj.. miñwaρa-uñmitoaρk.

INÉGAL, LE, v. intr. illuliamik aypalik.

INEXTINGUIBLE, adj. v. . . . . . . . . . . ikumayoaρk.

INFAILLIBLE, v. intr. oïyiniρiktuaρk, tuami.

INFANTICIDE, n. dér. kamaρiya (crime d'—). = kamaρiñita. (coupable d'—).

INFECT, adj.. . . . . mamañ-itoρk.

INFÉRIEUR, RE, v. atan-ituaρk. = mikilaktin-itoaρk.

INFÉRIEUR, RE, adj. mikilœρa.

INFÉRIEUREMENT, adv. . . . . . . . . mikilaktin.

INFIDÈLE, v. intr.. . kuveρkρiyañ-iktuaρk.

INFILTRER (s'), v. impers . . . . . . . pîyoaρk.

INFINI, v. intr. . . . itçu-ituaρk.

INFLAMMATION des yeux. . . . . . . iyaρluktoaρk.

INFORMER (s'), v.intr. aρeρkotigiwa.

INHOSPITALIER,ÈRE, v. intr. . . . . . . uñvuaρktoniknituaρk.

INJURE, n. dér.. . . piumililiρèytun.

INJURIER, v. tr... . piumililiρeytuyuaρk.

INJURIER (ne pas), v. tr . . . . . . . . tchumayoïktuaρk.

INNOCENT, TE, v. intr.. . . . . . . . nakodjaρituaρk.

INODORE, adj.. . . . naïktsaoρtoaρk.

INONDATION, n. v... uliktuaρk.

INONDER, v. impers.. ulutimatigut.

INQUIÉTER (s'), v. int. kρigluktoaρk.

INSECTE, n. c. . . . kρuρeylœρoρk.

INSENSÉ, ÉE, v. intr. tutchao-mañgitaρkut.

INSENSIBLE, v. intr.. iρkρiρktçimi uniaρtoaρk.

INSÉPARABLES (duel) v. intr. . . . . . . katin-ayoak.

INSIPIDE, adj. v. . . kadjumiρiñgnitaρk.

INSOUCIANT, TE, v. mitsiiñgnitéit.

INSTAMMENT, adv. . éρρèniblunè.

INSTINCT, n. v. . . . tçayukpaktuaρk.

INSTRUIRE, v. tr.. . aytotcheρρaluktoaρk, tuña. = illitçaoρ tçidjoaρk, djuña.

INSTRUIRE (s'), v.int. aytotcheρρaluktoaρk, toami. = illitçaoρ tçidjoaρk, djoami.

INSTRUMENT de musique. . . . . . . atoρktiktaρk.

INSUFFLER, v. tr . . pùveρtoaρk.

INSULAIRE, n. c. . . kρikeρktaρmioρk; plur., -mèut.

INSULTER, v. tr. . . pineρluk-tçimayoaρk.

INTELLIGENCE. . . . voir esprit, pensée.

INTERCALÉS, adj.. . akoleρk.

INTÉRESSÉ (à), v. intr. pinnaρiyéït.

INTÉRIEUR, n. rac. . illua. = — du corps : nadjiak. = — des cuisses · illutaρk. = à l'—: illua-mi.

INTERPRÈTE, n. v. . piyitçeρtoρk.

INTERPRÉTER, v. tr. kibugaρotaρk. = akuleρk.

INTERSECTION, n.dér kρaρvilik.

INTESTIN, n. rac. . . eρklo ; plur., iρklot. = — de poisson : igvi. = — grêle : innaloat. = gros —: eρklo;

INTRÉPIDE, v. intr.. uloρeytuaρk.

INTRODUIRE, v. tr. . animé : iteρkρoya. = — à force : tatitœρèyoaρk. = (inan.) : iteρtitig'a. = (plus. inan.) : iteρtigéït. = (id. à force : tatiteρtoaρk.

INTRODUIT, v. intr. tuoρktitoρk.

INUTILE, v. intr. . .. tigumatchikaktaρk. = eρkρaoyaïtuaρk.

INUTILEMENT, adv. . ami-unin.

INVALIDE, v. intr... niuluktuaρk.

INVENTER, v. tr. . . inminin-atoρtoaρk.

INVINCIBLE, v. intr. òmaρtoyoaρk.

INVISIBLE, v. intr... takomakρaρtaρaρk. = takumañgiktoaρk. = i. e. peu visible : taymuñana-itoaρk.

INVITER, v. tr. . . . kρaitkρoyiniktoaρk.

INVOLONTAIRE, adj. v    titañuyapkluṇ.
INVOLONTAIREMENT
   adv. . . . . . . .    illitchimañuyapkluñè.
INVOQUER, v. tr. . .    kpeñinœpaptoapk.
IRASCICLE, v. int....    apéotçidjoapk.
IRIS. n. c. . . . . . .    iyapok.
IRRÉFLÉCHI,IE,v.int.    tçavapluktoapk.
IRRÉSOLU,UE,v.intr.    ipkpaptchaptoapk.
IRRITER, v. tr. . . .    opolotçidjoapk.
IRRITER (s'), v. intr..    katçopnikayopktoapk.

ISOLÉ, ÉE, v. intr...    apvayaïtoapk. = amoyapk,
ISOLER, v. tr.. . . .    amoya.
ISOLER (s'), v. intr..    amoyiya.
ISSUE, n. rac.. . . .    på.
ISTHME, n. c. .. . .    ipiutepk.
IVOIRE de morse. . .    *de morse :* tupapk. = — *d'éléphant fossile :* killigvapk. = kilikuvapk.
IVRE, v. intr. . . . .    *un peu :* tallopktoapk. = — *mort :* tokpuyaktoapk.
IVROGNE, v. intr.. .    imépun-miyoapk.

# J

JADIS, adv. . . . . .    aypanè. = *(éloigné) :* kpañaligami = *(très-éloigné) :* alpanè.
JAILLIR, v· impers.. .    utepdjepktoapk.
JALON, n. rac. . . .    akoko; *plur.,* akokut.
JALONNÉ, ÉE, adj. .    tchèañ-aptoapk.
JALOUX, OUSE, v.    tçiñgnayoapk.
JAMAIS, adv. . . . .    aniguïtaptuat,
JAMBE, n. rac. . . .    kpanepk; *plur.,* kpaneït. = kanaak (C.). = tchulòn ; *plur.,* tchulootit. = — *d'animal :* niχéo (C.).
JAPPER, v. unip. . .    kpeylumœpaluktoapk.
JAQUETTE, n. rac...    atigé.
JARDIN, n. v.. . . .    itçépéaptoapk.
JARDINIER, n. dér. .    itçèpédjen.
JARGONNER, v. intr·    illiktçopèlœpayoyoapk.
JARRET, n. c. . . .    tapittanepk; *plur.,* tapittanœpèt. = na kauknak (C.).
JARRETIÈRE, n. c. .    uñéputiktçapk.
JAUNE, adj.. . . .    awtchuaptopk. = kakoktut (C.). = — *d'œuf :* awpélanœpa.
JAUNI, IR, adj. et v. impers. . . . . . .    awyuak; *plur,,* awyuat.
JAVELINE, n. c.. . .    kàpotchin.
JE, pron. pers. en compos.. . . . . . . .    *est caractérisé par les désinences :* tuña, yuña, djuña, pa, na.
JE L'IGNORE, interj. adv . . . . . . . .    iya !
JE SUPPOSE, adv.. .    kpanop-mip-kpanop !
JE VEUX BIEN, adv.    piwok!
JET, n. c. . . . . . .    pitiktàtop.
JETÉ, ÉE, v. intr. .    tulautopk. = — *à l'eau :* kivitopk.
JETER, v. tr. . . . .    *animé :* iyañayoapk. = *(simpliciter) :* igitoapk. = milooptoapk. = milopéapktopk. = — *à l'eau :* imep-muk-toapk. = kpeypçaligéapktopk. = — *au feu :* ignep-muk-toapk. = — *à terre :* iyañayoapk *(animé).* = nuna-muk-toapk *(inan.).* = — *à bas :* iyañayoapk. = — *à quelqu'un :* akwapa- = — *au loin :* ipidjuñmiya. = — *aux chiens .* nepkpè-tçidjoapk. = — *de la terre, du sable, du linge, un ustensile :* ig'itoapk. = — *du feu :* nalupapk. = — *du bois :* milooptoapk. = — *dehors :* nalupk; *1ᵉ pers.,* naluka. = — *en l'air :* naluakitapktopk. = — *le contenu d'un vase :* nivapéapktopk. = *lui — les bras autour du cou :* ipkpè-

tçidjoapk· = *lui — un sort :* ipkpopiokpéyoapk.
JETER (se) . . . . .    *à l'eau :* kivita. = kpeyptçaligé udjuapk. = — *à terre :* milopodjoapk. = — *de côté :* milodjuapk. = — *dedans :* iteptçaktoapk. = — *dessus :* upalopa.
JEU, n. c. . . . . .    kpuviatçunepk. = — *de la ficelle :* adjapak. = — *de cartes :* piñuyaotit. = — *de casse-tête :* kpapañ-uktat.
JEUNE, v. intr. . . .    ikpotçanitapk. = tçiumuktoapk.
JEUNE, n. v. . . . .    nutçidjoapk. = *jours de —:* nutçidjoat.
JEUNE FILLE, n. c..    apnapénapk. = nipiakkiak (C.).
JEUNE HOMME, n. c.    nupatchàluk. = innuuk (C.).
JEUNER, v. intr. . .    nutçidjoapk. = — *forcément :* payàyopk. = kapktoama (*1ᵉ pers.*).
JOIE, n. dér. . . . .    kpuviaylepk.
JOINDRE, v. tr. . . .    kpapañ-uktoapk. = — *les mains :* kpapañuktitçidjoapk.
JOINTS, TES, adj. v..    kpuniktitat. = kpapañ-uktat. = *lèvres —:* mamiñapktopk. = *mains —:* kpapañuktuït.
JOINTURE, n. c.. .    ipepkpapkp; *plur.,* ipepkpéït. = — *du bras :* pepnepk. = — *des doigts :* tapiñanueït.
JOLI, IE, v. intr. . .    yikpomanepktoapk. = pitchaukuni (C.).
JONGLER, v. tr. . . .    uñavaomayoapk. = tivœpètçimayoapk.
JONGLERIE, n.. c. . .    kpilayok. = uniñoyuapk.
JONGLEUR, n. c. . .    añpékok ; *plur.,* añpékoït. = annatko (M. K.).
JOUE, n. rac. . . . .    uluapk. = uluak.
JOUER, v. intr. . . .    piuyaptopk. = — *à la berne :* nalukataptoat. = — *à la main :* ivayukitaptoat. = — *à la ficelle :* adjapatçodjiapk. = — *à la paume :* ipkpapktoapk. = — *du flageolet :* winéatchopktoapk. = — *du violon :* atoptidjepkpiyoapk. = — *de l'orgue, du piano :* atoptiktaptoapk. = — *insolitement :* pinepluktchimayoapk.
JOUET, n. dér. . . .    añepkpòn.
JOUFFLU, UE, v. intr.    igmaktitakak-eymañé. = uluakpàluk. (*grosses joues*).
JOUR, n. rac. . . . .    *d'été :* ublupk; *plur.,* uvlut. = — *d'hiver :* kpauya; *plur.,* kpauyat. = nuyoapk = — *court :* ubluk-itopk; *plur.,* ublub-ïtoat. = — *long:* auyapk; *génitif :* auyam. = ublup-pàk. = *plur.,* ubluptuyuat.
JOUR (beau),v. imp.    kpapatay-iluaptopk.

JOUR (i. e. lumière).. kɒaumayoɒk. = *petit —* (*i. e. aube*) : kilaka.
JOUR (i. e. interstice). kɒupaɒk.
JOUR (être ou faire).. kɒaumaɒéatçiaɒk.
JOURNÉE de chemin. aulaoyat.
JOVIAL, JOYEUX, v. intr. . . . . . . . kɒuviatçuktoaɒk. = pioɒiyoɒk.
JUGE, JUGER, v. tr.. oɒotkɒoyinituaɒk.
JUGÉ, ÉE, v. intr.. . oɒotkɒoya,
JUGEMENT, n. dér. . oɒotkɒåwn.
JUGEMENT DERNIER, n. c.. . . . . . . . kiñuleɒk-oɒotkɒåwn.
JUIFS. . . . . . . . . Zudam-tunutçuɒa.
JUILLET, n. c.. . . . kɒiblaleɒ-vik.
JUIN, n. c. . . . . . . nueɒtoɒ-vik.
JUMEAU, n. c.. . . . añutaɒa. = atigeɒk-pålik.

JUPE, n. c. . . . . . . illupaɒè.
JUREMENT, n. v. . . pineɒluktuaɒk.
JURER, v. intr. . . . kɒatçulilaoɒtoaɒk.
JUS, n. v . . . . . . kɒoɒolopalakɒèyoaɒk.
JUSQUE, prép.. . . . tikillugo. = *jusque là* : ika-tikillugo. = *jusqu'au bout* : itçuk-tikillugo. = *jusqu'à ce que* : manna-tikillugo. = *jusqu'au delà* : uñaleynun.
JUSTE, v. intr . . . . nakòyoaɒk.
JUSTE, v. impers.. . tamaɒka. = tamêna. = *i. e. étroit, exact* : tatiyoaɒk. = noɒikituaɒk (*vêtement*). = *i. e. saint* : nakòyoɒk, yuña.
JUSTEMENT! interj.. matumiña!
JUXTAPOSÉS, adj.. . tatutaɒklépet.

# L

LA, adv. . . . . . . inuña. = (*locatif*) : tablioma.
LA-BAS, loc. adv.. . unân. = umân (*loin*). = umak (C.).
LA DEDANS, loc. adv. uwân.
LA-DESSOUS, loc adv. kanân-atimni.
LA-DESSUS, loc. adv. kɒaàn. = (*abstrait*), uvañalu.
LA-HAUT, loc. adv... pikân.
LA OU, loc. adv.. . . ikân. = ikanè. = akiptiñnè.
LA (de), loc. adv.. . . tçanig-min.
LA (être), v. intr... . itkɒayoɒk.
LABORIEUX, EUSE, v. intr.. . . . . . . . nutéyuïktuaɒk.
LABOURER, EUR, vint. ikotaɒktoaɒk.
LABRETS, n. rac. . . tutåɒk; plur., tutaït. = *— riches, ornés de rassades bleues* : tutåɒk kɒaïvaloɒk. = *— ordinaires* : tchimmik.
LAC. . . . . . . . (*grand*): okéɒoktoɒk. = kamanek (C.). = (*petit*) : tatçiɒk. = taèɒak (C.).
LACER, v. tr. . . . . nuvilaɒtoaɒk. = *i. e. faire du filet* : kɒilaɒktoaɒk. = *— des raquettes* : nuluɒtoaɒk.
LACÉRÉ, ÉE, v. intr.. kapoɒtoaɒk.
LACÉRER, v. tr. . . anaulaoyaɒtoaɒk.
LACET, n. pl.. . . . . *à rennes* : nigat. = *— à lièvres* : tça-putit. = ukalé-aneɒtot. = *— à oiseaux* : kɒoñétçèlitaɒk. = *— à perdrix* : tçaputçeɒta. = *cheville des lacets à lièvres* : kawkwaɒk. = *sa brimbale* : naktçuktaɒk. = *les deux petits bâtons qui les supportent* : nakadjak. = *porte-lacets* : ukaléɒ-tçéoɒtit-kɒéleɒvéat.
LACET (i. e. cordon).. umiɒòn.
LACHE (i. e. pas tendu) adj. . . . . . . . . kɒatcuñmayoɒk.
LACHER, v. tr. . . . ipéɒaga.
LACONIQUE, v. intr.. ipénakitoaɒk.
LAGUNE, n. rac.. . . tatçiɒk. = taèɒak (C.).
LAID, LAIDE, v. intr. tchuïnaoyaɒk.
LAINE filée, n. dér. pl. kɒiviat.
LAISSER, v. tr. . . . avitoaɒk. = *— tomber* : iyukàyoɒk. = *— tranquille* : illiyaɒktoaɒk. = *laisse-le tranquille!* illiyaɒkto! = *laisse cela!* illéon! = *— partir* : kaymayuaɒk. = *— l'ouvrage* : ipéɒag'a.

LAISSER (se), v. mut. avitok. = aɒviklaɒtok.
LAIT, n. rac. . . . . . itokᵘ. = ammaɒk.
LAITON, n. c. . . . moɒaɒiyoaɒk.
LAMBEAU, u. rac.. . tchika. = *son —* : tchikaɒa.
LAMBOURDE, n. dér. tunnak.
LAME, n. rac. .. . . tchénéɒa. = *i. e. grosse vague* : malikɒaɒk ; *plur.*, malikɒpaït.
LA MÊME CHOSE.. . tchuatçaɒk-ma.
LA MÊME PLACE (à), inna.
LA MÊME QUANTITÉ. tayma-illiblupu.
LAMENTER (se), v. int. inaodjòaɒk. = kɒéavak paluktoaɒk. = *— dans les funérailles, le deuil* : kɒoyoyuaɒk.
LAMENTIN, n. c. . . pamioɒtoɒ.
LAMPE, n. rac. . . . kɒoleɒk. = kullèk (C.). = kotluk (E.).
LANCE, n. c. . . . . kåɒona.
LANCER, v. tr. . . miloɒè-ayoaɒk. = miloɒè-aɒktoɒk. = *— la javeline* : naulaktoaɒk.
LANCETTE, n. c. . . taɒkɒam-nut kaɒòn.
LANGRENUE, n. c. tatkɒèm-inoɒk.
LANGAGE, n. dér. . . oɒakɒayoɒk. = okɒa-utçineɒk.
LANGUE, n. rac.. . . okɒaɒk. = ukak (C.).
LANGUE de terre. . nuvukᵒ.
LANGUIR, v. intr. . . kɒanilaɒtoaɒk.
LANIÈRE, n. rac. . . nuyaɒk. = *— de pipe* : nemɒa.
LAPER, v. tr. . . . . alluptçaluk (*chien*). = miçaluk (*homme*). = alluɒktoaɒk. = alluɒktoɒtoaɒk.
LAPIN, n. c. . . . . . ukaleɒk. = ikiñna. = ukalèk (C.)
LA PREMIÈRE FOIS. ataɒotçi oɒklunè.
LARD, n. rac. . . . . oɒktchoɒk (*voir aussi gras, graisse*). = tunnok (C.).
LARGE, v. intr. . . . illoɒktoyoɒk (*surface*). = tçanimuktuyoɒk (*animé*). = illutuyuaɒk (*i. e. de large diamètre*). = *moins —* : illukituaɒk. = amilœɒa. = *— comme ceci* : tçavaɒéitoɒk.
LARGE (le), n. rac .. *i. e. la pleine mer* : itkɒa. = immaɒb-iktçoaɒk.
LARGE (au), loc. adv. itkɒa-nun.
LARME, n. rac. . . kɒoluk ; *plur.*, kɒoluït. = kɒiɒaludiak.
LARRON, n. v. . . . tigiliyoyuaɒk.
LARVE d'insectes. . kɒitéɒoleɒk ; *plur.*, kɒitéɒolit. = *— de vermine* : itkɒeɒk ; *plur.*, itkɒélit.

11

LARYNX, n. v. . . . . ígiaɒk.

LAS, LASSÉ, ÉE, v. intr. . . . . . . . yaɒayòn. = yaɒayoɒkɒ; yuña,

LASSER, v. tr. . . . éɒɒéniyoaɒk (par ses discours).

LATRINES, n. dér. . anaɒ-vik.

LAUDANUM, n. v. . . tchiniktoaɒk.

L'AUTRE, adj. indéf. . aypa.

L'AUTRE COTÉ, n. rac. . . . . . . . . akkia. = ikig'a (d'un objet).

LAVÉ, ÉE, v. intr. . . ivikta.

LAVER, v. tr. . . . . imeɒpa : quelqu'un. = taniktoaɒk : du linge.

LAVER (se), v. intr. . le visage : eɒmiktoaɒk. = eɒmiyoaɒk, eɒmiota, eɒmion. = ivogia, ivogun. = — le corps, les mains : iviktoaɒk, -toami. (passé) : -toɒa.

LAVIER, n. dér. . . . puɒutaɒk.

LE, LA, LES, art. . . n'existent pas en esquimau. Cependant on peut considérer les voyelles a, e, i, o, u, qui se trouvent au commencement des mots racines comme une sorte d'article indéfini pouvant signifier ce qui est.

LÉCHER, v. t. . . . aluktoɒtoaɒk. = aluktoaɒk, toɒa.

LÉCHER (se), v. mut.. oɒkɒékɒéyoaɒk.

LEDUM PALUSTRE (thé du Labrador).. tçeɒmiktçet.

LÉGER, ÉRE, v. intr. okkɒitoaɒk.

LÉGÉREMENT, adv. . taɒtotchaɒtoaɒ.

LE LONG DE, loc. prép. kɒolaɒùn.

LE MÊME.. . . . . . inna.

LE MIEN, prop. poss.. uvam-nun.

LENDEMAIN, n. c.. . ublâ-kòn. = ubliat-kon. = ublum-aypa,

LENT, TE, v. intr. . . tçukayoɒk.

LENTE (larve de vermine). . . . . . . itkɒeɒk; plur., itkɒélit (C'est aussi le nom insultant que les Esquimaux donnent aux Dénè-Dindjiés, tant à ceux qui habitent l'est, qu'à ceux de l'ouest des montagnes Rocheuses.

LENTEMENT, adv. . . tçukaytomik. = tçukaytut. = tçukeɒtuaɒk.

LENTILLE de verre, n. c. . . . . . . . . tchikɒéné-poyaɒk : (espèce de soleil).

LÉPRE, n. c. . . . . kɒatayoaɒk.

LEQUEL? LAQUELLE? pron. rel. inter. . . kiya? = kina?

LESQUELS? . . . . kikut?

LESTE, v. intr. . . . . okkɒitoaɒk.

LES UNS COMME LES AUTRES. . . . . . tamauyat.

LES UNS CONTRE LES AUTRES. . . kunguyut.

LETTRE, n. v. . . . . kɒalèuyaɒk. = (i. e. caractère) : okɒàwn.

LEUR, LEURS, pr. pers. . . . . . . . okkom-nua.

LEVANT, n. c. . . . tçaneɒ-aneɒ-aneɒ-mun.

LEVÉ, ÉE, v. impers. kɒakita (filet). = aggliyoaɒk (pâte).

LEVER, n. dér. . . tupàwn. = — du soleil : nuïɒaɒ. = nuïyoɒk. = — de la lune : ubillak (C.).

LEVER, v. tr. . . . de terre : itçautçidjoaɒk. = akɒupiyuliyoaɒk. = — de l'eau : kɒakitoaɒk. = = — la tête : agaɒktoɒk. = agalaktaɒktoaɒk. = — le bras : taleɒkɒòn mutoɒk. = — les bras : ichaɒtoɒk.

= — les yeux : iyin-neɒkkɒon mutoɒk. = — le camp : nuɒutaɒtoaɒk. = — le glaive : tçavigmi-içavitçidjoɒk.

LEVER, v. impers. . . aglivalèayoaɒk.

LEVER (se), v. intr. . d'assis : nikuvitoaɒk. = impératif : ékuwitok (C.). = — de couché : tuɒaoɒk. = (impératif) : tupaɒin ! = — sur son séant : makitoaɒk. = (impér.: makitin ! = — après être tombé : nalalaktaɒtoaɒk.

LEVER (se), v. unipers. (animal) : akɒupiyuaɒk. = (astres) : nuiyoaɒk; plur., nuïyoat. = (vent) : aniyoaɒk. = kɒayiyoaɒk.

LE VOILA . . . . . . matumiña.

LÈVRE, n. rac . . . . kɒaɒklo; plur., kɒaɒklot. = — inférieure : kɒàɒklo. = — supérieure : kakkiviaɒ.

LÉZARDÉ, ÉE, adj. dèr mioɒkɒéɒtchaɒneɒk.

LIARD (populus balsamifera) . . . . . niñgoɒk. = (son écorce) : niñgoɒ-kɒatçaloɒk.

LIBELLULE, n. c. . . niulœɒaɒk. = (agrion) : illatkɒutchitoɒtok.

LIBERTIN, INE, v, int. kuyaɒeɒtoaɒk. = umiaɒàluk.

LIBRE, v. intr. . . . . itçañadjaɒitoaɒk. = kaymaganè.

LIBREMENT, adv. . . itçaña dja.

LICHEN. . . . . . . des rennes : néɒɒèyoaɒk. = — des enfants : maɒneɒk. = maɒneɒk-aluktuaɒk. = — servant à laver : tçeɒmitçiaɒk.

LIÉ, ÉE, v. intr. . . . kɒileɒktçuanè. = — en laisse : ipeɒktaɒk.

LIEN, n. rac. . . . nimeɒkɒ. = — de l'arc : nimeɒ-tchauta. = — de tête : kɒiñaɒk-taɒk. = — des raquettes : tchiñiɒk.

LIER, v. tr. . . . . kɒileɒktoɒtoaɒk. = — ensemble : ipiutaɒ-kɒatigéit.

LIEU, n. rac. . . . . . innè (i. e. la place de l'homme). = mon — : inniɒa. = ton — : innin. = en compos.: vik (final). = — où la neige est fondue, au printemps : apputeyloɒot.

LIÈVRE blanc arctique. ukaleɒk. = ikinna. = ukalèk (C.).

LIGATURE, n. rac. . nimeɒkɒ. = — de canot, antérieure : atçaɒitkutik. = idem, postérieure : taɒkɒaɒk. = — de flèche, antér. : aɒgluliotit. = idem, postér.: itéɒioliotit. = idem, médiane : madjétit.

LIGNE (i. e. trait). . . nakatçeɒktaɒk. = — de pêche : uwaɒktçiutit. = idem, petite : ikɒoléaɒaɒktçiutit.

LIGNE (en), loc. adv. añadjiaɒèt.

LIGNEUL, n. dér. . . ivalok; plur., ivalot.

LIMACE, n. c. . . . . akɒupiyoɒk.

LIMAILLE, n. dér. . . agéɒkɒaɒkɒ.

LIMBE, n. dér. . . . puyoɒa.

LIMÉ, ÉE, adj. v. . . aɒitoaɒk.

LIME, n. rac. . . . . aɒiòn. = agiun. = aɒiak (C.).

LIMER, v. tr. . . . . aɒiktoaɒk, aɒigaɒa (1e pers.).

LIMON, n. c. . . . . kanoɒàluktoaɒk. = kanoɒàluktomik.

LINGE, n. rac. . . . . kɒaulok; plur., kɒaulot.

LIQUIDE, adj. v . . . iméɒayoaɒk.

LIRE, v. intr. . . . . kɒaléuyaɒktoaɒk. = kɒaléuyaɒ-kɒiyoaɒk.

LISSE, adj. v . . . . manéaɒktoaɒk.

LISSES du Kayak, n.rac tçeɒnè; plur., tçeɒnèt.

LIT, n. dér. . . . . . igleɒk (de iglu, maison); plur., igleɒklit.

LIT . . . . . . . . de mer, de lac : itkɒa. = = de rivière : natkɒa.

LIVIDE, v. intr. . . . kɒauloɒktçidjoaɒk.

LIVRE, n. dér.. . . . kɒaléuyaɒk (de kɒalèɒit, superposés).

LIVRER, v. tr..... apktçanigapk.

LIVRER (se), v. intr.. tchigliléaptoapk. = — au mal : kutama-tchiléoptoapk.

LOBE de l'oreille. . . illépaviak. = putu-lep-vik (le lieu que l'on perce).

LOBE de poumon, n. rac......... puak.

LOCATAIRE, n. dér.. iglom-okat.

LOCHE (lota maculosa). titalik.

LOGE (tente cònique de peau)..... itçapk; plur., itçet. = winepk.

LOGE du castor. . . kigidjam-igloa.

LOGIS, n. dér..... ñulédjévin. = mon —: nulédjévig'a.

LOI, n. dér..... tilliniun. = kibugapòn.

LOIN, adv...... avanè. = kupa. = appiok. = très — : uñatçiktop. = uwa-ikuni (C.). = — à venir : otkpom-iyopk. = — sur mer: imuña. = — d'une rive à l'autre : ikkaomiyoapk.

LOIN (être), v. intr oñatçiktop-itoapk.

LOIN DE, loc. prép. uñava-nun. = — d'ici : kilu-mun.

LOIN (de), loc. adv... kiluva-nin. = de — en — : akpagop.

LOINTAIN (i. e. pers- nalœpònepk.

LOINTAIN, adj. v.. tçivitunéaptoapk, toat (plur.).

LOMBRIC, n. c. . . . kpoapta.

LONG, GUE, v. intr. (animé)...... ichopaptoyopk. = ichopaptumaya.

LONG. v. impers (ina-nimé)........ nez : pépéalulik. = tchivukéumayopk. = — et mince : naïtopk.

LONG comme ceci... illuaptopk. = tçavapeïtopk.

LONG DE (le), loc. prép. kpolàpun.

LONGTEMPS, LON-GUEMENT, adv... uñavakùn. = — avant : uñavakùn-tçivupnœpèt.

LONGUE-VUE, n. c.. kpinèpàwn.

LOQUACE, v. intr... okpatoyuapk.

LOQUES, n. v..... epkpauyapktoapk.

LOQUET, n. dér.. .. tçéneptapk.

LORGNER, v. tr.... itchoapaptoapk,

LORGNETTE, LOR-GNON, n. v..... itçipapk.

LORS, adv..... pin.

LORSQUE, conj.. . pàn. = pata (finals). = v. g. lorsqu'il viendra : tikitpàn.

LOSANGE, n. c.... kikiktin-ayopk.

LOUCHE, LOUCHER, witabiog'aptoapk.

LOUCHEUX ou Dindjiè ipkpélipk; plur., ipkpélit (i. e. lentes, larves de poux). = — des Montagnes Rocheuses : kublàw-kutcin. = — de Youkpon : Ipkpéléapuït.

LOUER, v. tr..... apglilipa, -ligapa (1e pers.). = piñoptçié-takpapklotçadjapa.

LOUER (se), v. tr. apglileptoapk.

LOUP, n. c...... amapopkp. = ammapak (C.).

LOUP - CERVIER ou lynx........ piptoptchapk.

LOUPE végétale, n. dér. anakp.

LOURD, DE, adj. v. . okpumaïtopk. = okpumaïtuapk.

LOURDEAU, v. intr. matchopéktoapk.

LOUTRE, n. c. . . pamioptopk.

LUCARNE, n. c.... ig'alépàluk. = ipalèpàluk.

LUETTE ou glotte, n. dér......... okpaoyapk (de okpapk, langue).

LUEUR, n. v..... . tchikpèynapkpàluk.

LUI ou ELLE, pr.p. oma. = uva. = uma (C.). = tabioma (transit.). = tamanuopk (accusat.). = tamna (intransit.).=taïmna(démonst.)

LUI ou ELLE-MÈME.. ibiuñma.

LUI (à).>....... omoa. = um-nua. = tapçom-nua. = tapçom-mua.

LUI-MÈME (de). . umiñga. = omaptin-mik.

LUI (de). . . tabiumiñga. = umiñga.

LUI (avec, par). tabiuñ-mik. = tapçom-mik.

LUI (pour).. . . tabiom-uña.

LUIRE, v. impers. . . kpéblapitoapk. = kpaumayoapk.

LUISANT, TE, adj. v. tapalia-añepk-tçidjoapk.

LUMIÈRE, n. v. . . . kpaumatçiapk. = ublupk-kpaumatçiñpa.

LUMIÈRE solaire, n c. tchikpeynepk-kpaumatçiñpa.

LUMIÈRE d'arme à feu, n. c........ tçiutayoapk : (semblable à l'oreille).

LUMIGNON, n. dér. epklepk; plur., epklét[i] (de epklo, entrailles).

L'UN, adj. indéf.... aypa.

L'UN A COTÉ DE L'AUTRE...... tatutapklèpek; plur.. tatutapklépèt.

L'UN APRÈS L'AUTRE tçivulépek; plur., tçivulépèt.

L'UN AVEC L'AUTRE. tamapmik; plur.. tamapmit.

L'UN COMME L'AU-TRE........ tamauyapk; plur., tamauyat.

L'UN CONTRE L'AU-TRE........ kuñg-uyuk; plur., kuñg-uyut. = pa-djœpo.

L'UN ET L'AUTRE. . tamapmik.

L'UN POUR L'AUTRE. tamapta.

L'UN SANS L'AUTRE. aptçaptoak; plur., aptçaptoat.

L'UN SUR L'AUTRE.. kpolépet.

L'UN SOUS L'AUTRE. atànun-itoak.

LUNE, n. c...... tatkpapk. =tatkpak (C.). =(son visage): tatkpèm-innopk.=nouvelle —: tamap-tuap. = tatkpé-ilapk. = pleine — : nuïtkpeytuapk. = nakpotoapk. = quartier de la — : miptapapk. = niptaomayuapk. = niptaptoapk. = nuïyuapk (très-petit). = demi — : akimuktuapk. =clair de — : tatkpam-ublupk. = kawmatçiyopk.

LUNETTE d'approche. kpinépàwn. = kaïnuot (C.).

LUNETTES, n. c. . . itçipapk: (sortes d'yeux). = ig'alipaluk : (petite fenètre).

LUTTE, n. dér. . . . payàwn.

LUTTER, v. intr.... payapa, payapaga (1e pers.).

LYCOPERDON ou vesse de loup...... pudju-àluk; plur., aluït : (le petit pou-dreux).

LYNX.. .... . piptoptchapk.

# M

MACHER, v. tr. . . . tamuɒtoɒk.

MACHOIRE. . . . . . totak. = *super.* agléaɒtok. = *os de la* —: aɒglépoɒk.

MACHURÉ, ÉE, v. intr. . . . . . . . . kɒépœnaɒtoaɒk.

MACHURER, v. tr. . . miñwaɒtoaɒk.

MACREUSE (anas americana). . . . . uviugeɒk; *plur.*, uviugit.

MAGASIN, n. dér. . . tçualœɒòn. = tçualeɒk (*de* tçuatçaɒk, *marchandise*).

MAGICIEN, n. c . . . . añɒékok.

MAGIE, n. c. . . . . . kɒilayok. = uniñoyuaɒk.

MAGNIFIQUE, v. intr. tiguyominaynè.

MAI, n. c. . . . . kɒibla-leɒvik (*période de la débâcle, seconde moitié*). = tigmé-yeɒvik (*période des oies, première moitié*).

MAIGRE, v. intr . . tçalloyoaɒk. = kuïneytuaɒk. = *viande* —: uẇinɒituaɒk. = *jour* —: nutçi-dĵoaɒk.

MAILLE, n. rac. . . . nigaɒk; *plur.*, nig'aït.

MAILLET, n. c. . . . . kɒautaɒk.

MAIN, n. rac. . . . . adgiɒaɒk; *plur.*, adgiɒaït, = *ma* —: adgiɒatka. = adjiɒaït.ʹ = aïdgéït (C.). = *creux de la* —: itimaɒk. = *dessus de la* —: tunuéït. = *entre les* —: iktimiaɒia.

MAIN (mesure esquimaude). . . . . . iɒneɒk.

MAINT, TE, adj. . . . inuïaktut. = — *fois* : katimayut.

MAINTENANT, adv. . upalœɒàlo. = aẇpâkœɒodjiùu. = aẇpâ-lœɒolut. = upiloami (C.)

MAIS, conj. . . . . ᵇ . . ami.

MAISON, n. rac. . . . iglu; *plur.*, igluït. = — iglo (C.). = — *à l'américaine* : kipkaɒotaɒèk. = — *de neige* : igloɒiyoaɒk. = appun-iglu. = — *européenne* : igloɒ-pâk. = — *grande* — : igloɒɒòk. = — *des serviteurs* : iglum-ayɒa. = — *de bois esquim.* : tçayɒoɒk.

MAISONNETTE. . . . igluaɒâluk.

MAITRE, TRESSE, v. niligaɒk, gaɒa. = iglugaɒk, gaɒa. = katodjoaɒk. = tuneɒk; néɒa.

MAITRE-DE-RETS. . . kɒègmeɒkɒo.

MAL, n. dér. . . . . auyoaɒk. = kɒanoïñaneɒk. = — *de cœur* : omaloktoɒk. = — *de dents* : kiɒuluktoaɒk. = — *des neiges* : iyaɒ·luktoaɒk. = — *des raquettes* : tçiñeɒ·neɒluktoaɒk. = — *de ventre* : iteɒlok·toaɒk.

MAL, adj. v . . . . . tchuinaɒk. = kuyoɒk.

MAL, adv . . . . . . kuyoñ-oɒklunè.=tchuïnaleɒk-kɒéyoaɒk.

MALADE, n. dér. . . annéaɒtoneɒk.

MALADE (être), v. intr. annéaɒktoaɒk.

MALADIF, IVE, v. int. imœɒèloktoaɒk.

MALE, n. dér. . . . . añhùn. = añhòn. = *plur.*, añ"hut (C.). (*de* uhuk, *membre viril*). = utçuk (*de* otçok, *idem*). = — *des grands animaux* : pañgneɒk. = — *d'oiseaux* : añhutéviaɒk.

MALE (être), v. intr . añhon-unœɒayoaɒk.

MALGRÉ, prép . . . . tçaneɒkɒaɒa. = *agir* — *soi* — amâñ-uyaɒtoaɒk.

MALHEUREUX, EUSE, v. intr. . . . . . . kɒuyumayoaɒk. = kappiena kuni (C.).

MALLE, n. c. . . . . . tchuluɒatçiaɒk.

MALLÉABLE, adj. v. . kɒitotoaɒk.

MALPROPRE, v. intr. tutòyaɒk; *plur.*, totòyot.

MALTRAITER, v. tr. . kɒeymeɒtçeaɒneɒk.

MAMELLE, n. rac . . milokᵘ; = milòn. = *plur.*, milut.

MAMELONNÉ, ÉE, adj. piñotᵒ.

MANCHE, n. rac . . ipun; *piur.*, iput. = *au possess.*: ipoa. = — *de couteau* : ipoaɒk. = — *de rame* : itçaɒktçaa. = kɒotik *ajoutés aux noms.*

MANCHE d'habit, n. rac. . . . . . . . âykɒé.

MANCHOT, v. intr. . *de la main* : igluïnaɒtalik. = — *du bras* : taléïtoaɒk.

MANDER, v. tr. . . . kɒaïtkɒoya. = tiliyiniktoaɒk.

MANES, n. dér. . . . innulik (*de* innok, *homme*).

MANGEABLE, adj. . . néɒɒèyaoyuaɒk.

MANGEAILLE, n. dér. néɒɒèyoat.

MANGER (le), n. dér. néɒɒèya.

MANGER, v. tr. . . . néɒɒèyoaɒk. = (*impér.*) : néɒɒèn! = iniɒɒiyok! (C.). = iɒɒénéyoaɒk.

MANGER avidement. . *avidement* : néoɒkɒaɒkɒâluktoaɒk. = = *trop* — : aɒkéatoɒktoaɒk = *tout* —: aulaytoaɒk. = néɒɒéya,

MANGER (ne rien). . néɒɒèmañgituaɒk.

MANIVELLE, n. dér. tigumévik.

MANIPULER, v. tr. . tiguleɒktuɒéït. = itçivœɒèulaɒtuɒéït.

MANQUER DE (i. e. ne pas avoir), v. intr. . tuɒoaɒk, tuɒa. = iktoaɒk, iktoña. = v. g. — *de feu* : ignéɒ-iktoaɒk. = *qui manque se rend par* itoɒk *à la fin du mot. v. g. qui manque de dents, ou édenté* : kiɒut-itoɒk.

MANQUER (le, i. e. ne pas atteindre), v. tr. *au fusil* : kaleyta. = — *à la flèche* : kɒoɒiu-mik kaleyta. = — *à la hache, etc.*: uniuva.

MANTEAU, n. c. . . . tunu-illi-taɒk (*doublure du dos*).

MARAIS, n, rac. . . oɒioɒk. = aɒiktoɒk. = immaɒktçuk. = — *mouvant* : kɒagoataɒktoaɒk.

MARATRE, n. rac . . atçaɒk. = *ma* —: atçaɒa.

MARBRE, n. c. . . . . uyaɒkɒat.

MARC, n. rac. . . . . iɒkɒoɒk. == *de la graisse* : tçakɒayluk. = kipuktoak.

MARCHAND, DE, v. kipuktoak.

MARCHANDISE, n. c. tçua-tçaɒk; *plur.*, tçuatçat.

MARCHE! interj. pour faire marcher les chiens. . . . . . . kwa! kwa!

MARCHER, v. intr. . . abloɒaɒktoaɒk. = aɒayoaɒk. = — *après quelqu'un, à la suite* : malœgoyuaɒk. = — *à l'aventure* : aɒkɒutçineɒk tcheɒtuaɒk. = — *à quatre pattes* : pâmoɒtoaɒk. = (*enfants*) : pitchukpa·leɒktoaɒk. = — *à la file* : tumaït,

MARCHER. . . . . . *a la file :* plur., tumig'ut, tumitçó. = = *dans l'eau :* ipépaptoapk. = — *dessus :* mi-àblopaptoapk. = — *lentement, péniblement :* pitçoyaptoapk. = tchu-valuïtuapk. = tchuvaluïyaptuapk. = kpangupk kpaktaptaktopk. = — — *librement, vite :* pitçomiktoapk. = *par grandes emjambées :* mitçipap-topk. = — *sinueusement :* tçakpéop-kpitaptoapk.. = — *(animaux) :* paña-liktoapk. = *(oiseaux) :* miñgnépaptoapk. = *(astres) :* uavaptopk. = uavapk. = *(montre, pendule) :* tchuvalapèklanÁpk. = *(canot, navire) :* aulayoapk.

MARE, n. c. . . . . . immaptçuk.

MARÉE, n. c. . . . . *haute :* tapianepk. = — *basse :* imépiuñ-miyaptòapk. = *(simpliciter) :* ulitop-nepk.

MARI, n. c . . . . . nulléapk (C.). = *ô mon —! wi!* (C.) = *mon — :* χénenlié.

MARIÉ, ÉE, v. intr. . *(homme) :* nulléalik. = *(femme) :* wilik.

MARIER, v. tr. . . nullèaptçakpoya. = aytutig'iya.

MARIER (se), v. intr. nulléaptoapk. = tchag'a, gapia *(1ᵉ pers.).*

MARINGOUIN, n. c . kpiktopéapk; plur., kpiktopéaït. = kik-towéyak, yaït (C.).

MARMOTTE, n. rac. . tçik-tçik. = ik-ik (C.).

MARQUE, n. c. . . . kiguyuognepk.

MARQUER le sentier . abépunikpéaptçilipéït.

MARS, n. c. . . . . . avunni-vik : *(période où le soleil est malade).*

MARSOUIN, n. c. . . kpilaluvapk. = kpaléaluk.

MARTEAU, n. c. . . . kpautapk. = *pierre servant de — :* kawpet.

MARTELER, v. tr. . . kawktuapk.

MARTIN - PÊCHEUR (alcedo hispida).·n. v. tikitchoapk.

MARTRE, n. c.. . . . kpaviédjepk.

MASKÈG, n. rac . . . opiopk. = apiktopk.

MASSACRER, v. tr. . katçoplug'o.

MASSETTE (typha). . ivik-djioapk. = ivik-djiodjapk.

MASSIF d'arbres, n.v. nuamayuatçat.

MASSUE, n. c. . . . . anaotapk.

MAT (son), adj. . . . tchivanappalu-itoapk.

MAT, n. c . . . . . . nappapktçin. = kpéyuk pak tkpoyotin.

MATÉ, ÉE, v. intr. . makittoapk.

MATER, v. intr. . . . makittig'a. = — *la tente :* nappaptoapk.

MATELAT (flèche à tête carrée). . . . . tçiuluepk.

MATIÉRE. . . . . . . illa. = *de la même — :* illa-minik.

MATIÉRE fécale. . . . anapkp.

MATIN, MATINÉE, n. kpakvapa. = — *avancé :* kivata. = — *vers 10 A. M. :* kpapktchuapa. = *demain — :* kpaupân.

MATRICE, n. dér. . . atigepk, *(de atigè vêtement).*

MATRICIDE, n. c.. . . *crime de — :* apnépon. = *coupable de — :* apnéptopk.

MATRONE, n. dér.. . apnapk, *(de arnè, femme mariée).*

MAUVAIS, AISE, v.int. ayopptopk. = tchuïnapk. = kuyopk, kuyoña; plur., kuyut. = mamaluñ-ilapk. = — *au goût, à l'odorat :* mamân-itopk.

MAUVE commune (La-rus eburneus). . . naullak. = plur., naullèt.

MAUVE capuchon noir (L. argentatus) . . . mitkpoteylaluk.

MAUVE naine (Xema Bonaparti) . . . . . ipkpiyoapiapk.

MAUX, n. pl. . . . . auyoat·

ME, pron. poss. . . . *en compos., est exprimé par les dési-nences* tka, tûña, yuña, pa, ga, va, etc.

MÉCHANT, TE. . . . *(voir mauvais, vaise).*

MÈCHE, n. c. . . . . ipépak-tçapk. plur., -tçit.

MÈCHE de vilebrequin. n. dér. . . . . . . néopptùn.

MÉCONNAISSABLE,v. intr. . . . . . . . akidjidjoapk.

MÉCONNAITRE, v. tr. illitaptchunapituapk.

MÉCONTENT , TE, v. intr . . . . . . . popkpéïtoapk.

MÉCONTENTER, v. tr. popkpéïtuliyoapk.

MÉDAILLE relig. n. c. oliamitkpopk.

MÉDECIN, n. v.. . . . aniatçioptè.

MÉDECINE, n. dér. . kimnapktoapk. = — *pour l'usage in-terne :* ikléùn. = — *idem externe* nanulûn.

MÉDECINE indienne.. uniñoyuapk. *(i. e. jonglerie).*

MÉDIANT, TE, adj. . akuléapk (C.)

MÉDIOCRE, v. intr... akùlepk *(de taille).*

MÉDIRE, v. intr... . killœguyiyoapk.

MÉDITER, v. tr. . . itchumalóoptoapk.

MÉDIUS, n. c... . . kitepklapk. = katéakkliak. (C.)

MÉDUSE (zoophyte aca-lèphe). . . . . . . illigapapk.

MÉFIANT, MÉFIER(se) v. intr. . . . . . . kiñgmuïtopkpitoapk.

MÉGARDE (par), loc. adv. . . . . . . . . illitchimañuyapklunè.

MEILLEUR, RE, v. intr.. . . . . . . . nakotkpéya.

MÉLANCOLIQUE, v. intr.. . . . . . . . ichumàyopk.

MÉLANGÉS, MÉLÈS, ÉES, adj. v . . . . nuatigéït. = *(liquides) :* kuvèpapéït.

MÉLANGER, MÉLER, v. tr. . . . . . . . . akullug'o.

MÉLÈZE (laryx ameri-cana). . . . . . . . pallepk.

MEMBRE, n. c. . . . nabgoapk. plur., nabgoaït.

MEMBRURE du Kayak tunép-oyapk.

MÊME, adj.. . . . . nina. = ninapk. = minapk *(ajoutés aux pronoms.)*

MÊME, adj. . . . . inmé.

MÊMEMENT, adv. . . imanna.

MENACE, n. v. . . . opkpaneploptoat.

MENACER, v. tr. . . opkpaneplopktoapk. = — *du geste :* ipkpétçolilaptoapk. = — *du glaive :* tchénépapnitoapk.

MÉNAGER, v. tr.. . . illuaptoapk.

MENDIER, v. tr. . . . kpènuyuapk. = tuktçiaptoapk.

MENER, v. tr. . . . . naktçapaya.

MENSONGE, n. v.. . . okpaoyapktoapk.

MENTIR, v. intr. . . ipkpoyopk, yoa. = ipkpotoyoïkt apk *(ne pas —).*

MENTEUR, n. v.. . . ipkpoyopk.=—*d'habitude :* ipkpotoyopk.

MENTON, n. rac . . . taklu. = takluak. = plur., taklut.

MÉPRISER, v. tr . . . *en acte* alañgwapinaptoapk. = alañgwa-niktoapk. = — *en paroles :* péuñili-lapapnitoapk. = — *du regard :* kpiñélépéuñiyoapk, ya. = kpiñélépè-yapnitoapk.

MÉPRISER (se), v. mut. . . . . . . añiginaptoapk.

MER. n. rac. . . . . tapéop. = tapéyopk. (C.). = *haute —* itkpa. = immapbiktçòapk.

MER (dans la). . . . . immakulonin.

MER (sur). . . . . . itkpa-nun.

12

MERCI, adv. . . . . . matchi! (*corruption du mot merci*). = kᵖoyanapa! = kᵖoyanaynè! = *grand* —! : illépanayné! = kuyananè. (C.).

MÈRE, n. rac. . . . . anâna. = anânaᵖk. = amâma. = annaag. (C.). = — *adoptive* : atçaak. = *ma* — *adoptive* : atçaᵖa. = *ma* — : ananatka. = amaña. = amamatka. = *ta* — : amamaktin, etc. = *ô ma* — : amma!

MÉRIDIENNE, n. v. . . uyumépéaᵖk.
MERVEILLE, n. v.. . kᵖeptçidĵoaᵖk. = nañinepminik.
MESSAGER, n. v. . . iyaᵖktok.
MESSE, n. v. . . . . . iᵖepkᵖoya.
MESSIE, n. v. . . . . iyaᵖktoᵖ-pâk.
MESURE, n. dér. . . udĵépéâwn.
MESURER, v. tr. . . . udĵèpéayoaᵖk.
MÉTAL, n. c. . . . . tçavitkᵖaᵖk.
MÉTIS, n. c . . . . . kᵖòléaᵖ-kutçin.
MÈTRE (mesure), n. dér. . . . . . . . . udĵépéaᵖâwn.
METS, n. v. . . . . . néppéyoat. = — *tabou* : néppèt kᵖéñik· toat.

METTRE, v. tr . . . illiyaᵖk, yaᵖa. = *impératif* : illilaᵖit ! = — *a terre* : konuñagaᵖa. = — *à la bouche* : okᵖumigitoaᵖk, ta. = — *au monde, bas* : aniyoaᵖk. = — *dans* : igañayoaᵖk. = — *hors dehors* : kᵖanuktoaᵖk. = — *à l'eau* : kᵖaluktçiya. = *dessous, sous* : atauya. = — *dessus, sur* : kᵖallig'a. = — *sur le dos* : neᵖktçioya. = — *en fuite* : aulaᵖtitigèït. = — *en terre* : tchauyaᵖa. = — *du bois au feu* : kᵖéyug'a. = — *en pièces* : katchaᵖiktoaᵖk. = — *en ordre* : tutkᵖeytchigèït. = — *en tas* : nuateᵖtoak. = — *la main dessus* : kᵖanog'a. = — *la main dedans* : illuanog'a. = — *la tête en bas* : kudĵaᵖtoaᵖk. = — *le désordre* : iᵖklaktigèït. = — *idem, avec colère* : tchukᵖolotçidĵoaᵖk. = *y* — *le feu* : kukug'a. = — *le front dans la poussière* : katiyoaᵖk. = — *les filets à l'eau* : niñitoaᵖk (*un*) ; niñitoat (*plusieurs*). = — *le pot au feu* : naktita. = — *le pagne* : illioᵖpilig'a. = *lui* — *les raquettes* : takœloya. = *lui* — *le capuchon* : natçag'a. = — *sa blouse, sa chemise* : atigéyoaᵖk. = — *sa culotte* : kᵖaᵖliktoaᵖk. = — *son pantalon* : kᵖammiᵖktoaᵖk. = — *ses souliers* : kᵖawatoaᵖk. = — *un anneau* : atiᵖkaᵖtidĵoaᵖk, tiga.

METTRE (se), v. intr.. *à cheval* : ablaktoᵖk. = ablanmĭtchiᵖmayoaᵖk. = — *en colère* : tchukaᵖk· tioaᵖk. = katçoᵖnikayoᵖktoaᵖk. = niatok. = — *en peine* : kᵖigluktoaᵖk. = — *à genoux* : tchitko-méyoaᵖktoaᵖk. = — *le capuchon* : natçaᵖktoaᵖk. = — *les raquettes* : takœloyuaᵖk. = — *le pagne* : illioᵖpileᵖtoaᵖk.

MEULE, n. dér. . . . aᵖiktùn.
MEURTRE, n. dér. . . toᵖkᵖonikùn.
MEURTRI, IE, v. intr. tuñoyoᵖk.
MEURTRIER, n. v. . . toᵖkᵖota.
MIAULER, v. unip. . . kᵖéayoaᵖk.
MIDI, n. dér. . . . . kᵖiteᵖkᵖaᵖk, (de kᵖiteᵖk, *milieu*).
MIDI (i. e. sud), . . . tchivoᵖkᵖa-mùn.

MIDI (à), loc. adv. . . kᵖiteᵖk-paᵖ-pân.
MIDI (après), loc. adv. . . . . . . . nukachaᵖèaᵖa. = uata.
MIEN, MIENNE, adj. pron. poss. . . . . uvam-nun. = uvam-nut. = *se rend aussi en compos. par les désinences verb*. tka, tuña, yuña, ᵖa, va, ga, etc.
MIETTE, n. c . . . . yukaneᵖk. *plur.*, yukanœᵖèt.
MIGRAINE (avoir la).. néakᵖo ignéaᵖtoaᵖk.
MILIEU, n. rac . . . . kᵖiteᵖk. = keᵖki. = kᵖeykᵖaᵖk. = — *du corps* : kᵖiteᵖk. = — *du front* : kᵖitkᵖa.
MILIEU (au), loc. adv. kᵖeykᵖân. = kᵖitkᵖanè.
MILLE, adj. num. . . itçañgneᵖkᵖ-añéyoᵖk. = itçañgneᵖk-pâk.
MILLEFEUILLE (plante radiée). . . . tutâoyat.
MINCE, v. intr. . . . (*anim.*) tuayaᵖktuaᵖk. = (*inan.*) tça· toaᵖk. = — *et long* : naïtoᵖk. = — *et plat* : tçatoᵖk. = ludlaᵖtoaᵖk.
MINÉRAI de fer. . . kikiyoaᵖk.
MINUIT, n. c. . . . . unuktoᵖk. = uvavaᵖtoᵖk. = unuabkᵖitkᵖa. (*en hiver*).
MI-PARTI, adj. . . . aviktçig'a.
MIRACLE, n. dér. . . nañinepminik.
MIRAGE. n. v.. . . . uvêᵖtitoaᵖk.
MIRE, n. c. . . . . . tutâoyaᵖk.
MIRER, v. impers.. . taᵖaᵖk.
MIRER (se), v. intr. . taᵖaktoᵖtoaᵖk.
MIROIR, n. v. . . . . taᵖaᵖktot.
MIS, MISE, adj. v. . . illiyaᵖk.
MISÉRABLE, v. intr.. tchualuïtuaᵖk.
MISÉRICORDIEUX,SE, v. intr. . . . . . . . pilitig'a.
MISSION, n. v. . . . . kᵖoléaᵖvik. = naktçaᵖiya.
MISSIONNAIRE, n. v. kᵖoléaᵖvè. = oᵖkᵖayoyuaᵖk.
MITAINES, n. c. . . . pualuk. = aïtkᵖatik.
MITASSES, n. c. . . . kᵖoluawᵖalik. = unakka-udik. (C.).
MOCASSINS . . . . . *esquimaux* : ataûñak. = — *indiens* : kawᵖkak. *plur.*, kawᵖkèt. = *tes* — kawᵖkakin. = iklaᵖkleᵖk.
MODÈLE, n. dér. . . titœᵖawn.
MODELER (se), v. intr. igiyaᵖtçidĵoaᵖk.
MOELLE, n. rac. . . . pateᵖk. = ïktçunmioᵖk. = — *épinière* : kudĵuguyaᵖk.
MOELLEUX, EUSE, adj. v. . . . . . . aᵖitoᵖk. = aᵖénaᵖ-kᵖimayoaᵖk.
MOELLON de neige durcie, n. rac. . . . killuk. *plur.*, killut.
MOI, pron. pers. . . umaña. = uwaña. = uvaña. = uwañpé. (C.).
MOI-MÊME, pron.pers. umiña.
MOI (à), pron. pers. . uwam-nùn. = uwam-nut.
MOI-MÊME (de). . . . uvam-nik. = umiñam-nik.
MOINDRE, adj.. . . . mikilœᵖa. = mikiyoᵖatçiaᵖk. = naïlœᵖa.
MOINS, adv. . . . . . mikiyo-mun. = mikileᵖktça-mik. = — *nombreux* : inuk-itukaᵖtçéït. = — *large* : amilœᵖa. = illukituaᵖk.
MOINS (au, du), loc. adv. . . . . . . . amik-amik.
MOINS EN MOINS (de), loc. prép. . . . . . illâñi-tchunagoᵖ.
MOIS, n. rac. . . . . . (se rend par *lune*). tatkᵖaᵖk.
— 1° MARS. . . . avuñni-vik: (*période où le soleil est malade*).
— 2° AVRIL. . . . amaᵖolik-eᵖvik: (*période des Bruants des neiges*).
— 3° MAI. . . . . kᵖiblaleᵖ-vik : (*période de la débâcle*). *1ᵉ moitié*.

MOIS, 3° MAI..... tigmiyeρvik: (*période des oies*) *2e moitié.*
— 4° JUIN.... nueρtoρ-vik: (*période des grands jours*).
— 5° JUILLET.. kρiblaleρvik : (*période du marsouin*).
— 6° AOUT.... itçaoyat : (*la mue*).
— 8° OCTOBRE.. tçikolœpaρk : (*prise des glaces*).
— 9° NOVEMBRE. tchiρkρénèρélaρk : (*le soleil disparaît*).
— 10° DÉCEMBRE kρayviyivik : (*période des maisons*).
MOISI, IE, adj. v... kρaleρneρtoaρk. = awtkρadjinatçineρk-toaρk.
MOISISSURE..... *blanche* : kρaleρneρk. = — *verte* : tuñoneρk.
MOITE, adj..... umiktiñayoaρk.
MOITIÉ, n. rac.... avaρkρ. — nåpaρk. = *dans le sens de la longueur* : kρopaρk. = *dans le sens de la largeur* : naviktoρk.
MOITIÉ (à), loc. adv.. avañ-mùn. = uvuña-mùn.
MOLAIRE (dent), n.c. eρkleρpak.
MOLESTER, v. tr... tuyukaloñnik-toaρk.
MOLETTE du genou.. tchitkρoρk.
MOLET, n. c...... nakka-tchuñnaρkρo. *plur.*, -néït.
MON, MA, MES, prop. poss......... *Se rend par les désinences :* tka, tuña, yuña, puña, djuña, ρa, ga, va, na, *etc.*
MONCEAU, n. pl... katiçimayut.
MONDE, n. rac.... chiut. = avaleρk.
MONTAGNE, n. rac.. éρpaρkρo. *plur.*, eρpèt. = kinnak. (C) = *haute* — : kinnak aρani. (C.). = — *inaccessible* : inilaumayoaρk.
MONTAGNE de glace, n. rac....... ibuρ. *plur.*, ibut.
MONTAGNARDS (Indiens des Montagnes Rocheuses...... eρpaρmioρk. *plur.*, éρpaρmiut. = Eρpaρ-miat. (*nom de tribu*).
MONTEE, n. c.... kρeymiρaρk.
MONTER, v. intr... mayoaρktoaρk. = — *au ciel* : mayoρ-pañgnéaρ-tçinnaρa. (*3e pers. futur*). = (*eau*) : ulitpalèayuaρk. = (*esprit, nuage, fumée*) : tiktag'a. = (*feu*) : naρolaρtoaρk. = (*flèche, projectile*) : pitiktçaoyaρk.
MONTER la tente (i. e. la dresser)..... itçaoρktoaρk. = nappaρtoaρk.
MONTICULE, n. c... innèaρoρk.
MONTRE, n. dér... kρayviaρtoàn : (*petit tourniquet*). = illauyak (C.).
MONTRER, v. tr... maniya. = — *du doigt* : tikuwaρtuaρk. (*i. e. enseigner*) : takoleρtoaρk.
MONTURE du fusil.. kρéyoktaρk : (*boiserie*). = — *de lunettes* : kρéρataρkotik.
MOQUER (se), MOQUEUR, v. intr... iyoρktoaρk. = idjioniktoaρk. = piuñili-lœpayoaρk.
MORCEAU, n. rac... tchika. = *son* —: tchikaρa. = ameρtaρk = — *de lard suspendu sur la lampe :* illiptaρk; *plur.*, illiptat.
MORDRE, v. tr.... kiñgéoaρk, géoρa. = kiñgmaρnitoaρk. = — *en saisissant avec les dents :* akwaρòn.
MORDU, UE, v. intr.. kiyànè.
MORNE, MOROSE, v. intr......... ichumàyoρk.
MORNE (sorte de rocher)...... mayuñmimayoaρk.
MORRAINE, n. c... allaynidjiak.
MORSÉ, n. rac.... ayvéρkρo.
MORSURE, n. rac... kigaρk. = — *de la vermine* : kumaρk. *plur.*, kρumaït.

MORT, TE, v. intr. et n. v........ tukρoyoρk. = toρkρoñayoρk. = nipa. (C.) = — *ancien* : iñilœρanitaρk.
MORT (la), n. rac... toρkρo. = tukρo. = *une* — *i. e. un décès* : toρkρòn.
MORT-NÉ....... toρkρoñaρmè-aniyoaρk. = (*d'animal*) : iblaw.
MORTAISE, n. dér.. neρtoleρvik.
MORTE (eau)..... oρktchoatoaρk.
MORTIER, n. c.... kρeρneρtoρk.
MORVE, n. rac.... kakkèk.
MOT, n. rac..... okρàwn. = okρaotçiρk. *plur.*, okρaotçit.
MOTTE, n. c..... neρkρoptak. *plur.*, neρkρoptéït.
MOU, MOLLE, v. intr. apitoρk. = aρénaρ-kρimayoaρk.
MOU, n. rac..... ipiyaρk.
MOUCHE bleue, n. c. niviuvak. = niwiwuk (C.). = *plur.*, niviuvéït.
MOUCHE grise (œstrus tarandi)...... miluvéatçiaρk : (*le petit suceur*).
MOUCHER (se), v. intr. kapkituaρk.
MOUCHERON, n. c.. oρkρéρayoρk.
MOUCHETÉ, ÉE, adj.. milaρk.
MOUCHOIR, n. dér.. kakikòn. = — *du cou* : kρoñitçiρòn. = kaw-winœρot. (C.).
MOUETTE...... *voir* mauve.
MOUILLÉ, ÉE, v. intr imàuyaρk. = kρituliyoaρk. = immatuaρk. (C.).
MOUILLER, v. tr... ugaρtoaρk, tuña.
MOUILLER (se), v. int. ugaρtoaρk, toami. = *par l'effet de la pluie* : kiniktoaρk.
MOULE (coquille)... uwillow.
MOULE à chandelles.. iniléoρotit.
MOULINET (jouet d'enfant)........ aviloρàwn.
MOURANT, TE, v. int. tukρo-aρtçidjoaρk.
MOURIR, v. intr.... toρkρo-yuaρk. = tokρo-neρktoaρk. = — *de faim* : padjianeρktoaρk. = — *de froid* : kρéuneρtoaρk. = — *de maladie* : iteynaniktoaρk. = — *de soif* : patkρéligunig'a. = — *subitement* : kρablinaρtoaρk.
MOURIR (se), v. intr.. toρkρolœρalutaρk.
MOUSSE (vulgo).... tçeρmitçiaρk. (*lichen blanc servant d'éponge*).
MOUSTACHE, n. c.. kakiviaρk,
MOUSTIQUE, n. c... oρkρéρayoρk. = miluwéyak (C.).
MOUSTIQUAIRE, n. c. kρubiaoyaρk : (*sorte de filet*).
MOUTON ou bighorn (ammon montana).. tçaug'aρk.
MOUVANT, MOUVOIR, (se)........ aulak-kρiluktoaρk.
MOZETTE, n. c..... olikρitaρk.
MOYEN (i.e. médian).. akulèaρk.
MOYENNANT, prép.. tuktçœρòn. = tutçaρtoρktoat.
MUABLE, v. intr... allañoyalaρkρétçédjoaρk.
MUER, v. intr. unip.. itçaρk. *plur.*, itcat.
MUET, TE, v. intr... okρayéituaρk. = okρaρuñgna-ïtuaρk. (*par la jonglerie*)
MUFLE, n. pl..... amiluρwéyèt.
MUGIR, v. intr.... niρaleρk. (*eaux*).
MULOT, n. c..... nappaρtuk-tçiktçig'a : (*marmotte des sapins*).
MULTIPLIER (se), v. intr....... innui-aktçiblutit-illiyoat.
MUNITIONS de chasse, n. dér...... pamuktçitàn.
MUR, MURE, adj. v.. tchiρmaρtoρk. *plur.*; -tut. = *à demi-mûr* : oρtçoρtaρk. *plur.*, -téït.

MURAILLE, n. rac. . . tchukkak.
MURMURE, MURMU-
RER, v. impers. . . . *(eau)*. yoρaatoaρk. = *(vent)* : tchiuρiuρ-
miyaρtoaρk. = *(arbres)* : winiuρ-
miyaρtoaρk.
MUSARAIGNE, n. dér. ugiuñnaρk : *(l'hivernant)*.
MUSCULEUX, EUSE,
v. intr. . . . . . . néρkρavaρtoaρk.
MUSCLE, n. rac. . . . ivalo. *plur.*, ivalot.

MUSEAU, n. c. . . . amïlœρok.
MUSELER, v. tr. . . . matudjidja.
MUSIQUE. . . . . . . atoρneρk.
MUTUELLEMENT, adv tamaρmik *(l'un avec l'autre)*. = tamaρta
*(l'un pour l'autre)*.
MYOPE, .v. intr. . . . taρéoρ tçivaktoaρk.
MYSTÈRE . . . . . . . misteρk *(mot français corrompu)*.
MYSTÉRIEUX, EUSE,
v. intr. . . . . . . amiρayliyaρtoaρk.

# N

NACRE, n. pl. . . . . kρébleρtçèt.
NADIR, n. dér. . . . nallèρèk.
NAGEOIRE, n. rac. . añotik. = — *dorsale* : taleρkρoρk.
NAGER, v. intr. . . . naloρtok. = naloρtoaρk. = añoaρktoaρk.
= naluktuaρk *(à la façon des chiens)*.
NAGEUR, n. v. . . . naloτçiρk.
NAGUÈRE, adv. . . . akoρiyoaρk.
NAISSANCE du nez. . akaléak.
NAITRE, v. intr. . . . iktoρtoaρk. = aniyoaρk.
NAPPE, n. c. . . . . maρiptak. (C.).
NARINE, NASEAU, n. tchoρlòn. *plur.*, tchoρlot.
NARVAL, n. c. . . . kiligvak:
NATION, n. c. . . . . tùnnutçuρk. = *ma* — : tunnutçutka.
NATTE, n. dér. . . . kρébiaρk. = — *de cheveux* : pilœρayaρk.
NATTÉ, ÉE, adj. v. . kρébiaρk.
NATTER, v. tr. . . . kρébitçidjoaρk.
NATUREL (enfant). . tigumiyaρtiña.
NAUSÉABOND, DE,
adj. v . . . . . . . mamañitoρk.
NAVIRE, n. c. . . . . umiaρ-pàk.
NAZAL (os). . . . . . akoléaρk.
NE, NE PAS, part. nég. *en compos.* : yuïktu; yuïktok; uïktu. =
nauk. (C.). = itoρ *(final)*.
NÉANMOINS, prép. . amik-amik.
NÉBULEUX, EUSE,
adj. v . . . . . . . kiyéwut.
NÉCESSAIRE, v. intr. ρimaρtoaρk. = tigumaluaρtaρk.
NÉGLIGENT, TE, v.
intr. . . . . . . . kρamañignitaρk.
NÉGOCIANT, n. v. . . niwuktoaρk.
NÉGOCIER, v. tr. . . niuveρtoaρk.
NÈGRE, n. c. . . . . kρéneρtoρk-innok.
NEIGE. . . . . . . . *tombée* : àρun. = ânniyo. = — *tom-*
*bante* : kρanéρk. = — *en cristaux*
*très-ténus* : kρanik. = — *en flocons*
*ou — de France* : kρanikρaït. = —
*récente* : killolaρk. = — *ancienne et*
*durcie* : killuk. = — *fondante, col-*
*lante* : matçaρk. = — *granuleuse* :
natakρonaρk. = — *poudrante, gelée* :
miñoleρk. = ânniyoρk. = — *qui*
*fond durant le jour et durcit durant*
*la nuit* : atçuiρ'a. = atçuituaρk. = —
*enfourchée et placée devant le feu*
*pour y dégoutter* : kρoρloρaρk.
NEIGER, v. impers. . . kρanétçullé. = kρanektoaρk. = kρanik-
toaρk. = kρaniktoρk.
NE...PLUS. . . . . . aρklupo. = aρkluρit.
NERF. . . . . . . . nòkρaρòn ; *plur.*, nokρaρotit. = —*du cou*:
kρumitchaρòn. = — *du jarret* : naka-

tchuñgnaρk. = = *du dos* : uléòn. =
uléòn-ivalo. = — *du talon* · ḳimitkρo-
ρòn.
NERF servant pour
coudre. . . . . . ivalok ; *plur.*, ivalot.
NET, TE, v. intr. . . . tutu-eρktuark. = maρa-ituaρk. = tutu-
itut. = nuyaρpiyaρk. = nakoyuaρk.
NEṬṬOYÉ, ÉE, adj. . tanigaρk. = *(fusil)* : tçakρayaρk.
NETTOYER, v. tr. . . taniktoaρk. = tanig'a. = — *un fusil* :
tçakρayaρa, yagaρa.
NEUF, NEUVE, adj. v. tchénélépaρk. = aliyuïtuaρk.
NEUF, adj. num . . . kρolin-illoat. = aρvénèlœρit-tçittamàt.
= kulin-uyaktuk (C.).
NEVEU, n. c. . . . . inoρotaluk. = miyoρaluk.
NEZ, n. rac. . . . . . kρéñyaρk. = kaymak. = *bout du* — :
kρavik.
NIAIS, SE, v. intr. . tutchoa-mañgitaρkut.
NID, n. rac. . . . . . tchiti *(d'hirondelles, de fourmis, etc.)*.
= ublut[u].
NIÈCE, n. rac. . . . . uyoρva.
NIER, v. intr. . . . . inmiρun-añeρtoaρk. = — *en fronçant le*
*nez* : kini imuya. = kρiñañgnè
imuya.
N'IMPORTE ! adv. . . ami-unin !
NIPPES (morceaux de
gros drap dont on
s'enveloppe les pieds. kaw-wak. = èτikàti. = ρinéρak (C.).
NIVEAU (au), loc. adv. naléρig'a.
NŒUD, n. dér. . . . kρileρneρk. = — *des filets* : kρiteρgnaρk.
= — *du bois* : akéρoρkρ ; *plur.*, aké-
ρot.
NOIR, RE, v. intr. . . kρeρneρtoρk. = keρnwoρ. = keρnaρgaρ-
woρk. = kéneρtok (C.).
NOIR de fumée, n. c. . aρiak.
NOIRATRE, adj. v. . . kρeρneρtooyaρk.
NOIRCI, IE, v. intr. . . kρeneρtaρk.
NOIRCIR, v. tr. . . . kρeρneρtoadjiaρk. = ρadjieρtoaρk.
NOIRCIR (se), v. intr. ρadjieρtoyoaρk, yoami.
NOM, n. rac. . . . . . atéñ ; *plur.*, atéρeït. = *mon* — : atéρa.
= *ton* — : atkρèn. = *son* — : atkρa.
= *notre* — : ateρρut.
NOMADE, n. v. . . . . niρitçoataρρat.
NOMBREUX, EUSES,
v. intr. . . . . . . inuïaktut. = inuïaktuané : *1 pl.*; inuïak-
tutçi : *2 pl.*
NOMBRE, n. pl. . . . kitçit.
NOMBRIL, n. c. . . . kρalatçieρk.
NOMMER, v. tr. . . . tayugà.
NOMMER (se), v. intr. inminik tàyoρtoaρk.
NON, part nég. . . . tchuïtoρ ! = diunak ! = naaga ! (C.).

NONANTE, adj. num. . innuñ tçittamanik apvénèlœpit.

NONOBSTANT, prép.. tçanepkpapa. = *signifiant cependant :* amik-âmik.

NORD, n. c. . . . . . kanuñ-apgnepk.

NOS, pron. poss. plur. *en compos. se rend par les désinences :* wut, put, put.

NOS, pron. pos. duel. *en compos. se rend par les désinences :* wuk, puk, puk.

NOTRE, pron. poss. uvaptim-nun.

NOUER, v. tr. . . . . kpilepktoapk.

NOURRICE, n· v· . . miluktutçidjapk.

NOURRIR, v. tr. . . . néppèpkapklugo. = *i. e. allaiter :* miluktutçidjoapk.

NOURRISSON, n. v. . miluktuapk.

NOURRITURE, n. v. . néppéyoat.

NOUS, pron. pers. . . uvaput. = (*duel*): *nous deux :* uvapuk.

NOUVEAU, VELLE, aliyuïtuapk.

NOUVEAU-NÉ, n. c.. nukutpép-âluk.

NOUVEAU (de), loc. adv. . . . . . . . anakpanatop. (*voir* de).

NOUVELLE-LUNE.. tamaptuap. = tatkpé-ilapk.

NOUVELLEMENT, adv. akopiyoapk. = tchènélépapk.

NOVEMBRE, n. c. . . tchipkpénèpélapk : (*le soleil disparaît*).

NOYAU, n. c. . . . . illuléapotçi.

NOYÉ, ÉE, v. intr.. . immepktapk. = puktayuapk.

NOYER, v. tr. . . . . ipipikaptiga.

NOYER (se), v. intr. . ipiyoapk.

NU, UE, v. intr.. . . mataptoapk. =(*branche, arbre*) : kpoapeptapk; *plur.*, -tat. = *nu-pieds:* kawveptoapk. = kawgaéñgaptoapk· = *nutête :* natçéyn-aptoapk.

NUAGE, NUÉE, n. c.. nuvûya. = nuvutçepk; *plur.*, nuvùyat. nuvùtçéït.

NUAGEUX, adj. . . . kiyévut.

NUBILE, ,v. intr.. . . illidjoadjia.

NUIRE, v. tr. . . . . killañgnéapig'a. = *i. e. gêner :* tatimméapniktoapk.

NUIT, n. rac.. . . . . *d'été :* unnuk. = unnupk. = — *d'hiver:* unnupa. = unnuapk. = — *tombante:* unnuapktçip'a.

NUIT (i. e. obscurité). taapk. = onuapk.

NUIT (i. e. nuitée, espace consacré au sommeil, même de jour). . . . . . . . iniloômayœwat.

NUITS (deux). . . . tanmalopktuat.= ublilœwat. = ublilakta.

NUITS (combien de?). tchiuukiñtçalik?

NUL, LE, adj . . . . innu-ituapk. = — *autre :* kitçián. = *i· e. inutile, propre à rien :* epkpaoyaituapk.

NUQUE, n. c. . . . . tunutçuk.

# O

OBÉIR, v. intr., et

OBÉISSANT, TE, v. pilkpoyénitoapk. = piñgapktçidjoapk.

OBÈSE, v. intr. . . . puvalayuapk.

OBIER rouge (viburnum oxicoccos). . . oppi-atçiapk : (*petit saule*).

OBLIGER, v. tr. . . . âmanago.

OBLIQUE, adj. v. . . apoñayoapk.

OBLIQUEMENT, adv. apoñ-aptopk.

OBLONG, GUE, adj. . amiktuluñ-oyapk.

OBSCUR, RE, adj. v. taaptopk.

OBSCURITÉ, n. rac. . taapk. = onuapk.

OBSERVER, v. tr. . . *i. e. accomplir :* illiñgaptchapmiktoapk. = *i. e. surveiller :* munapayoak.

OBSTACLE, n. rac. . nâtopk.

OBSTINÉ, OBSTINER (s'), v. intr. . . . . piktaïliniktoapk.

OBTURER, v. tr. . . . pipoloapk.

OCCIDENT, n. dér. . . uavap-nepk.

OCCIPITAL (os) n. c . kpapitapkpa.

OCCIPUT, n. c. . . . . inminik-pilik.

OCCUPÉ, ÉE, OCCUPER (s'), v. intr. . . tchulépektoapk.

OCCUPER, v. tr.. . . tchulépektuliyuapk.

OCÉAN, n. rac. . . . tapéop. = tapéyok (C.).

OCTOBRE, n. v. . . . tçikolépapk : (*prise des glaces*).

ODORANT, TE, adj.·. nayak. = tipipitopk.

ŒIL, n. rac.. . . . . iyik. = iyipk; *plur.*, iyit. = — *artificiel :* iyum-ayoapk. = — *rouge :* iya-luktoapk.

ŒSOPHAGE, n. rac. . îyopk.

ŒSTRE, n. v. . . . . miluvé-atçiapk : (*petit suceur*).

ŒUF, n. rac.. . . . . manik; *plur.*, manéït. = — *de poisson:* tçuvapk. = — *d'insectes:* kpitépolit.

= — *de vermine :* itkpepk; *plur.* itkpèlit.

ŒUVRES, n. dér. . . tçulinéapktut.

OFFENSE, n. c. . . . tammaptopkp. = opolopovit. = *i. e. faute :* tchuïnaoyoapk.

OFFICIER-TRAITANT kpatétçéy.

OIE blanche (anser. hyperborea). . . . . uviuvepk. = tigmé-apvik.

OIE grise, rieuse (a. albifrons). . . . . tigmepk. = tattipigapk.

OIE grise du Canada (a. Canadensis), outarde des Canadiens. olua-ulipk. = timmiak (C.).

OIGNON sauvage. . . épnéalik-ivik : (*herbe femelle*).

OINDRE, v. tr . . . . nanuktoapk. = nanuépkpatçidjaptoapk.

OISEAU, n. rac. . . . tinmiapk; *plur.*, tinmieït. = *petit — :* tigmépé-ayopk; *plur.*, -ayuït;= — *des neiges* amapolipapk; *plur.*, amapolikat. = — *jaune* (*sylvicola œstiva*): kpouçaluk. = tçigiapé-aluk (*tringa alp.*)

OISIF, IVE, v. intr. . tchuliktuapk.

OISILLON, n. rac. . . neplapk; *plur.*, neplat.

OMBRAGE, n. dér. . tapâ-nepk, (*de* tapapk, *ombre*).

OMBRAGER, v.impers. tapanepktoapk.

OMBRE, n. rac . . . . tapapk, = *à l'—:* tapap-mi.

OMOPLATE, n. rac. . apidjepk; *plur.*, apidjèt.

ON, pron. indéf. . . . innok.

ONCLE maternel.. . (*aîné*) : anéyok<sup>u</sup>. = (*cadet*) : añaluk. = *mon* —: añéyoa. = añalua.

ONCLE paternel. . . . (*aîné*): añpayun· =(*cadet*) : añpayualuk. = *mon* — : añpayua. = añpayualua.

ONCTUEUX, SE, adj.v. pànepktoapk.

ONDE, n, rac. . . . . ulik.

13·

ONDES (i. e. vagues) n. rac . . . . . . malik; *plur.*, malit.
ONDÉE, n. c . . . . tçilla-luk.
ONDOYANT, TE, adj.v. kpayniktoapk.
ONDOYER, (i e. baptiser) . . . . kuvepkpinitoapk.
ONGLE, n. rac. . . . kukek; *plur.*, kukit. = *mon* —: kukitka.
ONGLÉE, n. v. plur . . puïpkpoptupéït.
ONGUENT, n. dér. . . nanulûn. = killilepkpòn, = — *napolitain* : kummepkpòn.
ONZE, adj. num. . . . itiañgnèpat. = ataotçi iti-añgnèlœpit.
OPAQUE, adj. . . . . anmauluïtuapk.
OPHTHALMIE, n. v . iyapluktoapk.
OPIUM, n. v. . . . . tchiniktuapk : (*soporifique*).
OPPOSITE (à l') . . . akilœpepk.
OPPOSER (s'), v. intr. tçapim-anik-toapk. = iñuktaliniktoapk.
ORBITE, n. c. . . . . iyit-tchinigit.
ORDINAIREMENT, adv. . . . . . . . illalepklunè.
ORDONNER, v. tr. . . tchuna uvapétik. = tchuna uvakpotçidjoapk. = kibugapèyoapk.
ORDRE, n. dér. . . . tilliniùn. = okpakkåwn. = kibugapòn.
ORDRE (en), loc. adv. immalik.
ORDURES, n. rac. . . tçannik.
OREILLE, n. rac. . . tçiùn ; *plur.*, tçiut. = çiun; çiut (C.), tçiutik. = *bord de l'*—: tchìnik. = *lobe de l'*—: putulepvik. = *avoir l'dressée (animal)* : nappapéktoapk. = — *pendante* : paluñapktoapk.
OREILLER, n. rac. . akìn.
ORGE, n. . . . . . . akutoyoptat ivik : (*herbe à galettes*).
ORGELET, n. rac. . . uñopk.
ORGUE, n. c. . . . . atoptiktap-påk.
ORGUEIL, n. v. . . . kpeyviñanepluk.
ORGUEILLEUX, EUSE v. intr. . . . . . . kpeyviñaptoapk. = añotigoyéapktoaak.
ORIENT, n. c. . . . . tçanep-anep-anep-mûn.
ORIFICE, n. rac. . . . på. = *au génitif poss.*: paña. = — *supér. de l'estomac (cardia)* : mañwapk kponitçéïn. = — *infér. de l'estamac (pylore)* : pikwa.
ORIGNAL . . . . . . *voir* élan.
ORION, n. dér. . . . tubatçân, (*de* tubaopk, *se lever*).
ORNEMENT (arabesques). . . . . . . illœpavioyak. = — *des narines* : nuvapòn. = — *des mocassins esquim.* : kpamiapoktit· = — *des bottes esquim.*: umapk.
ORNER, v. tr . . . . miopkpopektçinigaït.
ORPHELIN. . . . . . *de père* : atata-itopk. = — *de mère* : anânapk-âñilapk. = — *de père et de mère* : illiyapk. = illiyapktçuk.
ORTEIL, n. c. . . . . pwotopopk.
OS, n. rac. . . . . . tçaunepk; *plur.*, tçaunet. = — *à moelle*: kpuktopapk. = — *de la hanche (ilion)*: makitapk. = — *de la mâchoire* : apglépopk. = — *de l'épaule* : kéatçik. = — *fossile* : killékuvapk. = — *du cou (vertèbre)* : kiglitchuïnapk. = *plur.*, -tchuïnèt. = = *du coude* : itkotçik. = — *du poignet* : ànninepk. = — *iliaque*: illìnnepk. = (*sacrum*): pamiyopk. = — *de la tempe (temporal)*: tçénep-kpak ; *plur.*, -kpèt. = —

*du front (coronal)* : kpablunapk ; *plur.*, -nèt. = — *hyoïde* : igiyapk. = — *occipital* : kpapitapkpa. = — *des pommettes* : uludjiak-tçaunepk.; *plur.*, -tçaunet. = — *des jambes (fémur)* : kpukto-papk; *plur.*, -paït. = ((*tibia*) : kpanatçiepk; -tçiet. = — *du genou (rotule)* ; tchitkpopk. = — *des pieds (tarse)* : inukat. = — *pariétal* : naggiopk, giut. = — *nazal*: akoléapk. = (*etc. etc., voir leurs noms propres*.)

OSCILLER, v. impers. aulayapktoapk.
OSSELET, n. rac. . . nigiak ; *plur.*, nigiat.
OSSEMENTS, n. pl. . tçaunet.
OTER, v. tr. . . . . . piyapa. = *ôte-toi!* pin !
OTER (s'), v. intr. . . piyoapk.
OTE-TOI! interj. . . anin !
OU, adv. de lieu. . . nàni. = kitop. = kitumi. (*s'emploient aussi pour interroger*).
OU? adv. interrog. . namut? = nam-naw? = nawk? (— *est-il?*) = nakit? (*d'*—?)
OU ET POURQUOI ?.. naw-kut? = tcho-kòn?
OUATE, n. pl. . . . . paléït.
OUBLIER, OUBLIEUX, SE, v. tr. . . . . naluïyoapk, yapa. = — *un objet* : nalunepktoapk.
OUEST, n. dér. . . . uavap-nepk.
OUF ! interj de lassitude. . . . . . . nana !
OUI! adv. d'affirm. . ih! = *adv. d'étonnement* : åh !
OUIES, n. rac. . . . . matçi.
OURAGAN, n. dér . . tiktap-nepk.
OURDRE, n. c. . . . . kpitepgnapk; *plur.*, kpitepgnéït.
OURLET, n. c. . . . . tåppitapk.
OURS, n. rac. . . . . *blanc* : nånnuk; *plur.*, nånnut. = — *noir* : aklapk; *plur.*, akléït. = — *jaune des steppes* : akvik.
OURSE . . . . . . . (*Grande*) : aviapk-tçân. = (*Petite*) : tchivulik.
OUTARDE. . . . . . *voir* oie du Canada.
OUTIL, n. v. . . . . tchénélépon; *plur.*, tchènélépotit. = — *servant à coudre* : tçikévik. = — *servant à serrer l'arc* : kpéputapk.
OUTRE, n. c. . . . . popianapk. = kpoplopapk.
OUTRE, prép. et EN OUTRE. . . . . . maliñguya.
OUVERT, TE, adj. v . upkueptopk.
OUVERTEMENT, adv. tçatkpam-ni.
OUVERTURE . . . *en général* : på. = putu. = *au génitif et au poss.* : paña. = — *des labrets* : putuk. = — *des raquettes* : nakaleptapvepk.
OUVRAGE, n. v. pl. . tçulinèapktut.
OUVRIER, n. v. . . . tchuliyoapk.
OUVRIR, v. tr. . . . okueptoapk. = opkwéopk = illéopatçoapk. = — *à l'aide de la clef* : kpiputilik. = — *un livre* : iképaptoapk. = — *un couteau* : napañdjiañeptoapk. = — *la bouche* : ayteptoapk. = — *les yeux* : witaptitçidjoapk. = — *l'oreille* : iképaptoapk. = — *la main* : itçiwitoapk. = *impératif* : ouvre! okéûn ! = illèopatçipîn !
OXYDÉ, ÉE, adj. . . kpuapiuk.

# P

PACIFIQUE, v. intr. . . *(particulier)* : itañéytoaᴘk. = *(peuple)* : patchu-itoaᴘk.

PAGAIE, n. rac. . . . añòn ; *plur.*, añotit. = — *double :* paotik.

PAGAYER, v. tr.. . . añoaᴘk, oaᴘa. = kikiaoᴘk, aᴘa. = — *de l'aviron double :* akᴘoaᴘk, oaᴘa. = paoaᴘk, oaᴘa, otçeᴘtçi (2ᵉ *pers. plur.*).

PAGNE, n. c. . . . . illioᴘ-pik.

PAILLE, n. pl.. . . . ivœᴘit.

PAIN, n. c. . . . . . itkéaᴘk. = akutoyaᴘk.

PAIN à cacheter . . nipititœᴘòn. = nipititâwn.

PAIRE, n. pl. . . . . malœᴘoït.

PAISIBLE, v. intr. . . itañeytoaᴘk.

PAISIBLEMENT, adv.. nipikituaᴘ-klunè.

PAIX, n. c. pl . . . . ulapiᴘktçawt.

PAIX! interj. pour faire cesser. . . . . tayma! tayma! nipaᴘnak!

PALAIS de la bouche, n. rac. . . . . . . . kᴘeylaᴘk : *(voûte). c'est le même mot que ciel.*

PALE, v. intr. . . . . uviñgneᴘtoᴘk.

PALERON (omoplate d'animal). . . . . aᴘidjaᴦk ; *plur.*, aᴘidǰet.

PALIR, v. intr . . . . kᴘataktoaᴘk.

PALETTE . . . . . . *de peintre :* talutaᴘk. = — *de rame :* muliña.

PALETOT. . . . . . atikit.

PALISSADE, n. pl.. . adǰigoïliktéït.

PALMÉE (patte), adj.. amiuyaᴘk ; *plur.*, -yèt.

PALPER, v. tr. . . . ichivœᴘè-ova, ovaᴘa.

PALPITER, v. intr.. . *de colère :* kakavioyuaᴘk. = — *de plaisir :* aneᴘktçaᴘpaluktoaᴘk.

PALPITER, v. impers. tigœliloktoaᴘk.

PAMER (se), v. intr. . nukigeᴘtoaᴘk. = éᴘᴘèvioᴘaᴘtoaᴘk.

PAMOISON , n. dér. . éᴘᴘèvioᴘaᴘneᴘk.

PANACHE, n. c. . . . tchuluñaᴘk.

PANFORCEAU. . . . padjiok.

PANIER, n. c.. . . . iviñg-mik.

PANSE, n. c. . . . . aᴘkᴘéaᴘo-tchiñᴘaᴘk.

PANSÉ, ÉE, v. intr. . kᴘilaᴘ-kᴘotcheᴘta.

PANSER, v. tr. . . . kᴘilaᴘ-kᴘotcheᴘtova.

PANTALON, n. c. . . kammik. = tçivoᴘak.

PAPA! (vocat). . . . . aᴘaña!

PAPE, n. c.. . . . . naktçaᴘiyaᴘ-ᴘàk.

PAPIER, n. c.. . . . mamañupiaᴘk. = ikkéᴘak (C.).

PAPILLON, n. c . . . tcheᴘkᴘalikitaᴘk.

PAQUES, n. c.. . . . ubluᴘ-ᴘàk : *(le grand jour).*

PAQUET, n. rac.. . . poᴘk. = tamut (C.). = — *de cheveux que portent les femmes sur chaque épaule :* tuglik ; *plur.*, tuglit.

PAR, prép. (se lie au mot qu'elle suit). . . mik. = nimik. = minik. = mè. = gnè. = nè.

PAR, prép. (signif. à travers). . . . . . akunœᴘatigùn.

PAR AVANCE, loc.. adv . . . . . . . . tçivuᴘnœᴘatigùn.

PAR-CI PAR-LA, loc. adv. . . . . . . . iᴘklaᴘtchimayut.

PAR CE QUE. . . . . kikòn.

PAR COTÉ, loc. adv.. tçanéa. = tçanigna.

PAR DERRIÈRE, loc. adv.. . . . . . . . tunòmut. = uïvaᴘa. = *avec mouvement :* nunua-ᴘòn. = tunom-nun.

PAR DEVANT, loc.adv. tçakᴘamnun. = *avec mouvement :* tçat⸗kᴘaᴘa. = tçatkᴘaᴘòn. = tçalœᴘa. = tçalœᴘòn.

PAR DESSOUS, loc. adv . . . . . . . ataᴘòn.

PAR DESSUS, loc. adv. miñgéᴘa.

PAR LA FAUTE DE, loc. prép. . . . . . tchuléaᴘa. = *je l'ai fait par ma faute :* tchuléaᴘoaᴘtoami.

PAR LUI, ELLE. . . . umiñga. = tabiuñ-mik. = taᴘçom-nik.

PAR MÉGARDE, loc. adv. . . . . . . illitchimañuyaᴘklunè.

PAR MOI. . . . . . . uvamnik. = *par toi :* illimnik. = *par nous :* uvaᴘtimnik. = *par eux :* ok⸗koam-nik. = okkumiñga. (C.)

PAR MER, loc. adv . . itkᴘa-nùn. = imma-kòn *(avec mouvement).*

PAR TERRE, loc. adv. atᴘa-nùm. = *(idem. avec mouvement) :* nuna-kòn.

PAR QUI, PAR QUOI, PAR CELA. . . . tabiuñ-mik. = tabiuñ-miña.

PAR QUOI (ce). . . . umiñaᴘk. = umiñga.

PAR QUI?. . . . . . . kimik? = kimit? = kitkumit?

PAR QUOI? PAR QUEL MOYEN?. . . . . tchumik? = *où et* —? tchokòn?

PAR SA PROPRE FAUTE. . . . . . . inmiᴘùn.

PAR SOI-MÊME.. . . inminik. = umiña-minik.

PARADIS, n. c. . . . Nunatchènèyam-nunaᴘa.

PARAITRE, v. intr. . taymani nayaᴘtoaᴘk.

PARALYSÉ, PARALYTIQUE. . . . . . kᴘéᴘataᴘktoᴘk.

PARASÉLÈNE, n.dér. kᴘéybiaᴘòn : *(circuit, couronne).*

PARATRE, n. c. . . . añoyaᴘk. *plur,* añoyat, yowout (1ᵉ *pers. plur.)*

PARCELLE, n. rac. . tchika, kaᴘa.

PARCE QUE, prép. . . pikᴘàn. = pikᴘago. = pimàn.

PARCHEMIN, n. rac.. ameᴘk.

PARCOURIR, v. tr. . . tchañguyuaᴘk. = *(maladie) :* anéaᴘo tchañguyuaᴘk.

PARDONNER A, v. tr. illuaᴘtoaᴘk. = oᴘolopovit néᴘéyoma⸗neᴘtoᴘk.

PAREIL, LLE, v. intr. illuliyak.

PAREILLEMENT A, loc. conj.. . . . . kᴘawna. = taymatçi.

PAREILLEMENT, adv. imànna.

PARENT, TE, TS, n. c. añalu. = aᴘnakᴘaᴘaluk. = — *éloigné :* illaᴘignitaᴘk. *plur.*, -téït. = *proche —* illaᴘkᴘonaᴘk. *plur.*, -kᴘonéït.

PARENTS (i. e, père et mère) . . . . . . *i. e., père et mère :* illak. = *pères et mères.) :* illaᴘit.

PARER, v. tr. . . . . tçavaᴘkᴘéyaᴘa, yaᴘma, yaᴘkin.

PARER (se), v. intr. . ιçavaᴘkᴘèyoaᴘk.

PARESSE, n. v. . . . tchuliuvañgnitoaᴘk.
PARESSEUX, EUSE,
v. intr. . . . . . . . *pour agir* : tchuliktuaᴘk. = — *pour parler* : tchiliklun opaktoaᴘk.
PARFAIT, TE, v. intr. kaviᴘtoaᴘk. (*animé*). = tçavaᴘiktoaᴘk. (*inan.*)
PARFAITEMENT. . . unuᴘtuᴘk. = — *fait* : tçavaᴘiga.
PARFOIS, adv. . . . inuviktuat.
PARFUMÉ, ÉE, adj.. tipiᴘitoᴘk.
PARHÉLIE, n. rac. . ipaït. = — *d'étoile* : akçuk.
PARIÉTAL, n. dér . naggiok.
PARLER, v. intr. . opaktoᴘk. = okᴘayoyuaᴘk, okᴘayemma : (*1ᵉ pers.*) — *à quelqu'un* : opaᴋpokᴘ. = — *bas* : itçibioatoaᴘk. = — *bien* : okᴘayotçidjiaᴘk. = — *différemment* : atunimoñitoaᴘk. = — *en soi-même* : inmigopaᴘtoaᴘk, = — *en dormant* : tchininiktçeᴘtoaᴘk. = — *de travers* : tçénémuktoᴘtuaᴘk. = — *en arrière d'un autre, contre lui* : kᴘano tayuvamna opaᴋpokᴘ. = — *haut* : éᴘénaᴘtoᴘtoaᴘk. = — *mal* : tchuñgunaᴘtoaᴘk.
PARLER (ne pas). . . okᴘauyuaᴘk. = *ne parle pas!* (*impératif*) okᴘauyân!
PARLEUR, v. intr . okᴘatoyuaᴘk.
PARMI, prép. . . . . kᴘitkᴘân.
PAROIS, n. c. . . . tchukkak.
PAROLE, n. dér. . . okᴘâwn. = okᴘaméûn. = okᴘaotçiᴘk. *plur.*, okᴘaotçit. = — *inutile* : okᴘauyautik kaluïnéït.
PARQUET, n. pl. . . natchitit.
PARRICIDE, n. v. . . añoteᴘtoaᴘk. = (*crime de —*): añotéᴘòn.
PART, n. c. . . . . . ivamakluti néᴘpeyot.
PART (à), loc. adv. . . ivamaklutik. = tçiaklutik.
PARTAGÉ, ÉE, adj. v. tchîtop. = malœpon-optoᴘk.
PARTAGER, v. tr. . . naᴘiyoᴘk. = — *avec la hache* : kiblâ-nœᴘèt. = — *avec le couteau* : tçavioyaᴘktoaᴘk. = — *avec les mains* : alikataᴘktoᴘk. = — *entre plusieurs* : abuguva.
PARTAGER (se), v. mut. . . . . . . tchiᴘkᴘomaliyoaᴘk.
PARTANT, prép.. . . umiñga.
PARTIAL, LE, v. intr. añeᴘkᴘéyoaᴘk.
PARTIE inférieure du corps.. . . . . . kiñuneᴘk. = upatikin.
PARTIR, v. intr. . . aulaoᴘk, la. = aulooyoaᴘk. = aulaᴘtçidjoᴘk. = tçiluaᴘtçidjoᴘk. = piuktok. (C.) = — *par eau* : tçaviktoaᴘk. (*impératif*) : tçavikta! = — *pour la guerre* : tonoᴘkᴘatiyitoat. = — *pour la chasse* : tuktuléaᴘtuaᴘk. = (*esprits*): aneᴘnéyaᴘtoaᴘk. = (*flèche*) : pitiktçaoyaᴘk. = (*impératif*) : aïllut! = aniyok !(C.). = ayok! (C.).
PARTOUT, adv. . . . tamaᴘtigûn.
PAS, n. dér. . . . . abloᴘâwn. = — *de vis* : ᴘùtu.
PAS, adv. . . . . . . nupuñtoᴘ. = eᴘtoᴘoᴘkᴘ,
PAS BEAUCOUP . . . inukitut. = inupiktut.
PAS BON, adj. . . . neᴘktchaᴘk tchuítop.
PAS DU TOUT, adv. . avayaïluaᴘtuñ itopk.
PAS ENCORE, adv. . tçullé. = kᴘakutçilla.
PAS LOIN, adv. . . . kᴘaniktoᴘatçiaᴘk.
PAS LONGTEMPS. . . tchivikitop. = tchilaᴘktoaᴘk.
PAS PEU DE CHOSE. pimâᴘtoaᴘk.
PAS VITE. . . . . . tçukaytomik.
PASSAGE, n. pl . . . kᴘanitat.

PASSANT, n. v.. . . . allañayoᴘk.
PASSE ou goulet. . . kañeᴘlûn.
PASSÉ, ÉE, v. intr. . kᴘayaᴘktoaᴘk.
PASSÉ (i. e. filtré, tamisé). . . . . . . . inœpaᴘtoᴘk.
PASSÉ (signe du). . . *On l'exprime en intercalant dans les verbes les suffixes* lua, luaᴘ, lau, laoᴘpa.
PASSER, v. intr. . . . taléᴘaᴘtoaᴘk. = apkᴘotçaᴘoyaᴘtoaᴘk. = — *à travers* : tçatkᴘéyoaᴘk. = (*esprit*) : tiktag'a, = — *devant* : tçatkᴘaᴘòn apkᴘotçaᴘa. = tçalœᴘaᴘnitoaᴘk. = — *derrière* : tunuaᴘòn apkᴘotçaᴘa. = tunuaᴘnitoaᴘk. = — *l'aviron d'un côté à l'autre* : ivœᴘaᴘaotoaᴘk. = — *un anneau au doigt* : atiᴘkᴘaᴘtijoaᴘk, tiga. = (*animaux*) : tçatkᴘéyoaᴘk. = (*sentiers*) : tçaᴘkᴘiñayoaᴘk.
PASTILLE, n. c. . . . tutâoyaluk.
PATATE, n. dér. . . . kᴘeyneᴘk.
PATÈNE, n. c.. . . . Ekaᴘistim illivéaᴘa.
PATINER, v. intr. . . tçalœᴘè umiyoaᴘk.
PATIR, v. intr. . . . tchuᴘeᴘktoaᴘk.
PATRON (modèle). . . titœᴘâwn.
PATTE, n. c. . . . . itigaᴘk; *plur.*, itigaït. = — *de devant* : adjiᴘaᴘk; *plur.*, adjigaït. = — *d'insectes* : avataᴘk; *plur.*, avataït. = — *des palmipèdes* : amiuyaᴘk; *plur.*, amiuyèt.
PAUME . . . . . . . iᴘkᴘatçaᴘk.
PAUME de la main. . itimaᴘk. = itimañ-minun. (*dans les mains*).
PAUPIÈRE.. . . . . . *supérieure* : tùnuᴘik. = — *inférieure* : tçatkᴘaᴘk.
PAUVRE, v. intr. . . tchuvaluïtuaᴘk.
PAVANER (se), v. intr. chiᴘileᴘtoaᴘk.
PAVILLON, n. dér. . anoᴘétchiûn. = — *de l'oreille* : tunuaᴘ. = — *des narines* : atkatçiaᴘk. = attatkᴘoaᴘk.
PAVOT (papaver nudicaule). . . . . . . otçuk.
PAYS, n. rac. . . . . nuna; *plur.*, nunat. = — *des rennes* : tuktuᴘ-nunat.
PAYSAGE, n. c.. . . . nuna-uyaᴘk.
PEAU, n. rac.. . . . ameᴘk; *plur.*, amit. *et* aᴘmgit. = amék. (C.) = *possess. génitif* : améa. = illéagnaᴘk. = (amek *se dit aussi bien de la peau humaine que de celle des fruits, de l'écorce des arbres, des pelleteries, etc.*) = — *avec poil, pélisson, velu* : mitkᴘolik. = kaypak (C.). = — *i. e. épiderme* : uvinnik. = — *du ventre* : akudjam améa. = — *de tambour* : itçè. = — *de loge* : itçèt. = — *galeuse, râpée, usée* : aleynœᴘéluaᴘtoᴘk. = — *servant de couverture, robe de poil* : kᴘaaᴘktçak. = kaypak. (C.). = — *servant de lit* : kᴘaaᴘk.
PEAU (revers de). . . illua.
PEAUX-ROUGES, n. c. itkᴘélit. *sing* : itkᴘéliᴘk. = taoᴘdjoït. = *sing* : taoᴘdjok. = optçot-odjo-éytut.
PÉCHÉ, n. c. . . . . tchuïnaoyoaᴘk. = tchuïneᴘkᴘiyoaᴘk. = tchukᴘotcheᴘkᴘiyoaᴘk. = — *grave, mortel* : piktçâñ-ituaᴘpâk. = — *léger, véniel* : piktçâñ-ituaᴘâluk. = tchuïnaᴘkᴘioᴘatçiaᴘk.
PÉCHER, v. intr.. . . tchuïnaoyoaᴘk.
PÊCHER, v. tr.. . . . itkᴘa-léuyuaᴘk. = — *à la ligne* : kᴘilatòn.

PÊCHERIE, n. v. . . . itkᴘa-léᴜyuaᴘok.
PÊCHEUR, n. v. . . . ikᴘaleᴘk kᴘéyoaᴘk.
PÊCHEUR, n. v. . . . tchuïnaᴘ-mi-tchénéyoaᴘk.
PEIGNE, n. pl. . . . illayotit. = nalu-ịtoᴘk.
PEIGNER, v. tr. . . . illa-ig'a.
PEIGNER (se), v. intr. illa-eᴘtoaᴘk.
PEINDRE, v. tr. . . . talotoaᴘk, taᴘa,
PEINE (avec). . . . tchiniklùn.
PEINTRE, v. tr. . . . kᴘaléuyaᴘk ayuktoaᴘk.
PEINTURE (i. e. couleur). . . . . . . akunéᴘeᴘ koᴘtchoᴘ-pâluk.
PEINTURE (i. e. tableau). . . . . . . kᴘaléuyat = — d'intérieur : igluyaᴘk. = portrait : innûyaᴘk. = — de paysage : nunna-uyaᴘk.
PÉLARD, n. v. . . . ameᴘ-eytoaᴘk.
PÊLE-MÊLE, loc. adv. nuateᴘtuat.
PÊLERINE, n. c. . . . olikᴘitaᴘk.
PELISSON (peau avec poil). . . . . . . mitkᴘolik. = kaypak (C.).
PELLE, n. dér. . . . pwalœᴘèn.
PELLETER, v. tr. . . pwalœᴘètçidjaᴘtoaᴘk. = kᴘalœᴘaᴘtoaᴘk.
PELLETERIE, n. rac. ameᴘk; plur., amit.
PELLICULE, n.c. . . tçaunaña.
PELOTE, n. c . . . . kakpik. = — à jouer : aᴘktçaᴘk. = — de fil : aᴜmalœᴘokᴘitçiaᴘk.
PELOTONNER. . . . nimeᴘtòyaᴘk.
PELU (i. e. peau avec son poil), n. c. . . . ameᴘk; plur., amit.
PEMICAN . . . . . . akubliotaᴘk.
PENAUD, DE, v. intr. taloᴘktoaᴘk.
PENCHÉ, ÉE, adj . . aoᴘmayoaᴘk.
PENCHER, v. tr. . . uviñaᴘtoaᴘk, tunâ.
PENCHER et SE PENCHER, v. intr. . . . aoᴘañaᴘtoaᴘk, toami.
PENDANT, adj. . . . uyamiᴘa. = uyamitkᴘoᴘk. = paluñaᴘk-toaᴘk.
PENDANTS d'oreilles. noᴘlot. = mes — : noᴘlotka.
PENDRE, v. tr. . . . kᴘimitoaᴘk. = — quelqu'un : kᴘimitiga. = la viande, le chaudron sur le feu : niviñaᴘktoᴘk. = — au côté : kᴘélœᴘok-utçeᴘtoaᴘk. = — au cou : uyamit-kᴘotoaᴘk.
PENDRE, v. intr. impers. . . . . . . . paluñaᴘktoaᴘk.
PENDRE (se), v. intr. niviñaktoaᴘk.
PENDU, v. intr. . . . niviñaᴘok. = — au côté : kᴘélœᴘo-kotaᴘk. = — au cou : uyamitkᴘoᴘk.
PENDULE, n. dér. . . kᴘaviaᴘtoâᴜ : (tourneur ou tourniquet).
PÉNÉTRANT, adj. . . tuoᴘktitoᴘk.
PÉNÉTRER, v. intr. . iteᴘtoaᴘk. = iteᴘtoᴘk. = (animal) : kᴘakiyoaᴘk. = (arme) : iteᴘtoagk. = (liquide) : pîyoaᴘk. = (objet) : tuoᴘki-toᴘk.
PÉNIBLE, adj. . . . . ugluktoᴘk.
PÉNIBLEMENT, adv.. tchiniklun.
PÉNINSULE, n. c. . . amikto-atçiaᴘk.
PENNE, n. c. . . . . kᴘipitalik.
PENSÉE, n. v. . . . . kayunaᴘk. = kadjunaᴘk.
PENSER, v. intr. . . tçaleᴘtçioaᴘk. = ne pas — : tçaleᴘtçiñ-ituaᴘk.
PENTE, n.c. . . . . uviñalaᴘtoᴘk. = en —, v. intr.: uviñaᴘ-toaᴘk.
PENTECOTE, n. c. . . Aneᴘnem nakòyum ubluᴘa.
PENTURE, n. c. . . ipeᴘkᴘeᴘkᴘ.
PÉNULTIÉME, adj. . kiñuleᴘk. = antépénultième : kiñulu-otuglia.
PEPIN. . . . . . . illu-léaᴘotçi.

PERCÉ, ÉE, adj. . . . putuneᴘkᴘ.
PERCER, v. tr. . . . kakiyoaᴘk. = — d'un couteau : kᴘapi yaoᴘk. = — de part en part : atiioᴘtoᴘk (d'une balle). = anigoyuaᴘk. (d'un couteau).
PERCER (se), v. intr. toᴘniktoaᴘk.
PERCHE, n. c.. . . . amituaᴘ-àluk. = — à filets : padjiok. = ayaupik. = — de loge : kᴘanak ; plur., kᴘanaït. = kaïnnak (C.). = — des lacets à lièvre : maktçuktaᴘk.
PERÇOIR, PERCERETTE, n. dér. . . néoᴘptûn.
PERDRIX. . . . . . voir coq de bruyère.
PERDRE, v. tr. . . . ullapiktuaᴘk. = — haleine : aneᴘktçaᴘ-kᴘuvitoaᴘk.
PERDU, UE, adj. v. . ullapitoᴘk.
PÉRE, n. rac. . . . . apañ. = atâtak. = ataak (C.). = ô mon —! aᴘaña! = — adoptif : añoyoaᴘk. = — de famille : nutaᴘaluktuyuaᴘk.
PÉRE ET MÈRE. . . illak.
PERFORÉ, ÉE, adj. . tchubluᴘk kᴘéᴘmayoᴘk.
PÉRILLEUX, EUSE. anayanaᴘtoᴘk.
PÉRIOSTE, n. c. . . killigaᴘk.
PERLE, n. dér. . . . awmak.
PERONÉ, n. c. . . . amilœᴘaᴘk.
PERPENDICULAIRE.. kᴘañatayoᴘk.
PERSISTER, v. intr. . piktaïliniktoaᴘk.
PERSONNE (i. e. nul). innuïtoᴘ. = innuñmiktoᴘoᴘ.
PERSONNE (i. e. quelqu'un). . . . . . innok.
PERVERS, v. intr.. . kuyoᴘk. = tchuïnaᴘk.
PESANT, TE, v. intr. okᴘumaytoaᴘk. = okᴘuma-itoᴘk. = ukumaykuni (C.).
PESÉ, ÉE, adj. . . . udjig'a,
PESER, v. intr.. . . ᴜdjigiaᴘk.
PÉTILLANT, TE, PÉTILLER, v. impers. nutàyoᴘk. = nutiktuktoᴘk.
PÉTIOLE, n. n. . . . atçiyaᴘluk.
PETIT, TE, v. intr.. . mikiyoᴘk. = mikikuni (C.). = tchikoᴘé-ituaᴘk.
PETIT (très ou plus).. mikilœᴘa. = mikiyoᴘatçiaᴘk.
PETIT (diminutif), adj. âluk. = atçiaᴘk. = aᴘk (finals).
PETIT d'un animal, n. rac. . . . . . . . noñᴘaᴘk; plur., noñᴘeït.
PETIT COMME CECI. tayma ituaᴘàluk.
PETIT DOIGT. . . . kᴘikeᴘtkᴘoᴘk. = ékaïkkok (C.).
PETIT ENFANT, PETIT GARÇON. . . nutaᴘaᴘk. = nutaᴘtoaᴘk. = nukuᴘéaᴘk; plur., nutaᴘkᴘat.
PETIT-FILS. . . . . inâluk; plur., inoᴘotaluk. = tutkᴘi.
PETITE FILLE, n. rac. kuno.
PETITE FILLE (puella parvula). . . . . niuvéaᴘktçiaᴘk.
PETIT JOUR, n. c.. . kilaka.
PETITS ENFANTS (descendants). . . . nutaᴘkᴘalut.
PÉTRI, IE, adj. . . . . uaᴘtigaᴘk.
PÉTRIR, v. tr. . . . uaᴘtiga.
PÉTURE, n. dér. . . kᴘuveᴘk.
PEU, adv. . . . . . . ikiput. = innupiktut. = — en qualité : kᴘayulu méneᴘtoᴘk. = un —: ᴜablichamik. = nuktoᴘ.
PEU APRÈS, adv. . . anakᴘân.
PEU DE CHOSE, adv. pimaᴘtuñitaᴘk.
PEU DE TEMPS, adv. kᴘanikòn. = tᴄhivik-itoᴘ. = il y a —: ako-ᴘi-yoaᴘk.
PEU IMPORTE!. . . . ami unin!
PEUPLADE, n. c. . . tunᴜtçuaᴘ-aluk; plur., -aluit.

14

PEUPLE, n. c. . . . .     tunutçuѻk. = *mon* —: tunutçuѻtka.
PEUPLIER balsamique      ningoѻk.
PEUR, n. c. . . . . . .   tçivoѻanaѻk.
PEUREUX, EUSE, v.
intr. . . . . . . .      eѻktçidjoaѻk.
PEUT-ÊTRE, loc. adv.     tabliu. = iluukuni (C.). = itçumami-
                         nik (C.).
PHALANGE, n. cv. .       inuvaѻk; *plur.*, inuvaït.
PHONOLITE. . . . .       tçatuñ-ayoѻk.
PHOQUE barbu (Phoca
barbata). . . . . .      natçeѻk. = nadjèk (C.).
PHOQUE veau marin,
(Phoca vitulina). . .    ugiuk. = ogjiuk. = *petit* — : otâyaѻk;
                         = — *tout petit* : iblâkѻ°. = — *mort-*
                         *né* : iblaw. = — *gisant sur la glace* :
                         otoѻk.
PHOQUE marbré ou
chien de mer (Calo-
cephalus discolor).      kѻatçigéaѻk. = — *à nez pointu* : abba;
                         *plur.*, abbaït.
PIC de bois jaune (Pi-
cus varius) . . . . .    kalluk.
PIC de bois noir (Picus
pileatus seu arcticus).  tûyoѻk.
PIC de montagne. . .     kaѻѻa; *plur.*, kaѻѻéït (*i. e. sommet*).
PICORER, PICOTER,
v. impers. . . . . .     pudjukaléuktoaѻk,
PIE, n. dér. . . . . .   kiiyaѻk
PIÉCE, n. rac. . . . .   tchika. = *au génitif* : tchigaѻa.
PIED, n. c. . . . . .    itigaѻk; *plur.*, itikat. = — *d'animaux,*
                         *de devant* : adjigaït. = *id., de derrière* :
                         atigaynéït. = — *d'arbre, de montagne* :
                         tunéѻavik. *au génitif* : tunéѻavia. =
                         — *de fourneau de pipe* : itiga-uyaѻk.
PIED (mesure esqui-
maude). . . . . . .      kiѻa-ïtoѻk (*à savoir* : la largeur des deux
                         mains et de la langue entre elles).
PIED-DE-ROY (me-
sure). . . . . . .       udjiaѻawn.
PIED-DROIT, n. rac .     tçukkaѻk.
PIÉGE à renard. . . .    nanéѻeaѻk.
PIERRE, n. c. . . . .    uyaѻak. = uyaѻè (C.). = *plur.*, uyaѻ-
                         kѻat. = — *à aiguiser* : ipiktçawn. =
                         — *à remouler* : aѻiktûn. = — *à dards*
                         *(phonolite)* . tçatuñayoѻk. = — *à la-*
                         *brets (marbre)* : uyaѻkѻat. = — *à*
                         *dards (quartz compacte)* : kѻawloѻk.
                         = — *à feu (silex)* : anmaѻk. =
                         iknèk (C.). = — *de lard (stéatite)* :
                         tchikoѻktchoѻk.
PIÉTINÉ, ÉE, adj. .     tukalaluvaѻk.
PIÉTINER, v. tr. . .    tukalaluktoaѻk̄.
PIEU, n. rac. . . . .    auveѻk; *plur.*, auyœѻèt. = adjigoïtik-
                         taѻk.
PIGNON, n. c. . . . .    kaviñûyalik.
PILE de bois. . . . .    kѻaléѻéït.
PILÉ, ÉE, adj. . . . .   kavuaѻk:
PILER, v. tr. . . . .    kavuaѻtuaѻk·
PILLER, v. tr. . . . .   tigœluaѻtoaѻk.
PINACLE, n. c. . . .    kaviñûyalik.
PINCE à bec, n. dér. .   kѻaѻitœѻòn. = — *à couper* : naviktœ-
                         ѻàwn. = — *à échardes* : tchukitoѻk-
                         tchòn.
PINCE du canot (i. e. sa
pointe). . . . . .       niotaѻk; *plur.*, niotaït.
PINCEAU, n. dér. . .     tçakѻayòn.
PINCÉ, ÉE, n. rac. .     pudjiuk.
PINCER, v. tr. . . . .   pudjuaѻtoaѻk.

PIOCHE. . . . . . .      tchiklaѻk. = kanik (C.).
PIOCHER. . . . . .       tchiklaѻtoaѻk.
PIPE, n. rac. . . . .    *esquimaude* : kwiñeѻk. = pilluyotit (C.].
                         = — *européenne* : tchiunaѻk. =
                         aѻkѻéaѻoyaѻk.
PIQUANT, n. dér. .       kakiyoѻkѻàwn.
PIQUANT, TE, adj. v.     ignilik.
PIQUE, n. c. . . . .     kâѻotchiѻ.
PIQUÉ, ÉE, v. intr. .    kakiyoѻkѻaѻaѻk.
PIQUER, v. tr . . . .    kakiyoѻkѻa. = kaѻoѻkѻa, kѻaѻa. =
                         tuyukaluñgnitoaѻk. = *(insecte)* : tupaѻ·
                         toaѻk. = *(épingle, épine)* : kakiyoѻ·
                         kѻa.
PIQUET de tente, n.rac.  péѻoѻk; *plur.*, péѻot.
PIQURE, n. dér. . . .    kakiya. = kâkilàwt!
PIRE, v. intr. . . . .   tchuïna-otkѻéya,
PIROGUE. . . . . . .     kѻayaѻk.
PIROUETTE. . . . . .     nimœѻaѻtâwn.
PIROUETTER, v. tr. .     nimœѻaѻtoaѻk.
PIS, adv. . . . . . .    milukѻ°.
PISTE, n. rac. . . . .   tumiѻk; *plur.*, tumit.
PISTOLET, n. c. . . .    pitiktçi-aѻaѻk.
PISTON, n. c. . . . .    mayuñ-mimayoaѻk.
PLACE, n. rac. . . .    innè. = *ma* — : inniѻa, innin, etc. =
                         — *où l'on est assis* : nutçaѻèaѻvik. =
                         iktchuk. = *ma* —: iktchuaviѻa, iktchu·
                         avin, etc.
PLACÉ, ÉE, v. intr. .   nutçaѻéaѻtoaѻk. = illiya (*inan.*).
PLACER, v. tr. . . .    illiyaѻk, illéo (*1° pers.*).
PLACER (se), v. intr. .  nutçaѻéaѻtuaѻk.
PLAFOND, n. dér. . .     kѻeylitit (*de maison esquim.*). = kѻey·
                         laѻk (*de maison europ.*).
PLAGE, n. c. . . . .     tçikdjaѻk.
PLAIE, n. v. . . . .     kѻileѻktoaѻk.
PLAINE, n. c. . . . .    natoѻ-ayäѻk.
PLAINDRE, v. tr. . .     kѻonolâѻniktoaѻk.
PLAINDRE (se), v. intr.  aneѻktçimayoaѻk (*malade*).
PLAINTE, n. v. . . .     aneѻktçimaneѻk.
PLAISANT, TE, v.intr.    kѻuviatçuktoaѻk.
PLAISANTER, v. intr.     pitçaméaѻtoaѻk.
PLAISIR, n. dér. . . .   kѻuviaylѻѻk.
PLANCHE, n. c. . . .     tçanawaѻkѻ.
PLANCHER, n. c. . .      nateѻk. = natçitit. = — *de cabane*
                         *esquim.* : kѻéyuït. = — *de sapin dans*
                         *les tentes* : alléyat.
PLANE, PLANOIR, n.
c. . . . . . . . .       tchénèn.
PLANER, v. intr. uni-
pers. . . . . . .        tchiliumiyoaѻk.
PLANTE, n. rac. . . .    kѻotik. = ivik-oyaѻk.
PLANTE du pied, n.
rac. . . . . . . .       alloѻkѻ. = *dépression sous la* — : niѻ·
                         kѻeyloѻk.
PLANTÉ, ÉE, adj. v. .    kaѻojiaѻk. = *(couteau)* : nappaѻtuaѻk.
PLANTER, v. tr. . .      kaѻodjiaѻa. = — *un piquet pour soute-*
                         *nir le chaudròn* : utkutçeѻѻiléaѻk.
PLAQUE de fer que les
archers portent au
poignet. . . . . .       manig'eѻk.
PLAT. . . . . . . .      *de bois* : illivéaѻk. = kayuktak (C.). =
                         puutak(C.) = — *de fer blanc* : oѻkѻaѻk.
PLAT-BORD. . . . .       àѻomak.
PLAT, TE, adj. . . .     kѻaéѻktoaѻk. = kayuktak (C.). = — *et*
                         *mince* : tçatoѻk. = tçatoaѻk. = *c'est*
                         — : *(fond de l'eau)* itkatoѻk.
PLAT-COTÉ (mot ca-
nadien pour flanc). .    tulimaѻk ; *plur.*, tulimatⁱ. = nipku
                         (C.).

PLATEAU, n. c.... épkpèdjipalik nuna.

PLATEAU de pipe esquimaude...... illuviapk.

PLATINE de fusil. . pititçi-okpa.

PLEIN, NE, v. intr. . tchitkpayiapktopk. = (femelle): iblaolik.

PLEINE LUNE, n. v. nakpotoapk. = nuïtkpè-ïtuapk.

PLEINE MER, n. rac. itkpa. = immapbiktçoapk. = en —: itkpa-nùn.

PLEURER, PLEUREUR, v. intr... kpiyavoapk. = añaluktoapk. = kayayok (C.). = — beaucoup : manilapkpiyoapk. = — en chantant (usage indien) : atoptitçepkpiyoapk. = — en parlant : maniklunilo-opuktoapk. = (hibou) : nikpayo.

PLEURS, n. pl. . . . kpoluït.

PLEUVOIR, v. impers. nipaluktoapk. = tçillaluktopk. = nipa-lukuni (C.).

PLÈVRE, n. c. . . . kpàvinepk.

PLI, n. rac. . . . . . îpak ; plur., îpaït. = — des bottes esquim. : atuñapk. = — des joues : tapiñ-anak. = tapiñ-anepk; plur., tapiñ-anœpèt. = — des souliers esquim. : kiyat.

PLIÉ, ÉE, adj. v. . . (objet mou) : tapitapk. = (branche) : pépètapk.

PLIER, v.. tr. . . . . tapitiga : (des étoffes). = pépèta : (des branches).

PLIER sous le faix, v. intr. . . . . . . . akinépodja (animé). = pépétoapk (inan.).

PLISSÉ, ÉE, adj.. . . tapiteptapk.

PLISSER, v. tr. . . . tapiteptig'a.

PLOMB, n. c. . . . . anmalœpotapk. = anmalœpaktçidjiopk.

PLOMB de chasse.. . kutapkpapk; plur., kutapkpat.

PLOMBAGINE.. . . . topktçon-méutapk.

PLONGEON...... à cou rouge : kpatçappéaluk. = — noir : tulipk.

PLONGER, v. tr. . . kautodjiapk. = y — la main : kautçep-toapk.

PLONGER, v. intr.. . atkpatoapk.

PLUIE, n. v. et v. intr. tçillaluk. = nipaluk. = — contraire : padjœpotaluktik. = — averse : kotit. = — fine : mikiyoatçiaptopk.

PLUME, n. c. . . . . papitçi. = — à écrire : kokiki. = miñwapòn. = bec de — : aglépoluït.

PLUME, PLUMET (i. e. panache).... tchuñapk ; plur., tchuluït.

PLURIEL (élément du). Il est exprimé par les désinences : at, kat, tçat, kpat, awt, aït ; èt, éït, kèt, kpèt; otit, oït, it, klit; ot, ut, kput (voir les éléments grammaticaux).

PLUS, adv. de quantité. tchikpalik (joint aux noms de nombre). = — que : añitkpéya. = — qu'il ne faut : añiblut. = — souvent : añiblut katimayut.

PLUS, adv. de compar. kilu. = añéyo-mun. = ilœpa (final, ajouté aux adjectifs : v. g. — grand : añilœpa. = — haut : takilœpa. = — large : tçillilœpa. = — petit : mikilœpa. = naïlœpa.

PLUS BAS, le long de la rivière, plus loin. uñatanè.

PLUS LOIN, loc. adv. de comp. . . . . . uñalaït. = uñatçiktop-mun. = uñaleynun (avec mouvement).

PLUS TARD, loc. adv. akooptop. = uteptop (à l'avenir).

PLUS EN PLUS (de), loc. adv . . . . . aglivaliablupit.

PLUS, PLUS DU TOUT, adv. de dénégation.. nupuñtop. = eptopopkp.

PLUS NOMBREUX, v. intr . . . . . . innuï atuapkpaït.

PLUS PETIT, adj. compar.. . . . . . . mikiyopatçiapk. = akulepk.

PLUS LONG, adv. compar........ apgliyok.

PLUS QU'UN AUTRE (être), v. intr.... añiyoapk.

PLUS GRAND QUE (être), v. intr . . . añitkpéya.

PLUS GROS QUE (être), v. intr. . . . añiblunilu illopktoblonilu.

PLUS FORT, HAUT (être), v. intr. . . . añitkpéya.

PLUSIEURS, adj. pl.. innuï-aktut. = à —: innuï-aktunik. = — fois : katimayut. = — jours : agidjapipéït.

PLUT A DIEU, interj. tchuvatçanik.

PLUVIER, n. rac. . . (Charadrius hiaticula) : tullik. = (Ch. melanogaster) : kpapktçopk. = petite espèce de — : tchaugni tchamni-aluk.

POCHE, n. c. . . . . ipéapikⁿ. = ikpéapiapk.

POCHE stomacale. . . apkpéapopk.

POÊLE à feu, n. rac.. apia : (cuisine).

POÊLE à frire, n. c. kpayutap-pàk.

POIDS, n. c . . . . okpomaepkpòn. = — des lignes de pêche : kpolèpotok.

POIGNARD, n. c . . papiñgnapk.

POIGNARDER, v. intr. kapiyoapk. = innuk-tavaktoapk.

POIGNÉE, n. dér. . . ipkpitopk. = — de porte : tigumivik. = — d'un instrument : ipo ; génitif : ipoa.

POIGNET, n. c. . . . tâyanœpèn ; plur., tâyanœpèt. = kamnak (C.).

POIL, n. rac . . . . mitkpok. = mitkok (C.). = — de barbe : kpiapapk. = à contre — : ipa.

POING, n. c. pl.... adjïgaït epkpétut.

POINT, adv. . . . . . eptopopkp. = itopop. = animé : innuitop. = innu-ituapk. = (inan.) : tchu-itop. = nawk (C.).

POINT du jour, n. rac. killaka.

POINTE (i. e. bout piquant), n. dér. . . . igniɔa. = — de hache : ipkpéyépapk. = — de drille : kpéiñmiapk.

POINTE de terre, n. rac. nuvûkⁿ.

POINTE (i.e. extrémité). antérieure des raquettes : mayum-ïnapk. = postérieure : kiñunœpa. = — du kayak : niotapk.

POINTU, UE, adj . . ignilik.

POIRE à poudre.... nagyuk. = nakjiuk. = apéyawt (C.).

POISON, n. c.... . kpimnè-itoapk.

POISSANT, TE, adj. v. nipitkpanaptoapk.

POISSÉ, ÉE, adj. v. . killupiktçidjopk. = killupikipk.

POISSER, v. tr. . . . killupiktçidjoapk.

POISSON, n. dér. . . itkpa-luk, (de itkpa, pleine mer). = kakluk (C.). = ilook (C.).

POISSON Blanc (Coregonus lucidus) . . . anàklepk. = C. arcticus ou Takkwin : pikuktoapk. = C. œstuarinus ou Tsonllugé : kpaktapk ; plur., kpaktatit.

POISSON Bleu (Coregonus signifer). . . tchulupa-uwapk; plur., -ukat.

POISSON Inconnu (Salmo Mackenzii).. tiktàlepk. = tçepk. = tçipapk.

POISSON à la pente (i. e. suspendu par la queue). . . . . . niviñgatçat.

POISSON sec, boucané (i. e. exposé à la fumée) . . . . . . . . piptçi. = tamoakéït.

POISSON dépecé, éparé panepktçiyat.

POISSON frais, éparé . tiyamañ-itopk.

POISSONNIÈRE . . . itkpalèapkik.

POITRINE, n. v . . . uyak. = atkak (C.).

POIX, n. dér. . . . . nipititåwn.

POLI, IE, adj. v. . . . taniktoapk.

POLIR, v. tr. . . . . tanig'a.

POLTRON, n. v. . . . epktçidjoapk. = allañtapk.

POLYGAME, v. intr. . malœpo-nulléapk.

POMMADER (se), v. intr. . . . . . . . nanuktoapk.

POMME, n. c . . . . atçiyap-påk.

POMMETTE, n. c. . . ogludjiapk.

POMPON de chien. . . añalatalik.

PONANT, n. c. . . . kanuñ-apgnepk.

PORE, n. rac. . . . . ipak; plur., ipaït.

PORT, n. c. . . . . . eymatkpotik.

PORTAGE, n. dér. . . ibiapiapk. = grand — : ikiapiap-påk. = — qui monte une côte : kpòn-mûn apkputçinepk.

PORTE, n. c. . . . . upkuapk. = kpanmapana.

PORTE-APPAT. . . . ayautapk.

PORTE - LACETS, PORTE-COLLETS... ukaleptçépotit. = kpélepvéak.

PORTE-MANTEAU ... påwkat.

PORTE-PLUME, n. c. miñwapòn-ipoa· = kpaléuyòn-ipoa.

PORTER, v. tr. . . . sur le dos : namnaulatapklunè. = — un enfant : kiyigu-méaptoapk. = — un paquet : tamutlaktok (C.). = — en bandoulière : unapméalik. = — à deux, à l'aide d'une barre : epktçopaptoåpk. = epktçolimnik imeptatoapk. (un baril ou chaudron plein d'eau). = — à la main : tiguméaptoapk (se dit de tout). = — à la ceinture : kpaïllœpo kutalik. = — au cou : uyamitkpo-léaptoapk. = — sur les bras : kpidjigumiañpa. = — sur l'épaule : epktçoaptoapk.

PORTER (i. e. mettre). à la bouche : kinméaptoapk. = tamupu-taopk, taña. = okpomaopk, mapa. = y — la main : aktulayuapk.

PORTER (i. e. être vêtu de). . . . . . . . deux vêtements : illupapektoapk.

PORTER (i. e. exciter). (le) — au bien : nakoliyoapk. = (le)— au mal : kuyuliyoapk.

PORTER (se bien), v. intr. . . . . . . . tchupa-ïtoapk. = tchopkpéïñit (ils se portent bien).

PORTION, n. dér. . . illivéapa, (de illèveapk, plat). = ivamak-lutik-néppèyot.

PORTRAIT, n. c. . . . innuyapk.

POSÉ, ÉE, v. intr. . . miñgayoapk.

POSER (se), v. intr. . mitoapk.

POSER, v. tr. . . . . illiyoapk.

POSSÉDÉ, ÉE, v. intr. iyépok.

POSSÉDER, v. tr. . . añiyignitoapk. = — une femme : nulléalik. = — des enfants : nutapalik. = — deux femmes : malœpòn nulléalik. = se rend aussi par le suffixe lik ajouté aux noms des objets dont on veut exprimer la possession.

POSSIBLE, adj. . . . oklilipa.

POSTÉRIEUREMENT, adv. . . . . . . . kiñunœpa.

POSTÉRITÉ, n. v. pl.. nutapåluktuyuat.

POT de terre, n. c. . . kpatuktiktçat.

POT de fer-blanc (gobelet, etc.). . . . . imoñtçiapk. = imontçiap-aluk (petit).

POT de chambre, n. dér. . . . . . . . . opktçévik.

POTABLE, adj. v. . . imépioyuapk.

POTASSE, n. rac. . . ibupûn. = iviktoapk.

POTEAU, n. rac. . . tçukkapk.

POTELÉ, ÉE, v. intr. oluatudjapiktoapk.

POTION, n. dér. . . . ikléûn.

POU, n. rac. . . . . . kummapk; plur., kummaït. = — du renne : amé-anin-atayoapk.

POUAH! interj. de dégoût. . . . . . . . œh! tipilowtopk!

POUCE, n. rac. . . . kublu; plur., kublut. = kupœluk (C.).

POUCE (mesure). . . kublu nipepkpè tuniktopk (en long). = odjapautit (en large).

POUDRE de chasse, n. rac. . . . . . . . . apyap. = apdja.

POUDRER, v. impers. anniyopktoapk.

POUDRERIE (tourmente de neige ténue) anniyopk. = — d'eau : tçeptçalipagnapk. = — de sable : olayoyapk.

POUILLEUX, EUSE, v. intr. . . . . . . . . kummapoyuapk.

POULE d'eau . . . . uviugepk; plur., uviugit.

POULPE, n. c . . . . nimépéapk. = grande espèce : nimépéap-påk.

POULS, n. c. . . . . tigleptuapk.

POUMON, n. rac. . . puvaït. = un de ses lobes : puak.

POUPE, n. rac. . . . akpo.

POUR, prép. . . . . . mut; muopk; mut; mu; nu; mûn; nun. = — celà : inmiñgnûn. = innim-nun. = — la deuxième fois : malœpo-aplunè. = — la forme, la frime : iyik tchuapklupilûn. = — lors : piñ. = — lui, elle : omoa. = omuña. = tabiomuña. = tapçom-nun. = — moi : uvam-nut. = uvam-nûn. = — nous : uvaptin-mut. = uvaptim nûn. = uvapuñg-nun (duel). = — eux : okkomnua. = okkoañg-nua (duel). = — quelle cause, quelle raison? tchupavit? tchuma? = — quelqu'un : inuñnûn. = inimnûn. = — qui? kimûn?. = tchumûn? = namûn? = — rien : unin. = ami unin. = — rire : pitçaméapkluné. = — un autre : aypa nûn. = — nous : illiptim-nun. = — toi : illiñgnûn. = illimnûn.

POUR (sign. en retour). tukçépòn. = tutchaptop. = tutchapk-toat.

POURQUOI? adv . . tchupavit? = tchuma?

POURQUOI FAIRE?.. tchuma oyapåluït?

POURQUOI (c'est), conj. unami.

POURRI, IE, v. intr. auneptoapk.

POURRIR, v. intr. . . igunapneptoapk.

POURTANT, adv . . . amik-amik.

POURSUIVRE, v. tr.. mallepktçug'a.

POURTOUR, n. rac. . tchîna. = avata.

POUSSER, v. tr. . . . ayauéktoapk. = — pour réveiller : ikeptchatoapk. = impératif : ikeptcha-tapîn! pousse-le!

POUSSER, v. fig.. . . des soupirs : anepktchamaoyapk. = — des cris : éppéaloaptoapk.

POUSSER (i. e. porter) au mal : kéeptopnitoapk. = ivayapkpo-yiyoapk. = kaymatuïyoapk.

POUSSER au large (i. e. gagner le large).. ayaopk, opa, opn; *impér.* : ayapîn !

POUSSER (i. e. croître) aglivaliayoapk (*se dit des hommes et des végetaux*).

POUSSIÈRE, n. c . . . tçallopa. = puyup-paluk. = — *épaisse causée par le vent :* olayoyapk.

POUSSIN, n. rac . . . neplapk; *plur.*, neplèt.

POUTRE, n. dér. . . . todjiapk.

POUVOIR, v. tr. . . . tçapiitpik. = *y — atteindre :* ayopktçiniktoapk. = — *faire :* tçapiitpik.

POUVOIR (ne pas), v. tr. . . . . . . . . ikayoptchiopk, tchiña. = — *y atteindre :* ayopktçaktoapk. = — *faire :* tçapeptçaktoapk. = — *deviner :* tutchaïtuapk.

PRAIRIE, n. c. . . . . iviginapk. = *grande* — : iviginap-pâk.

PRATIQUER, v. tr. . . illiñgaptchapmiktoapk.

PRÉ, PRÉAU, n. c. . iviginapluk.

PRÉCÉDEMMENT adv. tçivulepktuañipa.

PRÉCÉDENT, TE, adj. tçivulepaptuapk.

PRÉCÉDER, v. tr. . . tçivupnœpig'a.

PRÉCEPTE, n. dér. . kibugapòn. = okkpakâwn. = tilliniûn.

PRÊCHER, v. tr. . . . naktçaptoapk. = malœpotat, tanè, tkatin.

PRÉCIPITAMMENT, adv. . . . . . . . . tchukayotᵘ. = tchukayopk.

PRÉCIPITER, v. tr.. . inikuya, = — *dans l'eau :* immep-muktapk. = — *dans le feu :* ignep-muktapk.

PRÉCIPITER(se),v.int. nuchukaptoapk. = — *dessus :* upalopat, pani.

PRÉDIRE, v. tr . . . . udjeptodjadjuapk.

PRÉFÉRABLE, adj. v. aypa-ina kpumigiya.

PRÉFÉRER, v. tr. . . aypa-ina kpumigiyaopk.

PRÉLART, n. rac. . . kpaapk.

PRÉLASSER (se), v. intr. . . . . . . . . itchiptchâlonmiyoapk.

PRÊLE, n. c. . . . . nepla-nepkpa (*viande d'oie* .

PREMIER, ÈRE, adj.. tçivulepk.

PREMIER-NÉ, n. dér. nutapapk.

PREMIER LIEU (en), loc. adv. . . . . . . tçivupnœpanè.

PREMIÈRE GLACE . . tçikolœpapk·

PREMIÈREMENT, adv. akug'u. = akupu.

PRENDRE, v. tr. . . . tigoyuapk. = tigok. = tipuyok (C.). = *prends-le!* inektigo! = *Ex.: je vais le prendre:* tigolagwin. = — *à la volée :* akwag'apa. = — *à terre :* ân-mûn tigutchaptoapk. = *Ex.: il nous prendra :* tiguyitchapput. = — *en l'air, en haut :* tiguchaptoapk. = — *dans ses bras :* tiguapk. = — *tout :* tamatkepklupit tchéjapéït. = *en — une poignée :* amupaopk, pa. = — *dans ses filets :* napitañ-épéapnéappiga.

PRENDRE EN PITIÉ. tchuvalulita.

PRENDRE FEU, v. impers. . . . . . . . igneptapk.

PRENDRE GARDE, v. udjeptualuapk, léuña. = *prends garde!* udjeptolœpit! = udjeptwaulupit!

PRENDRE LE LARGE, v. intr. . . . . . . itçukañ-itoapk. = — *à pied:* itçukayoapk.

PRENDRE TERRE (i. e. aborder), v. intr. apoptopk. = — *à pied ou à la nage :* tuloptopk.

PRENDRE SOIN (i. e. Soigner), v. tr. . . . iklipané, igapa (*1ᵉ pers.*).

PRENDS! TIENS! interj. . . . . . . . . an!

PRENDS GARDE! loc. interj. . . . . . . . ka! = anakpanan !

PRÉPARÉ,ÉE, adj.dér. upâlœpòn.

PRÉPARER, v. tr. . . upalupktoapk, tuña.

PRÉPARER (se), v.réfl. upalupktoapk, toami.

PRÈS, prép . . . . . awuña. = kpaniktop. = kpanikuni (C.).

PRÈS (de), loc. prép. kpaniktom-nin.

PRÈS (être), v. intr. . kpani-yoyuapk.

PRÉSENT, n. pl. . . . tunikut.

PRÉSENT (être),v.intr. inopoap-nitoapk.

PRÉSENTEMENT, adv. mawna. = mannago.

PRÉSENTER, v. tr. . . aytopteuyuapk.

PRÉSENTER (se), v. réfl . . . . . . . kpaydjœpo-piktçimaya.

PRESQUE, adv. . . . pinepluktòn. = pinepktut (— *tous*). = ayaï (C.).

PRESQU'ILE, n. c. . . amikto-atçiapk.

PRESSE à pelleteries, n. c. . . . . . . . . amepkpat-pugat.

PRESSE, PRESSOIR, n. dér. . . . . . . tatitépéòn.

PRESSÉ, ÉE, adj. v. . tatitépapk.

PRESSÉ (être), v. intr. ipinitçap-niktoapk. (i. e. avoir hâte). . .

PRESSÉ (être), v. intr. illa-eptçimayoapk. (i. e. serré par la foule) . . . . . . .

PRESSER, v. tr. . . . *avec un pressoir :* tatitépéyoapk. = — *avec la main :* tchimiñg-niktoapk. = — *sous les pieds :* tugmañ-niktoapk.

PRESSER (i. e. hâter). éppèniyoapk. = kéatap-noñ-niktoapk.

PRESTIGE. . . . . . kpeptçidjoapk.

PRÊT, TE, adj. dér... upalœpòn.

PRÊTER, v. tr. . . . *une chose :* atoptuapk. = atoktoapk (C.). = — *une personne :* kipuktuapk.

PRÊTRE, n. v. . . . . naktçapiya. = okpayoyuapk.

PRIER, v. tr. . . . . opaktoapk. = *impér.:* oponéaptûn! = — *Dieu :* atchappok, paña. = *id.. pour quelqu'un :* innom-nun okpaotçidjoapk. = (*impér.*) : okpapeptin!

PRIÈRE, n. dér. . . . okpâwn. = opakpayopk. = okpa-udjatçapk; *plur.*, okpaudjatçéït.

PRIMITIF, IVE, adj. v. tçivulep-oyuapk.

PRINCIPALEMENT, adv. . . . . . . . . kilu. = "añéyo-mun.

PRINCIPE (dès le) loc. adv. . . . . . alpanè.

PRINTEMPS. . . . . *1ᵉʳ avec neige :* upinœpatchapktoapk. = *2ᵐᵉ après la fonte :* kpanmopktoapk = *3ᵐᵉ avec débâcle :* upinupapk. = *4ᵐᵉ avec germination :* kiñumañnepk.

PRISE des glaces,v.int. tçikolœpapk.

PRISONNIER, v. intr. opkwapodjapk.

PROBABLEMENT,adv. tabliu. = il'uukuni (C.)·

PROCHAIN, adj. . . . kaglioyat.

PROCHE, prép. . . . awuña. = kpaniktop. = kpanikuni (C.).

PROCHE parent, n. c. illap-kponepk; *plur.*, -kponeît.

PROCLAMER, v. tr... kilinapotchaktigéït.

PRODIGE, n. dér. . . nañinepminik.

PRODUIRE, v. tr. . . kpanop-piyapk; *passé :* -pilaoppa; *futur :* -pinéappa.

PROFÉRER, v. intr... kpoléapktoapk. = — *des blasphèmes :* inno-nepluktoapk. = — *des inconvenances :* tçanéoyapktoapk.

PROFIL, n. rac. . . . kîna.

PROFOND ( verticalement), adj. . . . . . jtiyopk. = ititçiyopk (*dans l'eau*). = itiyuapk (*en terre*).

15

PROFOND (horizonta-
lement), adj. . . . . ĭtkρatoaρk.
PROFOND comme ceci,
adj. compar. . . . . taymuña-mun.
PROMENER, v. tr. . . tatchioρtoaρk. = — *ses regards* : kρé-
niρktoaρk.
PROMENER (se), v. int. pichuktuaρk (*se dit aussi bien sur l'eau
que sur terre*). = (*animaux*) :
aulayoaρk. = (*poissons*) : naluktoaρk.
PROMETTRE, v. tr. . kiniloeρôtçao-tçidĵoaρk. = aytotcheρpa-
lukama, kikpin.
PROMONTOIRE, n. rac. nuvukº.
PROMPT, TE, v. intr. tuawi-taρk tchinaρktoaρk
PROMPTEMENT, adv. tchaρkoρtoaρk. = tuawi.
PROPHÈTE, TISER, v.
intr. . . . . . . . tçivuρnœpagŭn naluñitaρa. = udĵeρtut-
kρeytuaρk.
PROPRE, adj. et v. intr. tutu-eρktuaρk. = naρa-ituaρk. = tutu-
itut. = nakoyuaρk. = nuyaρρiyaρk.
PROPRE, PROPRIÉTÉ,
n. c. . . . . . . innum-nun. = innuñ-minintaoρk.
PROPREMENT DIT,
adj. . . . . . . . pamañgnaρtaρk.
PROSTERNER (se), v.
intr. . . . . . . . tchikiyoaρk, yoami.
PROSTITUER (se), v. takutçaρinitoaρk.
PROTÉGER, v. tr. . . eρmañgniktoaρk.
PROTESTANT, n. v.. tayma-tçilioρtè-iligaρk; *plur.*, -iligat.
PROTESTER, v. intr. añgiyiyoaρk.
PROUE, n. rac. . . . tçivu.
PROVISIONS, n. pl. . naktçaρtçèt.
PRUNELLE, n. c. . . takonân.
PRURIT, n. dér. . . . uñilaρktçin.
PTARMIGAN, n. rac.. *voir* gelinotte, perdrix.

PUANT, TE, adj. v. . mamañ-ĭtoρk.
PUBÈRE, n. v. . . . . nuyaoyuaρk.
PUDIQUE, v. intr. . . uwineρtoaρk.
PUER, v. intr. . . . . añhodĵuv-añnitoρk.
PUIS, adv. . . . . . . kiñunœpagŭn.
PUISER, v. tr. . . . . kρaluktçidĵa. = — *de la poudre* :
kρaloρaktoaρk.
PUISQUE, conj. . . . pimàn (*finale*).
PUISSANT, TE, v. intr. tutchaom-ayaρput.
PUISSÉ-JE ? interj. de
désir. . . . . . . tchuva-tçanè! = tchuva-tçaĩñga!
PULVÉRISÉ, ÉE, v.
intr. . . . . . . . illañgnuñyuaρk.
PULVÉRISER, v. tr. . illañgnuyua·
PUNIR, v. tr. . . . . eρlikuya. = — *en frappant* : tchuag'a.
PUPILLE de l'œil, n.
dér. . . . . . . . ĭyaρok.
PUR, PURE, v. intr. . nakoyuaρk. = maρa-ituaρk. = nuyaρρi-
yaρk. = — *de faute* : tchuĭneρkρivañ-
neρk. = *i. e. chaste* : tchuĭ-tchuĭ-
tuaρk. = kuyu-ituaρk. = kuyayuĭk-
tuaρk.
PURGATIF, n. v . . . anitçiniktoaρk.
PURGATOIRE, n. dér. anitçiniρvik.
PURGER, v. tr. . . . anitçidĵadĵa.
PURGER (se), v. réfl. anitçidĵa. = (*par un vomitif*) : méρéaρk.
PUS, n. c. . . . . . immaρk-tchua.
PUSILLANIME, v. int. eρktçidĵoaρk.
PUSTULE, n. rac. . . kigeρk.
PUTRÉFIÉ, ÉE, adj. v. auneρtoaρk.
PUTRÉFIER (se), v.
réfl. . . . . . . . igunaρneρtoaρk.
PUTRIDE, adj. v . . . auneρtoaρk·
PYRITE (sulfure de fer) kigiyoaρk.

# Q

QUADRUPÈDES. . . . *grands*: (*mâle*): pañgneρkρ. = (*femelle*):
kulavak.=*petits* —: ómapkρoléaρtaρk;
*plur.*, -tat.
QUADRUPLE, adj. . . tçitamatçat.
QUAND, adv . . . . . akugo.
QUAND, conj . . . . (*finale*) : pan. = pata.
QUAND ? adv. interr. kannakρè? = *depuis* —? tayman-aρta
nin? = *jusqu'à* —? kannakρè tikil-
lugo?
QUAND BIEN MÊME,
loc. conj. . . . . . aρiktçiàn (?)
QUANT A, loc. prép.. (*finale*) : mùn. = nûn,
QUANTITÉ, n. rac. . oρkρoρk. = anoρaρkρ.
QUANTITÉ (en), loc.
adv. . . . . . . . tamaĭta. = tamatkiρéĭt.
QUARANTE, adj. nu-
mér . . . . . . . innuñ-mallœρok. = (*deux hommes*).
QUART, n. . c. . . . naρiyaρnoρk.
QUARTIER de la lune. miρtaρaρk. =niρtaρtoaρk. = niρtaoma-
yuaρk. = naĩyuaρk (*très-petit*).
QUASI, adv. . . . . . pineρluktòn.
QUATORZE, adj. num. tçitamanik-tchikpalik.
QUATRE, adj. numér. tçitamatⁱ. = itamat (C.).
QUATRE-DE-CHIFFRE
n. c. . . . . . . . ayautaρk.

QUATRE FOIS, n. c.. tçitamanik. = tçitamat atoρtlûn.
QUATRE PATTES
(marcher à). . . . . pàmoρtoaρk.
QUATRE-VINGT, adj.
num. . . . . . . innuñ-piñatçunik aρvénèlœρit.
QUATRE-VINGT-DIX,
adj. num. . . . . . innuñ-tçitamanik aρvénèlœρit.
QUE (v. g. — dit-il)?. tchuna? = tchuna-tchuna (kρoléaρktoaρk)? = tchuvaoρ? = — *dis-tu*?
tchuva? = kiρut? = nakit?
QUE! (optatif). . . . tchuⱬya tçaĩñga! = tçuvatçanè!
QU'EST-CE? QUELLE
CHOSE?. . . . . . tchuvit? = tchunà-tchuna? = *qu'est-ce
que cela? kina una?*
QUEL? QUELLE? adj.
inter. . . . . . . kiya? (*animé*) = kannakρé (*inan.*); *plur.*,
kikut? = — *est-il*? kiya oma? =
— *jour est-ce*? kannakρè ukluρk? =
— *sont-ils*? kikut tava?
QUELQUE, adj. indéf. avaya illuaρtoρk. =— *chose* : tçuatçiaρk;
*plur.*, tçuatçiat. = *quelques, quel-
ques-uns* : aviklupit (*animé*). = avaĭt
(*inan.*) = illañgeĭt (*inan.*). = — *jour*:
abuguρeĭt. =— *temps après* : kiñulœ-
ρagun abuguρéĭt.

QUELQUEFOIS, adv..   tçokòn-iktoat. = innuviktuat. = anigu‑ yaρéït.

QUELQU'UN, UNE, pr. indéf.......   aypa-ina. = innun. = innuñmik (à l'accus.); innimnun (au dat., au poss.) = avaya-illuaρtoρk.= mallœρokρayoρk (au duel).

QUELQUES -, UNS, UNES, pr. indéf..   avaït. = illañgéït (animé). = aviklupit (inan.).

QUERELLE, n. v..   akgiwoρk.

QUERELLER, v. tr..   opotkρoyat. = omρoléaρtut (il les querelle).

QUERELLER (se), v. mut........   kρanéρoyoak.

QUESTION, n. dér...   ateρktçiòn. = atœρòn.

QUESTIONNER, v. tr·   ateρktçioρtoaρk.

QUÉTER, v. tr. ...   tuktçiaρktoaρk.

QUEUE, n. c. ....   pamiuva. = — de poisson : apeρkρoρk. = tigiyokρoρk. = —de cétacé : tçaρpik.

QUEUE servant d'or‑ nement......   pamiulik.

QUI, pr. rel......   n'existe pas ; on le remplace par la conjonction si : kumik. = nikρàu, ou par le pron. dém. celui, celle : innu-iñρoρ.

QUI ? QUI EST-CE ? pr. inter.......   kiya ? = kina? = kiya-kiya? = kina-kina? kitçik-kitçik ? = plur., kikut?

QUICONQUE, pr. ind.   innupupkρona.

QUILLE de barque...   tchéneρtaρk.

QU'IMPORTE! adj..   ami-unin!

QUINTUPLE, adj. ..   tatillémat.

QUINZE, adj. num. .   tallémanik-itiañgnéρat.

QUITTER, v. tr...   quelqu'un : avitoak. = — quelque chose : illiyaρk. = — l'ouvrage : ipéρag'a.

QUOI? pr. rel. ....   le même que que? nakit? = — donc? tchuna-tchuna?

QUOI (avec)?.....   tchumik?

QUOI! interj. d'éton¹.   kρatçia! = interj. de grand étonnement: kρalé! = aρkρalé!

# R

RABOT, n.. dér. ...   kiléun-miyaρòn.

RABOTER, v. tr.. ...   tçaviguñ-miyaρtoaρk.

RABOUGRI, IE, adj. v.   nakitoaρk.

RACCOMMODÉ, ÉE, adj. v.......   kakkiyoρkρagaρk.

RACCOMMODER, v. tr.   le linge, les habits : kakkiyoρkρaktoaρk. illaktçidjoaρk, djotoa, djotim. = — le bois, le métal, les filets : tutkρi‑ tchaρtoaρk.

RACCORDÉ, ÉE, adj. v..........   ipeρkρèleρtçiaρk, -tçiat.

RACCORDER, v. tr..   ipeρkρèleρktaρk, tapa (1e pers.).

RACCOURCI, IE, adj.v.   naïlilipa. = naïtuléoρa.

RACCOURCIR, v. tr..   naïtuléoρtoaρk.

RACCOURCIR (se), v. intr........   mayoρtoaρk.

RACHETÉ, ÉE, v. int.   oteρtoρk.

RACHETER, v. tr ..   oteρtoaρk.

RACINE, n. rac....   amaρk. = — d'astragale escul. : màtch°. = — d'astrag. vireuse : nakatç. = nakat (C.).

RACINE du nez, n. rac.   akalèaρk.

RACLER, v. tr....   kiligaρtoaρk.

RACLER (se) le gosier (famil.) ....   kρoeρtuluktoaρk. = kρoeρtoρtoaρk.

RACLOIR en fer, n. v.   ikuktuaρk. = ulualuk.

RACLOIR en os, n. dér.   tçaluga. = tçauneρk-ikòn.

RACLURE, n. pl. ..   kilipkaït.

RACONTER, v. tr..   kρoléaρktoaρk. = kipuktaρtoaρk.

RADEAU, ni c. ..   umiaρlut.

RADIER, v. intr. ..   napolaρtoaρk.

RADIUS, n. dim.. ..   amilœρaρk.

RAFALE, n. c.....   tiktaρneρk.

RAFALER, v. int. ..   tiktaρneρtoρk.

RAFRAICHISSANT, E, adj. v.......   kρèkρèta.

RAGOUT, n. c. ...   akublotaρk.

RAIDE, adj. v.. ...   kρéρata-yoaρk. = kρéρata-ρektoaρk.

RAIDIR (se), v. intr..   kρéoïñayoaρk.

RAIE (trait), n. dér..   amitoatçaρk.

RAIE (poisson), n. c..   nataρnaρk.

RAILLER, v. tr. ...   piuñililœρayoaρk.

RAINURE, n. c. ...   kobiaïti.

RAISON, n. dér. ...   kadjunaρk.

RAISONNER, v. intr.   kadjunaρk-mitoρktoaρk.

RALE (oiseau), n. rac.   kuρàρn.

RALER, v. intr. ...   iléρélikρaluktoaρk.

RALLUMER, v. tr. ..   ikρétèρéyoaρk.

RAMAGER, v. intr. .   tiñgnitchayoaρk.

RAMASSÉ, ÉE, adj. v.   imubloné.

RAMASSER, v. tr. ..   tçivatkρalaktoaρk. = — des fruits : itçiaρ-kρalaktoat. = — son vêtement sur soi : matoyoρtoaρk.

RAMASSER (se) après être tombé....   imùyoaρk. = imùbloné-tchiniktoaρk.

RAME, n. rac.. ...   ipòn,

RAMEAU, n. c. ...   kρiyo-atçiaρk. = anmutitoρk-atitaρk; plur., -atitat.

RAMENER, v. intr. .   ipiga.

RAMER, v. intr. ...   ipotoaρk. = — avec deux rames : kikiaρtoaρk. = kikiaρk, apa. = — avec l'aviron, i. e. pagayer : añoaρk, apa, apin. = añoaρtoaρk. = — avec la pagaie double : paoaρk, apa. = akρoaρk. = paoρktoaρk.

RAMOLLI, IE, adj. v.   aρéoρa.

RAMOLLIR, v. tr. ..   aρéoρktçidjoaρk.

RAMPE, n. dér....   kρeymiρaρk, (de kρéymiρk, colline).

RAMPER, v. intr. dér.   kρipayoaρk, (de kρiρòn, serpent).

RANCE, adj. v.. ...   nipikρanatçidjoaρk.

RANG, RANGÉ, n. pl.   añadjiaρt.

RANGER, v. tr .   tutkρeychiρéït.

RANGER (se), v. intr.   inimig'a (debout). = ininiktiga (assis).

RAPÉ, ÉE, adj. v...   aleyluaρtoρk.

RAPER, v. tr....   aρiktoaρk, apigapa (1e pers.).

RAPETISSER, v. tr..   mikiyoatçia-mik tchénéyoaρk.

RAPEUX, EUSE, adj.v.   manitoaρk.

RAPIDE, adj. v. ....   tchukayoaρk.

RAPIDE, n. dér.. . . . itimnepk.
RAPIDEMENT, adv... tchapkoptoap.
RAPIÉCÉ, ÉE, adj. v. illapapk.
RAPIÉCER, v. tr.. . . illapa.
RAPPELER (se le), v.
intr.. . . . . . . naluktchit kaluapnipa, pani.
RAPPORT d'estomac,
n. rac.. . . . . . . nitçapk.
RAPPORTER, v. tr. . killœgopnœpapk : (une nouvelle).
RAPURE, n. plur. dér. apiepkpaït, (de apiòn, lime).
RAQUETTE, S, n. c... takœlu. = à la —: tagœlun-nik.
RARE, adj. v . . . . illa-itopk. = innuk-itut : plur.
RAREMENT, adv. . . illa-ita-kiçimi.
RAS, E, adj. v.. . . usiñayopk.
RASÉ, ÉE, v. intr.. . kpiopagapk.
RASER, v. tr.. . . . kpiopaya.
RASER (se), v. tr. . . kpiopaptopk.
RASOIR, n. dér.. . . . kpiopòn.
RASSADE (verroterie). tchuñaoya. = grosse — : añéyopk°. =
itchuïtoppapk. = id., blanche : ma-
yakpakopk. = id., bleue : tchumao-
yappok. = — fine : aumapk. = auma-
uyek (C.). = id., blanche : kpapkpopa-
aluït. = id., bleue : tchuma-oyapk.
= tchuñayoviéït. = id., rouge : auma.
= autçulat. = id., rose : tuñoyoptua-
luït. = id., jaune : kpoptçotoaluït. =
id., dorée : tçavitkpaït.

RASSADES qui en en-
tourent le capuchon
des femmes . . . . putchitak.
RASSADES qui entou-
rent les tresses de
cheveux.. . . . . . tuglé.
RASSASIÉ, ÉE, v. int. apkpéaptoptoapk.
RASSEMBLÉS, ÉES,
v. intr . . . . . . attunim-ituk.
RASSEMBLER, v. tr.. nuatitaït, taïne.
RASSEMBLER (se), v.
intr. pl . . . . . . nuatoput, nuaotçé, nuatut.
RASSURER (se), v.
iutr . . . . . . . akinañ-umituapk.
RAT, n. c . . . . . . awiñapk.
RAT-MUSQUÉ (Fiber
zebethicus). . . . . kivalok; plur., kivalot.
RATE, n. c . . . . . ipîyapk. = — foulée : djapapaya.
RATEAU, n. dér . . . tçannœpòn.
RATELIER (des dents) kpanepk.
RATER (fusil), v. intr. tchiugumayoapk.
RATION, n. dér.. . . illivéapa, (de illivéapk, plat, assiette).
RATURER, v. tr. . . . titœpapktoapk.
RAUQUE, adj. v . . . igitoapk.
RAVIN, INE, n. c.. . kup-nina.
RAVIR une esclave,
une femme, v. tr.. . nuléapnitoapk. (voir aussi dérober, voler.)
RAYÉ, ÉE, adj. v.. . kpupitçapok.
RAYER, v. tr . . . . . titœpapktoapk.
RAYONNER, v. intr.. napolaptoapk.
REBONDIR, v. intr... mitigleptoapk,
REBORD, n. rac... . nátepkp.
REBOURS (à), loc. adv. ipa.
RECELER, v. tr.. . . . idjiga. = idjeppapnagé ! (ne recèle pas.)
RÉCEMMENT, adv.. . akopiyoapk.
RÉCENT, TE, adj. v.. ikpotçanitapk.
RECEVOIR, v. tr.. . . tchivuliuya.
RÉCHAUFFÉ, ÉE, adj.
v . . . . . . . . onapk-tçitçikateptapk.
RÉCHAUFFER, v. tr.. onapk-tçitçikatéga. = onapk-tçidja.

RÉCHAUFFER (se), v.
tr. . . . . . . . . naniapktoapk.
RÉCIF, n. rac. . . . . ikapok.
RÉCIPIENT, n. dér. . immálæpik, (de immapk, eau).
RECOIN, n. c. . . . . kañépkpapk.
RÉCOMPENSER, v. tr. illitçaoyiyoapk.
RECONNAITRE, v. tr. naluktchit-kaluapnipa.
RECOQUILLÉ, ÉE, v. kpilukta (inan.). = utiga (animé):
RECOQUILLER (se). . (inan.) : kpiluktituapk (au feu). =
ipkpepkaptoapk (à l'eau). = (animé) :
imulœpoyoapk (par l'effet du froid).

RECOURBÉ, ÉE, adj.
v . . . . . . . . . pépéñayopk.
RECTUM, n. rac.. . . epklo.
RECUIT, TE, adj. v.. ipapkpéïtoat.
RECUIRE, v. tr.. . . ipatkpéga.
RECULER, v. tr. . . . tçéléopkpéyaptoapk. = tuno-muk-
toptuapk. = (barque) : kiño-muk-
toptuapk.
RECULONS(à), loc.adv. tuno-mun. = kiño-mun.
RÉDEMPTEUR, n. v.. Oteptap-pak.
RÉDEMPTION, n. dér. otépáwn.
REDIRE, v. tr.. . . . takuwimnik unepkluné opaktoapk.
REDOUTER, v. tr.. . opktçidjopk. = alapktatoapk.
REDRESSER, v. tr.. . agaptipa.
REDRESSER (se), v. tr. agaptoapk.
RÉDUIRE.. . . . . . en poudre : illañgnuyua. = — en escla-
vage : aniteyniliktoapk. = kpimañ-
gniktoapk.
RÉEL, LE, adj. v.. . tamadja.
RÉELLEMENT, adv.. tamadja.
RÉFECTOIRE, n. dér. neppévik.
RÉFLÉCHIR, v. intr.. kadjunap-mi-toptoapk. = itchumaléopk-
toapk.
RÉFLÉCHIR (se), RE-
FLÉTER (se), v. intr. tapéop-tçimayoapk.
REFLET, n. c.. . . . tchikpeynapk-paluk.
REFLUX, n. c.. . . . tapianepk.
REFROIDIR (se), v.
intr.. . . . . . . . kpêkpè-optoapk. = (temps) : kpékpa-
poptoapk.
REFUSER, v. tr.. . . eplitoapk. = nagaïla.
RÉGAL, n. c. . . . . neppèmappkut. = innuït-optoapk:
RÉGALER, v. tr.. . . innuït-optoliyoapk.
REGARDER, v. tr.. . takuya, yapa ; takuyan ! (regarde!). =
takuchaptoapk. = — à travers :
tapotçeptaptoapk. = — dedans :
ikepktçidjoapk. = — de partout :
kpénipktoapk. = takonœpéovapk. =
kponèapktoapk. = — de travers :
kpiñélépépaptoapk. = — en bas :
án-mun takuchaptoapk. = — en
haut : kpon-mun takuchaptoapk. =
= — en dessous : tçepkponiñaptoapk.
= ne pas — : takuïtaopk.
REGARDER (se), v. kpemilœpéaptoapk. = — dans une glace:
tapaptoptoapk.
REGARDER (se), v.
mut . . . . . . . takuna-oyoapk (duel); -oyoat (plur.)
RÈGLE de bois.. . . titépapk.
RÉGLER, v. tr. . . . titœpapktoapk, tnña ; toami (réfl.).
REGRETTER, v. tr. . kpiggluktoapk. = ne pas — : kpiggluñi-
toapk.
REINS (bas du dos), n.
c . . . . . . . . . nadjiak-kédiepk. = tunug.
REINS (rognons), n.
rac. . . . . . . . taptuk. = taptunapk ; plur., taptunéït.
REJETER, v. tr. . . . igitoapk. = — plusieurs choses ou per-

sonnes : igitupit. = — le mal : tchuïnaoyoat igitupit.

REJETON, n. c. . . . kpaplik-tchéa.
REJOINDRE, v. tr.. añuya (par terre ou par eau).
RELACHER, v. tr. . . kaymayuapk.
RELEVÉ, ÉE, v. intr. makitané.
RELEVER, v. tr. . . . makita (quelqu'un ou quelque chose). = — sa robe, sa couverture : iképayoapk. = iképaptoapk. = — son pantalon : mayoptepkpéyoapk.
RELEVER la tête, v. agalaktapktoapk.
RELEVER (se), v. int. nalalaktaptoapk.
RELIGION, n. dér. . . naktçaapk.
REMÉDE, n. c. . . . anatçioptè. = nanulùn (condiment). = kimnapktoapk (potion).
REMERCIER, v. tr. . illépatçatoapk.
REMERCIMENT, n. c. illépatçapnepk.
REMETTRE, v. pl. . en place : illiya. = — entre les mains : tuniya.
REMONTER.. . . . . le courant : adjigopaoyuapk. = — sur l'eau : puïyoapk.
REMOU, n. rac. . . . itia. = — causé par la marche d'un bateau : tchupktchoapk.
REMPARTS naturels de rochers. . . . . kpeypotchuk.
REMPLACER, v. tr.. kipucheptoapk.
REMPLACER (se), v. mut.. . . . . . . kipuktoyoapk.
REMPLI, IE, adj. v. . tchitkpayo-apktopk; plur., apktut. = — à verse : utchapaleptoapk.
REMPLIR, v. tr.. . . tchitkpayoapktoapk.
REMPLIR de sa présence, v. intr. . . . tánepktoyuapk. = agliyoapk.
REMUE-MÉNAGE, n. c.. . . . . . . . tchepkpob-tçidjoapk.
REMUER, v. tr. . . . aulak-kpiluktuapk. = — l'eau : kautop-topk.
REMUER, v. intr. (i. e. s'agiter).. . . . inépaptoapk. = (feuilles) ; añayaluktoapk. = ne pas —: nutchiyoapk.
REMUER (se), v. intr. (i. e. se donner du mouvement).. . . . kaybiaoyat.
REÑAITRE, v. intr. . añupepklapeytuapk.
RENARD, n. c.. . . . kpayoptopk. = pichukté ; plur., pitchuktit. = — blanc : tépienniak. = tapéyanéak (C.). = — jaune : aupilaptapk. = — bleu (isatis) : ippalepk. = — ar enté : kéatçapotilik. = — noir : kpèneptopk.
RENCONTRER, v. tr.. paptoapk. = padjœpéaptoapk. = pagpiaptoapk. = — un objet : padjœpèya, yaïtka, yaktin.
RENCONTRER (se), v. intr.. . . . . . . padjœpoyoak.
RENDEZ-VOUS, n. dér. illuya, (de illua, intérieur).
RENDORMIR (se). v. intr. . . . . . . . tchinaptçitkpeytoapk.
RENDRE, v. tr. . . . otepktitoapk ; passé : otepktinéapiga.
RENDRE (i. e. donner) la vue : tapik-tçaga.. = — l'ouïe : tchiutik-tçag'a. = — la liberté : ipiyag'a (à un animal). = kaymag'a (à quelqu'un). = kaymayuapk (id.).
RENDRE (le). . . . . malheureux : tchuvaluïtuléoptoapk. = — mauvais : kuyuliyoapk.
RENDRE (se) misérable.. . . . . . . tchuvaluïtuyoapk.
RENDU, UE, adj. v.. otepktita.

RÈNES, n. rac.. . . . ippik.
RENFERMER, v. tr.. nuatiga, gapa. = —plusieurs : nuatigaït.
RENFLEMENT, n. c.. piñiñgtik.
RENIFLER, v. intr. . néopmi-papk, gapa. impératif : néopmi-pàwn !
RENNE. . . . . . . . des déserts : tuktu ; duel : tuktuk ; plur., tuktut. = — bes bois (caribou) : tuktu-vak. (vak est mis ici pour pak, grand). = — mâle : pañgnepk. = — femelle : kulavak. = femelle pleine : iblawlik. = faon de —: nоñpapk ; plur., noñpéït. = faon dont la ramure commence à pousser : nuïdjidjuapk. = — tué par les loups : amapkpènœpoyapk.
RENOUÉE (plante).. . nepla-nepkpa (viande d'oie).
RENTRER, v. intr.. . uteptatoapk (se dit des animaux comme de l'homme).
RENVERSÉ, ÉE, v. intr.. . . . . . . . (animé) : palektita. = (inan.) : puchituapk.
RENVERSER, v. tr. . puchikaptoapk· = palepktoapk. = iyañayoapk. = (i. e. retourner un vase) : puchiktaptoapk.
RENVERSER (se), v. intr. . . . . . . . (anim.) : niveptoapk. = (inan.) : tutkpep tçépéaptoapk.
RENVOI, n. rac. . . nitçapk.
RENVOYER, v. tr.. . aulakpotçidjoapk.
RÉPANDRE, v. tr.. . de l'eau : kpiptçaligéaptoapk. = — du sable, de la terre : naluktçidjoapk.
REPARTIR, v. intr.. otepkpapklunè otèïtuapk.
RÉPARTIR, v. intr. . okpaodjanè.
REPAS, n. c. . . . . néppèmappkut.
RÉPÉTER, v. tr.. . . le même mot : takuvimni unepklunè opaktoapk. = — mot à mot idjuapodjuapk.
REPENTIR (se), v. int. kpiggluktoapk. = ne pas — : kpigglluñitoapk.
REPLET, TE, v. intr. illoptodjapéytoapk.
REPLI, n. rac. . . . ipak.
RÉPONDRE, v. tr.. . kañepktçidja.
RÉPONSE, n. dér.. . kañep{çiopòn.
REPOSER sa tête. . . akitilik ; 1e pers., akitiktçin.
REPOUSSANT, TE, adj. v.. . . . . . . . kpéniñ-ayoapk.
REPRENDRE, v. tr... tçapum-ayoapk, aya. = i. e. corriger : illiñpnaptçapnitoapk.
RÉPRIMANDE, n. dér. illiñgnaptçapnepk.
RÉPRIMANDER, v. tr. illiñgnaptçapnitoapk.
REPROCHER, v. tr.. kpénpoyoak.
RÉPROUVER, v. tr.. illiñgnaptçapnitoapk.
REPTILE, n. c.. . . . makittaptoapk.
REPU, UE, v. intr. . akpéapktoptoapk.
REQUIN, n. c.. . . . kaluap-pak.
RÉSERVER, v. tr. . . illaïg'a. = —plusieurs choses : illaïg'aït tçakpaluk.
RÉSIDU, n. c.. . . . tcakpaluk.
RÉSINE, n. c.. . . . koptchopk, (de kpéyuk, arbre, et optchopk, graisse).
RÉSISTABLE, adj. v. naviktçépè-itopk.
RÉSONNANT, TE, adj v.. . . . . . . . tchivanappaluktoapk.
RÉSONNER, v. intr. . (écho) : takotçapéniktoapk. = (objet creux) : tchivanap-paluk-toapk. = (instrument) : akpokpopmi-yaptoapk. = avivopvopmi-yaptoapk. = tchivanauñmi-yaptoapk.

RESPECTER, v. tr.. . illuaρtoaρk, tuña. = *ne pas —:* pinepluk-tchimayoaρk.
RESPECTER (se), v. réfl. . . . . . . . . illuaρtoaρk. toami.
RESPIRATION . . . . aneρneρk (*i. e. souffle, esprit*).
RESPIRER, v. intr.. . aneρnaoρk, naρa. = *— doucement :* aneρnéρé-aρtoaρk. = *— à la surface de l'eau :* puĭρoaρk (*se dit des phoques et de l'homme après qu'il a plongé*).
RESPLENDIR, RES-PLENDISSANT, v. intr.. . . . . . . . taρalia añeρktçidjoaρk.
RESSAC, n. dér. . . . takoaρk.
RESSAUTER, v. intr.. kρuglutoaρk.
RESSEMBLANCE, n. rac.. . . . . . . . taρaρk.
RESSEMBLANT, TE, adj. v. . . . . . . illiyoρk ; *plur.*, illiyotᵘ.
RESSEMBLER (se), v. intr.. . . . . . . adjitudjuaρk.
RESSENTIR, v. tr.. . nioρmiyun-miyaρtoaρk.
RESSERCIR, v. tr.. . . alléyaρa.
RESSORT, n. dér. . . kρaρktçutâwn. = *— de fusil :* itsiblio-aρiyak.
RESSUSCITÉ, ÉE, v. intr.. . . . . . . . añéyoaρk (*de lui-même*). = añipkagané (*par quelqu'un*).
RESSUSCITER, v. tr.. añiyoaρk. = añenniaρ-toaρk *et* -toané.
RESSUSCITER v. tr.. . añipkρag'a.
RESTE. . . . . . . *de viande dans les dents :* kupké. = *i. e. coupon, retaille :* tchika.
RESTER, v. intr.. . . iktchivayoaρk. = *— tranquille :* noka-ρiktoaρk ; (*impératif*) : nokaρit !
RESTITUER, v. tr.. . oteρktitoaρk.
RETAILLE. . . . . . tchika.
RETENIR, v. tr. . . . noρkρéita.
RETENIR (se), v. réfl. *de parler :* tçañeρtchoρtoaρk. = *— de frapper :* oloρéatçaρnitoaρk. = *— pour ne pas tomber :* tigutçidjoaρk.
RETENTIR, RETEN-TISSANT, v. intr. . *voir* résonner.
RETIRÉ, ÉE, adj. v.. kρakita.
RETIRER, v. tr.. . . kρakitoaρk.
RETIRER (se), v. g. du bourbier. . . . . . maoyéoρtoaρk.
RETOUR des glaces (causé par le vent). kρunama.
RETOUR (en), prép. . tutçæρòn. = tutçeρktoρ. = tutchaρtoρ. =tutçaρtaρktoat: (*de plusieurs choses*).
RETOURNER (s'en), v. intr. . . . . . . . oteρktoaρk. = péρeytoaρk. = *— en canot :* umiak-mik oteρktoaρk. = (*animaux*) ; aulaρtoaρk ; *plur.*, auleρ-toat.
RETOURNER (se) vers v. intr. . . . . . tçatkρaléuya.
RETRANCHER, v. tr.. uléρodjineρtoaρk.
RETROUSSÉ, adj. v.. nakeρktçimayoρk.
RETROUVER, v. tr.. naniyoρk. = *— sa route :* pakρitoρk.
RETROUVER (se), v. intr.. . . . . . . . pakρittaga.
RETS, n. c. . . . . . kρubiaρk.
RÉUNIR, v. tr.. . . . nuatitaït ; nuatitaĭné (*1ᵉ pers.*)
RÉUNIR (se), v. intr. nuatoρut, nuatutçé, nuatut.
RÉUNIS, v. intr.. . . attunimituk.
RÊVE, n. c.. . . . . . tchinaktoρk.
RÊVÉ, ÉE, adj. v.. . . tchinaktoρéa.
RÉVEILLÉ, ÉE, v. int. tupaρa.

RÉVEILLER, v. tr.. . tupaktçomiyoaρk, -yoami.
RÉVEILLER (se), v. intr. . . . . . . . tupaρtoaρk. = tupaρnitoaρk,
RÉVÉLER, v. tr. . . . illitçaodja, -djaρa.
REVENANT, n. c.. . . innulik.
REVENIR, v. intr.. . tikitoaρk.=kaypiuktok (C.). =(*barque*): tikitρata (*de loin*). = tikitρan (*de près*).
RÊVER, v. intr. . . . tchinaktoρtuaρk. = *— par la vertu de la jonglerie :* pilitçidjoaρk.
REVERS, n. rac.. . . *de peau :* illua. = *— de manche :* tapiñganeρk.
REVÊTIR, v. tr.. . . atigiyaρma.
REVÊTIR (se), v. réfl. atigiyoaρk. = ativaρaoρk, ρaρa.
REVÊTU, UE, v. intr. atigiya.
RÊVEUR, EUSE, v. intr.. . . . . . . . tchinaktoρtuaρk. = *ne pas être —* : tchinaktuñayoĭktuaρk.
REVOIR, v. tr.. . . . takutkρéya.
RÉVOLTER (se), v. piteylinitoaρk.
RÉVOLVER, n. c.. . . pititçi-aρaρk.
REZ DE, prép.. . . . kρaρkloρiga.
RHUBARBE sauvage (Poligonum ellipti-ca). . . . . . . . . kutçimak ; *plur.*, kutçimaït.
RIANT, TE, v. intr. . (*animé*) : kρuñoyuguoyuaρk. = pinneρ-toaρk. = (*inan.*) : alèaneytoaρk.
RICANER, v. tr . . . tçeρkρaniluktuaρk.
RICHE, v. intr.. . . . tçoρaleρktoyoaρk. = tchualuktoaρk (*enrichi*).
RICHESSE, n. pl. . . tchualuït.
RIDE. . . . . . . . *du front :* tapiñ-anaρk ; *plur.*, -anæρèt. = *— des joues :* atkρatchuk ; *plur.*, atkρatchuït. = *— de la neige, de l'eau :* ipak ; ipaït.
RIDEAU, n. rac.. . . tâlon.
RIDELLE, n. pl. . . . naρut. = tçanneρtatⁱ.
RIDER (se), v. intr. . kρatçodjuaρk.
RIEN, pron. indéf.. . nuρuñtoρ. = nauk (C.). = tçuatça-illuaρtoρ. = *— que cela :* piktualu. = *— qu'une chose :* illak-itçiat.
RIEUR, RIEUSE, v. intr. . . . . . . . iglaoyaρtoaρk.
RIGOLE, n. c.. . . . pigivik.
RIGOUREUX, EUSE, adj. v. . . . . . . idjileρtoaρk.
RINCÉ, ÉE, adj. v.. . oaρtigaρk.
RINCER, v. tr.. . . . oaρtiga.
RIRE, RIS, n. dér.. . iglaoyâwn.
RIRE, v. intr. . . . . iglaρktoaρk. = kρayuñaρktoaρk. = *— de quelqu'un :* idjioniktoaρk.=*— à quel-qu'un (lui sourire) :* kρuñuyuk-toaρk. = *—aux éclats :* iglatçaoρk-kρiyoaρk. = *— de soi-même :* inminik-kρitotçu-ρiyoaρk. = *— en dessous, de quel-qu'un :* tâloρktoaρk.
RISÉE, n. dér. . . . . iglaoyâwn.
RISIBLE, adj. v. . . . iglaotiρkaρtoaρk.
RIVAGE, n. c.. . . . tçigdjaρk.
RIVAL, RIVALISER, v. intr. . . . . . . aképaρtooyoaρk.
RIVE OPPOSÉE (sur la), loc. adv.. . . akkia. = *de la —* : akkiañgmin.
RIVER, v. tr.. . . . . aképoρtoopk.
RIVERAIN, AINE, adj. v. . . . . . . . . . tçikdjaρ-méoρk ; *plur.*, -méut.
RIVET, n. c.. . . . . kikéaρk.
RIVIÈRE, n. rac. . . kûρk. = kuuk (C.). *petite —* : kuρaρk.

|  |  |
|---|---|
|  | = — *qui traverse un lac :* kuɒktchaɒk. |
|  | = — *très-petite :* kuɒåɒ-aluk. |
| RIVIÈRE PEEL. . . . | aɒvéɒòn (*lieu des baleines*). |
| RIZ, n. c. . . . . . . | kɒitœɒoléyoaɒk. = natotkɒòn-ayoaɒk. |
| ROBE, n. c. . . . . . | atayliktalik. = — *de fourrures servant de couverture :* ulik. = olik (C.). = *id., servant de lit :* kɒaaɒk. |
| ROBUSTE, v. intr. . | aɒktoɒa. = aɒtoɒklo. |
| ROCAILLEUX, EUSE, adj. v . . . . . . . | tçioɒaléaɒk. |
| ROCHE, ROCHER, n. c. . . . . . . . . . | uyaɒak. = — *à fleur d'eau :* ikaɒok. = — *à pic :* kɒiñaoɒk. = — *plat :* tçatuñayoɒk. = — *isolé dans l'eau :* nuïtayaɒtoaɒk. |
| ROCHE-A-RETS (mot canadien). . . . . . | kubiam-uyaɒa. = avatit. |
| ROCHE-A-LIGNE de pêche . . . . . . . | kɒoléɒotok. |
| ROCHE d'Assinabé. . | uyaɒkɒak ; *plur.,* uyaɒkɒat. |
| RODER, v. intr. . . | avatan-miyaɒtoaɒk. |
| ROGNER, v. tr. . . . | umigiaktoaɒk. |
| ROGNON, n. c. . . . | taɒtuk. = taɒtunak ; *plur.,* taɒtunéït. |
| ROITELET, n. c. . . | natça-ulik. |
| ROMPRE, v. tr. . . . | naviktoaɒk. |
| ROMPRE (se), v. intr. (inan). . . . . . . | nékɒeɒptçaɒa. |
| ROMPU, UE, adj. v. . | navikta. = naviktoaɒk. |
| ROND, DE, adj. v. . . | *et disculaire :* anmanaɒaktoaɒk. = — *et globuleux :* publaoyaɒk. = tçeɒkɒa‑loatçiaɒk : (— *et petit*). |
| RONDIN, n. c. . . . . | ayauɒéatoɒtoɒk. |
| RONFLEMENT, n. dér. | kɒamoɒòn. |
| RONFLER, v. intr. . . | kɒamoɒoyuaɒk. |
| RONGÉ, ÉE, adj. v. . | kiɒaɒtchalukta. |
| RONGER, v. tr. . . . | kigaɒtchaluktoaɒk. |
| ROSE, n. pl. . . . . . | kakillaɒnat. |
| ROSÉE, n. c . . . . . | kautçeɒneɒk. = — *blanche :* kɒékɒaɒoɒ‑toɒk. |
| ROSIER, n. c. . . . . | kakillañnaɒk. = *son fruit :* atçiaɒluk. = kakilañnam atçiyaña. |
| ROT, n. rac. . . . . . | nitçaɒk. = nitçaulaɒòn, *n. dér.* |

|  |  |
|---|---|
| ROT, ROTI, n. c. . . . | adjikeɒk. = utpåwn (C.). |
| ROTER, v. intr. . . . | nitçaɒktçoaɒk. = nitçaulaɒktoaɒk. |
| ROTIR, v. intr. . . . | iɒayuk. |
| ROTULE, n. c. . . . . | tchitkɒoɒk. |
| ROUE, n. c. pl. . . . | kiglavaɒktotit. = kiglavaɒitotit. |
| ROUGE, n. dér. . . . | ivitaɒk. |
| ROUGE, adj. v. . . | awɒaluktok (C.). = awk-palluktoɒk. |
| ROUGI, ROUGEUR. . | ibitaɒk (*se dit aussi de la — solaire*). = — *du visage (teint) :* amikitoa. |
| ROUGIR, v. intr. . . . | adjieɒtoɒtuaɒk. |
| ROUGIR, v. intr. . . . | *de colère :* kanòmiyaɒtoaɒk. = — *de honte :* awtçoaɒktoaɒk. = (*ciel*) : kanó-iyoaɒk. |
| ROUILLE, n. c. . . . | kɒayléneɒk. |
| ROUILLÉ, ÉE, adj. v. | kɒuaɒiuk. |
| ROUILLER (se), v. int. | kɒuaɒiuk. |
| ROULANT, TE, adj. v. | kɒémiléuyaɒtoaɒk. |
| ROULÉ, ÉE, adj. v. . | *en cylindre :* imuoɒtaɒk. = — *en boule :* anmalœɒotatçiaɒk. |
| ROULEAU, n. c. . . . | ulameɒtaɒk. = — *de tabac en corde :* inalòyaɒk. |
| ROULER, v. tr. . . . | kɒémilioyeɒktoaɒk. |
| ROULER, v. intr. . . | aɒtçayoaɒk. = (*navire*) : uvuɒatchiki‑taɒtoaɒk. |
| ROULER, (se), v. intr. | aɒktçéléɒékɒéyaɒktoaɒk; |
| ROULIS, n. dér. . . . | uvuɒatchikitåwn. |
| ROUSSEUR, n. c. . . | awɒayoɒaɒk. |
| ROUSSI, IE, adj. v. . | aumaɒtçidjoaɒk. |
| ROUSSIR, v. intr. . . | aumaɒitçiga. |
| ROUTE, n. c. . . . . | aɒkɒutçineɒ-påk. |
| RUBAN, n. c. . . . . | añalataɒk. = niwinatawuyak. (C.). |
| RUDE, adj. v. . . . . | manitoaɒk. |
| RUER, v. intr . . . . | tukèɒaga. |
| RUER dessus (se), v. | uɒayaɒaît. |
| RUGUEUX, EUSE, adj. v. . . . . . . . . | nanîtoaɒk. |
| RUINE de village, de camp. . . . . . . . | tchénaɒiut. |
| RUISSEAU, n. c. . . | kuɒåɒ-aluk. |
| RUMINER, v. intr. . . | iɒkɒoéɒktatoaɒk. |
| RUSSE, n. c. . . . | natɒɒvaliné. |
| RUT, n. c. . . . . | uñavaiɒoaɒk. |

# S

|  |  |
|---|---|
| SABLE, n. c. . . . . . | tçivoɒak. |
| SABLIÈRE, n. rac. . . | kɒilak. *plur.,* kɒilaït. |
| SABOT. n. c. . . . . | kauɒkak-kɒéyuk. = — *des ruminants :* iɒukak. *plur.,* iɒukat. |
| SABRE, n. c. . . . . | tunòlik. = tiguñmiktalik. |
| SABRER, v. tr. . . | kiblayoaɒk. |
| SAC, n. c. . . . . . | poɒ-otçiɒk. = poɒk. (C.). = illéaɒpik. |
| SAC-A-COMMIS (arbutus uva-ursi). . . . | atçiavioyat- (kɒotik : *la plante.*) |
| SAC-A-FUMER (blague à tabac). . . | tilamåyok. = iknawihut. (C.). |
| SAC-A-PLOMB (fourniment). . . . . . . | kɒaɒiòn. = kutåwn. = kɒaɒéyut. (C.). |
| SAC-A-AMADOU. . . | ignim. = ignitiya. |
| SACREMENT, n. c. . . | anatçioɒté-otiktçiaɒk. = nanulu-oïiktci‑aɒk. |
| SACRUM, n. c. . . . . | pamiyoɒk. |
| SAGE, v. intr. . . . . | tutchaomayeɒput. |

|  |  |
|---|---|
| SAGE-FEMME, n. c. . . | eɒnéyoaɒk. |
| SAIGNER, v. tr . . . | kaɒitchaɒéaɒtoɒk. |
| SAIGNER, v. intr. . . | awlatçaɒtuaɒk. = — *du nez :* awktuaɒk. = — *de la poitrine :* adjiɒɒtuoɒ‑tuaɒk. |
| SAIN, NE, v. intr. . . . | kiláñitoaɒk. |
| SAIN ET SAUF . . . | tçuɒa-eyɒa-luk-toɒk. |
| SAINT, TE, v. intr. . . | nakòyoaɒk. |
| SAISIR, v. tr. . . . . | tigulaɒnitoaɒk. = tigulugo. = — *avec les dents :* akwaɒòn (*animal*). = — *à la volée :* akwaɒòn. |
| SALE, v. intr. . . . . | totóyot. = tçaɒvaɒluktoaɒk (*équivaut à notre mot populaire* saligaud). |
| SALÉ, ÉE, adj. v. . . | oaɒkɒotçiodjuɒk. |
| SALER, v. tr. . . . | oaɒkɒotçɒtoɒaɒa. |
| SALETÉ, n. rac. . . . | tutuɒk. = tchanik. = — *des ongles :* kukkit-tutuat. = — *des yeux (glame) :* nuvak. = iyim-nuva. |

SALINE naturelle, n.
c . . . . . . . . . natatkṕón añoyaṕ-vik.
SALIR, v. tr. . . . . tutuléoṕktoaṕk.
SALISSANT, TE, adj.
v . . . . . . . . . tchuïnaṕoptoṕtoaṕk.
SALIVE, n. rac. . . . nuvaṕk.
SALLE, n. c . . . . . néṕpévik (à manger).
SALUER, v. tr. . . . tchikiyoaṕk.
SANG, n. rac . . . . . awk. plur., agut.
SANGLANT, TE, adj. (linge) : kutulañéṕk. = (eau) : adȷima-
yoaṕk. = (mains, corps) : itchuïtuaṕk.
SANGLE, n. c . . . . . taṕtçia.
SANGLOTER, v. intr. . maniyumiyaṕtoaṕk.
SANGSUE, n. dér. . . millugiaṕk : (téteuse).
SANIE, n. dér. . . . . immaṕk-tchua (de ïmmaṕk, eau)
SANS, prép. . . . . . (finale) : itoṕoṕ. = en compos. · itoṕ.
= itoṕk (finale).
— ABRI, v. intr. . iglo-itoaṕk. = iglo-itoṕk.
— BUT, loc. adv. . ami-unin. = unin-nin. = unin.
— CESSE, loc. adv. tçokòn. = tçokṕo. = tçokut.
— DOUTE,loc. adv kaléummata.
— ENTRAVE, sans
gêne, loc. adv. . . itçañadȷa.
— FIN, loc. adv. . itçu-itu-limayoat.
— FORCES, v. int. aṕktuñ-itçidȷoaṕk.
— LE VOULOIR,
loc. adv . . . . . illitchimañ-uyaṕ-kluné.
— NŒUD (bois),
adj. v . . . . . . akéṕo-illuaṕtoṕk.
— PEINE, adj. v. . okitoṕ-kluné. = okitoṕ-mik.
— PITIÉ, v. intr. . pilitàtañita.
— QUE, QUOI, loc.
prép. . . . . . . itoṕoṕ.
— RÉFLEXION,
loc. adv . . . . nulugaṕptchaṕ-kluné.
— RETOUR, loc.
adv. . . . . . . tutcha-itoṕ.
— VOIX, v. intr. . nipikitwaṕ-aluk.
SANTÉ, n. dér. . . . atçuïligûn.
SANTÉ (être en),v. int. atçuïliyoṕk.
SAPER, v. tr. . . . . kigaṕa, kigagaṕa. (1e pers).
SAPIN, n. c . . . . . . naṕpaṕtoṕk. =ˋakṕuptunaṕk. = kaïyu
wiuwit (C.). = — frêle des steppes :
amitoṕkṕ. plur., amiktut.=—pourri :
auneṕk. = branches de — disposées
dans les tentes : alléyat.
SATISFAIRE, v. tr. . poṕeṕktuliyaṕa.
SATISFAIRE (se), v.
intr . . . . . . . . poṕeṕktuliyoaṕk.
SATISFAIT, TE, v. poṕeṕktoaṕk.
SAUCE, n. dér. . . . optcheṕtaṕk. (de optchoṕk, graisse).
SAUCER, v. tr. . . . . misuktaga.
SAUF, prép . . . . . . innu-viaktunik.
SAULE . . . . . . . . arctique(Salixarctica):kṕalæṕoṕéaṕneṕk.
= — à feuilles en faucille (S. longi-
folia) : toṕkṕolinneṕk. = — cotonneux
odorant (S. candida) : kṕaṕio-oyaṕk :
(bois de flèche). = — gris à feuilles
larges (S. reticulata?) oṕṕik. plur.,
oṕṕit. = — luisant (S. speciosa) :
oṕṕi-ayak. = — rouge à watap (S.
speciosa, var.) oṕṕik-gioaṕk. = — haché (que l'on mélange au tabac): avuk-
tçiaṕk. = — sec : iṕuktçioṕtaṕk.
SAUMON, n. c . . . . itkṕa-lukṕik.
SAUPOUDRER, v. tr. aoṕkṕéṕkaṕtiga.
SAUT, n. dér. . . . . minnèṕéaṕòn.
SAUTER, v. intr. . . proprement dit : kigeṕtaṕtoaṕk. = (i. e.

bondir) : miñṕéaṕtoaṕk. = (i. e. franchir) : tçivitoṕk. =idem à la perche :
ablupnâ. =—sur une jambe: nánataṕtoaṕk. = (animaux, reptiles) : miñṕé-
aṕtoaṕk. = (oiseaux) : aṕṕaléṕaṕtoaṕk.
= (poissons) : pikiyaṕtoaṕk.
SAUTERELLE, n. c . . pigœléṕéaṕk.
SAUTILLER, v. intr. . nánataṕtoaṕk.
SAUTOIR, n. c . . . . uvineṕkṕoṕ. = en — : uniotaṕk.
SAUVAGE, n. c . . . . itkṕéliṕk. plur., itkṕélit : (lentes de vermine). = taoṕdȷoït. = optçot-odȷo-
eytut.
SAUVAGE, adj. et v.
intr . . . . . . . . nuçuktoaṕk.
SAUVER (le), v. tr. . . kṕaṕtçiléaṕtoak.
SAUVER (se), v. intr. kṕimáyoaṕk.
SAUVEUR, n. c . . . . kṕaṕtçilœṕaṕtoaṕk.
SAVANE, n. c . . . . . ivig-inaṕk.
SAVANT, TE, v. intr. nalunœṕeṕtoaṕk.
SAVOIR, v. tr . . . . naluyoṕk. = illitchimayoaṕk, yaṕa. =
— faire : illitchimayané. = — tout :
tutchàomayeṕput. = ne — que faire :
naloyoaṕk. = ne — rien faire : illi-
tchoṕévaléáyoaṕk.
SAVON, n. c . . . . . nanûn. = iviktoaṕk. = eṕmiut. (C.).
SAVONNER, v. tr . . nanuṕa, nanugaṕa (1e pers.)
SAVOURER, v. tr . . . mamaṕkṕéaktoaṕk.
SAVOUREUX, EUSE,
adj. v . . . . . . . mamañaya.
SCANDALISER, v. tr kangutchaṕaṕk.
SCANDALISER (se), v.
intr . . . . . . . . kangutchaṕnitoaṕk.
SCAPULAIRE, n. c . . tunuṕ-kṕatigit.
SCEAU, n. dér. . . . nipidȷidȷaṕòn. = i. e. empreinte : ni-
pidȷïn.
SCÉLÉRAT, v. intr . . . kṕakṕa-itoaṕk.
SCELLER, v. tr . . . . nippititaṕk, -taṕa. =—ses pensées: niñ-
aṕto.
SCIE, n. c . . . . . . oluaṕtòn. = uluut. (C.). = — de long :
oluaṕtovaṕ-pak.
SCIÉ, ÉE, adj. v . . en large : naṕbluaṕk. = en long : kṕu-
bluaṕk.
SCIER, v. tr . . . . oluaṕtoṕtuaṕk.
SCIERIE, n. c . . . . napañan oluaṕtoat.
SCINDER, v. tr . . . . napiyork.
SCINTILLANT, SCIN-
TILLER, v. intr. . . akuyaluktoaṕk.
SCINTILLEMENT, n.
v . . . . . . . . . akuyaluñneṕk.
SCIURE, n. rac. . . . tçiamoṕk.
SCROFULES, n. c . . . kṕineṕktçinaṕk.
SCROFULEUX , v.
intr . . . . . . . . kṕineṕktçinaṕluktoaṕk.
SÉBILE, n. c . . . . . illévéaṕk.
SEC, adj. et v. intr . paneṕtoṕk. = auneṕkṕo végétal).
SÉCHÉ, ÉE, adj. v . . paneṕtoṕk. = (poisson) : niméṕéaṕk.
SÉCHER, v. tr . . . . paneṕtoṕtoaṕk.
SECOND, adj. num. or. tchivuluotuglia.
SECOUER, v. tr . . . un vêtement : iṕtçuktoṕtuaṕk. =—quel-
qu'un : añalaṕtïtçidȷoaṕk. = — un
arbre : aulayeṕktçidȷoaṕk. = — la
poussière : iṕtchutoaṕk. = lui — la
main : nuchuktuiyoaṕk. =—la tête :
ilékṕétamaṕtoaṕk. = — les mains :
iṕtçuïkaniaṕtoaṕk. = — les pieds :
tukéṕaluktoaṕk.
SECOURIR, v. tr . . pilitéṕéyoaṕk.
SECOURIR (se),v. mut. kiṕutchimayoat.

SECRET, TE, adj. v.. tçakian-itomik.
SÉDENTAIRE, v. intr. itchivavaɒk.
SÉDIMENT, n. rac.. . itchokɒ. = itchoɒoɒkɒ.
SEIN, n. rac. . . . . millokᵘ. = — de femme : milluk. = mon = : millukɒa.
SEIN, n. c. . . . . . . i. e, l'intérieur du vêtement qui couvre la poitrine) : kautoɒvik.
SEIN (dans le), loc. adv. kautoɒtoɒk.
SEIZE, adj. num.. . . igluïn itiañgnèlœɒit.
SÉJOUR, n. c. . . . . illua-mi-oɒvik.
SÉJOURNER, v. intr.. illuamioyoaɒk.
SEL, n. c. . . . . . . natatkɒòn-añoyaɒk. =taɒayok-illéɒautit. (C.).
SELON, prép. . . . . tayma-illiblup. = titœɒaɒklunè.
SEMAINE, n. c. . . . akɒonœɒé tchanavaɒéït.
SEMBLABLE A, conj. taymatçi. = kɒawna (signif. comme).
SEMBLABLE A, v. int. illuliyaɒk. = plur., illuliyat.
SEMBLABLEMENT ad. imanɒa.
SEMELLE, n. c. . . . kimik.
SEMENCE, n. c. . . . illɒléaɒotçi.
SEMER, v. tr. . . tchémaɒtoyuaɒk.
SENS DESSUS DES-
SOUS, adj. ·. . . . . atân-llo. = putçitoɒ.
SENSÉ, ÉE, v. intr. . tutchaómayeɒput.
SENTIER, n. c.. . . . apkɒutcineɒk. = tchéko-maɒtaɒk. = — trace par les rennes : kɒotèɒoɒktoaɒk. C'est le nom des monts Cariboux à l'embouchure du Mackenzie). — qui gravit une colline : kɒon-mɒn apɒ kɒutçineɒk. = = qui descend une colline ; an-mɒn apkɒutçineɒk.
SENTINELLE, n. c.. . païdjé. = plur., païyït. = païyoat.
SENTIR, v. tr. . . . . kunioɒktoaɒk, kunika (1ᵉ pers). = nay· woɒk. = naïyoɒk.
SENTIR (i. e. éprou-
ver). . . . . . . . nioɒmiyuñ-miyaɒtoaɒk.
SÉPARÉMENT, adv.. tçiaklutik.
SÉPARER, v. tr.. . . aviktoɒk. = aviktçïdjoaɒk. = — i. e. trier : kɒémilæɒéaɒtoaɒk.
SÉPARER (se), v. mut. avitok. = avituk (duel). = aɒviklaɒtok.
SEPT, adj. num. . . . mallœɒonik aɒvénèlœɒit. = aɒvénèlœɒit aypak.
SEPTANTE, adj. num. innuñ mallœɒonik aɒvénèlœɒit.
SEPTENTRION, n. c.. kanuñaɒgneɒk. ·
SÉPULCRE, n. c. . . illuveɒ-vik. (lieu du cɒdavre).
SÉRIEUX, EUSE, v.
intr.. . . . . . . . ánutuaɒk.
SERINGUE, n. dér.. . tchinaɒtâwn.
SERINGUER, v. tr.. . tchinaɒtatoaɒk.
SERMON, n. dér.. . . naktçaɒòn.
SERMONNER, v. intr. naktçaɒtoaɒk.
SÉROSITÉ, n. rac. . . tçïɒtçik.
SERPENT, n. rac. . . kɒiɒân : (celui qui ferme, qui serre). = kɒiɒoaɒ. = — de mer : tiktáleɒk.
SERPENTER, v. intr. (inan) kɒiɒávoaɒk. = (anim) tçakɒéoɒ· kɒilaɒtoat (bande en marche).
SERPENTINE, n. c. . oluktçaɒk.
SERPETTE n. c.. . . . ɒéɒiñaɒtoaɒk. = puñaɒtoaɒk.
SERRE D'AIGLE, n.
dér.. . . . . . . . tiguɒa, (de tigok, saisir, prendre). = kukkit (ongles).
SERRER. . . . . dans la main : tigulaɒnitoaɒk. = — en acculant : tinoɒaɒnitoɒɒk. = — à l'aide d'un lien : tatçidjuñmiya. = — en pressant les deux bouts d'un objet : tigulaukak. = — en compri- mant entre deux : patiññitoaɒk. = tçiniktoaɒk.

SERRER (se), v. intr. tçaniktig'a.
SERRURE, n. c. . . . kɒiputit-numulaɒéït. = kɒiputit-numu· kutat.
SERVANT, TE, v. intr. kivgaɒk, kivgaɒa (1ᵉ pers.). = — du démon par la jonglerie : iyéɒok.
SERVIETTE, n. dér.. ibuɒùn. = iɒmiɒtok. (C.).
SERVIR, v. tr.. . . kɒatétçcy oɒklogo tchénéyoaɒk.
SEUIL, n. rac . . . . pâli.
SEUL, LE, v. intr. . . kitçimi-aoɒtoaɒk. = être seul à seul : mallœɒo-uyuaɒk.
SEUL, LE, adj. et adv. kitçimi. = kétçimi. (C.). = aɒvayaïlu· aɒklun. = kitçiàn.
SEULEMENT, adv. . . kitçivit. = aɒvayaïluaɒtoɒ.
SÈVE, n. dér. . . . . kinni-neɒk.
SEVRÉ, ÉE, v. intr. . milueɒtuaɒk
SEVRER, v. tr.. . . miluyig'a.
SI, conj. (finale) . . . allugo. = umik. = en compos. : ɒàn. = pata. = nikɒàn. = v. g. si c'est ainsi : taymân-itoɒ-pata. = tay· man-itoaɒ-umik.
SIÉGE, n. c. . . . . iktçimaoteɒk. = nutçaɒéaɒ-vik.
SIEN, SIENNE (le, la),
pron. pers. . . . . omoa. = umnua. = tapsomnua.
SIFFLEMENT, n. dér. ivinèaɒtchòn. = — du vent : tchuiɒiuɒ- miyaɒtoaɒk.
SIFFLER, v. intr. . . uvinéaɒktoaɒk. = avec un flageolet : toɒtuaɒktoaɒk. = — pour appeler les rats musqués : kɒalɒoɒtaoktoaɒk.
SIFFLET, n. dér.. . . toɒtuaɒk, (de toɒklo, gosier). = — pour appeler les rats musqués : kɒalɒoɒ taodik.
SIFFLEUR ou Arcto-
myx. . . . . . . . tçik-tçik.
SIGNAL, n. c. . . . . néluna̹kutaɒk.
SIGNE DE LA CROIX
(faire le). . . . . . tikɒatoɒtuaɒk.
SILENCE, v. intr. . . nuyu-ituaɒk.
SILENCE! interj . . . tayma! tayma! niɒaɒnak!
SILENCIEUX, EUSE,
v. intr. . . . . . . nipa-ituaɒk. = pays ou terre — : innu- ituaɒk.
SILEX, n. rac. . . . anmaɒk. = iknek. (C.).
SILHOUETTE, n. rac. taɒaɒk.
SILLAGE, n. dér. . . kɒalân-neɒk.
SILLON, n. c.. . . . kiviktitchimayoaɒk.
SILLONNER (navire),
v. intr. . . . . . . kɒalánnioɒtoaɒk.
SIMPLE, v. intr . . . ataotçitçaɒk (i. e. pas double). = oïyi· niyuïtuaɒk (i. e. sans déguisement).
SIMULER.. . . . . . en actes : tchéno-to-yaɒtuaɒk. = — en paroles : oɒak-to-yaɒtuaɒk. et ainsi de tous les actes que l'on dit simuler, v. g. — de manger : néɒɒé-to-yaɒtu· aɒk. = — de dormir : tchinik-to- yaɒtuaɒk. etc., etc.
SIMULTANÉMENT,
adv.. . . . . . . malliklopo. = iglupilutit. = Cet adverbe se conjugue comme tous les autres, nous deux simultanément:iglupiklutik. = vous deux — : iglupiklutçi. = nous tous — : iglupilutik. = vous tous — : iglupilutçi.
SINCÈRE, v. intr. . . iɒkɒctoyuïktuaɒk (en paroles). = oïyi· niyuïtuaɒk (en actes).
SINGE. . . . . . . . (tel que connu des Esquimaux par leurs traditions), okɒayéuktuaɒk. = okɒa· yéuyuaɒk : (celui (l'homme) qui ne parle pas).

17

SINON, conj. . . . . taymân-pikumik.
SINUEUX, EUSE, adj.
v. . . . . . . . . . . kpipioyoapk. = chitkîtoapk.
SINUOSITÉ, n. rac. . kañepk. = ateñopk. = *du rivage :*
nakitòn.
SIPHON naturel. . . . *descendant :* kpanaovapk. = — *ascendant :* killigvañnepk.
SIROP de bouleau, n.
dér. . . . . . . . . kinninepk (*i. e. séve*).
SITUÉ, ÉE, adj. v. . . uvaniu.
SIX, adj. num . . . apvénèlœpit = apwilliyit. (C.).
SOBRE, v. intr. . . kpañanépé-tchuïpa. = kpañanépé-tchuï·
tapktçiva.
SŒUR, n. rac. . . . . *ainée :* naya. = nayâ-luk. = añoyuma.
= *ma* — : naïya. = naẏapa. = *sa*
— : nayañpa. = — *cadette :* aka.
SOI, pron. pers. réfl. . umiña. = *à* — : inmi. = inmi-nun. =
*de* ou *par* — : inminik. = umiña-
minik. = inmiña. = *en* — : inminigop.
= *ablat. :* inminin. = *causat.:* inmi-
nik.
SOI-MÊME. . . . . inmini. = inminina. = *accus. :* inmi·
nik.
SOIF, n. c. . . . . . patitcâuhùn.
SOIGNER, v. tr. . . . iklipané, ikligapa (*1ᵉ pers.;*.
SOIGNER (se), v. réfl. iklipané, ikligapma (*1ᵉ pers.*).
SOIGNER (se), v. mut. iklitapoyuat.
SOIGNEUSEMENT,
adv. . . . . . . . tutkpey-tchapklunè.
SOIGNEUX, EUSE, v.
intr . . . . . . . tutkpeytuapk.
SOIR, n. rac. . . . . unnuk. = unnupa. = uavapa. = *ce* — :
unup-pàn.
SOIRÉE, n. rac. . . . uata (*i. e. toute la seconde partie de la
journée*).
SOIT QUE, loc. conj. . mañgat.
SOIXANTE, adj num. innum-ipit.
SOIXANTE-DIX, adj.
num . . . . . . . innun mallœponik apvénèlœpit.
SOL, n. c. . . . . . . tun-mapapk.
SOLE, n. dér. . . . . tùnnak.
SOLEIL, n. c. . . . . tchikpeynepk, *plur.* tchikpeyngit. =
sakkaïnek. (C.). = illa-uyak (C.).
SOLEIL (au), loc. adv. tçetkpéapknepk.
SOLIDE, adj. v. . . . aulayaïtuapk. = nayumañayoapk.
SOLIDE sur ses jam-
bes, v. intr. . . . . iñuktchépéïtuapk.
SOLITAIRE, v. intr. . amoyapk. = apvayaïtoapk.
SOLITUDE, n. c. . . . inno-illoaptoapk.
SOLIVEAU, n. dér. . . todjiapk.
SOLUBLE, adj. v. . . tchéaktoapk.
SOMBRE, adj. v. . . . taaptopk. = alayaleptoapk.
SOMBRER, v. intr. . . auloyoapk.
SOMMEIL, n. c. . . . winœpapk.
SOMMEILLER, v. int. winœpapktoapk.
SOMMET, n. rac. . . . kappa. = *au* — : kappa-nè. = — *de la
tête :* inminikpilik.
SOMMIER de trappe . . nannepéapk kpéyuk.
SOMNAMBULE, v. int. itibliyoapk.
SON, SA. pron. poss. . *s'exprime par la finale* na. = ñpa.
*v. g.* naya *sœur,* nayañpa *sa sœur.*
SES, pron. pos . . . *s'exprime par la finale :* pàït, pèït. na·
yañpaït *ses sœurs.*
SON, n. c. . . . . . . tchiviopktchiùn. = — *métallique :*
tçavitkpaumiyapk.
SONDE, n. c. . . . . kpopvilep-kpòn. = kpopvilep-kpotik.
SONDER, v. tr. . . . kpopvilepkpotiktçiapk. = — *le fond de
l'eau :* kivitapk. = *idem, au moyen*

*d'une corde :* aulaktçidjoapk. = — *la
glace :* pulamiátapa. = — *le terrain,
la neige :* kapopaptoapk.
SONGE, n. dér. . . . tchinaktopk. = tchinaktopéa.
SONGER, v. intr. . . tchinaktoptoapk. = pilitçidjoapk : *par
la vertu de la jonglerie.*
SONNER, v. tr. . . . moppapktoapk. = — *de la trompette :*
topklu-paluktoapk.
SONNER v. intr. . . (*cloche*) katchalaaptoapk.
SONNETTE, n. dér. . avilœpòn. = awihakpaluk. (C.).
SONORE, adj. v. . . tchivanappaluktoapk. = *n'être pas* — :
tchivanappalu-ituapk.
SOPORIFIQUE, adj. v. tchiniktoapk.
SORCIER, n. c. . . . añpékok. = iyépok : (*vendu au diable*).
= tivœpétçimayoapk.
SORS! interj. . . . . anîn !
SORT, SORTILÉGE,
n. c. . . . . . . kpeptçidjoapk.
SORTIR, v. intr. . . . iktépéoapktoapk. = atçinepktoapk. =
— *d'un trou :* aniyopk. = (*objet qui
— à travers*): kipkatitçiñmayopk. =
(*esprit*) : amuya. — (*fumée*) : tiñuñ·
miyoapk. = (*oiseaux*) : tiñiyoapk.
SOT, SOTTE, v. intr. . tutchaomañitapkut.
SOTTEMENT, adv. . . tùtchaomañitapklunè.
SOUBRESAUT, n. dér. kpugluk.
SOUCHE, n. dér. . . . nappapto-papk, (*de* nappartuk, *arbre*).
= — *arrachée :* néapkpo-napk, (*de*
néapkpo, *tête*).
SOUCHET ou MAS-
SETTE, n. c . . . . ivik-djioapk.
SOUCOUPE, n. c. . . illivédjit-kpalèuyat.
SOUDAIN, adv. . . . upaloptop. = upinœgapklupu.
SOUFFLE, n. c. . . . tchubloapa. = — *i. e. inspiration :*
anepnepk.
SOUFFLER, v. tr. . . tchubluapktoapk, -topa. = — *pour
éteindre :* tchubloapa.
SOUFFLER, v. intr. . *i. e. respirer :* anepktçaptoapk. = —
*doucement :* anepnépéaptoapk. = —
*bruyamment :* anepktçaumiyoapk. =
(*cétacés*) : kpilaluvapk. = *i. e. re-
prendre haleine :* tchivanauñmiyoapk.
SOUFFLET, n. rac. . . pátipa.
SOUFFLETER, v. tr. . ollopéatçapktoapk. = tikuluktok. (C.).
SOUFFRANT, SOUF-
FRIR, v. intr. . . . tchupepktoapk.
SOUFFRIR quelqu'un
(*i. e. le supporter*) . nipaytuapk.
SOUFRE, n. c. . . . . ikipkaptapapk.
SOUILLÉ, ÉE, adj. v. tutóyot.
SOUILLER, v. tr. . . tutuléopktoapk.
SOUILLER (se), v. réfl. kpatchomiyapktoapk. = *ne pas se* — .
kpatchomiyañniktoapk.
SOULEVÉ, ÉE, adj. v. kiviyapk.
SOULEVER, v. tr. . . kiviktoapk. = kibupumiya. = — *à
l'aide d'un levier :* kpepyuapktoapk.
SOULEVER (se), v. int. *sur le coude :* agaptoapk. = — (*glace*) :
makinéaptoapk. = — (*couvercle*) :
kpagvanéapodja.
SOULIER. . . . . . *esquimau :* atauñak. = kammek (C.).
= — *européen :* itikpat. = — *indien :*
kawpkak. *plur.,* kawpkat. *tes* — :
kawpkakin = iklapklepk.
SOUMIS, MISE, v. int. piyapktçidjoapk.
SOUPÇONNER, v. tr. . ipkpopoyepkpiyoapk.
SOUPIR, n. dér. . . . aneptçaumin.
SOUPIRER, v. intr. . . aneptçaumiyoapk.
SOUPLE, adj. v. . . . kpitutuapk (*inan*).

SOURCE, n. c.. . . . immak-tineɛk. = — *bitumineuse* : kɛoɛtchoɛtoaɛk. = — *sulfureuse* : ignañniktoaɛk.

SOURCIL, n. rac. . . kɛabluɛ°. = *mes* — : kɛabluɛka. = kap- pélut. (C.). = kimépéak. (C.).

SOURCILLER, v. intr. kɛabluna atçiktçidɟaït.

SOURD, DE, v. intr. . tutchamañg-illuaɛtoɛk.

SOURIRE, n. c.. . . . kɛuñuyòn.

SOURIRE, v. intr. . . kɛuñuyuktoaɛk. = — *de pitié, dédai- gneusement* : omilaɛktoaɛk.

SOURIS, n. c . . . . awiñaɛk. = — *rousse, mulot* : nappaɛ- tuk-tçiktçiga.

SOURNOIS, SE, v. int. kɛiñélɛéyaɛnitoark.

SOUS, prép.. . . . . atàn. = atanùn.

SOUS-BARBE, n. c. . tablóootit.

SOUS PEU, loc. adv.. kɛanikòn.

SOUTANE, n. c.. . . ataylik-talik.

SOUTENIR, v. tr. . . noɛkɛita.

SOUTENU, UE, adj. v. noɛkɛitaɛk.

SOUTIEN, v. intr. . . noɛkɛiniktoaɛk.

SOUVENIR (se), v. int. illitaɛk-tçidɟoaɛk. = — *de quelqu'un* : naluktchit kaluaɛniɛa, nîɛami (*1ᵉpers*). *ne pas se* — : illitaɛtchunapituaɛk.

SOUVENT, adv. . . . katimayut. — atautçi unmila-mik.

SPATULE, n. c.. . . akòtoaɛk. = añukaoyaɛk.

SPECTRE, n. c. . . . innu-lik.

SPHÉRIQUE, adj v. . anmalœɛokɛitaɛk.

SPIRALE, adj. v.. . . ilɛavéyoyak.

SPIRITUEL, LE, v. tutcháomayeɛput.

SPONGIEUX, EUSE, adj. n. . . . . . . nippititànœɛèt.

SQUELETTE, n. c.. . ipioteɛk-tçimanatiglu. = tçaunœɛélu- aulaonatik.

STAGNANT, TE, adj, v. oɛktchoatoaɛk.

STALACTITE, n. dér. kɛoɛlo-ɛaɛk.

STALAGMITE, n. dér. kotchoɛaɛk, (*de kutchu, verre, vitre*).

STAPHYLIN (insecte), n. c. . . . . . . kiktoɛk-tchaɛk.

STATIONNAIRE, v. int. kɛikaɛtaoyoaɛk.

STATUE, n. dér.. . . innu-yaɛk, (*de innok, homme*).

STEPPE, n. c. . . . kɛéyu-itoɛk. = nappaɛto-yoɛk.

STÉRILE, v. intr. . . (*anim*) nutaɛa-ituaɛk. = (*inan*) paneɛ- toɛk.

STERNUM, n. c. . . . tçakidɟet.

STIGMATE, n. rac. . killeɛk. *plur.*: killit.

STRATIFIÉ, ÉE, adj. v. ikéaɛétaɛk.

STRATUS, n. c. . . . kɛeɛnè-tchimayoaɛk nuvuyaɛk.

STRIE, S, n. c. . . . kobiaïti.

STUPÉFAIT, TE, v. intr. . . . . . . panáayoaɛk.

SUAIRE, n. rac.. . . ulik. = olik (*i. e. couverture*).

SUBITEMENT, adv. . upaloɛtop.

SUBSÉQUEMMENT, adv . . . . . . . aɛkɛagoanè. = kinulœɛa.

SUBSÉQUENT, E, adj. c. . . . . . . . . kiñuleytoɛk.

SUBSTANCE, n. rac.. illa. = *de la même* — : illa-minik.

SUC, n. c.. . . . . . immaɛ-tçuk.

SUCCÉDER, v. intr. . inañîodɟuaɛk.

SUCCÉDER (se) v. intr. uñavaytitaɛtoaɛk.

SUCCESSIVEMENT adv. . . . . . . . tçivulikloɛo.

SUÇOIR, n. rac. . . . tchigok.

SUCRE, n. c. . . . . mamamaɛtçawk.

SUCRÉ, ÉE, adj. v.. . mamaɛiya. = mamaktoaɛk.

SUCER, v. tr. . . . . pataɛtchaluktoaɛk.

SUD, n. c. . . . . . . tchivoɛkɛa-mùn. = *dans le* — : piñañg- naɛk mi. = *vent du* — : piñangnaɛk.

SUER, v. intr. . . . . onaɛktoaɛk.

SUEUR, n. c.. . . . . immaɛk-piyoaɛk.

SUFFISAMMENT, et SUFFISANT, adv. et adj.: . . . . . . . tayma. = namataynaɛtop.

SUICIDÈ, n. v.. . . . igéañatoɛota.

SUICIDER (se), v. int. *par la corde* : niviñaktoaɛk. = — *par le poison* : iklutineɛlugo. = — *par le couteau* : toɛniktoaɛk. = — *par les armes à feu* : kɛanaɛ-klupu.

SUIE. . . : . . . . . aɛgiak.

SUINTEMENT, n. rac. koté.

SUINTER, v. intr. , . koté-ayak.

SUITE, n. plur. . . . kiñulépéït.

SUITE DE (par), loc. prép.. . . . . . . . pimàn (*finale*).

SUIVANT, adv. . . . tayma illibluɛ. = titœɛaɛklunè. = paɛ- klu. = tcheɛtut. = *en* — : kiñulóa.

SUIVANT, TE, adj. v. tchivulu otuglia. = *le* — : akoleɛk.

SUIVRE, v. intr.. . . mallœgoyuaɛk. = — *la piste* : mallœ- goyuamumit. = — *des yeux* : mallé- ɛotaït.

SUIVRE (se), v. mut.. atwaɛotçidɟoaɛk.

SUPERFICIE, n. v. . . kɛéɛtoaɛk.

SUPERFLU, UE, adj. v. . . . . . . . . maliktitaɛk. = *plur.*, maliktitóït.

SUPÉRIEUR, RE, v. intr.. . . . . . . . aɛgiluné-itoaɛk. = kɛatkɛam igoyuaak.

SUPÉRIEUREMENT, adv. . . . . . . . kɛaàn-mùn. = aɛgilunè.

SUPERPOSER, v. tr.. nuatépéyoaɛk.

SUPERPOSÉS, adj. v. nuatitkat. = kɛalépit.

SUPPLANTER, v. tr.. iñéaga. = — *en bien* : nakotkɛéya. = — *en mal* : tchuïna-otkɛéya. = — *à la course* : tchivuliga.

SUPPLIER, v. tr. . . kokɛoaɛtoɛk.

SUPPORT, n. c. . . . ayaɛotaɛk. = — *de chaudron* : utkutç- cɛpik.

SUPPORTER, v. tr. . tiguyiyoaɛk. = *i. e. endurer* : nipa- ituaɛk.

SUPPOSER, v. intr. . imanna tçaleɛtçiyoaɛk.

SUPPOSE! (je), loc. adv.. . . . . . . . kɛanoɛ-mi kɛanoɛ.

SUPPURER, v. intr. . immaɛ-tchuk pimayoaɛk.

SUR, prép. . . . . . (*finale*), kɛaàn. *v. g.* — *la boîte* : tchu- lootit kɛaànkòn. = kùn. = kut. = kulonin. = *v. g.* — *la glace* : tçiko- kòn ou kut. = — *mer* : imma-kulo- nin. = — *terre* : nuna-kòn. = (*elle a alors la signification de par, par la voie de terre, par la glace*). = mi. = *v. g.* — *la terre* : nuna mi. = uvaleɛ- ni. = — *l'eau* : immoɛk-mi. = (*on l'emploie aussi pour* dans; *dans la barque* : umiak-mi. = nó. = ɛmè. (*locatifs*), *v. g. Dieu plaça l'homme sur cette terre* : Nuna-tchénéya in- nomnik illiluaɛktoaɛk imnané nu- nanè *ou* nunagmè. = *il est* — *mer* : imma-nè itoaɛk. (*elle a alors la va- leur des prép.* à, en). = nùn. = gnùn (*avec mouvement*) : *v. g. il s'envole* — *l'arbre* : kɛédɟiuñgnùn tiñiyoɛk. (*Elle a ici le sens de vers.*) = klunè. (*autre préposition locative qui marque position.*) — *le côté* : inaɛklunè. = niviñaɛklunè. = — *le dos* : nivoɛalaɛ- klunè. = — *le ventre* patçaɛ-klunè.

= — *la téte* : napaꞓ-klunè. =
*Ces expressions employees avec un
verbe, le verbe* tomber, *par exemple, ne requièrent pas le suffixe*
klunè, *v. g. il tombe — le côté* :
inañg-aꞓmé. = — *le dos* : nivœꞓa‑
lañg-aꞓmé. = — *le ventre* : patçañg-
aꞓmé. = — *la téte* : napañg-
aꞓmé.

SUR MER, loc. adv. . pamanè. = imma-nè. = imma-kulo
nin.

SUR LES GENOUX,
loc. adv . . . . . ivamiyaꞓiya.

SUR-LE-CHAMP, loc.
adv . . . . . . . tiguana.

SUR LE MOMENT, loc.
adv . . . . . . . péaꞓtçidja.

SUR QUOI? loc. adv.. tchu-kon? = tchu-mi?

SUR SA PAROLE, loc.
adv . . . . . . . okꞓauna tcheꞓtut.

SUR,. SUREMENT, adj.
et adv. . . . . . tamadja. = *c'est — :* tamadjaoꞓk.

SURFACE, n. c. . . . kꞓeꞓtoaꞓk. = *à la — :* kꞓeꞓtoa-mi.

SURHUMAIN, adj. et
adv. . . . . . . . innuñ-añiblunè.

SURJET, n. c. . . . . táppitaꞓk.

SURLENDEMAIN, n.c. ubluk-illaak.

SURPASSER, v. tr. . anigova. (*voir aussi* supplanter).

SURPLIS, n. c. . . . kꞓalépo-apotaꞓk.

SURPLUS, n. c. . . . maliñg-oyaꞓk.

SURPRENDRE, v. tr.. allaniktoaꞓk.

SURSAUT (et EN —). kꞓugluk.

SURSAUTER, v. intr. kꞓugluktoaꞓk. = kꞓugluayoaꞓk. =

SURVEILLER, v. tr.. natchileꞓktaꞓtoaꞓk. = — *un voleur :*
munaꞓayoak, yoami. = — *par inter-
valle :* nitchileꞓkatuaꞓk, tuami.

SUSPENDRE, v. tr. . naktitçidjoaꞓk. = — *avec une corde :*
aklunam-naktitçidjoaꞓk.

SUSPENDU, UE, adj.v. naktitaꞓk.

SUTURE, n. rac. . . . kꞓúppaꞓk.

SWIP (grand aviron
placé à l'arrière des
barques) . . . . . éputit. = tçakꞓaytit-kûn.

SYNCOPE, n. c. . . . éppéviopaꞓneꞓk.

SYSTOLE, n. v. et v..
intr. . . . . . . . pikéaꞓnapitoaꞓk.

# T

TABAC (nom français
corrompu). . . . . tawaꞓak. = tabaꞓak. = — *en rouleau.
en corde :* inaluïyaꞓk. = — *en tor-
quettes larges :* iloꞓkpivaꞓk. = — *id.,
étroites :* kꞓaoktaꞓk.

TABATIÈRE, n. c . . matoꞓaligaꞓ-áluk.

TABLE, n. c. . . . . igliénaꞓk. = *ma — :* igliénatka. = — *à
écrire :* kꞓaléuyaꞓ-vik. = — *à man-
ger :* néppé-vik. = — *de pierre :*
tçatuñ-ayuk.

TABLEAU, n. dér. . . innu-yaꞓk.

TABLIER, n. dér . . tçalitaꞓk, (*de* tçalépa, *par devant*).

TABOURET, n. c. . . iktçiva-vik.

TACHE, n. c. . . . . kutolañneꞓk. = — *de la lune :* tatkꞓem-
innoꞓk.

TACHE, n. c. plur.. . tçulinéaꞓktut.

TACHÉ, ÉE, adj . . . kutolaggaꞓk.

TACHER, v. tr . . . kutolaktita.

TACHER DE, v. int. . oꞓkꞓumay-la tçidjoaꞓk. = oꞓkꞓumay-
tuleꞓ kꞓiyoaꞓk.

TACITURNE, v. intr . nipaïtualuk.

TAIE, n. dér. . . . . méligaꞓk.

TAILLADÉ, ÉE, adj.v. tcheꞓkpoptaꞓk.

TAILLADER, v. tr.. . tcheꞓkpoptçidjoaꞓk.

TAILLANT, n. rac. . . kina.

TAILLÉ, ÉE, adj. v. . *à pic :* kꞓeymik.

TAILLER, v. tr. . . . tçavioyaꞓktoaꞓk.

TAILLIS, n. c. pl. . . nañunéaꞓkpat.

TAIRE (se), v. int. . nipaïtuaꞓk. = *tais-toi!* nipaꞓnak! *tai-
sez-vous!* nipaꞓnatçé!

TALISMAN, n. dér. . kꞓilakꞓòn, (*de* kꞓilayok, *magie, jonglerie*).

TALLE, n. c. pl. . . . nuamayuatçat.

TALOCHE, n. rac. . . patiꞓa.

TALOCHER, v. tr.. . olloꞓèatçaꞓktoaꞓk.

TALON, n. rac. . . . kimmik. = — *de pipe :* pamiuꞓo‑
yaꞓk.

TALUS, n. rac. . . . imnaꞓk.

TAMBOUR MAGIQUE,
n. rac. . . . . . kꞓilawn. = kꞓilova.

TAMBOURINER, v.
intr . . . . . . . kꞓatchaꞓkpaluktoaꞓk. = kꞓatchaotçi‑
djoaꞓk. = kꞓilaw-tçidjoꞓtoaꞓk

TAMIS, n. c. . . . . . inœꞓaꞓtoaꞓk.

TAMISÉ, ÉE, adj. v. . inœꞓaꞓtoꞓk.

TAMISER, v. tr . . . inœꞓaꞓtita. = aulaïtkullayuaꞓk.

TAMPON, n. dér. . . tchimꞓaꞓk, (*de* tchimnua, *bouchon*).

TAMPONNÉ, ÉE, adj.v. tchimꞓaꞓtoꞓk.

TAMPONNER, v. tr.. tchimꞓaꞓa.

TANAISIE (plante
.card.). . . . . . . ivig-yuyat.

TANDIS QUE.. . . . (*voir* avec.)

TANGAGE, n. v. . . . kudjaumiyàwn.

TANGUER, v. intr. . kudjaumiyaꞓtoaꞓk.

TANIÈRE, n. rac. . . tchiti. = *sa — :* tchita. = — *de l'ours :*
tchitilik.

TANNER, v. tr. . . . tçaluktoaꞓk.

TANT MIEUX! loc.adv. illéꞓanaïné.

TANT PIS ! loc. adv. . illéꞓatchuñgniktuña!

TANT QUE CELA, loc.
adv. . . . . . . . tayman-itoat. = tayma-illiblupu. =
aꞓkluꞓn tcheꞓtoaꞓ.

TANTE . . . . . . *maternelle :* aya. = *ma — m. :* ayaña.
= añꞓayoꞓkꞓaktci. = *paternelle :*
atça, *ma — :* atçaña.

TANTOT, adv.. . . . ako-optoꞓ.

TAON, n. c. . . . . . miluvé-atçiaꞓk : (*le téteur*).

TAPAGER, TAPA-
GEUR, v. intr. . tuaviktuaꞓk.

TAPER, v. tr . . . . ꞓataktoptuaꞓk.

TAPIR (se), v. réfl . . kꞓumadjuñ-aꞓktoaꞓk.

TAPIS, n. rac . . . . taneꞓk. = *mon — :* tanitkꞓa. = — *de
pieds :* kꞓaaꞓk. = — *de chien :* ulik-
ataꞓk.

TAQUET n. dér. . . . opkwéꞓékòn, (*de* opkwaꞓa, *fermer.*)

TAQUINER, v. tr. . . . *en actes* : tuyuk aloñnik-toaᵱk. = — *en paroles* : tchutiginepktoaᵱk.

TARAUD, n. dér. . . . kᵱipûn, (*de* kᵱipân, *serpent*).

TARAUDER, v. tr. . . . kᵱipotçeptoaᵱk.

TARD, adv. . . . . . tchivitublunè. = piyaᵱètubluné.

TARDER, v. intr. . . tchnka-itoaᵱk.

TARDIF, IVE. v. intr. kiñunœpa tiguaᵱtoaᵱk.

TARGETTE, n. v. . . tchéneᵱtaᵱk.

TARIÈRE, n. c. . . . néoᵱtugaᵱ-pak.

TARSE, n. plur. . . . inûkat.

TARSE, n. rac. . . . iᵱkᵱoᵱk. = — *des dents* : kᵱiulit.

TAS, n. plur. . . . . nuatigéït. = katçimayut. = — *de bois* : kᵱalépéït. =

TASSE, n. c. . . . . imoñtçiaᵱ-aluk (*petit gobelet*).

TASSÉ, ÉE, adj. v. . . tatiteᵱtaᵱk.

TASSER, v. intr. . . tatiteᵱtoaᵱk.

TATER, v. tr. . . . . ichiviœpéova, ovaᵱa.

TATONNER, v. intr. . tçaᵱtitoaᵱk.

TATONS (à), loc. adv. tçaᵱtiᵬlunè.

TATOUAGE, n. rac. . tçavaᵱk. = — *du menton* : tabluᵱòn, *plur.*, tabluᵱotit. = kakinœᵱèt. = — *du nez* : miñotik. = tomnilik.

TATOUÉ, ÉE, v. intr. tçavaᵱkᵱéyaᵱk.

TATOUER, v. tr. . . . tçavaᵱkᵱéyoaᵱk.

TAVELLE (galon de laine). . . . . . awtchuk.

TEIGNE, n. rac. . . . kidjiaᵱk.

TEIGNEUX, EUSE, v. intr. . . . . . . keydjiaᵱ-tçimayoaᵱk. = *tête* — : keydjiaᵱtoaᵱk.

TEINT, n. v. . . . . awktchoaᵱktoaᵱk.

TÉLESCOPE, n. dér. . kᵱinéᵱâwn.

TEL, LE, adj. comp. . tayman-itoaᵱk. = tayman-itork. = illuaᵱtoᵱk. = illoᵱtodjoᵱk. = tçavaᵱeytoᵱk.

TEL QUE, TEL QUEL, pron. indéf. . . . . taymana. =taymuña-mûn (*terme général*). = (*longueur*) : tayman takitigiyoalu. = (*petitesse*) : tayma ituaᵱaluk. = (*quantité*) : tayman-itoat. = (*temps*) : taymuña tchivitoyoat. =

TELS QUELS, TELLES QUELLES . . . . . tayman-itoat.

TÉMOIN DE, v. intr. . takuniktoaᵱk.

TEMPE, n. c. . . . . igoyuek. = igoyuvik.

TEMPÉRÉ, ÉE, adj. v. néᵱomiktoᵱk.

TEMPÊTE, n. c. . . . animayoaᵱk.

TEMPORAL, n. c. . . tçeneᵱkᵱak.

TEMPS, n. rac . . . . tçilla. = — *beau* — : tçillañ-oᵱa. = — *brumeux* : niᵱta-iᵱa. = — *clair* : niᵱtéᵱa. = — *couvert* : taliᵱok.

TENAILLES, n. dér. . kikiyaᵱûn, (*de* kikéaᵱk, *clou*).

TENDON. n. rac. . . ivalo. *plur.*, ivalot. = — *du cou* : kᵱumitchaᵱon. = — *du dos* : ûléon. = — *du jarret* : nakatchuñgnaᵱk. = — *du talon* : kimitkᵱoᵱòn.

TENDRE, adj. v. . . . akᵱiᵱtoᵱk.

TENDRE, v. tr. . . . *une corde* : tatçidjoᵱaᵱtoᵱtçidjoaᵱk. = — *les filets* : kubiaᵱk néaᵱtonuaᵱk. = kubiaᵱk kᵱalunéaᵱk-toᵱk. = niktéᵱéyoaᵱk. = nikteᵱtoaᵱk. = — *un piége ou traquenard* : nanéᵱédjaᵱk toᵱtuaᵱk. = — *une trappe* : nanéᵱédjéoᵱtoaᵱk. = — *la tente* : itçaᵱktoaᵱk. = — *une ligne de pêche* : tuᵱtoaᵱk. = — *id., plusieurs* : tuptoat. = *i. e. présenter.* tuniyiyoaᵱk. = — *la main* : tiguyumaya. = — *la joue* : nálaktuaᵱk.

TENDU, UE, adj. v. . . (*corde*) : tatidjoᵱaᵱtoᵱk. =(*linge, peau*) : ichivitoaᵱk.

TÉNÈBRES, TÉNÉBREUX, n. rac. et adj. . . . . . . . taaᵱk.

TENIR, v. tr. . . . . tiguméaᵲia. = — *sur l'épaule* : iᵱktçuᵱia.

TENIR CONSEIL, v. mut. . . . . . . . illigneᵱtçaudĵoat.

TENIR (se), v. intr. . *debout* : nikuvœᵱayoaᵱk. = nappayoaᵱk. = — *sur ses gardes* : maktchilaktaᵱtoaᵱk.

TENON, n. dér. . . . neᵱlotéᵱòn.

TENTE , n. rac. . . . *esquimaude* : itçaᵱk. *plur.*, itçet. = uïneᵱk. = — *européenne* : tuppeᵱkᵱ. *plur.*, tupkᵱeït. = tuppek (C.). = — *en général* : tupkᵱoᵲ. *plur.*, tupkᵱéït.

TENTER, v. intr . . . (*i. e. essayer de faire*) : tchénétchoᵱtçidjoaᵱk.= — (*i. e. éprouver quelqu'un*): udjeᵱtotçidjoaᵱk. = — (*i. e. porter au mal*) : kéeᵱtoᵱnitoaᵱk. = ivayaᵱkᵱooyiyoaᵱk.

TÉNU, UE, adj. v. . . naïtoᵱk (— *et long, v. g. cheveu*). = tçeᵱkᵱaloatçiaᵱk (— *et rond, v. g. semence de rave*).

TERMINER, v. tr. . . utçéatoᵱk.

TERNE, TERNI, IE, adj. v . . . . . . aneᵱtçélakvik.

TERRAIN. . . . . . nunaᵱk.

TERRASSE, n. c. . . kaéᵱktoᵱk.

TERRASSÉ, ÉE, v. intr.. . . . . . . paléktita.

TERRASSER, v. tr. . . paleᵱktoaᵱk. = puchikaᵱtoaᵱk.

TERRE, n. rac. . . . (*i. e. l'univers*) : chiutᵘ. = avaleᵱk. = (*i. e. pays, patrie*) : nuna. *plur.*, nunat. = *v. g. les terres des rennes* : tuᵱtuᵱ-nunat. = *terres-hautes* : nunañiyoᵱk. = (*i. e. le sol, le terrain*) : nunaᵱk. = (*i. e. le limon, la glaise*) : maᵱak. = (*i. e. l'humus, le terreau*) : iᵱkᵲatilik. = (*i. e. la matière aride, surtout après le dégel*) : apputcy lœᵱot.

TERRE ROUGE (ocre ou oligiste). . . . . ivitaᵱk. = ibitaᵱk.

TERREUR, n. dér. . tçakoaᵱòn.

TERRIFIÉ, ÉE, v.intr. tçakoaᵱtoᵱk.

TERRIFIER, v. tr. . . eᵱktçitanitoaᵱk.

TERRIER, n. rac. . . tchiti. = — *son* — : tchita.

TÊTE, n. rac. . . . . komak. = néakᵱoᵱk. = — *de mort* : kᵱaᵱektaᵱk. = — *d'épingle* : mumeᵱpalik. = — *de racine* : néaᵱkᵱonaᵱk.

TÊTES DE FEMMES, (touffes d'*Eryophorum capitatum*). . nepkᵱoᵱtak. *plur.*, nepkᵱoᵱtéït.

TÊTE A TÊTE, n. v. duel. . . . . . . mallœᵱo-uyuaᵱk.

TÉTER, v. intr. . . . miluktuaᵱk. = milukpaktuaᵱk.

TÉTON, n. c. . . . . uyaᵱa-ineᵱk.

TÊTU, e. v. intr.. . . piktaïliniktoaᵱk.

THÉ de Mashkeg ou du Labrador (*Ledum palustre*). . . . . . tçepmiktçet.

THÉ de Chine.. . . ilaté (*mot français corrompu*). = kᵱoaᵱkᵱat : (*feuilles*). = tawaᵱak-immeᵱk : (*eau de tabac*).

THÉIÈRE, n. dér. . . imméᵱòn : (*aiguière*).

18

THERMOMÈTRE, n. c.    kutchu-auyaƥk.
THORAX, n. c. . . . .    katigaƥk.
TIBIA, n. c. . . . . .    kƥanatçieƥk.
TICTÁC, n. v. . . . .    apkaluktuaƥk.
TIÉDE, adj. v. . . . .    népomiktoƥk.
TIEN, TIENNE (le, la)
  pron. posses.). . . .    illim-nùn.
TIENS ! interj. d'éton-
  nement. . . . . . .    kƥalè ! = aƥkƥalè !
TIENS, PRENDS ! in-
  terj. . . . . . . .    am ! inektigo !
TIGE, n. c. . . . . . .    de plante : tçaonnœpa. = d'arbuste :
   kƥépataƥota. = de botte : ikƥaƥklaƥk. =
   kƥulupiyotit. =—de souliers indiens :
   tchiñepgnœpet.
TILLE ou HERMI-
  NETTE. . . . . .    tchiklaƥk,
TILLER, v. tr. . . . .    tchiklaƥktoaƥk.
TIMIDE, v. intr. . . .    innimiyoƥk. = omaluktuaƥk.
TIMONIER, n. c. . . .    papépetkut-tçékƥéyoaƥk. = tçakƥéyetkut-
   tçékƥéyoaƥk.
TINTER (oreilles), v.
  intr. . . . . . . .    aviuyoƥkƥ.
TIQUETÉ, ÉE, adj. v.    milak.
TIRANT (pierre servant
  à affiler les couteaux).    ipiktçàwn. = kiyaƥàwn.
TIRANT de traîneau. .    ippeƥvik.
TIRE-BOUCHON, n.
  dér. . . . . . . .    pitikùn.
TIRE-BOURRE, n. rac.    kƥaƥut.
TIRE-MOELLE, n. dér.    patkƥòn.
TIRER, v. tr. . . . .    nutchuƥaga. = namanuñilaƥk. = — de
   l'eau : tiguya. = — une corde, un
   traîneau : uniaƥktoaƥk. = — le glaive :
   amuya. = — du fusil : pitiktçalañeïn.
   = idem pour tuer : pitiklauïn. = —
   de l'arc : pitiktçiktoaƥk.
TISANE, n. c. . . . .    kƥoaƥkƥat-immeƥk.
TISON, n. rac. . . . .    auma.
TISONNER, v. tr. . .    nauƥalalaƥkƥitçaga.
TISSÉ, ÉE, TISSU, n.
  et adj. . . . . . .    tañitçuk.
TITUBER, v. intr. . .    ayaƥaïyuaƥk.
TOI, pron. pers. . . .    illuit. = igvit. = ilbil. (C.). = accusat. :
   illiñnik. = génit. : illutim.
TOI-MÊME. . . . . .    illiñg-ninaƥk. = de — : illutim-nik.
TOILE, n. dér. . . . .    kƥaulok, (de kƥaaƥk, tapis).
TOILE CIRÉE, n. rac.    kƥaaƥk.
TOILE D'ARAIGNÉE.    piléƥaytçoptoƥ-kubia : (araignée - son
   filet).
TOIT, TOITURE, n.
  rac. . . . . . . .    kƥaa.
TOLE, n. c. . . . . .    tçavitkƥaƥk.
TOLET, n. c. . . . . .    iputcheƥ-vik ; plur., — vit.
TOMBÉ, ÉE, v. intr. .    uloƥota.
TOMBEAU, n. c. . . .    illuveƥ-vik.
TOMBÉE de la nuit,
  v. intr. . . . . . .    unuaƥ-tcïdĵoaƥk.
TOMBER, v. intr. . .    oloƥoyoƥk. = piñoyoƥk. = — à plat :
   tçaniñgaƥmé. = — à l'eau : imma-mùn
   piñoyoƥk. = — dans le feu : igneƥ-mùn
   piñoyoƥk. = — dedans : mùn piñoyoƥk. = — de haut : yukatoaƥk. =
   tammaƥtoƥk. = kataƥaktoat. = — d'a-
   plomb, sur la tête : nappañgaƥmé. =
   — en avant, sur le ventre : patçañg-
   aƥmé. = — en arrière, sur le dos :
   nivœƥalañgaƥmé. = — en tournoyant :

aƥktçayoaƥk. = — en syncope : nuki-
   geƥtoaƥk. = éƥƥévioƥaƥtoaƥk. = — les
   uns sur les autres : piñoyoalaoƥtut.
   = — (maison) : piñoyoƥk. = — (nuit) :
   imuñmaƥaƥk. = — (eau, riðière) :
   kƥoƥlutoaƥk. = — (pluie) : tçillaluktoƥk.
   = — (pantalon) : tchitoyuk. = —
   (objet quelconque) : yukatoaƥk. = —
   (plusieurs objets) : yukatoat. = — sur
   le côté : inañgaƥmé. = — (vent) :
   kƥatçudĵoaƥk.
TON, TA, TES, pron.
  poss. . . . . . . .    illin-nut. = en composit. en ; tin ; ren ;
   ktin, (finales pron. poss.).
TONDRE, v. tr. . . .    kiƥiyoaƥk.
TONNER, v. intr. . .    kalluƥoƥtoƥk. = kalluktoaƥk.
TONNERRE, n. rac. .    kalluk.
TONSURE, n. c. . . .    kƥigoƥk. = kƥabiyeƥk. = ma — : kƥigwa.
   (La racine de ce mot Esquimau étant
   la même que celle des termes : magie
   ou jonglerie (kƥilayok), tambour magique (kƥilàwn), talisman (kƥilakƥòn),
   serpent (kƥipân) et démon (kƥiuwaƥk).
   il est évident que les Esquimaux atta-
   chent au port de leur large tonsure,
   une idée mystique et un but éminem-
   ment lié à leurs croyances religieuses.
   Peut-être est-elle chez eux une mar-
   que d'initiation à certains rites).
TONSURÉ, v. intr. .    kƥiyova. = kƥiyoƥpatin : (tu es —)
TONSURER, v. tr. . .    kƥiyoƥktuaƥk.
TORCHE, n. c. . . . .    inéƥoƥaƥk.
TORCHIS, n. c. . . . .    kƥéƥneƥtoƥk.
TORCHON, n. rac. . .    ƥtik. = iƥmiƥtok. (C.).
TORDRE, v. tr. . . .    kƥipiyoaƥk.
TORDRE (se), v. intr.    illeƥktçaoyoaƥk.
TORDU, E, v. intr. .    (anim) : illeƥktçatoaƥk. = (bois) : pépéa-
   lik. = (fer) : pépéoyuaƥk. = kƥiviaƥk.
TORRENT, n. dér. . .    kuƥ-aƥk, (de kuƥk, rivière). = — à sec :
   imma-eƥneƥk.
TORSE, n. dér. . . .    tçivu-neƥk.
TORTUEUX, SE, adj. v.    kƥipioyuaƥk.
TOT, adv. . . . . . .    kƥilla-mik.
TOTALITÉ (en). . . .    auła-itoƥk.
TOUCHANT, prép. . .    taƥkân. = akkia-né. (?)
TOUCHER, v. tr. . . .    aktulayuaƥk. = — de la tête : kaƥjiamé-
   iyoaƥk. = — du pied : putuguƥmila-
   iyoaƥk.
TOUCHER (se) la main,
  v. mut. . . . . . .    naƥkƥitéƥéoyoaƥk. = nuchuktuéyoƥk.
TOUER. v. intr. . . .    ukamaƥtoaƥk. = uniaƥktoaƥk.
TOUFFE. . . . . . .    d'arbres : nuamayuatçat. = — d'herbes :
   kƥilauyaƥéktwat.
TOUFFU, E, adj. v. .    (arbre) : tchiliktoaƥ. = (bois) : upƥçi-
   mayoat.
TOUJOURS, adv. . . .    tçokƥo. = tçoƥé-ilaƥk. = anigodĵaƥtoat.
TOUPIE, n. dér. . . .    kƥayƥtaƥk.
TOUR (le), n. rac. . .    avata.
TOUR (un), n. v. . . .    kéviaƥtoƥk.
TOUR (une), n. c. . .    kƥaléƥaƥk.
TOUR de tête (coiffure
  Esq.). . . . . . .    niakƥoontiga. = kƥiñaƥktaƥk.
TOUR de reins, n. v.    nutkiyuaƥk.
TOURBILLON, n. c. .    kƥayviatoƥ.
TOURBILLONNER, v.
  intr. . . . . . . .    kƥayviaƥtoaƥk.
TOURMENTE de neige
  (poudrerie). . . . .    piƥktoƥk.

TOURMENTER, v. tr.. *en actes :* tchiuṗeṗktuliyoaṗk. = *en paroles :* tchutiġineṗktoaṗk.

TOURNE - PIERRE (*Trepsilas interpres*) kṗoblepkṗoléaṗluk.

TOURRE-VIS, n. c. . kikiyaotin.

TOURNER, v. intr.. . *autour :* kṗéviatoṗk. = — *sur soi-même :* kṗayvaluñmiyaṗtoaṗk. = — *la tête :* kiñéaṗtoaṗk. = — *le dos à :* tunutçidjoaṗk. = — (*astres, terre*) kaybiaṗtoṗk. = — (*animaux*) : kayviaṗtoaṗk. = — (*oiseaux*) : aṗioṗaṗtoaṗk. = — (*horizontalement*) : wibiaṗtuaṗk. = — (*verticalement*) : kṗaybialukṗèyaṗtuaṗk. = — (*tête*) : kaybioṗkṗitoaṗk. = — (*vent*) : kṗayviaṗtoaṗk.

TOURNER, v. tr. . . *la tête à quelqu'un* (fig.) : akuyala-tçidjoaṗk. = — *la meule :* kṗaybiaoṗk, aṗa. = kṗaybiatitçidjoaṗk. = *le — sens dessus dessous :* puchiktoṗtoaṗk.

TOURNER (se). . . . *vers :* kṗeybiaṗtaṗtoaṗk. = — *en dormant :* kṗèblotchepkṗèyoaṗk.

TOURNIQUET, n. c. . kṗaybia-nak. = — *de bois:* imiglutaṗk.

TOURNOYER, v. intr. kṗaybiaṗtoaṗk. = — *en nageant :* kṗaybialok kṗéyaṗtoaṗk. = (*eau*) : kṗalaneṗk. = (*oiseaux*) : aṗioṗaṗtoaṗk. = (*vent*) : kṗayviaṗtoaṗk.

TOUS, TOUTES, adj.. illoṗata.= *il se conjugue ainsi qu'il suit: plur.,* illoṗanut, illoṗatçé, illoṗatit. = *duel :* illoṗanuk, illoṗatçik, illoṗatik. = tamaïta. = *il se conjugue :* tamaut, tamatçé, tamat. = *datif (à nous) :* tamaṗta. = tamateṗla. = *ablatif : (avec nous)* tamaṗ-mik.

TOUSSER, v. intr. . . kṗoeṗtoṗtoaṗk. = kṗoeṗktchaoṗk, tchaṗa.

TOUT, adj.. . . . . . . illoṗeyklutik. = illoṗnaṗklupit. = illoṗaṭey. = tamaïta (C.). =,— *entièrement :* tamanuoṗk. = tamatkipéït. = tamatkeṗklupit.

TOUT A COUP, loc. adv.. . . . . . . . upaloṗtoṗ. = upinægaṗklupu.

TOUT A L'HEURE, loc. adv.. . . . . . . anakṗatoṗ. = anakṗanatoṗ. = anakṗanàn.

TOUT BAS, loc. adv.. itchiviukluné.

TOUT DE SUITE, loc. adv . . . ,. . . . . tiguana.

TOUT HAUT, loc. adv. éppénatoṗkluné.

TOUT PRÈS, loc. adv. awuña.

TOUT-PUISSANT, v. intr. . . . . . . . tutchaomayeṗput.

TOUTES CHOSES, loc. adv . . . . . . . kṗéyulu-nunalu : (*bois et terre*).

TOUTES LES FOIS QUE, loc. prép. . . aniġunéaṗkluné, = aniġunéaluġnaṗit.

TOUTES SORTES DE CHOSES, n. pl. . . tçuatçat. = oṗkṗot. = anoṗaït.

TOUTEFOIS, adv. . . amik-amik.

TOUX, n. dér.. . . . kṗoeṗtòn.

TRACASSER, v. tr. . tuyuk aloñniktoaṗk.

TRACE, n. c. . . . . inikut.

TRACHÉE, n. rac. . . topklo.

TRADUIRE, v. tr. . . aṗktçaniġaṗk.

TRAFIQUER, v. intr.. kipuktçimayoaṗk.

TRAHIR, v. tr. . . . oïniktoaṗk.

TRAINEAU, n. c. . . kṗémutey.

TRAINER, v. tr. . . . amuaṗtoaṗk.= — *le traineau:* kṗémutey uniaṗtoaṗk. = — *avec une corde :* nuchuktoaṗk.

TRAINER (se), v. intr. anéaṗtoaṗk. = pamoktoaṗk. = — *sur les pieds et sur les mains :* yaṗayoaṗk.

TRAIRE, v. tr. . . . nutchuṗaga, gaṗa.

TRAIT (i. e. dard).. . kṗaṗioṗk. = nakatçeṗktaṗk

TRAITS (i. e. rênes) . ippik.

TRAITE, COMMERCE. kipudjuak.

TRAITER (le), v. tr. . *bien :* illuaṗtoaṗk. = — *en étranger :* kṗeymeṗktçéaṗneṗk. = kipuktçimayoaṗk.

TRAITEUR ou COMMERÇANT. . . . . kipuktoaṗk.

TRAITRE, v. intr. . . oïyéyat.

TRANCHANT, n. rac. kinǝ. = (*adj. v.*) : ipiktoaṗk.

TRANCHE, n. c. . . . tçaliyaṗk. = ikéaṗtaṗk. = — *d'un livre, etc.:* kipamaktaṗk.

TRANCHE-GLACE, n. dér. . . . . . . . toṗòn.

TRANCHER, v. tr. . . kikteṗtoaṗk. = — *la glace :* toṗtuaṗk.

TRANQUILLE, v. intr. nipaïluaṗtoṗk.

TRANQUILLEMENT, adv. . . . . . . . nipaïluaṗkluné.

TRANSFIGURER (se), v. intr. . . . . . . iṗkṗèyoaṗk.

TRANSMUTÉS, ÉES, adj. v.. . . . . . . kiṗútit.

TRANSMUTER, v. tr. kipuktuaṗk.

TRANSPARENT, adj. v. . . . . . . . . anmauluktuaṗk.

TRANSPERCER, v. tr. (*inan.*) : itoṗklopo. = (*animé*) : innuk tawaṗtoaṗk.

TRANSPORTÉ, ÉE, v. intr.. . . . . . . . nuṗuta.

TRANSPORTER, v. tr. nuṗuñtaṗk.

TRANSPORTER (se), v. intr. . . . . . . . nuṗutoaṗk.

TRANSUBSTANCIÉ, v. intr. . . . . . . . kiṗùtit.

TRANSUBSTANCIER, v. tr. . . . . . . . . inminin toṗtoaṗk, tuña.

TRANSUBSTANCIER (se), v. réfl. . . . . inminin toṗtoaṗk, toami.

TRANSVASER, v. tr. kuveṗkṗiya.

TRAPÈZE(suspendu au dessus des lampes). itiptçiavik.

TRAPPE (i. e. piége), n. c. . . . . . . *en bois :* kṗéyuk nanéṗéaṗk. = — *en glace :* kṗiṗiġiyaṗk. = — *en fer* nanéṗéaṗk.

TRAPPE (ou porte horizontale des maisons Esq.). . . . . . kṗataṗk (*le chaudron*). = kiktçaṗkṗ.

TRAPPEUR, n. v. . . kṗiṗiġidjoaṗtoaṗk.

TRAPU, E, v. intr.. . illoṗtodjaṗeytoaṗk.

TRAQUENARD, n. c.. nanéṗéaṗk.

TRAVAIL, n. c. pl. . tchulinéaṗktut.

TRAVAILLER, v. tr. . tchuliyuaṗk. = *ne pas —:* tchulilaytoaṗk. =*impér., ne — pas!* tchulilaytùn! = — *pour quelqu'un :* omoi tchénèyoaṗk. = — *pour soi-même :* uvamnun tchuliyoaṗk. = — *à gages :* tutchaṗtuliyoaṗk. = *bien —:* tchénǝ tçoṗtoṗk. = — *par la pensée :* itchuñmaïnaṗmik toṗtuaṗk.

TRAVÉE, n. c. . . . tchilaléṗè; *plur.,* tchilaléṗèit.

TRAVERSE, n. c. . . tçanneṗtaṗk. = *chemin de —:* nañaṗktàwn.

TRAVERSÉE, n. dér. ichoṗaṗtàwn.

TRAVERSER, v. intr. *à pied :* napiyoaṗk. = — *en barque,*

*une rivière* : kuɒk-tçidɈoaɒk. = na-
biaɒotçiga. = *id.*, *un bras de mer* :
ichoɒaɒtoyoaɒk. = *id.*, *un lac* :
kuɒktchaɒk.

TRAVERSIÈRE. . . . *de kʳayak* : ayaɒk ; *plur.*, ayayet. = —
*de raquettes* : tçanneɒtaɒk ; *plur.*,
tçanneɒtaït.

TRAVERSIN, n. rac. . akìn.

TRÉBUCHER, v. intr. pukaɒtoɒtuaɒk.

TRÉBUCHET, n. c. . kɒéyuk-nanéɒéaɒk.

TREILLIS DES RA-
QUETTES. . . . nuloɒk (*fin*). = aklunaɒtéït ·(*gros*).

TREIZE, adj. num. . itiañgnéɒat illaak.

TREMBLE, n. rac. . . niñgoɒk.

TREMBLEMENT,n.rac. kawk.

TREMBLEMENT DE
TERRE, n. v. . . . néyañaluktuaɒk.

TREMBLER, v. intr. . *de peur* : tçakukteaɒk. = — *de froid* :
uliktoaɒk. = pataɈidɈa.

TREMPÉ, ÉE, adj. v. mitçuktaɒk.

TREMPER, v. tr. . . kaotodɈiaɒk. = kivita. = *y* — *tout son
corps* : kibiyoaɒk. = *y* — *la main* :
kaotoɒtoaɒk. = *y* — *le pied* : tçaptik·
toaɒk. = *y* — *le doigt* : michuktatoaɒk.

TREMPER, v. intr.. . *dans l'eau* (*rocher*) : kigœlaudjudɈoaɒk.

TREMPER LE FER, v.
intr. . . . . . . atçulitçéatçaɒk. = omaɒdɈitçaɒk.

TRENTE, adj. num. . inuok kɒolinik tchipalik : (*un homme et
demi*).

TRÉPAS, n. rac. . . toɒkɒo.

TRÉPASSÉ, n. dér. . toɒkɒòn-ayoɒk.= tukɒoyoɒk.= nipa (C.).

TRÉPASSER, v. intr. toɒkɒoneɒktoaɒk.

TRÉPIED, n. rac. . . nueɒta.

TRÈS, adv. . . . . . unuɒtuɒk. = oïkɒèya (*final*).

TRÈS-BIEN, loc. adv. aklokàn. = — *fait, adj.* : tçavaɒiga.

TRÈS-BON, adj. v. . kaviɒtoaɒk. = nakoyoɒktçoaɒk.

TRÈS-HAUT, adj. v. . piñoɒtitçioɒioɒk.

TRÈS-LOIN, loc. adv. uña-tçiktoɒ.

TRESSAILLIR. v. intr. kɒobluktoaɒk.

TRESSE, n. c.. . . . kɒébiaɒk. = — *de cheveux* : pilœɒayaɒk.
= tugiliktak (C.). = — *de fouet* :
kɒémilœkòn.

TRESSER, v. tr. . . kɒébitçidɈoaɒk.

TRIANGLE, n. c. . . añadɈaɒk.

TRIBU, Esquim. . . . napɒaɒtuk akéɒo illuaɒtoɒk.

TRICHER. v. intr. . . nivoɒayaktoaɒk.

TRIER, v. tr. . . . . kɒómilœɒéaɒtoaɒk.

TRIPLE, adj. v. . . . piñaktçuktçat.

TRISTE, v. intr. . . . taloɒtoɒk. = poɒkɒéïtoaɒk.

TRITURER, v. tr. . . illañgnuyua.

TROMPÉ, ÉE, v. intr. oïyiyaɒk.

TROMPER, v. tr. . . oïniktoaɒk. = oïyénıktuaɒk. = — *en
vendant* : nivoɒayaɒktoaɒk. = *ne pas
— :* niwayoïktuaɒk.

TROMPER (se), v. réfl. *en agissant* : oïyéniktuaɒk, tuami. =
*— en parlant* : oïtçaɒnigayoɒktuaɒk.

TROQUER, v. tr. . . . niuveɒtoaɒk.

TROTTER, v. intr. . . appayukoɒneɒtoaɒk. (*se dit aussi de
l'homme*),

TROU, n. rac. . . . . *en général* : putu. = — *du kʳayak* : pàh.
= — *fait !par une pointe, un clou* :
kakiya. = — *fait par une vrille, une
tarière* : pàkaɒòn. = — *fait par l'u-
sure* : aleɒneɒk. = — *d'aiguille* : iyaa.
= — *pratiqué dans la glace* : publaɒk.
= — *qui reçoit un tenon, une cheville* :
illua. = — *ou ouverture des raquettes* : nakaleɒtaɒveɒk.

TROUBLE, adj. v. . . itçoɒktoaɒk.

TROUBLER, v. tr. . . *l'eau* : aɒinaɒkɒiyoaɒk.

TROUBLER, v. intr. . kanoñ miyoaɒk, yuña.

TROUBLER(se),v.réfl. kanoñ miyoaɒk, yoami.

TROUÉ, adj. v. . . . (*bois*) : kaliyaɒk. = (*souliers*) : aleɒta·
tuaɒk. = (*vêtement*) : aliktoɒtuaɒk.

TROUER, v. tr. . . . kakiyaoɒk, yaɒa.

TROUPE, n. pl. . . . mómayoat. = — *en marche* : tatutaɒ·
kléɒèt.

TROUPEAU, n. pl. . katimayoat.

TROUVER, v. tr. . . *quelqu'un* : paɒkɒita. = — *un animal* :
nanig'a. = — *un objet* : nadɈuvaɒtoɒk.
= *ne pas — :* olapiktçeɒtçidɈoaɒk. =
— *par la pensée* : kadɈunaɒminik
paɒkɒita.

TROUVER (se) mal, v.
intr. . . . . . . kɒan-mwaɒk-kɒaɒtaɒtaɒtoaɒk.

TRUITE (saumonée). kaloaɒpok. = kaïtilik (C.).

TU, pr. pers. . . . . *se rend en compos. par les désinences
pers.* én, ɒén, utin, ktin.

TUBE (servant à boire),
n. c. . . . . . . . toɒklualik. = toɒkloaɒaluk.

TUÉ, ÉE, v. intr. . . toɒkɒotaɒk. = — *par la magie* : éliétaɒk.

TUER, v. tr. . . . . toɒkɒo-niktuaɒk. = *ne pas — :* toɒkɒo-
tchuitoɒtoaɒk. = *impér.*, *ne tue pas !*
toɒkɒotchuïtoɒtin ! = — *avec un couteau* : kɒaɒiyoaɒk, yoaɒa. = — *avec
une hache* : tukiñayoɒktuaɒk. = —
*avec une corde* : nimeɒtoɒklòn-nuchuɒa.
= — *avec une arme à feu* : pitçika. =
pitiklauïn. = — *par la magie* :
tçoɒkotçeɒkɒiyoaɒk. = tçokɒotaktoɒk.

TUER (se), v. réfl. . . toɒkɒoniktoaɒk, toami. = — *par le
couteau* : toɒniktoaɒk. = — *par la
pendaison* : niviñaktoaɒk. = — *avec
une arme à feu* : kɒanaɒkluɒu. = —
*par le poison* : iklutineɒlugo.

TUF, n. dér.. . . . . kɒeykɒo.

TULLE, n. dér. . . . kɒubia-oyaɒk, (*de kɒubiaɒk, filet*).

TUMULTE, n. v. pl. . tigmilugimayoat.

TUNNEL, n. dér. . . toɒklok.

TUQUE, n. c. . . . . kaviñ-oyaɒk.

TUYAU, n. dér. . . . toɒkloaɒk.

TYMPAN, n. c. . . . ánmaneɒk.

# U

ULCÈRE, n. v. . . . . umilœɒo-ituaɒk.

UN, adj. num. . . . . ataotçiɒk. = atauyak (C.).

UN, UNE, adj. indéfini. aypa. = — *autre* : allami = — *autre*

*homme, un quidam* : aypa-ìnna. =
innun. = innuñ-nè. = — *autre jour :*
ublak-otoɒ. = — *bout* : otaotçiɒk

itçuk. = *l'— d'eux* : illañɢpikit. =
— *seul* : ataotçipk.

UN PEU, loc. adv. . . . nuktop. = nablichámik.

UN PEU PLUS TARD,
loc. adv. . . . . . anakpatop. = ako-optop.

UNE CHOSE, n. rac. . tçuatçapk. = — *seule chose* : illak-itçiat.

UNE AUTRE FOIS. . . takuvimni unepkluné.

UNE FOIS. . . . . . ataotçi aplùn.

UNIQUE, adj, v. . . . ataotçitçapk. = *fils* — : ataotçipk-aptapk.

UNIR, v. tr. . . . . . mitépètkpétçidjapa. = — *en mariage* :
katitak, tuña.

UNIR (s') en mariage. katitak, toañgnè.

UNIS, ES, adj. v. . . mitépétkpétoapk.

UNIVERS, n. rac. . . chiutᵘ. = avalepk.

URÈTRE, n. rac. . . . otchokᵒ. = uhuk (C.).

URINE, n. rac . . . . kpopk.

URINER, v. intr. . . . kpoïyoapk. = immapoapk. = kutulok‑
tuapk. = — *au lit* : iglep-mut kpoï‑
yoapk.

USÉ, ÉE, adj. v. . . . aleyluaptopk.

USER, v. tr. . . . . . aleyluaptopk tchénéyapa.

UTÉRIN, adj. v. . . . tigumiyaptiña.

UTILE, v. intr. . . . tigumaluaptapk.

# V

VA! (impér. du v. *aller*) aïllœpit!

VACHE, n. c. . . . . kulavapk.

VACHE MARINE, n.
rac. . . . . . . . . ayvepkp.

VACILLANT, VACIL-
LER, v. intr. . . . añayaluktut. = piñoyaluktoapk.

VAGIR, v. intr. . . . ippéalaptoapk.

VAGUE, n. rac. . . . malik. *plur.*, malæpit *et* malit. = *petite* — : malig-yoapk. = *grosse* —:
malik-pâpk. *plur.*, malik-paït.

VAIN, VAINE, v. intr. añotigoyéapktoapk.

VAINCRE, v. tr. . . . nallagapa.

VAINCU, v. intr. . . . nallayoapk.

VAINEMENT, adv. . . unin.

VAINQUEUR. . . . . nallava.

VAISSEAU. . . . . . (*i. e. vase*) : immálœpik. = (*i. e. navire*) : umiap-pâk.

VALET, n. v. . . . . kivgapk. *mon* — : kivgapa.

VALLÉE, n. c. . . . kopkinepk, (*de* kupk, *rivière, et* inna,
*place*).

VANITEUX, EUSE, v.
intr. . . . . . . . agotivioyapktoapk.

VAPEUR, n. v. . . . uyumépéapk.

VARANGUE, n. p. . . titpit.

VARECH, n. dér. . . iviopk (*de* ivik, *herbe*).

VARLOPE, n. c. . . . kilâwn-miyap pak.

VARLOPER, v. tr. . . kilâwn miyapa, yagapa.

VASE (ustensile), n.
dér. . . . . . . . immalœpik. = — *de nuit* : kpop-vik.

VASE (limon), n. rac. . mapak. = — *servant à bousiller* : na‑
nòn. = machak (C.).

VASER, v. tr. . . . . nanoktoapk.

VASEUX, EUSE, adj
v. . . . . . . . . . itçopktoapk.

VASTE, adj. v. . . . añéyoapk.

VA-T'EN ! (impér.). . ayin! = annin! = — *chez toi!* kè!
nikovitin!

VAUTRER (se), v. intr. kpipayoapk.

VEAU, n. rac. . . . . noñpapk. *plur.*, noñpéït.

VEAU-MARIN. n. rac. ugiuk. (*voir* phoque).

VEDETTE, n. rac. . . païdjé. *plur.*, païyit.

VÉGÉTAL, n. rac. . ivik.

VÉGÉTER, v. intr. . . aglivaliayoapk.

VEILLE, n. . . . . . tchippapk. = tuno-mugéapòn.

VEILLE (à la), loc.
adv. . . . . . . . tchippep-pân. = tuno-mugluta.

VEILLER, v. intr. . . pigaptoapk. = — *au danger* : matchi‑

laktaptoapk. = — *sur soi* : illitchi‑
mañyalepktoapk.

VEILLER, v. tr. . . . kpuyuynapk.

VEINE, n. rac. . . . . tapak. = takpak. = *ma* — : takpatka.
= takak. (C.). = — *du bois* : ipapk.
*plur.*, ipaït. = — *de la pierre* : tça‑
tum-ayopk.

VEINE CAVE, n. rac. tchublu.

VELU, adj. et v. intr. mitkpoyoapk.

VENDRE, v. tr. . . . niwuktoapk. = — *consciencieusement* :
niuvapektoapk.

VENDREDI, n. c. . . ichañapktam ublua.

VENGER, VENGEUR,
v. tr. . . . . . . . tchepnañiktoapk. = tchepnapanè.

VENGER (se), v. réfl,. tchepnapapma.

VÉNIEL, adj. v. . . . tchuïnap kpiopatçiapk.

VENIMEUX, EUSE,
adj. v. . . . . . . omapkaptlogo mimaktumaya.

VENIN, n. c. . . . . immak-togá.

VENIR, v. intr. . . . kpayoapk. = *viens!* kpaïn! = kpaït‑
kpaïn! = kaïyok! = (C.). = *viens
ici!* uvuñapèn! = *en venant*, loc. adv.
kpay-mùn. = kpayomapeïktoapk. =
— *vers* : piyoapk, yoami. = — *en esprit* : tiñgita. = — *ensemble*, v. mut :
kpatimayoat. = — *deux à deux* :
alepktigitapk tchénapklutik. = (*animaux*) : tikepkpéyoapk. = — (*jour*) :
kpauyuapk. = — (*nuit, nuage*) :
unuapktçidjoapk. = — (*oiseaux*) :
tikitoapk. = — (*pluie, orage*) : tçilla-
luap-tçidjoapk. = tçillaluñla-tçi‑
djoapk. = — (*poissons*) : igleptoapk.
= — (*soleil, astres*) : kpagvañ néap
toapk. = — (*vent, ouragan*) : kpayi‑
yoapk.

VENT, n. rac. . . . . ánopè. = ánopè-poapk. = ánnowé. (C.).
= winioptcho. = tçuluapnepk. =
— *contraires* : payœpoyoapk. = —
*faible* : ánopé. = — *fort* : akkunapk.
= *grand* — : tiktapnepk. = — *debout* : anipaapk. = — *arrière* : tinù‑
yopk. = — *largue* : tçénepkpapa. =
— *qui raffale* : oñalepkpayopk. = =
*du nord* : kanoañgnapk. = = *de l'est
et du nord-est* : niyepk. = — *du sud
et du sud-ouest* : piañgnapk. = piañ‑

VENTER, v. intr. . . uñgnaꭓk. = — d'ouest : oñañlaꭓk. anoꭓdleꭓtoaꭓk. = — très-fort : aku-nadluꭓtoaꭓk. = — du nord : kꭓañañ-gnaꭓktoaꭓk. = — de l'est : niyeꭓk-toaꭓk. = — du sud : piañgnaꭓktoaꭓk. = — de l'ouest : oñañlaꭓktoaꭓk. = (Et ainsi de suite de tous les autres noms de vents, en y ajoutant la finale toaꭓk.

VENTOUSE, n. rac. . ayoaꭓk.
VENTRE, n. rac . . . akoàꭓk. = akudjaꭓk. = éguꭓk. = ih-gaïn. (C.).
VENTRICULES du cœur. . . . . . . . illu-léaꭓot.
VENTRIÈRE, n. dér. . taꭓtçia, (de taꭓtçiꭓk, ceinture).
VÉNUS (planète). . . Ublupéa-tꭓudjiuk.
VER, n. c . . . . . aoyuveꭓk. = — d'eau : nimépéaꭓk. = — de la viande : kꭓitéꭓolik. plur., kꭓitépolït. = — du renne : amé-anin atayoaꭓk. = — intestinal : kꭓoaꭓta. = — solitaire : taꭓio.
VÉREUX, SE, adj. v. . (bois) : kꭓéyukuma. = (viande) : kꭓité-ꭓoliktaꭓk.
VERGE . . . . . . (baguette) : nappaloꭓektoaꭓk. = — (me-sure) : napputuniktoꭓk.
VERGÉ, ÉE, adj. v. . kꭓupitçaꭓok.
VERGLAS, n. dér. . . tçiko-aꭓk.
VERGUE, n. c. . . . tçaneꭓtaꭓk.
VÉRIDIQUE, v. intr . iꭓkꭓotchuïtoꭓk. = iꭓkꭓotoyïktuaꭓk.
VÉRITABLE, adj. v. . taun-iktoaꭓk. = tamadjaoꭓk.
VÉRITABLEMENT, adv . . . . . . . tamadja.
VÉRITÉ, n. dér. . . iꭓkꭓotàwn. = tamadjaꭓneꭓk. = mitçé-kaꭓneꭓk.
VERMILLON, n. c. . . ivitaꭓk. = ibitaꭓk.
VERMINE, n. rac. . . kꭓummaꭓk. plur., kꭓummaït.
VERNE. . . . . . . nunañéak.
VERRE, n. c. . . . tçiko-oyaꭓk. = — à boire : moꭓpa-oyaꭓk.
VERRUE, n. c. . . . piñuyaꭓk; plur., piñuyat. = uñwok (C.).
VERS, prép. . . . . mùn. = nùn. = gnùn. = tçivu-mùn. = v. g. vers la terre : nunañg-nùn. = — le ciel : kꭓeylaꭓ-mùn.
VERSANT, n. c. . . . éꭓꭓeꭓk-ikiga.
VERSER, v. tr. . . . tuttuaꭓk, = — dedans : kꭓuwiyoꭓk. = — dehors : kꭓuvigomiyoꭓk. = ma-uñaïnaꭓk.
VERSO, n. rac. . . . ikig'a.
VERT, adj, v. . . . (i. e. pas sec) : kinipayoꭓk. = — (cou-leur) : kꭓoꭓktçoktoꭓk. = — (i. e. pas mûr) : okꭓoꭓk. = okok. (C.).
VERT-DE-GRIS, n. pl. tutçidjoat.
VERTÈBRE, n. c. . . kuyapikàn. = kuyapiyaꭓk. = plur., kuyapiyat.
VERTICAL, LE, adj. v. kipkaꭓk tchimayoꭓk.
VERTIGE, n. v. . . . kꭓaybioꭓkꭓitoaꭓk.
VERTU, n. v. . . . . nakoyoaꭓk. = plur., nakoyoat.
VERTUEUSEMENT, adv. . . . . . . . nakooꭓklunè.
VERTUEUX, EUSE, v. intr. . . . . . . nakooꭓklunè ómayoaꭓk.
VÉSICATOIRE, n. rac. pïyoaꭓk.
VÉSICULE, n rac. . . caustique : kigeꭓk. = — du fiel : kañ-itaꭓ-vik. = — du croupion des oi-seaux : oꭓtchootik. = — de la résine : tuváꭓtoꭓneꭓk.
VESSE DE LOUP (Ly-coperdon) . . . . pudjualuk. plur., pudjualuït.

VESSER, VESSEUR, v. intr. . . . . . . nileꭓktoaꭓk.
VESSIE, n. c. . . . . nakatçuk. = — de poisson : puktaꭓòn.
VESTE, n. c. . . . . illu-pâꭓk.
VESTIGE, n. c. . . . inni-kut. = — de camp : tchènaꭓiut.
VÊTEMENT, n. c. . . anoꭓakaluït. = — double : illu-paꭓek.
VÊTIR, v. tr. . . . . atiktçuvanè. = atigiyaꭓma.
VÊTIR (se), v. réfl. . . atiktçoꭓtoaꭓk. = atigiyoaꭓk.
VÊTU, UE, v. intr. . . atigilik. = atigĭya. = — doublement : illupaꭓektoaꭓk.
VEUF, VEUVE, v. intr. . . . . . . . nulléoꭓktoaꭓk. = wilœꭓatçuñ-moꭓtuaꭓk.
VEXÉ, ÉE, v. intr, . . tuyukaloaꭓk.
VEXER, v. tr. . . . . par des actes : tuyuk-aloñniktoaꭓk. = — par des paroles : tchutigineꭓkto-aꭓk.
VIANDE, n. dér. . . . neꭓkꭓé, (de neꭓk, corps). = nikkey. (C.). = — pilée : palapeyktoaꭓk. = — sèche : mikto.
VICE, n. v. . . . . . tchuïnaoyoaꭓk,
VICIEUX, EUSE, v. intr. . . . . . . . tchuïnaꭓk.
VICTORIEUX, v. intr. nullagaꭓa.
VIDE, n. rac. . . . . imma.
VIDE, adj. v. . . . . imma-itoꭓ. = tchueꭓtuaꭓk. = illulunañ-itoꭓk. = à demi — : immawaꭓtoꭓk.
VIE, n. c. . . . . . . innuk-tçaꭓk. = — éternelle : innuk-tçaꭓk tçoꭓa-itoaꭓk.
VIEILLARD, VIEUX, n. rac. . . . . . . añayo. = añayo-patçiaꭓk. = utokak. (C.).
VIEILLE FEMME. . . aꭓkꭓo. = aꭓkꭓoꭓtçaluk. = aꭓkꭓò-aꭓk-tçaꭓk.
VIEILLI, IE, v. intr. . innutkꭓoaꭓtoꭓk. = eyꭓanitaꭓk.
VIEILLIR, v. intr. . . iñgiloꭓanitaꭓk.
VIERGE, n. c. . . . . wilœꭓatçuk. = être — : wilœꭓatçuktoaꭓk. (Ce mot signifie veuf, veuve, céliba-taire, mais il ne saurait exprimer la virginité, vertu à peu près inconnue des sauvages.)
VIEUX, VIEILLE, adj. innutkꭓoaꭓtoꭓk.
VIF (alerte), v. intr. . tuawi-taꭓk tchinaꭓktoaꭓk.
VIF (vivant), v. intr. . ómayoaꭓk.
VIGILANT, TE, v. intr. munaꭓayoaꭓk. = matchilaktaꭓtoaꭓk. (vis-à-vis de l'ennemi.)
VIGOUREUX, EUSE, v. intr. . . . . . . aꭓktoꭓa. = aꭓktonitoaꭓk.
VILAIN, NE, v. intr. . tchuïnaꭓk.
VILEBREQUIN, n. c. . néoꭓptùn-kꭓotik.
VILLAGE, VILLE, n. pl. . . . . . . . . igluït. = iglut inuviaktut.
VIN, n. c. . . . . . . atçiyam immaꭓk. = atçiyam immeꭓk.
VINGT, adj. num. . . kꭓoléti. = innuñ-nayoꭓk. = innuñ-na-amayoꭓk.
VINGT ET UN . . . . iglu-tcheꭓtut. = innuñ-tchippaꭓk.
VINGT-DEUX. . . . . iglut-ayꭓatoꭓ. = innuñ-tchippaꭓk eyꭓak. (voir les noms de nombre).
VIOLENT, TE. . . . . oꭓoloyuaꭓk.
VIOLEMMENT, adv. . oꭓolobluné.
VIOLON, n. c. . . . . atoꭓtiktaꭓk.
VIOLONISTE, v. intr. atoꭓtitçeꭓkꭓitchoꭓtoaꭓk.
VIORNE (ou hart-rou-ge). . . . . . . . oꭓpi-atçiaꭓk.
VIRIL, adj. v. . . . . añhoꭓiaꭓk.
VIRER DE COTÉ. . . (canot) kꭓayvialoꭓ-kꭓéaꭓtoaꭓk.
VIROLE, n. c. . . . . kꭓiteꭓkloꭓòn. plur., kꭓiteꭓklopotït.
VIS, n. dér. . . . . . kꭓipùn.
VISAGE, n. rac. . . . kinaꭓk.

VIS-A-VIS, loc. prép . akiwut (*inan.*). = akunaᴘk (*anim.*).
VISER, v. intr.. . . . itçuaᴘotçimayoaᴘk.
VISIBLE, v. intr . . . takuyaᴘk. = *peu* : takomᴀkᴘaptaᴘaᴘk.
VISIBLEMENT, adv. . takunaklunè (?).
VISIÈRE, n. c.. . . . . titkᴘeᴘk. = titkᴘétçuk. = titkᴘayak.
(C.). = — *du fusil* : tuba-oyaᴘk.
VISITER, v. tr.. . . . igluleᴘkᴘiyoaᴘk. = — *les filets* : kᴘu-
biaᴘ-kᴘiyoaᴘk. = — *les lacets à
lièvre* : tçaputtçeᴘ-kiyoaᴘk. = — *les
trappes* : nanéᴘèdjéᴘ-kᴘiyoaᴘk.
VISQUEUX, EUSE,adj.
v . . . . . . . . . . nipitkᴘanaᴘtoaᴘk.
VISON ou FOUTREAU
(*Viso lutreola*) . . . téᴘéaᴘ-paᴘk.
VISSÉ, ÉE, adj. v. . . kᴘipiyaᴘk.
VISSER, v. tr.. . . . . kᴘipotçeᴘtoaᴘk.
VITE, adj.. . . . . . tchuka-yoᴘk. = tchuka-yuaᴘk. = tchu-
ka-yot^u.
VITE, adv. . . . . . kéata ! = kè ! = tuapi. (C.). = atti. (C.).
= tchaᴘkoᴘtoaᴘk. = (*i. e. de bonne
heure*) : kᴘilla-mik.
VITRE, n. c.. . . . . kutchu. *plur.*, kutchuït. = *chassis vi-
tré* : iᴘaleᴘk.
VIVANT, TE, v. intr. innuwok. = ómayoaᴘk. = tchuᴘ ι-
ituaᴘk.
VIVANTS (les).. . . . ómayokto.
VIVE (eau). . . . . . ûllineᴘk.
VIVRE, v. intr. . . . òmaneᴘktoaᴘk. = — *bien* : nakooᴘklunè
ómayoaᴘk. = — *mal* : kuyoñ-oᴘklunè
ómayoaᴘk. = — *péniblement* : tchini-
klunè ómayoaᴘk.
VIVRES (provisions),
n. pl. . . . . . . nóᴘᴘéyoat : (*mangeaille*).
VOGUER, v. intr'. . . ouïaᴘtoaᴘk.
VOIE, n. c.. . . . . . apkᴘutçineᴘk.
VOICI.. . . . . . . . matumiña.
VOILE, de barque . . tiñgœlara-utaᴘk.
VOILER, v. tr.. . . . uliga. = (*fig.*) — *sa pensée* : niñaᴘto.
= — *ses paroles* : taluñmayoaᴘk. =
atçiñoᴘtéᴘéyoaᴘk.
VOILER (se), v. intr.. taluyoaᴘk. = — *avec les mains* : ma-
tuyoaᴘk.
VOIR, v. intr. . . . . takuyaoᴘk, yaᴘa ; *passé* : takuviᴘa (*1^re
pers.*) ; *impér.*, takuyàn!. = takutchaᴘ-
toaᴘk. = takuyok (C.) ; *passé* : takuyu.

VOIR (se), v. réfl. . . taᴘaᴘtoᴘtoaᴘk. = kᴘémilœᴘéaᴘtoaᴘk.
VOIR (se), mut. . . . takuna-oyoat.
VOISIN, n. v . . . . . kamiktuaᴘk.
VOIX, n. rac. . . . . . nipi.
VOL, n. c . . . . . . . *d'oiseaux* : malléᴘodjéït.
VOLCAN, n. dér. pl.. ignéᴘoït : (*de* igneᴘk *feu*).
VOLÉ, ÉE, adj. v.. . tigiliyoovit.
VOLER, v. tr . . . . . tigiᴉiktoaᴘk. = ivayaᴘtoᴘk. = ivayaka-
luktoaᴘk. = *habituellement* : tigili-
yoyuaᴘk. = *ne pas* — : tigiliyoïktuaᴘk.
VOLER (oiseaux), v.
intr.. . . . . . . . tinmiyoaᴘk. = — *autour* : kaviaytoᴘk.
VOLEUR, n. v . . . . tigiliyoyuaᴘk. = tigiliktok. (C.)
VOLONTIERS, adv. . ómam-nik.
VOLUPTUEUX, EUSE,
v. intr.. . . . . . katchoᴘeᴘtoaᴘk.
VOMIR, v. intr. . . . méᴘéaᴘktoaᴘk.
VOMITIF, n. c.. . . . méᴘédjeᴘ-kᴘiyoaᴘk.
VOULOIR, v. tr. . . . piwok, piwuña, piwaᴘen ; *passé* : piwaᴘ-
luña. = *je le veux, il le faut* : piwok!
= *je ne veux pas, il ne faut pas* :
pitçi ! = — *l'avoir* : uvamnùn piwaᴘon.
= — *y aller* : piwaᴘloaᴘk. = *ne pas*
— : piñiktoaᴘk. = pinnago. = pitçi.
VOULOIR (se), v. mut. pitoktoaᴘk.
VOUS. pron. pers.. . illipçi. = *vous deux* (*duel*) : illiptik.
VOUSSOIR de neige
dure . . . . . . . killuk.
VOUTE, n. rac. . . . kᴘayviaᴘk.
VOYAGER, v. intr. . *à pied* : iñgilœᴘooyaᴘk ; *passé*, iñgéᴘa-
laoᴘa. = — *par eau* : aulooyoaᴘk.
VOYAGEUR, n. v.. . jñgilœᴘooyaᴘk.
VRAI, E, adj. v.. . . tamadjaoᴘk. = iᴘkᴘotawniktoaᴘk
VRAIMENT, adv.. . . tamadja. = *vraiment?* : aïn ?
VRILLE, n. dér.. . . néoᴘᴘtùn.
VUE (étendue). . . . naIœᴘóneᴘk.
VU QUE, loc. conj.. . (*finale*) pimàn. = pikᴘàn. = pikᴘago.

= — *autour de soi* : kᴘeynalatchina-
yoaᴘk. = *tout* — : illoᴘnaᴘkluᴘit taku-
yéït. = tamatkeᴘkluᴘit takuyéit. = *ne
pas* — (*les yeux étant ouverts*) :
tatᴘîtoaᴘk. = imuñmayaᴘk. = taku-
laïtaᴘk. = *idem* (*les yeux étant fer-
més*) : takumañilluaᴘtoᴘk.

# Y

YEUX, n. pl. . . . . iyit. = — *rouges, chassieux* : iyit iya-
luktoat. = — *de pie* (fruits de *l'ar-
butus alpina*): atçiyaᴘk ; *plur.*, atçiyèt.
YEUX, n. pl. . . . . = — *du bouillon* : añgmalokᴘitat. =
— *du pain* : putu (*trou*). = — *arti-
ficiels* : iyum-ayoat.

# Z

ZÉLÉ, ÉE, v. intr.. . . . . . . . . . . . . . . . . . . . iluñeᴘtoᴘtoaᴘk.

# NOMS ESQUIMAUX

## DE QUELQUES LOCALITÉS, DANS LE DIALECTE TCHIGLERK

CONTINENT AMÉRI-
CAIN.. . . . . . . Nunavaksaꝑàluk.

FLEUVE MACKENZIE Kuꝑvik. = Tawaꝑa-kudjiga. = *ses bouches* : Kutéꝑoaluït. = *chenal oriental* : Nalꝑòn. = *id., central-est* : Kiglaꝑvè-tupaluk. = *id., central-ouest* : Kiglaꝑvè-kuꝑk. = *id., occidental* : Illuvéaꝑtoꝑ.

FLEUVE PEEL. . . . Aꝑvéꝑòn. = *chenal oriental* : Oꝑvéov-àluk. = *chenal occidental* : Niꝑo-kiꝑoꝑ-aluk. = *id., embranchement occidental* : Niꝑo-tunaꝑ-luk.

FLEUVE MAC-FAR-
LANE. . . . . . . Kꝑagmalivik.

FLEUVE BACK ou
des Gros-Poissons.. Utkohik-alik.

RIVIÈRE ROUGE
ARCTIQUE (Tsi-kka-
tchik) . . . . . . Kꝑadjiaꝑk.

FLEUVE ANDERSON. Kꝑagmàlik. = Tawaꝑa-kꝑéneꝑtoꝑ.

RIVIÈRE DE LA PÊ-
CHE (Pointe Sépara-
tion). . . . . . . Kuꝑluniꝑioaꝑ-kuꝑk.

MONTAGNES RO-
CHEUSES.. . . . . Eꝑꝑot.

MONTS CARIBOUX.. Kꝑoteyloꝑok.

REMPARTS NATU-
RELS DU MACKEN-
ZIE. . . . . . . . Kꝑeyꝑotchuk.

TERRE-FERME. . . . *à l'est du Mackenzie:* Itçu-ituꝑk. = *à l'ouest :* Kꝑimeꝑtchivik. = *à l'embouchure orientale :* Kublu-oyaꝑk.

ILE RICHARD. . . . Tununaꝑk.

ILE SACRÉE.. . . . Kꝑikeꝑta-yoaꝑk.

ILE à la tête du delta
du Mackenzie.. . . Olàn.

ILE HALKETT. . . . Ikotçik.

---

PARIS. — J. CLAYE, IMPRIMEUR, 7, RUE SAINT-BENOIT. — [1060]

# ERRATA DE LA PRÉFACE

# ERRATA DU DICTIONNAIRE FRANÇAIS-ESQUIMAU

| PAGES | COLONNES | LIGNES | |
|---|---|---|---|
| 25 | 2 | 68 | *lisez* puꝗgiya *au lieu de* puꝗpi. |
| 26 | 2 | 13 | *effacez* liktçatçiyoꝗk. |
| 26 | 2 | 34 | *lisez* loc. adv. *au lieu de* loc. prép. |
| 27 | 1 | 64 | — nutaꝗanigtuaꝗk. |
| 27 | 1 | 66 | — aulayoaꝗk *au lieu de* auloyoaꝗk. |
| 30 | 2 | 39 | — tchénéokat *au lieu de* tchéokat. |
| 31 | 1 | 66 | -- tokꝗoyuaꝗk *au lieu de* tokoꝗyuaꝗk. |
| 31 | 2 | 21 | — yaꝗtuaꝗk *au lieu de* yaꝗtuyaꝗk. |
| 32 | 1 | 21 | — kꝗuvit *au lieu de* krùvit. |
| 33 | 1 | 59 | — le suffixe ... ajouté. |
| 33 | 2· | 9 | — unuꝗtuꝗ *au lieu de* unuꝗtur. |
| 35 | 1 | 3 | — adjigayeꝗtoꝗtoaꝗk. |
| 35 | 2 | 51 | — à tête noire *au lieu de* à ailes noires. |
| 36 | 1 | 12 | — puneꝗnak *au lieu de* buneꝗnak. |
| 36 | 1 | 24 | — innokpàluk *au lieu de* innokꝗàluk. |
| 37 | 1 | 34 | — iyaꝗktçidjoaꝗk. |
| 38 | 1 | 1 | — (*de* toꝗkꝗo, mort). |
| 38 | 1 | 28 | — akutoyaña *au lieu de* akutoyña. |
| 38 | 1 | 32 | — ignéꝗiyoït. |
| 40 | 1 | 3 | — illitchimañ-uyaꝗkłuné. |
| 40 | 1 | 7 | — kilékuvaꝗk. |
| 42 | 1 | 58 | — possessif *au lieu de* personnel. |
| 43 | 4 | 48 | — ipkꝗéliꝗk *au lieu de* ipkꝗèliꝗk. |
| 45 | 1 | 57 | — aꝗnè *au lieu de* arnè. |
| 45 | 2 | 54 | — ipkꝗoyoïktuaꝗk. |
| 46 | 2 | 2 | — kꝗoyanaꝗa! *au lieu de* kꝗoyanaꝗa! |
| 47 | 1 | 53 | — piuñililœꝗayoaꝗk. |
| 48 | 1 | 42 | — conj. *au lieu de* prép. |
| 49 | 1 | 26 | — ipikaꝗtiga *au lieu de* ipipikaꝗtiga. |

| PAGES | COLONNES | LIGNES | |
|---|---|---|---|
| 50 | 1 | 37 | *lisez* añotigoyèaꝗktoaꝗk. |
| 51 | 2 | 24 | — atpa-nun *au lieu de* atpa-num. |
| 52 | 1 | 13 | — oꝗakpokꝗ *au lieu de* opakpokꝗ. |
| 52 | 1 | 48 | — aulayoaꝗk *au lieu de* aulooyoaꝗk. |
| 52 | 2 | 7 | — affixes *au lieu de* suffixes. |
| 53 | 1 | 52 | — iteꝗtoaꝗk *au lieu de* iteꝗtoagk. |
| 56 | 1 | 48 | — nakoliyoaꝗk *au lieu de* nakoliyoapk. |
| 57 | 2 | 6 | — adv. *au lieu de* prép. |
| 57 | 2 | 63 | — inno-neꝗ-luktoaꝗk. |
| 58 | 1 | 61 | — napiyaꝗneꝗk. |
| 58 | 2 | 61 | — ubluꝗk? *au lieu de* ukluꝗk? |
| 59 | 1 | 27 | — djota, djotin, *au lieu de* djotoa, djotim. |
| 60 | 2 | 61 | — tuña *au lieu de* tnña. |
| 61 | 2 | 58 | — tçakꝗaluk. |
| 62 | 2 | 64 | — akéꝗoꝗtoaꝗk. |
| 62 | 2 | 58 | — tçikdjaꝗk. |
| 63 | 1 | 65 | — otiktçiaꝗk. |
| 64 | 2 | 45 | — naplyoꝗk. |
| 67 | 1 | 13 | — kꝗiñéléꝗéyaꝗnitoaꝗk. |
| 67 | 2 | 28 | — kꝗatkꝗam igoyuaꝗk. |
| 69 | 1 | 6 | — tchuka itoaꝗk. |
| 71 | 2 | 2 | — pieds. |
| 72 | 1 | 18 | — tçakuktoaꝗk. |
| 74 | 2 | 19 | — mitko *au lieu de* mikto. |
| 74 | 2 | 34 | — eyꝗənitaꝗk *au lieu de* eyꝗanitaꝗk. |
| 75 | 1 | 9 | — kꝗiyoaꝗk *au lieu de* kiyoaꝗk. |
| 75 | 1 | 37 | — tiñgœlaꝗautaꝗk. |
| 76 | | 9 | — aꝗvéov-àluk. |

———————

For EU product safety concerns, contact us at Calle de José Abascal, 56–1°,
28003 Madrid, Spain or eugpsr@cambridge.org.

www.ingramcontent.com/pod-product-compliance
Ingram Content Group UK Ltd.
Pitfield, Milton Keynes, MK11 3LW, UK
UKHW050455190625
459647UK00035B/2863